MADAME DE POMPADOUR

PAR

EDMOND ET JULES DE GONCOURT

NOUVELLE ÉDITION

REVUE ET AUGMENTÉE DE LETTRES ET DOCUMENTS INÉDITS

TIRÉS DU DÉPOT DE LA GUERRE
DE LA BIBLIOTHÈQUE DE L'ARSENAL, DES ARCHIVES NATIONALES
ET DE COLLECTIONS PARTICULIÈRES

PARIS

G. CHARPENTIER, ÉDITEUR

13, RUE DE GRENELLE-SAINT-GERMAIN, 13

1878

Tous droits réservés.

MADAME

DE POMPADOUR

ŒUVRE HISTORIQUE
DE EDMOND ET JULES DE GONCOURT

EN VENTE :

LA FEMME AU DIX-HUITIÈME SIÈCLE. Nouvelle édition, revue et augmentée. . . . . 1 vol.

HISTOIRE DE MARIE-ANTOINETTE. Nouvelle édition, augmentée de lettres inédites et de documents tirés des Archives nationales. . . . , ... 1 vol.

PORTRAITS INTIMES DU DIX-HUITIÈME SIÈCLE. Études nouvelles, d'après les lettres autographes et les documents inédits. (Louis XV enfant. — Bachaumont. — L'abbé d'Olivet. — Le comte de Clermont. — Mme Geoffrin. — Caylus. — Dulaurens. — Doyen. — La duchesse de Chaulnes. — Piron. — Le graveur Lebas. — Louis XVI. — Beaumarchais. — Lagrenée l'ainé. — Théroigne de Méricourt. — Collin d'Harleville. — Kléber. — La comtesse d'Albany) . . . . 1 vol.

LA DU BARRY. Nouvelle édition, revue et augmentée de Lettres et Documents inédits, tirés de la Bibliothèque de Versailles, des Archives nationales et de Collections particulières . . . . 1 vol.

SOUS PRESSE :

LA DUCHESSE DE CHATEAUROUX ET SES SŒURS . . . . . 1 vol.

Chacun de ces ouvrages forme un volume et se vend séparément

PRIX : **3 FR. 50**

Paris. — Typ. G. Chamerot, 19, rue des Saints-Pères. — 6948.

MADAME

DE POMPADOUR

I

La bourgeoisie donnant au Roi pour la première fois une *maîtresse déclarée*. — Intérieur de la Reine Marie Leczinska. — Mademoiselle Poisson. — Son éducation de *virtuose*. — Ses talents et ses grâces. — Son mariage avec M. Lenormant d'Étioles. — La bonne aventure de madame Lebon. — Rencontres de madame d'Étioles avec le Roi dans la forêt de Sénart. — Le bal masqué de l'Hôtel de Ville en février 1745. — L'évêque de Mirepoix menaçant de faire chasser Binet. — Le souper dans les cabinets du 22 avril 1745. — Madame d'Étioles à sa terre pendant la campagne du Roi. — La présentation. — Les instructions de madame Poisson sur son lit de mort.

La Bourgeoisie n'est plus au dix-huitième siècle le monde d'affranchis et d'enrichis, sans droits et sans nom, à la bourse duquel le Roi et la guerre sont obligés de recourir. De règne en règne, elle a grandi. Peuple sous Philippe le Bel, elle est le troisième corps ou ordre de l'État sous Philippe de Valois. Et de Philippe de Valois à Louis XV, elle gagne tout, elle mérite tout, elle achète tout, elle monte à tout ; vérité méconnue, et pourtant attestée par tous les faits. Henri IV, Richelieu, Louis XIV l'élèvent contre la noblesse; et chaque jour du siècle qui commence à la mort de Louis XIV, pour finir à la Révolution, élargit sa place dans l'État et lui apporte une domination nouvelle. Elle remplit les douze parlements, les cours des aides, les chambres des comptes. Les emplois de judicature et de plume, les sénéchaussées et les bailliages lui sont dévolus. Elle a dans l'armée le quart des officiers; elle a dans l'Église un nombre prodigieux de cures, de canonicats, de chapelles, de prébendes, d'abbayes séculières.

L'administration est son patrimoine. Elle fournit les commissaires des guerres, les chefs des divers bureaux, les employés des vivres, des ponts et chaussées, les commis de tout genre.

De l'avocat jusqu'au chancelier, la magistrature lui appartient absolument.

Toutes les secrétaireries d'État semblent son apanage. Le ministère et les conseils d'administration, depuis le subdélégué jusqu'à l'intendant, depuis les maîtres des requêtes jusqu'aux sous-ministres, sont sa propriété et son héritage.

Mais au-dessus de cette autorité directe, au-dessus de l'accaparement des emplois, de l'envahissement des charges, de l'exercice et de la possession de presque tous les pouvoirs de l'État, le Tiers Ordre du Royaume trouvait dans son génie et dans ses aptitudes la source d'une influence moins immédiate, mais plus haute encore et plus considérable.

Toutes les gloires bien-aimées de la France, le plus grand éclat de ce siècle, les arts, les lettres, lui apportaient leur popularité, et lui donnaient le gouvernement moral de l'opinion publique. Et ce n'était point encore assez pour cette domination du Tiers État, dont 1789 ne devait être que la reconnaissance et la consécration légale. Cet Ordre de l'argent, né de l'argent, grandi et parvenu par l'argent, monté aux charges par la vénalité des charges, régnait par cette carrière d'argent, le commerce : un commerce dont la balance de quarante-cinq millions était en faveur de la France.

Il régnait avant tout par ce gouvernement d'argent, la Finance, où tous les moyens, tous les ressorts, toutes les facilités d'aisance, de fortune, d'élévation étaient à sa portée et sous sa main. L'armée de cinquante mille hommes, qui allait du garde, du commis au fermier général, au receveur général, au trésorier, était au Tiers, et n'était qu'au Tiers. Le maniement des revenus ou du crédit de la France lui donnait l'occasion des enrichissements les plus soudains et les plus énormes. Comptez les millions de tous ces importants personnages, ceux-ci venus à Paris avec une trousse de rasoirs, ceux-là sortis d'une boutique de draperie ou de tonnellerie, d'un magasin de vins du Port-à-l'Anglais ou de l'antichambre de M. de Ferriol : les Adine, les Bergeret, les Brissart, les Bragousse, les Bouret, les Caze, les Camuzet, les Dupin, les Durand, les Duché, les Dangé, les Desvieux, les Dogny, les Fontaine, les

Grimod, les Girard, les Haudry, les Hocquart, les Helvétius, les Malo, les Masson, les Micault, les Roussel, les Savalette, les Saunier, les Thoinard..... Qu'est la noblesse avec ses biens, les terres et l'épée, avec ses honneurs et ses priviléges, auprès de ce grand parti de la Finance qui a le solide de la puissance, qui tient l'argent de la société et l'argent de l'État, qui marie ses filles aux plus grands noms, et qui, dans le métier même de la noblesse, à la guerre, commande aux plans des généraux, si bien que l'on voit pendant toute la guerre de Sept Ans les projets et les batailles aux ordres d'un Duverney?

Ce Tiers État des fermes et des recettes est véritablement, au cœur de la monarchie, une ploutocratie dans toute sa force et dans toute sa splendeur. Il n'a pas seulement toutes les influences politiques, déjà remarquées par Saint-Simon, que donne la richesse sur la pauvreté; il étale encore les plus belles prodigalités et les plus rares dépenses de l'argent. A qui cette maison superbe entre vingt maisons, ces promenoirs d'orangers, ces tableaux des plus grands maîtres, ces tables de marbres des mieux choisis, ces cabinets d'Allemagne et de la Chine, ces coffres de vernis du Japon d'une légèreté et d'une odeur singulières, ces armoires d'un si grand goût de sculpture et de moulure, ces meubles des plus excellents ouvriers? A quelque maltôtier.

Quels sont les arbitres de l'élégance, les patrons

du goût? Ces hommes, tout à la fois les Mécènes et les Médicis du siècle de Louis XV : les fermiers généraux. Et il semble qu'on ait devant les yeux l'image même de ce monde tout-puissant et magnifique, le triomphe de la Finance, dans ce portrait gravé de Pâris-Montmartel, en plein art, entre ces statues, ces bronzes, ces tentures admirables, et si carrément et si royalement assis dans l'or, avec la mine redoutable et sereine d'un ministre de l'argent (1).

Ce fut au milieu de ces grandeurs, de ces prospérités, qu'une femme née et élevée dans la finance bourgeoise s'emparait d'une place que la noblesse s'était habituée à regarder comme un de ses priviléges, et montrait, dans la fortune et le premier exemple d'une maîtresse de Roi sans naissance, un avénement nouveau de la Bourgeoisie dont elle allait porter le pouvoir à Versailles.

Après la mort de madame de Châteauroux, le Roi cherchait vainement dans la Reine, dans les habitudes de sa vie, dans la société de ses amis, quelque

---

(1) *Mémoires de Saint-Simon*, Hachette, 1857, vol. XI et XIV. — *Du gouvernement, des mœurs et des conditions en France avant la Révolution*, par Senac de Meilhan. Hambourg, 1795. — *Lettres de L.-B. Lauraguais à Madame ****. Paris, an x. — *Médailles sur la Régence, avec les tableaux symboliques du sieur Paul Poisson de Bourvalais, premier maltôtier du royaume*. A Sipar, 1716. — *Généalogie des fermiers généraux, leur origine, noms, qualités, portraits et histoires abrégées, depuis mil sept cent vingt jusqu'à l'année* 1756. (Manuscrit.)

chose qui pût le ramener et l'attacher au foyer de sa femme. Le mari ne trouvait, chez Marie Leczinska, rien dans ses entours qui lui promît un bonheur à son goût ou une compagnie à son gré. Après les agitations du chagrin, les larmes que lui avaient causées les premières infidélités du Roi, la vie de la Reine s'était encore pacifiée et assoupie davantage. Les humiliations du Roi la laissant longtemps debout avant de lui dire : « Asseyez-vous, madame » ; la privation de toute influence, les ennuis et les hontes les plus misérables, cette pénurie d'argent qui la forçait tout un été, à Marly, à jouer avec de l'argent emprunté, la hauteur et les façons impérieuses de la duchesse de Châteauroux (1), cette longue suite de douleurs, d'immolations, de déchirements et de sacrifices, avaient, avant l'âge, vieilli et assombri l'humeur de cette Reine, qui écrivait d'un ton si triste : « Les plaisirs les plus innocents ne sont pas faits pour moi (2). »

La règle de sa vie et de l'emploi de ses journées était devenue plus sévère, plus austère : enfermée dans son intérieur, loin du bruit, du mouvement, de Versailles, elle ne sortait que pour des sorties de représentation, ou des sorties de charité, des visites à la communauté de l'Enfant-Jésus qui lui brodait tous les ans, à la façon de Perse, en or et en argent,

---

(1) *Mémoires du maréchal duc de Richelieu.* Buisson, 1793, vol. V et VI.
(2) *Mémoires et journal inédit du marquis d'Argenson.* Janet, 1858, vol. IV.

et en soie, des robes de mousseline qu'elle aimait à porter (1). Il semblait qu'au milieu de ce palais empli de fièvres, de frivolités et de changements, l'heure qui tombe, égale, paisible et lente, de l'horloge d'un couvent, mesurait l'existence monotone de la femme de Louis XV, enfermée pendant de longues retraites avec la *Belle mignonne,* une tête de mort qu'elle prétendait être celle de Ninon de Lenclos.

Des matinées passées tout entières dans des prières et des lectures morales; puis une visite chez le Roi, puis un peu de peinture (2). Ensuite la toilette à midi et demi, la messe et le dîner. Après le dîner, le travail en ses cabinets, la tapisserie, la broderie, des ouvrages de bienfaisance qui ne sont plus l'occupation et le délassement du loisir, mais la tâche et le labeur de la charité que le pauvre attend, et qui se hâte, voilà le train quotidien de ses jours. Ses goûts de musique, la guitare, la vielle, le clavecin, les amusements des premiers temps de son mariage, sont abandonnés par elle, et ce sont aujourd'hui des lectures d'histoire qui la mènent jusqu'au souper.

Après le souper, vient le moment animé et mondain de sa journée. Elle va prendre chez la duchesse de Luynes, la *Poule,* son grand plaisir, ce plai-

(1) *Mercure de France.* Août 1738.
(2) On connait quelques échantillons de cette pauvre et naïve peinture. Au Grand-Trianon est conservé un paysage représentant une cour de ferme au bas duquel Marie Leczinska a signé : *Marie, reine de France,* 1755.

sir qui consiste, c'est elle-même qui l'a dit, « à être vis-à-vis de madame de Luynes à côté de la table dans le délicieux fauteuil, occupée de son amie. » Délaissée de ses femmes qui courent aux petits appartements, et auxquelles elle a été forcée de donner une permission générale de s'absenter, elle trouve là sa chère petite cour aimée, le duc et la duchesse, le cardinal de Luynes, le duc et la duchesse de Chevreuse, le président Hénault, Montcrif (1); et ce sont des soirées charmantes pour la pauvre Reine. Mais ces réunions, déjà autrefois un peu somnolentes, sont aujourd'hui bien souvent, entre ces personnages vieillis et las, des parties de sommeil en famille, interrompues tout à coup par le brusque réveil du cardinal de Luynes demandant « qu'on assemble le chapitre » d'une voix qui arrête le ronflement de Tintamarre, le vieux chien de la duchesse de Luynes, gagné tous les soirs par le sommeil du salon (2).

Ainsi éloigné de la Reine, repoussé par cette contrariété croissante des goûts et des plaisirs, Louis XV se rejetait à des amours de passage, qui ne faisaient que distraire ses sens, sans satisfaire en lui l'homme qui était au fond de lui : l'homme d'habitude.

(1) Le président Hénault raconte plaisamment que le duc de Chevreuse, fort dévot, était amoureux de la Reine, en tout bien et tout honneur s'entend, mais avec une pointe de jalousie comique. Cette jalousie se manifestait surtout contre le président Hénault dont la conversation plaisait à la Reine. Cette rivalité était la plaisanterie de Versailles, du Roi, du Dauphin et même de la Reine.
(2) *Mémoires du duc de Luynes.* Didot, 1860; introduction par E. Soulié. — *Mémoires du président Hénault.* Dentu, 1855.

CHAPITRE PREMIER.

Une jeune mariée (1) occupait en ce temps le monde bourgeois de Paris du bruit de ses talents, de son esprit, de sa beauté.

Des aptitudes merveilleuses, une éducation sa-

---

(1) Donnons ici la liste des biographies de madame de Pompadour :

L'Histoire de madame la marquise de Pompadour, traduite de l'anglais. A *Londres, aux dépens du sieur Hooper, à la tête de César* 1759. (Deux parties.) Petit in-8°.

Livre rare attribué à mademoiselle Fauque, et dont une autre édition avec le même titre et la même date contient quelques changements. Ce livre, qui est le seul corps d'histoire que nous ayons de la favorite au dix-huitième siècle, a beaucoup servi à Soulavie pour la fabrication de ses Mémoires sur la marquise de Pompadour.

Quérard dit que le comte d'Affri, ministre de France en Hollande, fut chargé par le Roi d'acheter l'édition entière, mais il échappa un exemplaire, lequel a servi à en faire une édition anglaise.

Je possède en effet cette édition anglaise publiée aussi chez Hooper la même année et encore une édition allemande publiée en 1761, à Londres, chez le même éditeur. On trouve, en outre, un certain nombre de copies manuscrites du temps auxquelles sont annexées différentes pièces et poésies qui ne se trouvent pas dans l'imprimé.

Mémoires de madame la marquise de Pompadour, écrits par elle-même. A *Liége*, 1768. (2 vol.) Mémoires supposés contenant une histoire des événements politiques qui se sont passés pendant la faveur de madame Pompadour.

Mémoires historiques et anecdotes de la cour de France pendant la faveur de la marquise de Pompadour, ouvrage conservé dans les portefeuilles de la maréchale D. Avec douze estampes gravées par elle; par Soulavie. A Paris, chez Arthus Bertrand, 1802. Livre très-médiocre, dans lequel Soulavie manque complétement de critique historique, plagie mademoiselle Fauque; et les documents curieux publiés par lui sur la favorite, il faut les chercher dans ses autres livres.

Mémoires de madame du Hausset, femme de chambre de madame de Pompadour, avec des notes et des éclaircissements historiques. Baudouin frères, 1824. C'est le livre si curieux pour l'histoire de la favorite, enlevé par Crawfurd des mains de M. de Marigny, au moment où il allait le jeter au feu.

Relevé des dépenses de madame de Pompadour, depuis la première année de sa faveur jusqu'à sa mort. Manuscrit des archives de la préfecture de Seine-et-Oise; par S. A. Le Roi. Brochure remplie de détails curieux intéressant la biographie de la favorite.

Madame la marquise de Pompadour, par Capefigue. Paris, 1858.

vante et rare, avaient donné à cette jeune femme tous les dons et tous les agréments qui faisaient d'une femme ce que le dix-huitième siècle appelait une *virtuose*, un modèle accompli des séductions de son sexe. Jeliotte lui avait appris le chant et le clavecin ; Guibaudet, la danse; et son chant et sa danse étaient d'une chanteuse et d'une danseuse de l'Opéra (1). Crébillon lui avait enseigné, en ami

Madame de Pompadour et la cour de Louis XV... par Émile Campardon. Henri Plon, 1867. Livre documentaire.

M. de la Fizelière a publié dans la *Gazette des Beaux-Arts*, année 1859, une étude sur *Madame de Pompadour*, qui n'a pas été réunie en volume. M. de Sainte-Beuve a laissé dans sa galerie de portraits une belle esquisse de la favorite.

Nous possédons des lettres autographes de madame de Pompadour dans les *Mélanges des Bibliophiles*, vol. VI, où est imprimée la correspondance de la favorite avec la comtesse de Lutzelbourg. Le livre nouvellement publié sous le titre : *Correspondance de madame de Pompadour...* par Poulet-Malassis, Baur, 1878, contient la correspondance de la marquise avec son père et son frère. Et, profitons de la publication de ces vraies lettres pour déclarer complétement apocryphes les quatre volumes publiés au dix-huitième siècle sous le titre de : *Lettres de madame la marquise de Pompadour, depuis MDCCLIII jusqu'à MDCCLXII, en quatre tomes*. Londres, chez Owen, 1774.

Madame de Pompadour n'aurait-elle point laissé des fragments de mémoires ? On pourrait le supposer, d'après ce passage, du reste fort peu clair, d'une lettre de Walpole : « ... J'ai des fragmens d'un autre manuscrit précieux; je vous demanderai la permission de les confier plus tard à vos soins; comme la personne de distinction à laquelle ils appartiennent est encore vivante, il serait fort dangereux de les publier en ce moment; oui, mais tout aussitôt qu'elle se trouvera disgraciée, je pense que ce sera un excellent moyen de faire sa cour à celle qui lui succédera, que de les mettre au jour sous le titre suivant : *Trésor de l'art et de la nature,* ou collection des recettes les plus précieuses extraites du cabinet de madame de Pompadour et publiées pour l'usage de ses jolies compatriotes par un Anglais. » La date de la lettre, 1752, empêche de penser un seul moment aux *Mémoires de madame du Hausset*, donnés par M. de Marigny à Sénac de Meilhan et publiés pour la première fois par Crawfurd.

(1) Georges Leroy applique à madame de Pompadour la phrase de

de la maison, la déclamation et l'art de dire (1); et
les amis de Crébillon avaient formé son jeune esprit aux finesses, aux délicatesses, aux légèretés de
sentiment et d'ironie de l'esprit d'alors. Tous les
talents de la grâce semblaient réunis en elle. Nulle
femme qui montât mieux à cheval; nulle pour emporter plus vite l'applaudissement avec le son de sa
voix ou l'accord d'un instrument; nulle pour rappeler d'une façon meilleure le ton de la Gaussin ou
l'accent de la Clairon; nulle encore pour conter
d'un tour plus piquant. Et là où les autres pouvaient lutter avec elle sur le terrain de la coquetterie, elle l'emportait sur toutes par son génie de la
toilette, par la tournure qu'elle prêtait à un chiffon,
par l'air qu'elle donnait au rien qui la parait, par
la signature que son goût mettait à tout ce qu'elle
portait. Et même dans l'intimité familière de la
grande bourgeoisie, de la haute finance du temps,
avec les artistes, ses jolis doigts avaient appris à
tenir un crayon, à promener une pointe sur le cuivre, à l'exemple d'une autre fille de la finance, la
parente des Crozat, madame Doublet, dont Caylus
et Bachaumont gravaient les spirituels croquis.

Les salons se disputaient cette personne admirable. Samuel Bernard mourait avec le regret de ne
l'avoir point entendue. Chez madame d'Angervilliers il arrivait, curieux hasard! que madame de

---

Salluste parlant de Fulvie « *Psallere, saltare elegantius quam necesse est probæ.* »

(1) L'*Espion américain* ou *Lettres Illinoises*. Londres, 1766.

Mailly, emportée par l'enthousiasme, se jetait dans les bras de la musicienne après l'audition d'un morceau de clavecin, et remportait l'émotion et la chaleur de son enthousiasme à la cour, qui entendait pour la première fois le nom bourgeois de la femme (1). Le président Hénault, dans une lettre datée de l'année qui suivit le mariage de mademoiselle Poisson, au sortir d'un souper chez M. de Montigny où il y avait Dufort, Jeliotte, mesdames d'Aubeterre et de Sassenage, s'écriait : « Je rencontrai là une des plus jolies femmes que j'aie jamais vues ; c'est madame d'Étioles : elle sait la musique parfaitement, elle chante avec toute la gaieté et tout le goût possible, elle sait cent chansons, joue la comédie à Étioles sur un théâtre aussi beau que celui de l'Opéra, où il y a des machines et des changemens (2). »

Pour plaire et charmer, madame d'Etioles avait un teint de la plus éclatante blancheur, des lèvres un peu pâles, mais des yeux à la couleur indéfinissable, en lesquels se brouillait et se mêlait la séduction des yeux noirs, la séduction des yeux bleus. Elle avait de magnifiques cheveux châtain clair, des dents à ravir et le plus délicieux sourire qui creusait à ses joues les deux fossettes que nous montre l'estampe de la *Jardinière;* elle avait

---

(1) *Madame de Pompadour*, par A. de la Fizelière. *Gazette des Beaux-Arts*, 1ᵉʳ août 1859.

(2) *Correspondance inédite de madame du Deffant*. Collin, 1809, t. II. — La lettre du président Hénault n'est datée que du mois de juillet, mais elle fait partie d'une série de lettres écrites en 1742.

encore une taille moyenne et ronde, admirablement coupée, des mains parfaites, un jeu des gestes et de tout le corps vif et passionné (1), et par-dessus tout une physionomie d'une mobilité, d'un changement, d'une animation merveilleuse, où l'âme de la femme passait sans cesse, et qui, sans cesse renouvelée, montrait tour à tour une tendresse émue ou impérieuse, un sérieux noble ou des grâces friponnes (2).

(1) Voir à l'Appendice les portraits, bustes et intailles de madame la marquise de Pompadour.

(2) Je donne ici un portrait de la femme célèbre fait par un contemporain, le remarquable portrait physiologique écrit par G. Leroy, le lieutenant des chasses du parc de Versailles :

« La marquise de Pompadour était d'une taille au-dessus de l'ordinaire, svelte, aisée, souple, élégante; son visage était bien assorti à sa taille, un ovale parfait, de beaux cheveux plutôt châtain clair que blonds, des yeux assez grands, ornés de beaux sourcils de la même couleur, le nez parfaitement bien formé, la bouche charmante, les dents très-belles, et le plus délicieux sourire; la plus belle peau du monde donnait à tous ses traits le plus grand éclat. Ses yeux avaient un charme particulier, qu'ils devaient peut-être à l'incertitude de leur couleur ; ils n'avaient point le vif éclat des yeux noirs, la langueur tendre des yeux bleus, la finesse particulière aux yeux gris ; leur couleur indéterminée semblait les rendre propres à tous les genres de séduction et à exprimer successivement toutes les impressions d'une âme très-mobile; aussi le jeu de la physionomie de la marquise de Pompadour était-il infiniment varié, mais jamais on n'aperçut de discordance entre les traits de son visage; tous concouraient au même but, ce qui suppose une âme assez maîtresse d'elle-même; ses mouvements étaient d'accord avec le reste, et l'ensemble de sa personne semblait faire la nuance entre le dernier degré de l'élégance et le premier de la noblesse. » (Louis XV et madame de Pompadour, Baur, 1876.)

Opposons à ce portrait le portrait d'un autre contemporain, mais voyant la beauté de madame de Pompadour peut-être avec les yeux de la haine ; je veux parler de d'Argenson. Voici en quels termes il peint la favorite : « Elle est blonde et blanche, sans traits, mais douée de grâces et de talens. Elle est d'une haute taille et assez mal faite. »

Cette personne si séduisante, si accomplie, comblée de tant de talents et de tant de perfections, n'avait guère qu'un défaut : sa naissance. Elle avait le malheur d'être la fille d'un M. Poisson, intéressé dans les vivres et que des malversations avaient fait « condamner à être pendu (1) », et d'une madame Poisson, fille d'un sieur de La Mothe, entrepreneur des provisions des Invalides, dont la galanterie était passée en proverbe (2). Sa mère, au moment de sa naissance, se trouvait en intrigue réglée avec Lenormant de Tournehem, qui, s'estimant pour beaucoup dans la venue au monde de la petite Poisson, pourvoyait aux frais de l'éducation magnifique de la jeune fille. Une cour d'amoureux ne

(1) Poisson avait pris le parti de passer à l'étranger. Le commandeur de Thianges chargé de représenter le Roi Stanislas dans le temps de l'élection du Roi de Pologne trouvait, en 1733, à Hambourg, un homme d'esprit qui parlait fort bien allemand et qui lui proposait de le ramener avec lui. Cet homme était M. Poisson qui, en chemin, lui racontait son aventure. Il n'osait cependant dépasser Bruxelles, priant M. de Thianges de demander au contrôleur général s'il y aurait sûreté pour lui de rentrer dans le royaume. Sur l'assurance donnée par le contrôleur général que son affaire n'était pas mauvaise, Poisson revenait à Paris, demandant qu'on examinât son affaire à nouveau. Le cardinal de Fleury se refusait à toutes les sollicitations et il semblait qu'il n'y avait plus d'espérance lorsque M. de Grevenbroch, envoyé de l'électeur palatin, qui était un familier de madame de Saissac, vieille amie de madame Poisson, entendant parler de la douleur de cette famille, emportait par ses importunités du cardinal un mot de sa main pour le contrôleur général sur le placet de Poisson. L'affaire était examinée de nouveau, et la sentence de la commission cassée, mais ce ne fut qu'en 1741. (*Mémoires du duc de Luynes*, t. VII.)

(2) *Histoire de madame la marquise de Pompadour.* A Londres, aux dépens de L. Hooper, à la tête de César.— Elle avait été d'abord aimée ou plutôt entretenue par Le Blanc, secrétaire d'Etat de la guerre, puis par un ambassadeur, enfin par le fermier général Le Normant de Tournehem.

tardait pas à entourer mademoiselle Poisson; mais le plus touché de ses adorateurs se trouvait être un neveu de M. Lenormant de Tournehem, M. Lenormant d'Étioles. L'arrangement d'un mariage de famille se faisait bientôt sans nulle difficulté. M. Lenormant de Tournehem donnait à son neveu la moitié de ses biens, avec la promesse de l'autre moitié à sa mort; et mademoiselle Poisson devenait madame d'Étioles (1). Elle entrait sans embarras dans la fortune de son mari, et elle prenait avec aisance possession de la charmante terre d'Étioles, dans la capitainerie de Sens, où la jeune mariée reformait et rappelait autour d'elle la société de madame Poisson et de M. de Tournehem, Cahusac, Fontenelle, l'abbé de Bernis, Maupertuis et Voltaire, qui rappellera plus tard à la marquise, dans une lettre, le vin de Tokai bu à Etioles.

Madame d'Étioles s'était mariée très-froidement

(1) Madame de Pompadour, née Poisson, avait quinze ans et deux mois lorsque, le jeudi neuvième du mois de mars 1741, « à l'église Saint-Eustache, elle donna sa main à Charles-Guillaume Le Normant, seigneur d'Étiolles, chevalier d'honneur du présidial de Blois, fils mineur de E. Hervé-Guillaume Le Normant, trésorier général des monnoyes, et de Elisabeth de Francini, demeurant rue Saint-Honoré, paroisse Saint-Roch. » Jal, qui donne cet acte de mariage, donne également l'acte de naissance de la favorite. Le voici : « Du 30 décembre 1721, fut baptisée Jeanne-Antoinette Poisson, *née d'hier*, fille de François Poisson, écuyer de S. A. R. Monseigneur le duc d'Orléans, et de Louise-Madeleine de la Motte, son épouse, demeurant rue de Cléry; le parrain Jean Paris de Mont-martel, écuyer, conseiller-secrétaire du Roy, maison et couronne de France et de ses finances, la marraine demoiselle Antoinette Justine Paris, fille d'Antoine Paris, écuyer, trésorier, receveur général de la province du Dauphiné. »

et très-raisonnablement. Elle était fort indifférente à la passion de son mari qu'elle voyait tel qu'il était, fort petit, assez laid, mal tourné (1). Le mariage, d'ailleurs, n'était pour elle ni un but ni une fin ; il était un passage et un moyen. Une ambition fixe qui avait ébloui ses instincts d'enfant, ses rêves de jeune fille, possédait ses aspirations de femme. Les premières impressions de son imagination, les crédulités et les superstitions qui étaient en elle, la grande faiblesse de son sexe, les promesses des tireuses de cartes auxquelles plus tard elle viendra de Versailles en cachette demander l'avenir ; les espérances insolentes et cyniques qui sortaient de la bouche de la mère devant les grâces et les talents de sa fille, la nature et l'éducation, prédestinaient madame d'Étioles à la vocation d'être « *un morceau de roi* ». Au fond d'elle, silencieusement, comme au fond de madame de Vintimille, germait et grandissait un plan arrêté de séduction, l'audacieux et éhonté projet d'une scandaleuse fortune ; et nous avons la preuve de cette pensée secrète, de cette préméditation de madame d'Étioles dans de curieux comptes publiés récemment. On lit à l'état des pensions que faisait madame de Pompadour : 600 *livres à madame Lebon pour lui avoir prédit à l'âge de neuf ans qu'elle serait un jour la maîtresse de Louis XV* (2).

---

(1) Le Normant d'Étioles avait à peine vingt-quatre ans. Il était né le 8 mai 1717.
(2) Relevé des dépenses de madame de Pompadour, manuscrit des archives de la préfecture de Seine-et-Oise, publié par A. Le Roi.

Voilà le point de départ du rêve de mademoiselle Poisson : il commence à la prophétie de la bohémienne posée au seuil de sa vie comme au seuil d'un roman. Dès lors la bonne aventure de la Lebon s'empare d'elle : et elle a beau sourire, ce n'est point en badinant qu'elle dit, une fois mariée, « qu'il n'y a que le Roi au monde qui puisse la rendre infidèle à son mari ».

Dès lors toute la vie de madame d'Étioles se tourne à être vue, à être remarquée du Roi. Elle met à cette poursuite d'un regard de Louis XV le travail de toutes ses idées, son temps sans le compter ; elle y consacre toute la liberté et toutes les facilités que lui laisse un mari asservi à ses caprices, soumis à ses moindres volontés. D'Étioles, elle se jette à la rencontre du Roi dans cette forêt de Senart, rendez-vous des chasses royales ; elle s'expose à sa curiosité, elle la tente, dans le plus coquet costume ; elle agite à ses yeux cet éventail sur lequel, dit-on, un émule de Massé avait peint Henri IV aux pieds de Gabrielle (1). Elle passe et repasse au milieu des chevaux, des chiens, de l'escorte du Roi, comme une Diane légère et provocante, tantôt vêtue d'azur dans un phaéton couleur de rose, tantôt vêtue de rose dans un phaéton d'azur.

Le Roi la regardait, la remarquait et prenait à ce joli manége un plaisir dont la cour causait.

Un jour même que la duchesse de Chevreuse (2)

---

(1) *L'espion américain, ou Lettres Illinoises.* Londres, 1766.
(2) Madame de Chevreuse, que madame de Pompadour qualifiait dans

2.

parlait au Roi de *la petite d'Étioles,* la duchesse de Châteauroux s'approchait d'elle sans bruit et lui appuyait avec tant de force le talon sur le pied, que madame de Chevreuse se trouvait mal. Et le lendemain, madame de Châteauroux, dans la visite d'excuse qu'elle lui rendait, laissait tomber d'un air négligent : « Savez-vous bien qu'on parle en ce moment de donner au Roi la petite d'Étioles, et qu'on n'en cherche plus que les moyens (1) ? » Madame de Châteauroux ne s'en tenait pas là : elle faisait signifier à madame d'Étioles de ne plus reparaître aux chasses du Roi. Madame d'Étioles se résignait à attendre la mort de madame de Châteauroux pour oser de nouvelles tentatives.

Le grand bal masqué du dimanche gras (28 février 1745) donné à l'Hôtel de Ville pour le mariage du Dauphin avec l'infante d'Espagne Marie-Thérèse fournissait l'occasion à madame d'Étioles d'approcher le Roi. Louis XV était attaqué par un masque charmant qui le lutinait de mille agaceries et de mille jolis propos. Sur les instances du Roi, le domino consentait à soulever son masque, et le mouchoir que laissait, comme par mégarde, tomber madame d'Étioles, était ramassé par Louis XV et

---

une lettre à madame de Lutzelbourg, « *de très-bonne femme et de mes amies depuis que je suis au monde* », obtint, par le crédit de la favorite, la survivance de la charge de dame d'honneur qu'exerçait la duchesse de Luynes, sa belle-mère, près de la Reine, et l'année suivante la pension de survivancière.

(1) *Mémoires du maréchal duc de Richelieu.* Buisson, 1793. T. VII.

lancé à la belle fuyarde, au bruit de ce mot de la salle : *Le mouchoir est jeté* (1).

A quelques jours de là, s'il faut en croire les biographes du temps, un soir, en se mettant au lit, le Roi s'ouvrait à Binet sur les dégoûts qu'il éprouvait de ses amours sans lendemain, sur la lassitude des femmes de passage et des liaisons de caprice. Il lui confiait ses répugnances pour madame de la Popelinière, que soutenait et poussait Richelieu, et pour la duchesse de Rochechouart, depuis la comtesse de Brionne, qu'une intrigue de cour voulait lui donner, et dont les méchantes langues de la cour disaient en plaisantant qu'elle *était comme les chevaux de la petite écurie : toujours présentés, jamais acceptés* (2). Binet, qui était parent de madame d'Étioles, parlait alors au Roi d'une personne qui ne pouvait manquer de lui plaire, et qui avait nourri dès l'enfance les sentiments les plus tendres pour le Roi de France. Binet rappelait à Louis XV la femme de la forêt de Senart, la femme du bal masqué..... Et, la première semaine d'avril, à la comédie italienne qui était donnée à Versailles, la cour voyait madame d'Étioles dans une loge près du théâtre et fort en vue de la loge grillée du Roi (3).

Les jours suivants, on remarquait que le Roi soupait dans ses cabinets sans appeler personne, et la croyance de tout Versailles était que Louis XV sou-

---

(1) *Vie privée de Louis XV.* Londres, 1785. T. II.
(2) *Ibid.*
(3) *Mémoires du duc de Luynes*, t. VI.

pait avec madame d'Étioles. Elle y soupa au moins une fois, une fois où elle s'abandonna à Louis XV (1).

Cependant il y eut au début de cette liaison, de la part du Roi, comme un enrayement, un temps d'arrêt, presque une mise en garde contre sa passion : pendant quelques jours, Louis XV restait sourd aux allusions, aux invites de Binet et de Bridge (2), l'un de ses écuyers, ami tout dévoué de madame d'Étioles et poussant à sa fortune.

D'un autre côté, l'intrigue nouée par Binet, de concert avec madame de Tencin, l'intrigante infatigable, qui cette fois pontait dans le jeu et les chances de madame d'Étioles, n'avait point été sans s'ébruiter. Boyer, l'évêque de Mirepoix, le précepteur du Dauphin, en était instruit. Le jésuite, déjà livré tout vif par madame de Châteauroux aux sarcasmes de Voltaire, s'élevait tout haut contre le mauvais exemple que donnerait la déclaration d'une maîtresse accusée d'irréligion et dont la jeunesse s'était passée dans la société de Fontenelle, de Maupertuis, de Voltaire. Boyer mandait même Binet devant lui et le menaçait de le faire chasser par le Dauphin (3). Binet, en vrai fourbe, parlait de

---

(1) *Mémoires du maréchal duc de Richelieu*, t. VIII.

(2) M. de Bridge, surnommé le *bel homme*, passait pour l'amant de madame de Pompadour. Un jour Louis XV lui disait, plaidant le faux pour savoir le vrai : » Convenez-en avec moi, vous avez été son amant, elle me l'a avoué et j'exige cette preuve de votre sincérité ! » Bridge répondait que madame de Pompadour était la maîtresse de dire ce que bon lui semblait pour s'amuser, mais qu'il n'avait jamais été et n'était que son ami.

(3) *Mémoires du maréchal duc de Richelieu*, t. VIII.

l'affliction qu'il éprouvait des bruits courant sur son compte, affirmait que les calomnies répandues contre madame d'Étioles étaient affreuses, déclarait que sa parente n'était venue à la cour que pour solliciter une place de fermier général et que, l'ayant obtenue, elle ne reparaîtrait plus à Versailles. Et cela dit et juré à l'évêque de Mirepoix, et à d'autres personnes de la cour (1), il continuait près du Roi son travail souterrain de Bonneau.

L'acte d'autorité de l'évêque de Mirepoix poussait les familiers du Roi hostiles au parti dévot à s'embarquer tout à fait dans l'aventure de madame d'Étioles. Ils animaient Louis XV par leurs propos, leurs remarques, les excitations qu'ils donnaient à son orgueil. Ils lui montraient l'affectation de la jeune Dauphine à ne plus paraître dans les petits appartements, par suite des jugements peu décents qu'elle entendait chez son mari sur la conduite du Roi. Ils l'irritaient (2) contre le blâme et l'injure de cette abstention, et lui représentaient la faiblesse qu'il y aurait de sa part à céder aux intrigues du précepteur de son fils, aux leçons des siens.

---

(1) *Mémoires du duc de Luynes*, t. VI.
(2) Le nonce du pape, Durini, écrit à la date du 26 avril 1745 : « Grande agitation à la cour parce que le Roi, plein d'un amour fou pour madame d'Étioles, fait mauvaise mine à tous ceux qu'il soupçonne de condamner sa passion, » et il ajoute : « Il a fait défendre au pauvre mari de n'avoir plus aucun rapport avec sa femme. » *Lettere di Mgr Carlo Durini, archivescovo di Rodi, nunzio apostolico in Parigi, al cardinal Valenti, segretario di stato per Benedetto XIV. Curiosità storiche e diplomatiche del secolo decimottavo publicate da Calvi.* Milano, 1777.

Un soir, le Roi, en riant, demandait à Binet ce que devenait sa parente. Louis XV avouait ensuite à son valet de chambre qu'elle lui avait plu, mais qu'il avait cru démêler en elle de l'ambition et de l'intérêt; il ajoutait qu'au fond il n'était point fâché de voir l'effet que produiraient sur elle les apparences de son dédain. Binet se hâtait de répondre que madame d'Étioles était folle d'amour, et que, son mari ayant conçu des soupçons de sa première faute, il ne lui restait plus qu'à mourir en désespérée pour ne pas survivre à l'amour du Roi et pour tromper le ressentiment d'un homme qui l'adorait. Le Roi témoignait qu'il serait charmé de la revoir une seconde fois, et une seconde entrevue avait lieu le 22 avril 1745. Madame d'Étioles était invitée à souper avec madame de Bellefonds au lieu et place de madame de Lauraguais qui se trouvait à Paris ; les hommes étaient Luxembourg et Richelieu. On était très-gai, si gai que le Roi qui était attendu au bal de l'ambassadeur d'Espagne n'y paraissait pas et que le souper durait jusqu'à cinq heures du matin (1). Cette fois, madame d'Étioles, avertie par Binet, cachait les ambitions et le caractère dominateur qui avaient alarmé le Roi, elle contenait son âme, et était seulement la femme aimable que Louis XV lui demandait d'être.

Madame d'Étioles était encore dans les bras de Louis XV qu'elle lui parlait de son mari, de ce mari

---

(1) *Mémoires du duc de Luynes*, t. VI.

passionnément amoureux (1), qui, déjà la soupçonnant, pouvait se porter à quelque extrémité dans la première fureur du ressentiment, de la douleur, de la honte. Elle peignait au Roi d'une façon dramatique les colères homicides qui l'attendaient au logis.... Elle jouait enfin si bien la comédie d'une femme effrayée que ses terreurs touchaient le Roi qui lui permettait de se cacher dans l'ancien appartement de madame de Mailly. Là, en ce coin de Versailles d'où il n'était plus possible de la débusquer, maître du Roi qu'elle tenait tout le jour sous son amour et ses caresses, la femme de M. d'Étioles obtenait successivement la promesse de l'éloignement de son mari (2), la promesse d'une protection contre la cabale du Dauphin, la promesse d'une terre. Et le 6 mai, quand Louis XV partait pour l'armée, elle emportait l'assurance

(1) « J'appris hier, dit le duc de Luynes, à la date du 28 avril, que M. d'Étioles qui vient d'arriver de province et qui avoit, en arrivant, compté trouver sa femme qu'il aime fort, a été fort étonné quand M. Lenormant, fermier général, son parent et son ami, lui est venu dire qu'il ne comptât plus sur sa femme, qu'elle avoit un goût si violent qu'elle n'avoit pu lui résister, et, que pour lui, il n'avoit d'autre parti à prendre que de songer à s'en séparer. M. d'Etioles tomba évanoui à cette nouvelle. » On était obligé de faire disparaître les armes qui étaient à sa portée de peur qu'il ne se tuât. Il parlait d'aller arracher sa femme entre les bras du Roi. Enfin il se décidait à lui faire porter une lettre suppliante par M. de Tournehem, lettre que madame de Pompadour lisait sans émotion et passait au Roi pour l'amuser du ridicule d'une grande douleur. Louis XV ne pouvait s'empêcher de dire à la dame : « Vous avez, madame, un mari bien honnête. »

(2) On l'exilait, en effet, de Paris. Associé de M. de Tournehem, il était chargé de faire en Provence la tournée des fermiers généraux, et il tombait même assez sérieusement malade à Avignon.

qu'elle serait installée et reconnue maîtresse déclarée, au retour du Roi des Flandres.

En attendant ce retour et pendant qu'on remaniait pour elle à Versailles l'appartement de la duchesse de Châteauroux, la future marquise de Pompadour (1) s'était retirée à Étioles où Voltaire lui adressait ces vers le lendemain de la bataille de Fontenoy :

> Quand Louis, ce héros charmant
> Dont tout Paris fait son idole,
> Gagne quelque combat brillant,
> On doit en faire compliment
> A la divine d'Étiolle.

Madame d'Étioles s'était refusée à suivre le Roi pendant la campagne, échappant ainsi aux criailleries soulevées contre mesdemoiselles de Nesle, et au fond comptant sur l'absence pour attiser le tout neuf amour du Roi. Elle vivait dans une espèce de retraite, l'existence comme entièrement remplie par la lecture des lettres qu'elle recevait de Louis XV. Au commencement de juillet l'heureuse maîtresse montrait avec orgueil à ses amis plus de quatre-vingts lettres cachetées avec une devise galante, autour de laquelle était écrit : « *Discret et fidèle* (2) ». Et vraiment l'on comprend que le Roi écri-

---

(1) La maison de Pompadour, originaire du Limousin, n'avait plus pour la représenter, au commencement du siècle, qu'un abbé qui, au dire de Dangeau, faisait lire son bréviaire par son laquais et s'en croyait quitte.

(2) *Mémoires du duc de Luynes*, t. VII.

vît. Il avait affaire à une si charmante épistolaire : une femme amoureuse doublée d'un poëte introduit dans les coulisses de l'intrigue. L'abbé de Bernis, tout fraîchement tombé à Étioles, par le coche d'eau, avec son petit paquet sous le bras (1), commençait sa fortune par la rédaction de ces dépêches

(1) *Mémoires de Marmontel.* Paris, 1804, t. I. — Marmontel, jaloux de Bernis, le fait plus misérable qu'il n'a jamais été. Mon jeune et savant ami, M. Frédéric Masson, l'auteur du *Département des Affaires Étrangères pendant la Révolution*, va publier chez Plon des *Mémoires du cardinal de Bernis* qui jettent une lumière sur beaucoup de faits et de personnages du règne de Louis XV. Il veut bien me communiquer les épreuves dont on trouvera dans ce volume quelques curieux extraits ; voici l'extrait relatif au séjour de Bernis à Étioles :

« La comtesse d'Estrades était parente par alliance de madame d'Étioles ; j'avais beaucoup vu cette dernière chez la comtesse qui était de mes amies. Sa mère, madame Poisson, n'avait pas le ton du monde, mais elle avait de l'esprit, de l'ambition et du courage. Elle et sa fille m'avaient souvent pressé d'aller chez elles ; j'y avais constamment résisté parce que la compagnie qu'elles voyaient ne me convenait pas. Ce refus aurait dû me faire un démérite. Je reçus un jour un billet de la comtesse d'Estrades qui me priait de passer chez elle ; je m'y rendis ; elle m'apprit que madame d'Étioles était maîtresse du Roi ; que malgré mes refus elle désirait avoir en moi un ami, et que le Roi l'approuvait. J'étais prié à souper chez madame d'Étioles huit jours après pour convenir de nos faits. Je marquai à madame d'Estrades la plus grande répugnance à me prêter à cet arrangement, où, à la vérité, je n'avais aucune part, mais qui paraissait peu convenable à mon état : on insista, je demandai du temps pour réfléchir. Je consultai les plus honnêtes gens ; tous furent d'accord que, n'ayant contribué en rien à la passion du Roi, je ne devais pas me refuser à l'amitié d'une ancienne connaissance, ni au bien qui pouvait résulter de mes conseils. Je me déterminai donc, on me promit et je promis une amitié éternelle...

« Le Roi devait faire la guerre en Flandre et madame d'Étioles passer l'été à la campagne. Il fut convenu et approuvé du maître que je la verrais souvent. »

Bernis ajoute : « J'allai souvent à Étioles dans l'été de 1745. A l'exception du duc de Gontaut qui y demeura quelques jours, je fus le seul homme du monde avec qui la marquise de Pompadour put avoir des entretiens ».

galantes pour lesquelles on ne pouvait trouver une tournure d'esprit et un style plus aimables.

L'une des dernières lettres du Roi portait la suscription : *A la marquise de Pompadour,* et renfermait le brevet qui lui accordait le titre.

Le 9 septembre 1745, le surlendemain de la rentrée du Roi en sa capitale, pendant le repas royal donné à l'Hôtel de Ville, madame la marquise de Pompadour, à laquelle M. de Gesvres, M. le prévôt des marchands, M. de Marville avaient été rendre compte de tout chez elle, se faisait servir un grand souper dans une chambre de l'Hôtel de Ville où elle se rendait incognito avec madame de Sassenage et madame d'Estrades (1).

La présentation de madame d'Étioles avait lieu à Versailles le 14 septembre 1745.

Madame d'Étioles était conduite par la princesse de Conti qui avait eu déjà une grande part à l'intrigue du Roi avec madame de Mailly, et que ses prodigalités, le désordre de son ménage, ses dettes, les dettes de son mari vouaient à ces rôles de complaisance. La maîtresse était accompagnée de madame Lachau-Montauban et de sa cousine, madame d'Estrades, présentée trois jours auparavant (2).

Madame d'Étioles se rendait à six heures chez le

---

(1) *Mémoires du duc de Luynes,* t. VII.
(2) *Ibid.*

Roi, au milieu d'une foule énorme emplissant la chambre et l'antichambre du Roi, et dont la curiosité jouissait de l'embarras de Louis XV, devenu un moment très-rouge.

De l'appartement du Roi, madame d'Étioles se rendait chez la Reine où il n'y avait pas moins de monde que chez le Roi. Paris, fort occupé de savoir ce que la femme légitime dirait à la maîtresse, avait d'avance arrangé quelques mots avec lesquels Marie Leczinska devait parler sans rien dire. Aussi l'étonnement fut grand pour les courtisans qui ne connaissaient point le travail diplomatique de la présentée près de la femme de Louis XV, quand, au lieu d'un compliment banal sur sa robe, la Reine, rappelant à madame d'Étioles une des seules femmes de la haute noblesse avec laquelle elle fût liée, lui disait : « Donnez-moi donc des nouvelles de madame de Saissac, j'ai été bien aise de l'avoir vue quelquefois à Paris. » Troublée par une bonté, une charité qui dépassait ses espérances, la maîtresse balbutiait cette parole : « *J'ai, madame, la plus grande passion de vous plaire* (1). »

Et le bruit de la faveur de la présentée auprès de la famille royale courait Paris, où l'on se répétait que l'entretien avait été fort long, avait été de *douze phrases* (2).

Le Dauphin, lui, demeurait dans son rôle ; il adressait froidement à madame d'Étioles quelques mots

---

(1) *Mémoires du maréchal duc de Richelieu.* Buisson, 1793. T. VIII.
(2) *Mémoires du comte de Maurepas.* Buisson, 1792, T. IV.

sur sa toilette, ainsi qu'il avait été convenu d'avance.

Madame de Pompadour, à quatre jours de là, était du voyage à Choisy qui venait d'être remis à neuf, et où l'on avait placé dans la chambre du Roi un meuble de gros de Tours blanc avec des découpures et des nœuds d'un dessin charmant. Louis XV, tout à son amour, faisait une assez froide réception le 24 au vieux Roi Stanislas qui tombait à l'improviste dans une partie de quadrille installée dans la chambre du Roi, et où se trouvait, à une des deux tables, la marquise en habit de chasse (1).

Au mois d'octobre, madame de Pompadour prenait possession à Fontainebleau de l'appartement qu'avait occupé, au dernier voyage, la duchesse de Châteauroux. Elle vivait renfermée chez elle, ne sortant guère que pour rendre visite à la Reine. Elle avait emmené un excellent cuisinier et donnait de très-fins soupers, les jours où le Roi ne soupait pas dans ses cabinets (2). Toute sa vie était, jusque dans les plus petits détails, de la plus habile politique, dirigée qu'elle était par madame de Tencin, devenue son amie intime, dirigée par les dernières instructions de sa mère, madame Poisson, qui, au dire de Barbier, avait « de l'esprit comme quatre diables (3) ». En train de mourir, et toute heureuse et comblée du glorieux déshonneur de sa fille, qui

---

(1) *Mémoires du duc de Luynes*, t. VII.
(2) *Ibid.*
(3) *Journal historique du règne de Louis XV*, par Barbier Renouard, 1849 t. II.

la faisait un moment revivante sur son lit de mort, madame Poisson passait ses dernières heures (1) à tracer à la nouvelle favorite une machiavélique règle de conduite pour son existence à la cour.

(1) Madame Poisson, qui n'avait encore que quarante-six ans, mourait le 24 décembre 1745, au dire de d'Argenson, d'une maladie que je ne puis citer. On lui fit l'épitaphe satirique que voici :

> Ci-gît qui, sortant d'un fumier
> Pour faire une fortune entière,
> Vendit son honneur au fermier
> Et sa fille au propriétaire.

II

Le soulèvement de la cour contre l'installation de la *robine* à Versailles. — Les façons de dire *grivoises* de la nouvelle favorite. — Les *Poissonnades*. — Maurepas l'homme des sottisiers et des chansonniers. — Les mauvaises dispositions du Dauphin. — Madame de Pompadour cherchant à détacher la Reine des haines de la famille royale. — Sa lettre à Marie Leczinska. — Le parti Pompadour : le prince de Conti, les frères Pâris, le maréchal de Noailles, le cardinal de Tencin, M. de Saint-Séverin, le marquis de Puisieux, le maréchal de Belle-Isle. — Lutte sourde entre madame de Pompadour et le duc de Richelieu. — Le *rapatriage* de février 1749.

Alors que madame de Mailly était devenue la maîtresse de Louis XV, l'opinion publique déclarait, par la bouche du chroniqueur Barbier, « qu'il n'y avait rien à dire, le nom des Nesle étant un des premiers noms de la monarchie ». Rapprochez cette phrase, aujourd'hui insignifiante, du sentiment qui accueille l'avénement de madame d'Étioles, prenant dans l'année de sa présentation le nom d'une famille éteinte, le titre de marquise de Pompadour, vous aurez la mesure d'un préjugé perdu et dont notre siècle a perdu le sens. Cette mésalliance de l'amour du Roi, cette nouveauté d'une maîtresse parvenue, d'une femme sans grand nom approchée du maniement de la faveur royale, l'installation à Versailles de cette grisette, de cette *robine*, — c'est le mot d'un républicain de la monarchie, le marquis d'Argenson, — rencontrèrent aux premiers jours une telle hostilité de dédain, de tels obstacles dans les traditions de la cour, dans les habitudes même de la nation, que l'on crut un moment que la maîtresse ne pourrait se soutenir (1).

Tout ce que l'aristocratie avait de jalousies superbes, et de mépris haineux pour les enrichissements et les agrandissements de la bourgeoisie, se tourna contre la petite bourgeoise assez insolente pour usurper un cœur dont les faiblesses appartenaient aux femmes nées et du monde de Versailles. Le scandale n'était pas seulement un scandale, il était un passe-droit; et de là l'explosion et la vivacité du mécontentement dans toute cette cour lésée, dépitée et comme insultée par la fortune insolente de madame d'Étioles. Il s'organise aussitôt une conspiration d'espionnage et de clabaudage. Les femmes mettent tous leurs yeux, le plus perçant et

---

(1) Un détail amusant sur l'opposition, la résistance que rencontra madame de Pompadour jusque chez les infiniment petits. Le coiffeur en faveur était alors un nommé Dagé, mis à la mode par la duchesse de Châteauroux, et par lequel toutes les femmes de la cour voulaient être accommodées, et de plus appartenant au parti de la Dauphine. Madame de Pompadour dut négocier avec l'artiste qui faisait le difficile pour coiffer une madame *Lenormant d'Étioles* et affectait de dire qu'il ne pouvait suffire à ses illustres pratiques. Enfin la favorite triompha; mais, comme elle lui demandait, un jour de brillante et de nombreuse toilette, comment il avait pu se donner une si grande vogue le facétieux Gascon lui répondit : « *Je coiffais l'autre* », un mot qui fit le bonheur de tous les ennemis de la nouvelle maîtresse déclarée.

le plus malicieux de leur esprit d'observation, à pénétrer à fond la femme. Elles épient, étudient, analysent son ton, ses manières, son langage, jusqu'à ce qu'elles aient trouvé le pied d'argile de la déesse : le manque de cette distinction qui ne s'apprend ni ne s'acquiert, mais se transmet comme une tradition naturelle dans le sang d'une caste, le manque de race. Les plus méchantes langues, les plus redoutables moqueurs, les plus jolis impertinents s'arment contre elle, soulignent ses petits oublis, ses moindres erreurs d'étiquette, et surtout les mots qu'elle n'a pas eu le temps de perdre en route de Paris à Versailles. Et n'ont-ils pas beau jeu contre cette femme qui apporte à la cour les sobriquets de la familiarité, qui appelle le duc de Chaulnes *mon cochon* (1), et madame d'Amblimont *mon torchon*, langue basse, sorte de tutoiement populaire qui vaudra aux filles de Louis XV les petits noms étranges dont les baptisera leur père? C'est une li-

---

(1) En effet, dans ce Versailles où le parler familier n'avait pas plus le droit de cité que dans les tragédies, madame de Pompadour apporta le parler bourgeois, canaille, *grivois*, selon l'expression du temps. C'est un étonnement général, en même temps qu'une blessure à l'amour-propre du Roi, d'entendre la favorite dire à propos d'un cousin dont elle avait voulu faire la fortune et qu'elle avait trouvé nul et sans ambition : « *Voilà un plaisant outil que ce cousin; qu'on m'ôte cet engin de devant moi...* » L'*outil* et l'*engin* faisaient le bonheur de la cour pendant des mois.

Tout le monde connaît les deux vers de Voltaire qui, assistant un jour au dîner de madame de Pompadour en train de manger une caille qualifiée par elle de *grassouillette*, jetait à demi-voix à la favorite :

Grassouillette, entre nous, me semble un peu caillette,
Je vous le dis tout bas, belle Pompadourette.

gue pour éveiller contre la maîtresse les instincts moqueurs du Roi, la discréditer au nom du bel air, et faire rougir d'un tel amour l'amour-propre de son amant. Les courtisans jouent si bien l'étonnement des riens qui échappent à la favorite, et de ce qui dans sa parole est encore « à la grivoise » et sent son passé, qu'ils arrachent au Roi embarrassé et tout honteux cet aveu : « C'est une éducation à faire dont je m'amuserai. » La très-spirituelle madame de Lauraguais, déchue de ses espérances et supplantée, épluche des pieds à la tête, et sans lui passer un geste, la petite bourgeoise qui lui a pris le Roi, la dissèque, la passe de mains en mains comme une poupée démontée, et la livre aux rires de la galerie. La famille royale, qui sent le contre-coup de cette humiliation d'une pareille liaison, boude et murmure contre cette maîtresse qui fait déroger l'adultère du Roi (1).

Bientôt la cour répand ses haines dans le public; le murmure de Versailles descend dans la rue jusqu'au peuple, et y déchaîne la curiosité et l'insulte. La malignité nationale fouille l'ordure du berceau de madame d'Étioles et les fanges de sa source. Une nuée de feuilles furtives et volantes s'abat sur cet

---

(1) *Mémoires et journal inédit du marquis d'Argenson.* Janet, 1857, vol. III et IV, — *Mémoires historiques et anecdotes de la cour de France.* Bertrand, 1802. — *Catalogues de lettres autographes.* — *Lettres de madame de Pompadour.*

arbre pourri, l'arbre généalogique de mademoiselle Poisson. C'est un de ces flots de chansons et de libelles qui soulagent, à certains moments de l'histoire, la bile de la France. De partout jaillissent ces mazarinades du dix-huitième siècle : les *Poissonnades*, qui jettent au front et au cœur de madame d'Étioles la double honte de sa naissance : son père, sa mère (1).

> Les grands seigneurs s'avilissent,
> Les financiers s'enrichissent,
> Et les Poisson s'agrandissent :
> C'est le règne des vauriens, rien, rien.
> On épuise la finance,
> En bâtimens, en dépenses ;
> L'État tombe en décadence.
> Le Roi ne met ordre à rien, rien, rien.
>
> Une petite bourgeoise,
> Élevée à la grivoise,
> Mesurant tout à sa toise,
> Fait de la cour un taudis, dis, dis.
> Le Roi, malgré son scrupule,
> Pour elle fortement brûle.
> Cette flamme ridicule
> Excite dans tout Paris, ris, ris, ris.
>
> Cette catin subalterne
> Insolemment le gouverne,
> Et c'est elle qui décerne
> Les honneurs à prix d'argent, gent, gent.

---

(1) *Recueil manuscrit de Maurepas*, vol. XXXIV et XXXV. Bibliothèque nationale.

Devant l'idole tout plie,
Le courtisan s'humilie,
Il subit cette infamie
Et n'est que plus indigent, gent, gent, gent.

La contenance éventée,
La peau jaune et maltraitée
Et chaque dent tachetée,
Les yeux froids et le cou long, long, long,
Sans esprit, sans caractère,
L'âme vile et mercenaire,
Le propos d'une commère,
Tout est bas chez la Poisson, son, son.

Si dans les beautés choisies
Elle étoit des plus jolies,
On passeroit les folies,
Quand l'objet est un bijou, jou, jou.
Mais pour si sotte créature,
Et pour si plate figure
Exciter tant de murmure,
Chacun juge le roi fou, fou, fou (1).

. . . .

Maurepas, dont la *grande réputation d'impuissance* était notoire, fidèle à son rôle d'ennemi des maîtresses et plus tard des femmes du Roi, continuait à faire la guerre à la nouvelle favorite. Un type de ministre du temps, que ce petit-maître de la politique, cet adorateur du clinquant et de la frivolité, ce joli contempteur des institutions et de l'humanité de son époque, cet homme d'État traitant tou-

---

(1) Cette chanson qui se chantait sur l'air des *Trembleurs d'Isis* était attribuée par madame de Pompadour à Maurepas.

tes les grosses questions avec des épigrammes, des ariettes, des concetti, de petites finesses, des sarcasmes, des vers satiriques. Maurepas était, comme sous madame de Châteauroux, le fabricateur ou l'inspirateur de toutes les poésies cruelles qui remplissaient Paris et Versailles. Appuyé sur ce grand pouvoir, le tribunal d'esprit qu'il tenait avec Pont de Veyle et Caylus, plus redoutable encore chez lui par ces soupers, où se pressait toute la grande société, et où son génie de caricature, sa verve d'ironie fouettée d'une pointe de vin, donnaient, dans la liberté d'un repas qui finit, une comédie si admirablement jouée, parlée, mimée, gesticulée des airs, des façons et des tournures de madame d'Étioles, Maurepas, ce garde des sceaux du ridicule et du régiment de la Calotte, était de tous les ennemis de la favorite celui qui savait lui faire les plus douloureuses blessures, et frapper le plus sûrement, le plus impitoyablement la femme au plus intime de sa vanité et de ses faiblesses, — et jusque dans les secrets de son corps, de sa santé, de son tempérament.

Madame de Pompadour ne se trompait pas sur les dangers de cette guerre de malices qui pouvait porter à sa faveur de si grands coups en gagnant le sourire et l'esprit ironique du Roi.

Pour triompher des mépris de la noblesse de Versailles, pour résister aux chansons de Maurepas, pour se garder des dispositions hostiles du comte d'Argenson, du contrôleur général Orry, elle cherchait des alliés et travaillait à se faire des amis.

Tout d'abord, c'était en plein cœur de la famille royale, en ce milieu hostile entourant Louis XV, que madame de Pompadour essayait sa diplomatie de femme. Elle n'ignorait pas que le prince dévot élevé par l'évêque de Mirepoix et qui avait manqué presque dès l'enfance à la duchesse de Châteauroux, n'était pas mieux disposé pour la nouvelle maîtresse. Si l'anecdote qu'on racontait sur le compte du jeune prince à la présentation de madame de Pompadour, et qui avait fait courir le bruit de son exil momentané de la cour, n'était pas absolument vraie, la favorite avait pu s'assurer des sentiments répulsifs qu'il lui témoignait avec une espèce d'ostentation. Dans une partie de chasse où madame de Pompadour avait une place dans la voiture du dauphin et de Mesdames, quelque sujet de conversation que la favorite eût amené, elle n'avait pu obtenir un mot de réponse du prince, ni des princesses royales avec lesquelles elle se trouvait (1). Elle n'ignorait pas non plus que, si la dauphine n'avait pas assisté à une représentation des cabinets, c'était sur l'ordre de son mari, qui l'avait obligée à jouer la malade. Enfin, le régiment Dauphin étant venu vacant par la mort de M. de Volvire, elle avait eu l'humiliation de voir le candidat qu'elle poussait évincé par M. de Marbœuf, protégé du dauphin, qui

(1) *Mémoires du marquis d'Argenson*, édition Janet, t. III.

avait mis dans sa protection presque de la provocation. Le dauphin était même arrivé à ne pas cacher les mouvements d'humeur que la présence de la favorite lui causait, et ayant fait tout nouvellement, dans la campagne de Fontenoy (1), son ami du duc d'Ayen (2), le modèle d'après lequel Gresset est en train d'écrire son *Méchant*, dans le commerce de ce satirique, le prince commençait à faire d'assez méchants mots contre la maîtresse de son père, ou du moins à colporter et à répandre ceux du duc. Madame de Pompadour songeait à détacher de ce groupe hostile la Reine, qui, toute bonne femme qu'elle était, et tout en grondant son fils de la méchanceté nouvelle de son esprit, s'amusait de ces *papotages* vengeurs.

On se rappelle la phrase de madame de Pompadour à la Reine lors de sa présentation, lui disant qu'elle avait *la plus grande passion* de lui plaire. Depuis ce jour la favorite n'avait laissé échapper aucune occasion d'être agréable à Marie Leczinska, lui faisant entendre par des tiers qu'elle ne lui était pas inutile auprès du Roi, qu'elle avait détruit chez son mari des préventions mal fondées, des préventions que de mauvais propos attaquant même la conduite de la Reine cherchaient tous les jours à

---

(1) Le brave et pieux prince qui était resté treize heures à cheval, le jour de la bataille, se peint tout entier dans une phrase de la lettre où il annonce à sa mère la victoire de Fontenoy : « ... C'est un ouvrage de la main de Dieu à qui seul on doit la victoire, et je crois que vos prières y ont beaucoup contribué. »

(2) *Mémoires du duc de Luynes*, t. VII.

fortifier. Elle s'attribuait l'honneur des attentions que le Roi témoignait à sa femme, au grand étonnement des courtisans notant qu'un jour, par extraordinaire, le Roi s'était assis quelques instants à la table de cavagnol de la Reine, notant un autre jour l'invitation faite par le Roi à la Reine d'un dîner à Choisy. Mais un événement, dont tout l'honneur revint à madame de Pompadour, ce fut le cadeau fait par Louis XV à sa femme le premier jour de l'an 1746. Depuis des années Louis XV ne donnait plus d'étrennes à Marie Leczinska; cette année il lui remettait une tabatière d'or sur l'un des côtés de laquelle était encastrée une montre. Il est vrai que cette tabatière commandée pour madame Poisson, la Reine la dut à la mort inattendue de la mère de madame de Pompadour (1).

Au milieu de tout ce travail d'enguirlandement à bon marché, tout à coup madame de Pompadour feignait d'avoir aperçu un refroidissement dans les manières de la Reine à son égard; elle s'en plaignait à la duchesse de Luynes qui se hâtait de lui mander de la part de Marie Leczinska « qu'elle n'avait rien contre elle, qu'elle était même très-sensible à l'attention qu'elle avait de lui plaire en toute occasion ».

Ce billet était pour la favorite l'occasion d'écrire une lettre qui, si elle ne donnait pas entièrement la Reine à madame de Pompadour, devait au moins en

---

(1) *Mémoires du duc de Luynes*, t. VII.

faire une modératrice des haines et des rancunes qui se groupaient derrière ses jupes :

« *Vous me rendez la vie, madame la Duchesse; je suis depuis trois jours dans une douleur sans égale, et vous le croirez sans peine, connoissant, comme vous le faites, mon attachement pour la Reine. On m'a fait des noirceurs exécrables auprès de M. et de Mme la Dauphine; ils ont eu assez de bonté pour moi, pour me permettre de leur prouver la fausseté des horreurs dont on m'accusoit. On m'a dit quelques jours avant ce temps qu'on avoit indisposé la Reine contre moi; jugez de mon désespoir, moi qui donnerois ma vie pour elle et dont les bontés me sont tous les jours plus précieuses. Il est certain que plus elle a de bontés pour moi, plus les monstres de ce pays-ci seront occupés à me faire mille horreurs, si elle n'a la bonté d'être en garde contre eux et vouloir bien me faire dire de quoi je suis accusée; il ne me sera pas difficile de me justifier. La tranquillité de mon âme à ce sujet m'en répond. J'espère, madame, que l'amitié que vous avez pour moi et plus encore la connoissance de mon caractère, vous seront garants de ce que je vous mande. Sans doute je vous aurai ennuyé par un long récit, mais j'ai le cœur si pénétré que je n'ai pu vous le cacher. Vous connoissez mes sentiments pour vous, Madame, ils ne finiront qu'avec ma vie* (1). »

La Reine conquise ou au moins désarmée, ma-

---

(1) *Mémoires du duc de Luynes*, t. VII. — Cette lettre de madame de Pompadour est de février 1746. La Reine fut touchée de la lettre qui

dame de Pompadour attachait aux intérêts de sa fortune un prince du sang, le prince de Conti. Mettant à profit l'ambition de la vieille princesse de Conti qui l'avait présentée à la cour, exploitant la jalousie de cette branche de la famille royale contre les Condé et les d'Orléans, et qui s'indignait des barrières qu'elle trouvait entre elle et le trône, la favorite gagnait le jeune prince par la promesse d'emporter son mariage avec Madame Adélaïde (1).

Madame de Pompadour s'entourait du dévouement de ces financiers d'État, les frères Pâris (2), dont elle avait reçu de grands services lorsqu'elle était encore madame d'Étioles. Elle en faisait ses hommes et ses soutiens, en fortifiant le Roi, si effrayé et ennuyé des embarras de finances, dans l'idée qu'eux seuls, par leurs calculs, leurs idées,

---

la disposa à une certaine bienveillance pour la favorite, mais la laissa inexorable relativement aux choses qui pouvaient blesser ses sentiments religieux. Madame de Pompadour ayant fait demander à la Reine la permission de porter l'un des plats à la cérémonie de la Cène, Marie Leczinska lui manda que les dames pour cette cérémonie étaient en nombre suffisant. Malgré ce refus, madame de Pompadour fit transmettre à la Reine son désir de quêter le jour de Pâques. Marie Leczinska, quoi qu'on pût lui dire, soutint qu'il ne serait pas décent que madame de Pompadour quêtât, et nomma madame de Castries pour remplir cet office.

(1) *Mémoires de d'Argenson*, édition Janet, t. II et III. — En effet, il y avait comme des fiançailles dans la permission donnée, au mois de mars 1748, au prince de Conti de s'enfermer avec Madame Adélaïde pendant la petite vérole de la princesse.

(2) Les frères Pâris, fils d'un aubergiste de Moras en Dauphiné, se nommaient : l'aîné, *Antoine*; le second, *la Montagne;* le troisième, *Duverney;* le quatrième *Montmartel*. Tous quatre firent fortune, et Montmartel laissa d'immenses richesses gaspillées par les extravagances de son fils, le marquis de Brunoy.

leur expérience, étaient capables de fournir l'argent nécessaire aux besoins de la guerre. Elle servait de sa parole et de tous ses efforts les plans orgueilleux, l'audace hautaine, la politique mobile et furieuse de ces véritables maîtres de l'argent de la France, dont l'imagination agitait successivement la ruine de l'Autriche, de la Hollande, de la Russie. Elle cachait, avec toutes les ressources de son habileté, les prodigalités et l'héritage de dettes de ce système qui ruinait la province, mais avait toujours de l'argent pour le Roi et pour Paris. Elle ouvrait l'oreille du Roi, et les abords du conseil, aux idées de Duverney qu'elle accréditait autour d'elle par l'éloquence et la bonhomie apparente de Montmartel. Elle ne cessait de parler au Roi du malaise, de la perte du crédit public, si ces hommes venaient à tomber; et, leur donnant, en toute occasion et à toute heure, l'autorité de son amitié, le secours de sa protection, se liant avec eux jusqu'à l'intimité, entrant dans leur famille où elle mettait la paix, elle en faisait des auxiliaires à ses ordres, les ennemis de ses ennemis; et c'était avec eux qu'elle renversait le contrôleur général Orry, dont un contemporain dit : « C'est le bon sens même personnifié en un gros bourgeois renforcé et tel qu'on voit dans nos comédies ce qu'on appelle les rôles à manteau; » mais un ministre intègre qui ne voulait pas se prêter aux dilapidations de la favorite (1).

(1) Les frères Pâris, auxquels Orry avait refusé de signer les marchés relatifs aux fournitures de l'armée, agissant de concert avec la

Au crédit des Pâris, si puissant, dans une cour nécessiteuse et dépensière à la fois, madame de Pompadour joignait le grand nom des Noailles qui appartenaient à toutes les favorites.

Madame de Pompadour s'aidait des conseils pratiques, de l'esprit de ruse du cardinal de Tencin qu'on comparait au capucin Joseph, le bras droit de Richelieu.

Madame de Pompadour avait dans le ministère M. de Saint-Séverin et le marquis de Puisieux.

M. de Saint-Séverin, d'une bonne famille du royaume de Naples, était ministre du duc de Parme, quand Chauvelin, qui aimait à attirer en France les étrangers de marque, persuadait au cardinal que c'était une acquisition précieuse que celle de cet Italien spirituel et expérimenté dans les affaires.

favorite, déclaraient qu'ils ne feraient plus aucune affaire tant qu'on laisserait le contrôleur général en place. Mais il fallait un prétexte pour le renvoyer; on lui reprocha d'avoir fait son beau-frère premier ministre du Roi Stanislas à Lunéville, d'avoir donné l'intendance de Paris à son neveu, Berthier de Sauvigny, jeune homme sans expérience, etc. Le Roi, obsédé des plaintes et des récriminations de madame de Pompadour, céda; mais, encore maintenu dans les principes du cardinal de Fleury, il ne permit pas que la maîtresse choisît un successeur à sa dévotion. Il consulta Orry qui eut le courage de lui dire qu'on avait résolu sa perte pour spolier le Trésor royal, et qui, empêchant le choix du Roi de se porter sur des maîtres des requêtes, des intendants, des conseillers d'État, dont il soupçonnait la probité, désignait à Louis XV pour le remplacer Machault, intendant de Valenciennes, qui avait rendu de grands services au maréchal de Saxe pendant la guerre. Orry, qui avait été ministre des finances pendant seize ans, offrait même au Roi ses services pour faciliter les premiers travaux de Machault, mais madame de Pompadour précipitait son renvoi, et tout ce qu'il y avait d'honnête à la cour allait rendre visite à Orry, qui s'était retiré à Bercy. (*Mémoires du maréchal duc de Richelieu*, t. VIII.)

On lui donnait 10,000 livres de pension et une part dans la ferme générale de Villemur, dont il épousait la sœur. Puis on le plaçait dans les ambassades. Il était envoyé en Suède, concluait en quinze jours le traité des subsides, recueillant le fruit des longues et habiles négociations de son prédécesseur Casteja. Le maréchal de Noailles, maître des affaires après la disgrâce d'Amelot, lui faisait remplacer Dessaleurs en Saxe. De retour de Saxe, il était nommé ministre plénipotentiaire à la diète d'élection de Francfort, où, moins heureux qu'en Suède, il ne continuait pas moins, grâce aux louanges publiques des Noailles, des Pâris, de madame de Pompadour, à être regardé comme le seul négociateur de son temps, un négociateur alliant la fougue à la souplesse (1).

Le marquis de Puisieux, que madame de Pompadour avait mis au lieu et place du marquis d'Argenson dont la difficulté de prononciation lui était insupportable (2), Puisieux avec ses façons de douceur, ses vertus de politesse, l'intelligence de son secrétaire Tiquet, lui appartenait entièrement et n'était pour ainsi dire que l'homme de confiance, le prête-nom des Pâris (3). Par le marquis de Pui-

(1) *Mémoires de d'Argenson,* édition Janet, t. III.
(2) *Étude sur le gouvernement de madame de Pompadour,* par M. Carné.
(3) Telle est la constitution du parti Pompadour en 1748. A cette époque, l'asservissement du Roi à la maîtresse, aux Pâris, à M. de Puisieux, est indiqué dans une caricature curieuse : l'estampe satirique représente le Roi, lié, garrotté, déculotté ; la Reine de Hongrie le fouettant ; l'Angleterre disant : *Frappez fort ;* la Hollande : *Il rendra tout!* Cela s'appelle l'estampe des quatre nations. Cette estampe est à rap-

sieux la favorite s'emparait de Janelle, le préposé au bureau de l'interception des lettres, une puissance qui se donnait à la favorite et lui permettait de faire dire aux lettres tout ce qu'elle voulait et rien que ce qu'elle voulait leur faire dire au Roi (1).

Madame de Pompadour avait encore dans le ministère Boulogne.

Madame de Pompadour se jetait enfin à la tête d'un des grands génies du petit dix-huitième siècle, — c'est d'Argenson qui parle, — et le séduisait avec la flatterie et la caresse de sa parole. On la voyait un jour faire une scène au maréchal de Belle-Isle (2), de ce qu'il était rare à Versailles, de ce que tout l'hiver il n'avait pas assisté aux petits spectacles des cabinets. Elle était heureuse de lui dire que le Roi

procher d'un tableau de la famille royale et du ministère de la même époque imprimé dans les Mémoires de Maurepas :

LA FAMILLE ROYALE EN 1748 ET LE MINISTÈRE.

La Reine vit en simple particulière. La Dauphine ne pense qu'à nous donner des enfants. Le duc d'Orléans fait le baroque au couvent avec les saints Pères. Son fils ne pense qu'à manger et à coucher avec sa femme partout où il se trouve et jusque sur le lit des femmes qu'il va visiter.

On appelle Belle-Isle le moulin à projets. Tencin au conseil fait l'hypocrite et le maréchal de Noailles le fin.

Tournehem, fort sot, a un crédit extraordinaire.

Berryer est sorti du néant pour régir la police.

Puisieux tâtonne toujours, embrouillant de plus en plus les affaires, et madame de Pompadour, qui prend le Roi au bout du nez, le sait tirer du bout de la grande galerie jusqu'à l'autre.

Voilà la cour en 1748.

(1) *Mémoires du journal d'Argenson*, édition Janet, t. III et IV. — *Mémoires du maréchal duc de Richelieu*, t. VIII.

(2) Le maréchal de Belle-Isle avait été surnommé le *maréchal de l'Écritoire* à cause de sa manie d'écrire et de faire écrire.

le regardait non-seulement comme le plus grand général qu'il y eût, mais en même temps comme le plus honnête homme et le plus attaché à sa personne et à son service. Elle lui disait encore qu'elle savait combien il était bon ami, et qu'on ne pouvait l'aimer médiocrement quand on le connaissait (1).

Après avoir assuré ses défenses, madame de Pompadour cherchait à désarmer Richelieu.

Dès ce souper qui avait fait de madame d'Étioles la maîtresse de Louis XV, la nouvelle favorite sentait l'hostilité du courtisan dans une froideur qui laissait sa beauté sans louanges et les traits de sa conversation sans applaudissements (2). Depuis, de tous les railleurs qui avaient ridiculisé les façons de dire et d'être bourgeoises de la femme approchée du trône, Richelieu s'était montré le plus impitoyable. L'homme qui avait gouverné le Roi et la France par son ascendant sur la duchesse de Châteauroux et dont toute la vie se passera à tenter de recréer une maîtresse déclarée faite de ses mains, travaillait, dans les premières années de la faveur encore mal assurée de madame de Pompadour, à décider madame de Flavacourt à prendre la succession de sa sœur, la duchesse de Châteauroux. Bientôt les antipathies du familier des cabinets, enhardi par le besoin que le Roi semblait avoir de sa présence et

---

(1) *Mémoires du duc de Luynes*, t. IX.
(2) *Mémoires du maréchal duc de Richelieu*, t. VIII.

de sa gaieté originale, perçaient sournoisement en toutes choses, habiles à taquiner la maîtresse en ses prédilections, en ses occupations favorites, en ses plaisirs d'esprit. Voulait-elle faire nommer Cury intendant des Menus, Richelieu, qui se trouvait à Gênes dans le moment répondait, avec la politesse et la galanterie habituelles à l'homme, que madame de Pompadour était la maîtresse, qu'elle n'avait qu'à ordonner, et, pendant ce, il mandait au duc de Gesvres qu'il ne voulait à aucun prix de l'arrangement (1). De retour à Paris, tout en ayant l'air de vouloir donner satisfaction à la favorite et en ne ménageant pas les embrassades à Cury, il reculait indéfiniment une décision. Dans le même temps, de gaieté de cœur, il se faisait une querelle avec la favorite, une vraie querelle à propos du théâtre des petits appartements, si cher à son cœur, défendant aux musiciens de la chambre qui composaient presque tout l'orchestre de madame de Pompadour d'aller jouer en quelque lieu que ce soit sans un ordre formel, et ne craignant pas de jeter au directeur de ces spectacles, M. de la Vallière : « Vous êtes une bête (2). »

La vengeance de madame de Pompadour était de faire « de la bête » un cordon bleu, et secrètement d'obtenir de Berryer, le lieutenant de police, la

---

(1) *Mémoires du duc de Luynes*, t. X.
(2) Madame de Pompadour, indignée qu'on traitât ainsi son directeur, adressait de violentes plaintes au Roi, qui à son débotté fit à Richelieu cette significative question : « Combien de fois avez-vous été à la Bastille ? — Trois fois, sire. » Mais la chose en resta là.

vente, à la Comédie italienne et dans les endroits publics, de bijoux appelés *plaques de cheminées* (1) avec une chanson où l'on tympanisait l'amant de madame de la Popelinière. Une occasion aussitôt pour le duc de Richelieu de traverser la favorite dans toutes ses entreprises, de la faire *devenir chèvre* (2) selon le proverbe. Dans les soupers des cabinets, il prenait plaisir à railler et à exaspérer son mécontentement par des familiarités blessantes, par un ton de dénigrement supérieur qui ne respectait rien de sa personne. Vainement madame de Pompadour demandait au Roi de ne pas l'emmener (3), Richelieu s'obstinait à se faire nommer dans les voyages de la Celle, de Crécy, de Bellevue, à aller chez elle malgré elle : il semblait que ce fût chez le duc un jeu et un amusement de lui être insupportable, et, dans cette application à lui déplaire, il dansait, dit d'Argenson, au-dessus de sa tête, toute une nuit, une nuit qu'elle était indisposée. Gamineries, taquineries, ironies, toutes les grandes et petites méchancetés de ce courtisan gâté, étaient au fond tolérées par le Roi, qui se vengeait de ses faiblesses en laissant tourmenter ses maîtresses, en les tourmentant lui-même au besoin, comme lors-

(1) On trouve parmi les curiosités appartenant à madame de Pompadour vendues à la vente de son frère le marquis de Marigny, n° 751 : « Un modèle de cheminée tournante en bois d'acajou avec la plaque en cuivre. »

(2) *Mémoires de d'Argenson,* édition Janet, t. III.

(3) Qui ne sait la réponse du Roi à madame de Pompadour ? « Vous ne connaissez pas M. de Richelieu; si vous le chassez par la porte, il rentrera par la cheminée. »

qu'il leur apportait les sermons de Massillon, et, s'en disant touché, se donnait le plaisir narquois de les leur lire.

C'est ainsi qu'au milieu de l'aplatissement général, Richelieu arrivait par l'intimidation à se faire craindre de madame de Pompadour « comme le tonnerre ». La favorite était forcée de capituler, de demander grâce, et un grand et formel *rapatriage* (1) avait lieu au mois de février entre les deux ennemis qui continuaient à se détester.

(1) *Mémoires de d'Argenson,* édition Janet, t. III.

III

L'ennui du temps et du Roi. — Curiosité de la mort de Louis XV. — Madame de Pompadour s'emparant de l'existence du Roi. — La fertilité des imaginations de la favorite.— Succession de distractions et de dissipations dans une vie de petits voyages. — Les carêmes égayés de musique de Versailles. — Le talent de comédienne de madame de Pompadour. — Le théâtre des *petits appartements*. — Les musiciens, les acteurs et les actrices de la cour. — Le magasin, les accessoires, etc. — Le règlement. — Nouvelle salle de la cage de l'escalier des ambassadeurs. — La gouache de Cochin représentant l'opéra d'Acis et Galatée. — Les moindres rôles disputés comme des faveurs. — Les habits de théâtre de madame de Pompadour.

Manier et travailler Versailles ; plaire, séduire, capter ; ramasser des alliés, conquérir les plus hauts appuis et les plus chaudes amitiés ; s'entourer d'un peuple de créatures, attacher à sa faveur qui naît un monde d'intérêts ; se servir du sourire, de l'amabilité et de tous les ensorcellements de la femme, pour entrer dans l'intimité des princes, la confidence des ministres, les sympathies des individus et la familiarité de la cour ; faire descendre aux complaisances les plus grandes familles de France ; apaiser et gagner l'humeur et l'honneur du courtisan ; attaquer les consciences, récompenser les capitulations ;

organiser autour de la maîtresse une émulation de dévouements et de bassesses par une prodigalité bien entendue des grâces du maître et de l'argent de l'État; — telle est la grande occupation de madame de Pompadour. Mais quelle plus lourde tâche : occuper le Roi, le secouer, l'agiter, le disputer sans cesse, de jour en jour et d'heure en heure, à l'ennui !

Quand une civilisation arrive à son terme dernier et excessif, quand un monde est dans le plein épanouissement d'une corruption exquise, et qu'il a réalisé l'idéal de la vie sociale dans toutes ses délicatesses, dans toutes ses grâces, dans tous ses raffinements; alors que tout est accompli, dans les lois et les mœurs d'un peuple, pour donner l'image la plus charmante d'une société polie, il arrive à l'humanité un mal étrange. Le mal qui saisit l'humanité, dans cette entière jouissance d'elle-même, est une plate et infinie lassitude, un je ne sais quoi qui ôte le goût aux choses et la surprise à la vie, un rassasiement absolu, le désenchantement du désir et de la volonté. Ce malaise étrange est la grande maladie morale du dix-huitième siècle. L'âme humaine, sans assiette, n'ayant rien où se fixer, détachée de tout ce qui la possède et la remplit, de tout ce qui est une foi ou un dévouement, l'âme humaine s'ennuie. L'ennui, voilà le fond de ce siècle, si plein, quand on le coudoie, de lumière, de gaieté, de vivacité, d'empressement à vivre; si rempli, quand on le pratique, de découragements, de langueurs, de profondeurs et de côtés sombres. L'ennui, cette mélancolie de l'esprit, est la grande misère de ce siècle de l'esprit, où tout est esprit, et le cœur même : « Mon fils a le *cœur bête*, » c'est un mot de d'Argenson. Sitôt que ces hommes et ces femmes, si volages, si babillants, si légers, se trouvent seuls et s'épanchent, ils avouent, dans un gémissement, ce vide et ces sécheresses que laissent entre deux soupers la débauche du caprice et le libertinage de l'intelligence. Et cet ennui du temps est une affection si particulière, un état morbide du caractère si accusé et si violent, que le temps lui donne un nom nouveau, un nom immense. Lisez les lettres de madame. du Deffant, les lettres de mademoiselle de Lespinasse, ces confessions psychologiques d'un accent si juste et d'un ton si contemporain; à tout moment, pour peindre leur accablement et le sommeil douloureux de leurs mauvaises heures, elles écrivent : « Je suis tombée dans le néant... Je retombe dans le néant... » comme si, pour baptiser l'ennui du dix-huitième siècle, il n'avait fallu rien moins que ce mot : *néant,* — l'infini du rien !

L'ennui est en haut de ce monde, il est en bas. Il souffle sur toute la nation comme un air mortel qui empoisonne les illusions humaines. Dans le peuple même, l'ennui se formule brutalement : par le suicide; et l'on voit deux soldats déserter la vie de compagnie, uniquement par curiosité de la mort. A mesure que la société monte, l'ennui croît. Le mal grandit avec l'aristocratie de la naissance, de la richesse, de l'intelligence, jusqu'à ce qu'enfin, au sommet de cette société, l'ennui se montre incarné dans le Roi.

Louis XV, en effet, est le grand exemple de l'ennui, comme il en est la grande victime. Ce représentant de l'humanité de son temps, qui en résume, en un type historique si complet, les défaillances et les souffrances, ce maître fait à l'image de la France du dix-huitième siècle, vit et règne rongé et dévoré par le dégoût, la lassitude, un énervement suprême. L'ennui est le mauvais génie du souverain. Il frappe d'impuissance tous les dons heureux de sa nature ; il réduit son intelligence à l'esprit, et il fait son esprit piquant, mordant, sceptique et stérile ; il vieillit, désarme et éteint sa volonté ; il étouffe sa conscience comme ses appétits de roi. Il dégrade, en un mot, jusqu'à l'indifférence, ce souverain qui se dérobe à son histoire et abdique la France. L'abbé Galiani disait de Louis XV qu'il faisait le plus vilain métier, le métier de roi, le plus à contre-cœur possible : et c'est tout le portrait du monarque. Contraste étrange ! Après ce comédien superbe de l'autorité et de la majesté royales, si noble, si passionné, si convaincu, si héroïque, après Louis XIV, ce Louis XV qui semble, non plus l'acteur, mais le public de la royauté ; ce Louis XV qui regarde tout de cet observatoire et de cette hauteur abritée que la guerre du temps appelait un *Mont-Pagnote :* « Ah ! Sire, lui disait le marquis de Souvré, c'est un lieu où vous serez bien mal, vos ancêtres n'y ont jamais fait bâtir de maison! » Ne croirait-on pas par moments qu'il assiste à son règne comme à une cérémonie solennelle, fatale et insupportable, ou plutôt comme à une mauvaise pièce? Il bâille et il siffle. Mais l'homme qui est derrière le Roi, l'homme que le monarque trahit si bien, l'homme dans Louis XV est un abîme d'ennui. L'ennui le possède véritablement. L'ennui est le démon, le bourreau familier de sa lente existence, de ses heures lourdes, de sa paresseuse et splénétique humeur, de son cœur égoïste et desséché. Tout chez lui, et jusqu'à ses passions, relève de l'ennui et succombe à l'ennui, si bien que cette histoire que nous écrivons, cette histoire des amours d'un roi est l'histoire de l'ennui d'un homme. Et à cet ennui qu'il partage avec ses sujets, se mêle encore chez le Roi l'appétit de la mort dont il aime à s'entretenir, dont il recherche le spectacle. « Vous voyez bien cette petite hauteur, — disait Louis XV, un jour qu'il se rendait à Crécy avec madame de Pompadour et madame de Mirepoix, — il y a des croix et c'est certainement un cimetière, allez-y et voyez s'il y a quelque fosse nouvellement faite. » L'écuyer, après un temps de galop, revenait avec cette réponse : « Il y en a trois toutes fraîchement faites. » Une curiosité à la Hamlet dont la petite maréchale relevait l'étrangeté disant gaiement : « En vérité, c'est à faire venir l'eau à la bouche (1). »

---

(1) *Mémoires de madame du Hausset.*

Là est le grand secret de la faveur de madame de Pompadour, et la grande raison de cette longue domination que la mort seule put finir. Elle eut le génie, la patience et l'esprit, sinon de distraire absolument, au moins de caresser, d'adoucir et d'amuser le mal du Roi. Elle l'enleva à ses souffrances avec une charité plus savante, avec des mains plus légères qu'aucune autre maîtresse. Une intuition plus complète du tempérament moral du Roi, un tact plus exercé et plus délicat de sa sensibilité nerveuse, une plus grande connaissance de tous les accords de son caractère; la qualité rare de donner à tout ce qu'elle était, à tout ce qu'elle touchait, à sa beauté comme au plaisir, un charme de renouvellement, une séduction de surprise; une imagination vive, un esprit changeant et souple, une causerie animée et voltigeante, cette science et ces dons faisaient de madame de Pompadour la plus admirable et la plus excellente berceuse de l'ennui d'un Louis XV. Et ce fut elle qui, par la succession de la distraction et la continuité du mouvement, la variété qui ôte l'insipidité à l'habitude, la nouveauté, l'agitation, l'entraînement, apporta le plus d'oubli et le plus de soulagement à l'âme du Roi, lui procura les moins passagères délivrances, les plus longues activités, et lui rendit le mieux le goût de la vie.

Madame de Pompadour s'empare de l'existence de Louis XV. Elle lui prend, elle lui tue tout son temps. Elle lui dérobe la monotonie des heures. Elle use et hâte ses journées. Elle le tire par mille passe-temps de cette éternité d'ennui qui tient entre un matin et un soir. Elle le remplit et l'occupe, sans l'abandonner un moment, sans lui permettre de retomber sur lui-même. Elle l'enlève au travail, le dispute aux ministres, le cache aux ambassadeurs, l'arrache à la royauté. Elle ne veut dans son regard ni le nuage, ni le souci des affaires, dans son esprit ni l'ombre d'une préoccupation, ni la fatigue d'une réflexion. Elle endort le maître comme dans une sinécure de dieu, disant à Maurepas en train de lire ses rapports au Roi : — *Allons donc! monsieur de Maurepas, vous faites venir au Roi la couleur jaune..... Adieu, monsieur de Maurepas* (1). » Et Maurepas sorti, elle reprend le Roi, elle sourit à l'amant, elle égaye l'homme.

Ce sont ces enfantillages, ces badineries délicieuses dont la façon et l'agrément ne sont qu'à elle ; ou bien sa jolie voix dit un joli air, ou bien ses doigts font chanter le clavecin; ou bien, comme une Scheherazade, elle efface du front du Roi le pli des affaires avec un de ces récits piquants, une de ces histoires lestes et vives, un de ces romans tout fraîchement décachetés, quelqu'une de ces Mille et une Nuits du dix-huitième siècle qu'elle conte si bien.

Elle tient Louis XV, elle le promène et l'emporte avec elle de divertissement en divertissement. Elle remue et secoue ses apathies par une incessante

---

(1) *Mémoires du maréchal duc de Richelieu,* t. VIII.

invention de distractions et de dissipations, par une création journalière du plaisir, par le déplacement, par la vitesse, par les courses qui brûlent le pavé, par le train errant des voyages et la brièveté des séjours, par ces allées et venues de Versailles à Crécy, de Crécy à la Celle, de la Celle à Bellevue, de Bellevue à l'Hermitage de Compiègne, de l'Hermitage de Compiègne à l'Hermitage de Fontainebleau (1); tourbillon endiablé et enchanté d'une vie toujours fouettée et toujours changeante où la favorite roule, en les étourdissant, la pensée et le corps de Louis XV!

Tous ces plaisirs épuisés, madame de Pompadour songeait à distraire son amant par un plaisir nouveau dont nulle maîtresse de Louis XV n'avait encore eu l'idée.

Déjà depuis quelques carêmes, afin d'égayer la religion du Roi et ses remords, madame de Pompadour lui accommodait la semaine sainte à la façon d'un opéra : elle lui donnait dans ses appartements des concerts spirituels et de grands motets où elle chantait elle-même avec madame Marchais, madame de l'Hôpital, madame de la Salle, le vicomte de

(1) Madame de Pompadour semble avoir eu un moment la pensée de promener l'ennui du monarque par tout son royaume. C'est ainsi qu'elle organisait et faisait adopter par le Roi un voyage au Havre, où elle arrivait accompagnée du duc de Chartres, du prince de Clermont, du duc de Penthièvre. Au Havre, on représentait, en l'honneur de la favorite qui n'avait jamais vu la mer, un combat naval, et elle était invitée à poser la première cheville d'un bâtiment marchand, baptisé *le Gracieux*. Les frais du voyage, qui coûta, dit-on, un million, décidaient le Roi à s'en tenir à cette première promenade.

Rohan, M. d'Ayen fils, que soutenaient les plus belles voix de Paris, mademoiselle Fel et Jéliotte et les musiciens des cabinets.

Mais ce n'était là qu'un essai et qu'un acheminement ; et par ces cantiques mondains, qui adoucissaient un instant les mélancolies du Roi, madame de Pompadour le préparait à la distraction du théâtre. Le théâtre avec ses ressources variées, son spectacle changeant, ses illusions parlantes, avec sa magie, son intérêt, toutes les prises sur l'attention physique et l'attention intellectuelle, ne devait-il pas être aux yeux de madame de Pompadour le plus sûr et le plus heureux moyen d'intéresser les sens du Roi, de renouveler son imagination, de le faire vivre quelques heures loin des réalités et des affaires de sa vie royale, dans le mensonge enchanté d'une fiction animée et d'un rêve vivant? Et quoi de mieux, en effet, pouvait se présenter à l'esprit d'une favorite pour donner à un roi ce que Pascal appelle la plus grande félicité d'un roi : le divertissement de lui-même et l'empêchement de penser à soi?

D'ailleurs ce n'étaient point seulement les intérêts, c'étaient encore les instincts de madame de Pompadour qui la portaient au théâtre. Son esprit comme ses grâces étaient de leur temps, de ce temps possédé, jusqu'au plus bas de la bourgeoisie, de la passion de la comédie de société. Les goûts de la femme s'accordaient donc avec les calculs de la favorite, et, non moins que son désir d'occupation du Roi et de domination de la cour, le souvenir et le regret de ses succès passés la poussaient à retrouver sur un théâtre royal les applaudissements dont elle avait eu l'ovation et la joie sur le théâtre de M. de Tournehem à Étioles, sur le théâtre de madame de Villemur à Chantemerle.

Il suffisait pour décider la volonté du Roi de décider sa curiosité. Tâche facile! à laquelle s'employaient avec ardeur tous les amis de madame de Pompadour. Le duc de Richelieu qui avait vu madame de Pompadour jouer à Chantemerle, le duc de Nivernois et le duc de Duras qui y avaient joué avec elle, jetaient dans l'oreille et dans l'esprit du Roi les mots et les idées de spectacle, de comédie; ils lui parlaient des talents de sa maîtresse, de tous les agréments qu'elle n'avait pas encore eu l'occasion ni la satisfaction de lui montrer. Le Roi, entouré et séduit, allait au-devant des vœux de madame de Pompadour; il souriait à la création d'un petit théâtre. Et une scène s'élevait comme par un coup de baguette dans une galerie attenant au Cabinet des Médailles et qui d'abord fut appelé : *Théâtre des petits appartements.*

Les pièces étaient choisies, la troupe formée, les répétitions organisées, madame de Pompadour associait le Roi à son activité, elle triomphait de ses antipathies, elle lui faisait partager ses impatiences, et c'était une pièce de Molière, le *Tartufe,* qui inaugurait ce théâtre intime et sans étiquette où, pour la première fois en France, la présence personnelle du Roi laissait au public la liberté de ses manifestations et lui permettait l'applaudissement. Cette première représentation avait lieu le 17 janvier 1747. Autour du Roi, assis sur une simple chaise à dos, il y avait en tout un public de quatorze personnes parmi lesquelles on nommait madame d'Estrades, madame du Roure, M. le maréchal de Saxe, M. Tournehem, M. de Vandières, Champcenetz, son fils, et quelques autres gens de la grande domesticité. Le prince de Conti, le maréchal de Noailles, le comte de Noailles, qui avaient demandé d'assister au spectacle, avaient été refusés. M. de Gesvres, quoique des Menus, n'avait pas eu la permission de s'y montrer. Il n'y avait point de musiciens de profession à l'orchestre, mais seulement M. de Chaulnes, M. de Sourches, M. de Dampierre, gentilhomme des Menus Plaisirs.

Les actrices étaient : madame de Pompadour à laquelle, au sortir d'une de ces représentations, Louis XV allait dire : « Vous êtes la plus charmante femme qu'il y ait en France, » madame de Sassenage, madame la duchesse de Brancas, madame de Pons. Les acteurs étaient MM. de Nivernois, d'Ayen, de Meuse, de la Vallière, de Croissy qui joua même fort bien (1).

(1) *Mémoires du duc de Luynes*, t. VIII. — Le 24 février, on jouait sur le petit théâtre LE PRÉJUGÉ A LA MODE de Lachaussée et L'ESPRIT DE CONTRADICTION de Dufresny. — Le 27 février, à une représentation où assistaient pour la première fois le Dauphin et la Dauphine, madame de Pompadour se montrait excellente dans le rôle de *Colette* des TROIS COUSINES de Dancourt. — Le 22 mars, devant un public plus nombreux qu'à l'ordinaire, et où s'étaient fait admettre les Noailles, le duc d'Aumont, la maréchale de Duras, madame de Pompadour, après

Le théâtre des cabinets était bientôt un théâtre parfaitement organisé et monté. Madame de Pompadour lui avait donné pour directeur le meilleur

avoir joué le rôle de *Constance* dans LE PRÉJUGÉ A LA MODE, chantait l'opéra d'ÉRIGONE.

Les spectacles ne recommençaient que l'hiver suivant sur le petit théâtre un peu modifié et amélioré. Le 21 décembre était représenté LE MARIAGE FAIT ET ROMPU avec la parodie d'Ismène, le 30 décembre L'ENFANT PRODIGUE de Voltaire avec ZÉNÉIDE.

L'*Enfant prodigue* était ainsi monté

Rondon	*Le duc de Chartres.*
Fiérenfat	*M. de Croissy.*
Euphémion père	*M. de la Vallière.*
Euphémion fils	*M. de Nivernois.*
Jasmin	*Le marquis de Gontaut.*
Lise	*Mme de Pompadour.*
La baronne de Croupillac	*Mme de Brancas.*
Marthe	*Mme de Livry.*

Le 10 janvier, LE TARTUFE était repris; le 13, c'étaient LES DEHORS TROMPEURS OU L'HOMME DU JOUR AVEC EGLÉ, LE MÉCHANT de Gresset, dont le rôle de *Valère* était mieux joué par le duc de Nivernois que par Roselly qui l'avait créé. Voici la distribution :

Cléon	*M. le duc de Duras.*
Géronte	*M. le duc de Chartres.*
Ariste	*M. de Maillebois.*
Valère	*M. de Nivernois.*
Frontin	*M. de Gontaut.*
Un laquais	*M. de Clermont d'Amboise.*
Florise	*Mme de Brancas.*
Chloé	*Mme de Pons.*
Lisette	*Mme de Pompadour.*

La soirée fut terminée par une pantomime intitulée LE PÉDANT où le marquis de Langeron, habillé en marmot et coiffé d'un bonnet gigantesque, était mené par la petite Durand déguisée en nourrice « au moyen d'un corset garni de fausse gorge ».

Le 26 février, LES DEHORS TROMPEURS de Boissy avec ALMASIS; le 27, RAGONDE où Mme de Pompadour aborda les travestis et joua, costumée en homme, le rôle de Colin; le 28 mars, LA VUE DU BALLET DES SENS; le 30, ÉGLÉ, LA VUE et LA CLÉOPATRE DES FÊTES GRECQUES ET ROMAINES.

La pièce d'inauguration sur le théâtre de l'escalier des Ambassadeurs

gouverneur de comédies de France, le duc de la Vallière; pour souffleur, son secrétaire et biblio-

fut LES SURPRISES DE L'AMOUR, dont la représentation eut lieu le 27 novembre 1748. Le 10 décembre, TANCRÈDE. Le 12 décembre, LA MÈRE COQUETTE de Quinault suivie de L'OPÉRATEUR CHINOIS. Une foire de village toute animée et toute bruyante de porteurs de chaises, de vendeuses de chansons, de bouquetières, de marchandes de tisane, de marchands de café arméniens, de garçons pâtissiers, de paysans, de boutiques, de théâtres d'opérateurs, de théâtres de marionnettes, où passent et repassent des *Chinois, trois innocentes,* un *niais*, des Allemands. C'est une assez réjouissante pierrotade, où le marquis de Langeron, en philosophe, tâchait de prendre les *Innocentes* au moyen d'une ligne amorcée avec une dragée, et où le marquis de Courtanvaux, magnifiquement costumé à la chinoise, arrachait au *niais* une dent monstrueuse.

Le 23 décembre, le prologue des ÉLÉMENTS et PHILÉMON ET BAUCIS... le 23 janvier 1749, le PROLOGUE DE PHAÉTON et l'opéra D'ACIS ET DE GALATÉE... le 13 février, JUPITER ET EUROPE, LES SATURNALES, ZÉLIE; le 26 février, la première représentation de SILVIE où madame de Pompadour jouait entre les deux femmes qu'elle aimait mieux avoir à côté d'elle sur les planches : madame de Marchais, madame Trusson. L'on terminait la saison par la représentation du PRINCE DE NOISY, qui passa pour le plus bel opéra qu'on eût monté sous le rapport des décorations dans la salle des petits appartements.

Au mois de novembre 1749 avait lieu la réouverture du théâtre par la représentation de la pastorale d'ISSÉ. Cet opéra était suivi de la représentation du PHILOSOPHE MARIÉ de Destouches. Ce jour on avait inauguré dans la salle, dessiné en 1749 par Cochin, un nouveau balcon qui permettait de recevoir un plus grand nombre de monde. Les cérémonies du jour de l'an terminées, le théâtre rouvrait le 10 janvier 1750 par une seconde représentation des DEHORS TROMPEURS, et de ce jour jusqu'au 28 février, dernier jour du joli petit théâtre, se succédaient : les FÊTES DE THÉTIS, le PRÉJUGÉ A LA MODE, la reprise d'ÉRIGONE, la JOURNÉE GALANTE par Laujon, la tragédie d'ALZIRE de Voltaire, enfin la reprise du MÉCHANT, qui fut la pièce de clôture.

Le Roi venait de décider qu'il n'y aurait plus de comédies et de ballets à Versailles et que, dorénavant, les spectacles particuliers auraient lieu au château de Bellevue, récemment construit par la marquise.

Le Roi était un peu effrayé de la cherté de la distraction, mais peut-être encore plus intimidé par l'attaque d'un livre qui, à propos de cette maîtresse du Roi « devenue une sauteuse en titre et en office, lui disait ne pas penser que le dernier des Gygès fut mort en Lydie ».

thécaire, l'abbé de la Garde. L'orchestre était des plus parfaits, et madame de Pompadour y avait fait asseoir, à côté des artistes de la musique du Roi, les amateurs les plus renommés du royaume, le prince de Dombes, rival de Marlière sur le basson, le marquis de Sourches, si habile sur la viole, et M. de Courtomer, le violon émule de Mondonville. Dehesse, acteur de la Comédie italienne, menait et réglait les ballets. Bury dirigeait le spectacle chantant et les chœurs.

La troupe du théâtre de madame de Pompadour, — une troupe où le duc de Chartres avait peine à se faire recevoir! — était des plus complètes aussi bien que des mieux nées. Elle comptait, en femmes, madame de Sassenage, madame de Pons, madame de Brancas, si habiles comédiennes dans le *Tartufe*, et la jeune madame de Livry, si jolie en fille de meunière. Les rôles d'opéra étaient tenus par madame de Marchais, madame de Brancas et madame Trusson. La troupe s'enorgueillissait de posséder ce rare comédien, le Valère admirable du *Méchant* (1) dont le jeu faisait parfois la leçon au Théâtre-Français, le duc de Nivernois. C'étaient encore de bons acteurs que le marquis de Voyer,

(1) Cette comédie, plusieurs fois jouée, eut le succès d'une lanterne magique où dans le personnage du *Méchant* les gens de la cour croyaient reconnaitre un des leurs. On se disaità l'oreille que, pour ce type, Maurepas avec ses bons mots et ses saillies, le duc d'Ayen avec ses discours dénigrants et extrêmes, avaient servi de modèle au poëte comique. Et l'on citait encore, comme inspirateur du type, — tant le nombre des *Méchants* était nombreux à Versailles, — le comte d'Argenson, le comte de Choiseul, etc.

Croissy, Clermont d'Amboise. Le comte de Maillebois jouait à merveille dans le *Mariage fait et rompu* de Dufrény. La Vallière excellait dans les baillis, et le duc de Duras dans les Blaise.

Les chanteurs étaient Clermont d'Amboise, Courtanvaux, Luxembourg, d'Ayen, Villeroy. Dupré et Balletti avaient formé à la danse le duc de Beuvron, le comte de Melfort, le prince de Hesse et le comte de Langeron. Et pour compléter la danse, un bataillon de figurants et de figurantes de neuf à douze ans, un opéra en miniature où l'on remarquait déjà la Puvigné, la Camille et la Dorfeuille, soutenait les danseurs seuls. La troupe possédait un copiste de musique, un perruquier qui était Notrelle, le perruquier des Menus-Plaisirs, si renommé pour ses perruques *sublimes* de dieux, de démons, de héros, de bergers, de tritons, de cyclopes, de naïades et de furies (1). Elle avait sept tailleurs qui allaient prendre les mesures à Versailles, des habilleuses qui s'appelaient la Gaussin et la Dangeville. Elle avait des magasins, des souliers de danse, des bas de soie à 15 livres, des chaussures à la romaine et des perruques à la romaine, des moustaches noires, des crêtes de crin couleur de feu, deux cent deux habits d'hommes, cent cinquante-trois habits de femmes, et des galons, réseaux, franges, paillettes et fanfreluches d'or et d'argent pour la somme de deux mille cent trente livres. Elle possédait tous les ustensiles

---

(1) État actuel de la musique du Roi, 1767.

convenables et imaginables, les accessoires du Tartare et des Champs-Élysées, les provisions d'un embarquement pour Cythère et d'un pèlerinage à Paphos : douze bourdons bleus et argent et douze gourdes, quatre houlettes d'argent garnies en bleu, une massue modelée en carton, une poignée de serpents à ressorts, — et encore ces armes parlantes de madame de Pompadour, une roue de fortune et une baguette de magicienne!

C'était vraiment un théâtre auquel rien ne manquait, pas même un règlement, des lois, une charte. Madame de Pompadour avait donné un code à sa troupe, et dix articles dictés par elle réglaient les conditions d'admission d'un sociétaire.

I

Pour être admis comme sociétaire, il faudra prouver que ce n'est pas la première fois que l'on a joué la comédie, pour ne pas faire son noviciat dans la troupe.

II

Chacun y désignera son emploi.

III

On ne pourra, sans avoir obtenu le consentement de tous les sociétaires, prendre un emploi différent de celui pour lequel on a été agréé.

IV

On ne pourra, en cas d'absence, se choisir un

double (droit expressivement réservé à la société qui nommera à la majorité absolue).

V

A son retour, le remplacé reprendra son emploi.

VI

Chaque sociétaire ne pourra refuser un rôle affecté à son emploi, sous prétexte que le rôle est peu favorable ou trop fatigant.

Ces six premiers articles sont communs aux actrices comme aux acteurs.

VII

Les actrices seules jouiront du droit de choisir les ouvrages que la troupe doit représenter.

VIII

Elles auront également le droit d'indiquer le jour de la représentation, de fixer le nombre des répétitions et d'en désigner le jour et l'heure.

IX

Chaque acteur sera tenu de se trouver à l'heure très-précise, .désignée pour la répétition, sous la peine d'une amende que les actrices fixeront entre elles.

X

On accorde aux actrices seules la demi-heure de grâce, passé laquelle l'amende qu'elles auront encourue sera décidée par elles seules.

Copie de ces statuts sera donnée à chaque sociétaire ainsi qu'au directeur et au secrétaire qui sera tenu de les apporter à chaque répétition (1).

Enfin, le théâtre des petits appartements avait ses billets. Dans une carte grande comme une carte à jouer, où était écrit le mot *Parade,* la pointe spirituelle de Cochin avait jeté sur un balcon de tréteaux une Colombine au corps de robe agrémenté de nœuds de rubans comme la robe de la Silvia dans le portrait de Latour; elle minaude l'étonnement et joue de l'éventail, tandis qu'à côté d'elle Léandre, en manchettes, le coude à la rampe de bois et la main sur son cœur, lui déclare son amour, au nez de Pierrot qui passe la tête par le rideau du fond : telle était cette contre-marque galante, le « Sésame, ouvre-toi » du théâtre de madame de Pompadour (2).

Le théâtre des petits appartements était cependant vraiment trop petit, et la scène trop éloignée des spectateurs. Qu'arrivait-il? On profitait du voyage annuel de la cour à Fontainebleau pour construire une salle nouvelle que l'on installait dans la cage du grand escalier de marbre des Ambassadeurs. Ce théâtre mobile était un chef-d'œuvre de machination; quatorze heures suffisaient pour le démonter, vingt-quatre heures pour le remonter (3).

---

(1) Laujon, *Essai sur les Spectacles des petits cabinets.*
(2) Une de ces cartes d'entrée est conservée au département des Estampes.
(3) *Mémoires du duc de Luynes,* t. IX. — Ce théâtre passa dans le public pour avoir coûté horriblement cher. L'on parlait de deux millions. Le bruit en vint aux oreilles de madame de Pompadour, qui, un

Le 27 novembre 1748, le nouveau théâtre ouvrait. Il pouvait maintenant, dit le duc de Luynes, contenir quarante spectateurs et quarante musiciens ; il avait deux balcons réservés aux courtisans les plus favorisés ; il y avait aussi des gradins établis au-dessous de la galerie où étaient établis au milieu les siéges réservés au Roi et à la famille royale.

Mais, à propos de cette salle, ce que les documents imprimés peignent, même avec tout le détail imaginable, d'une manière si vague, un dessin nous le montrera comme si nous avions sous les yeux le spectacle élevé sur l'escalier des Ambassadeurs. Oui ! une aquarelle gouachée de Cochin que nous avons eu la bonne fortune de rencontrer chez M. de la Béraudière (1), va nous faire assister au troisième acte de la pastorale héroïque d'Acis et Galatée au

jour, dit tout haut à sa toilette : « *Qu'est-ce que l'on dit que le nouveau théâtre que le Roi vient de faire construire sur le grand escalier lui coûte deux millions? Je veux bien que l'on sache qu'il ne coûte que vingt mille écus et je voudrois bien savoir si le Roi ne peut mettre cette somme à son plaisir.* » Le duc de Luynes rapporte qu'à quelques jours de là, Louis XV rappelait au contrôleur général qu'il lui avait donné pour cet objet cinq fois 15,000 fr., c'est-à-dire 75,000 francs.

(1) C'est le dessin qui figure en 1781 sous le n° 304 dans la vente du marquis de Ménars, le frère de madame de Pompadour. Il est décrit dans ces termes : « La Représentation de l'opéra d'Acis et Galatée, prise de la coupe du théâtre de la petite salle de spectacle élevée sur l'escalier des Ambassadeurs à Versailles, faite à gouache (H. 6 p. L. 15 p.). Ce dessin est signé : *C. N. Cochin filius pinx.* 1749. Il fut acheté 37 l. 1 s. par un sieur Pichenau. J'ai eu le plaisir d'apprendre à M. de la Béraudière, ignorant du sujet représenté, le curieux dessin historique qu'il possédait.

moment où Polyphème, du haut de son rocher, s'écrie :

> Tu mourras, téméraire, et Jupiter lui-même
> Ne sçauroit dérober ta tête à mon courroux (1) !

Et voici le théâtre, et la salle, et le brillant parterre, et l'illustre orchestre où le prince de Dombes, le Saint-Esprit sur la poitrine, souffle dans un basson.

Le roi en habit gris a Marie Leczinska à sa droite, Marie Leczinska reconnaissable à cette toilette de vieille femme qu'elle prit toute jeune, à cette coiffure qu'on appelait un *papillon noir*. Derrière la reine sont Mesdames, les filles du roi. Au second rang à droite et à gauche jusqu'aux deux bouts de la galerie se tient assise ou debout, appuyée sur des cannes à bec de corbin, la fleur de l'aristocratie française.

La petite salle bleu et argent est charmante et digne d'être recréée, par un architecte de ce temps. Sur les légers nuages d'un ciel d'été peint au plafond, se détache une balustrade à l'italienne, dont les balustres dorés sont surmontés de distance en distance par des jeux d'enfants autour d'un vase chantourné. Au dessous de l'entablement d'élégantes consoles reposent sur des pilastres qui dessinent aux murs de grands panneaux alternés de panneaux

---

(1) Acis et Galatée, *Divertissement du Théâtre des Petits Appartements pendant l'hiver de* 1748 *à* 1749. — Je possède de cette réunion rare, formant 4 volumes, un exemplaire en maroquin rouge avec une large dentelle sur les plats, un exemplaire dont la favorite faisait cadeau aux personnes de sa société.

étroits, où, sur une tenture bleue aux arabesques d'argent, se détachent de grands cartels dorés figurant des Amours au milieu d'attributs. La galerie ornée de têtes et de masques en relief se renfle devant le Roi en un balcon ventru d'un charmant rococo. Des marbres de couleur égayent le pourtour du parterre et de l'orchestre.

Le monde élégant et coquet qui est là a le livret de la pastorale à la main. Dans le nombre des habits noirs coupés par un cordon bleu, éclatent çà et là comme des coquelicots, quelques rares habits rouges. Et c'est au parterre la plus charmante et la plus spirituelle réunion de petites têtes poudrées, serrées les unes contre les autres, écoutant, regardant, souriant.

Sur le théâtre qui représente un espace de terre aride et déserte bordée par des montagnes, on voit Polyphème sur le mont Etna prêt à lancer son rocher sur Acis en tonnelet et en bombe.

Quant à l'actrice principale, quant à madame de Pompadour que Cochin a peinte avec tant de soin et tant d'application que la tête est presque en relief sous les touches successives de gouache, elle est représentée dans ce galant costume d'opéra que décrivent les papiers de l'Arsenal : « Grande jupe de taffetas blanc, peinte en rozeaux, coquillages et jets d'eau avec broderie de frisé d'argent bordée d'un rézeau chenillé vert, corset de taffetas roze tendre, grande draperie drapée de gaze d'eau argent et vert à petites raies avec armures d'une autre gaze d'eau, bracelets et ornements du corps de la même gaze d'eau, garnis de rézeau argent chenillé vert. La mante de gaze verte et argent à petites raies..... le tout orné de glands et de barrières de perles (1). »

Ce théâtre, dont les représentations se succédaient sans autre interruption que les chasses du Roi, devenait presque un gouvernement dans Versailles. Il ne tardait pas à attirer à lui toute l'attention de la cour, et tous les empressements des courtisans. En mettant aux mains du Roi une direction qui l'amusait, il mettait aux mains de la favorite une nouvelle source de faveurs, et une nouvelle occasion de domination. La liste des entrées était assiégée par des ambitions et des sollicitations aussi vives que la feuille des bénéfices ; et ces approches intimes du Roi, dont disposait la favorite, lui acquéraient une influence cachée au public, mais réelle, effective et croissante. Le public, soigneusement trié dans tout Versailles, était petit, choisi, et à la dévotion de la maîtresse. Le fond en était formé de sa famille, de ses amis, de ce qu'on pourrait appeler sa cour : son frère Vandières, son oncle Tournehem, le maréchal de Saxe, les deux Champcenets, ma-

---

(1) Dans la pastorale d'Acis et Galatée, le rôle d'Aminte bergère était rempli par madame Marchais. C'était le vicomte de Rohan qui faisait Acis, le chevalier de Clermont qui faisait Tircis et Neptune, le marquis de la Salle Polyphème. Il y avait encore parmi les suivants de Polyphème le marquis de Courtanvaux et parmi les suivants de Neptune le marquis de Langeron.

dame d'Estrades, madame du Roure. Madame de Pompadour y admettait encore les acteurs, qui avaient leurs entrées dans la salle soit qu'ils jouassent ou ne jouassent pas, et les actrices qui prenaient place, lorsqu'elles ne jouaient pas, dans la loge située le long des coulisses, et où madame de Pompadour s'était réservé deux places, dont l'une était toujours offerte par elle à son amie, la maréchale de Mirepoix. La favorite donnait encore l'honneur et la satisfaction des entrées aux auteurs dont les ouvrages étaient représentés sur le théâtre des cabinets, et le droit au compositeur de battre la mesure de sa musique à l'orchestre. Elle laissait tomber assez souvent une invitation sur Coigny fils, le marquis de Gontaut, Guerchy, l'abbé de Bernis ; de loin en loin, sur les présidents Hénault et Ogier, le maréchal de Duras, Grimberghen : invitations disputées, jalousées, et dont elle faisait postuler la distinction aux plus gros seigneurs de la cour, aux plus grands noms du royaume. Et que d'autres ambitions, et d'autres sollicitations encore, pour la distribution des rôles ! Voilà qui mettait la troupe, et tous les aspirants à la troupe, à la discrétion de madame de Pompadour. Les rôles les moindres, les *utilités,* la plus petite part à la comédie, étaient disputés, enlevés à coups d'intrigue ou d'adresse, comme la plus glorieuse et la plus intéressante des grâces. C'est ainsi que madame du Hausset, la femme de chambre de madame de Pompadour, éconduite par d'Argenson auquel elle demandait une lieutenance du Roi, trouvait dans l'antichambre le marquis de Voyer, le fils du ministre, qui lui promettait sa lieutenance contre le rôle d'exempt dans le *Tartufe* qu'on allait jouer dans les cabinets. « La chose fut faite, dit madame du Hausset, j'obtins mon commandement, et M. de V... remercia Madame, comme si elle l'eût fait faire duc. »

Avant tout, par le théâtre, madame de Pompadour fixait et occupait le cœur et les yeux du Roi. Le théâtre était le triomphe de la femme et de l'actrice. Elle y était sans rivale, et y brillait au premier rang. Elle déployait dans la comédie sa vivacité, sa finesse, l'art du bien-dire, l'esprit du ton, la malice du regard. Elle révélait dans l'opéra toutes les caresses et tous les enchantements de sa voix. Chanteuse et comédienne, il semblait que deux muses eussent doté le berceau de cette enfant gâtée du dix-huitième siècle : la Muse du chant, et la Muse du sourire. Et que de moyens d'être aimable, et que de façons d'être belle ! Que de coquets accommodements, que de métamorphoses dans cette toilette de théâtre d'une fantaisie si diverse et si charmante ! Que de merveilles inventaient pour elle les ciseaux de Supplis, le fameux tailleur pour femmes ! C'étaient tantôt les ajustements fripons et agaçants de la comédie, un habit de petite fille ou de paysanne, un corset, une jupe et des basques de taffetas blanc garnis de découpures bleues, ou bien un corps de robe de taffetas bleu autour duquel volaient des volants de gaze, ou bien un domino de taffetas blanc garni de fleurs, ou bien la veste rose de Colin.

Tantôt elle paraissait dans l'habit à la grecque du prince de Noisy ; son armure de gaze d'or bouillonnée était garnie de plumes nuées ; sur ses manches de moire d'Angleterre l'argent se jouait avec des agréments d'or ; un taffetas vert d'eau doublait sa mante de gaze d'or ; un réseau d'argent et des franges à graines d'épinard garnissaient son écharpe en ceinture. Tantôt elle se coiffait du chapeau de paille fleuri d'Églé, le chapeau de paille sous lequel un de ses portraits nous la représente. Un autre jour, madame de Pompadour empruntait sa parure à l'Orient de la Jérusalem délivrée : elle était Herminie, elle était Almasis ; la voici avec un *doliment* de satin cerise garni d'hermine découpée, avec une jupe de satin bleu peinte en broderie d'or, pailletée d'or, brodée d'un *milleray* d'or. C'est elle encore sous cet habit à l'asiatique, la jupe de taffetas rose brodée en découpures argent, le corset de canevas, la jupe festonnée d'argent, la draperie et la mante imprimées d'argent et fleuries de taffetas de couleur.

D'autres fois, l'opéra lui jetait aux épaules la garde-robe de l'Olympe, et elle descendait sur la scène dans ces déguisements de déesses, nuages de gaze et de blonde ! Elle faisait briller les étoiles d'argent brodées en paillettes sur la jupe d'Uranie. Elle était la mère des Amours, Vénus elle-même, dans un habit de mosaïque d'argent, festonné de taffetas peint, chenillé argeut et bleu, frangé d'argent, et traînant avec la majesté d'un manteau royal une grande queue d'étoffe bleue à mosaïque d'argent... Imaginez la séduction de toutes ces transformations, de tant de costumes, qui semblaient multiplier la beauté de la favorite, en en renouvelant à chaque rôle la physionomie et le charme; imaginez l'effet de toutes ces toilettes, alors une magie, un rayon, un éblouissement! aujourd'hui un inventaire, un peu de papier froid et mort où les mots font l'effet de la poussière des ailes d'un papillon (1).

(1) Voir à l'appendice les habits de théâtre de madame de Pompadour.

IV

Les vers sur le bouquet de jacinthes. — Confiance de Maurepas dans l'habitude du Roi. — Les craintes affectées de madame de Pompadour d'être empoisonnée. — Maurepas exilé (25 avril 1749). — Commencement de la puissance politique de la favorite. — Honneurs et prérogatives de madame de Pompadour. — Elle est créée duchesse (12 octobre 1752). — Alexandrine d'Étioles. — Projets de mariage avec un fils du Roi, un fils de Richelieu, un fils du duc de Chaulnes. — Mort d'Alexandrine. — Le père Poisson fait de Marigny. — Correspondance autographe de la fille avec le père. — Abel Poisson, marquis de Vandières. — Son voyage d'Italie et la correspondance autographe de sa sœur. — Les tentatives de madame de Pompadour pour marier son frère. — Mariage de M. de Marigny avec mademoiselle Filleul et le triste ménage des deux époux.

Au milieu de ces plaisirs, et par ces plaisirs même, madame de Pompadour grandissait et élargissait le cercle de son pouvoir ; chaque jour la voyait s'approcher davantage de la royauté, affecter un ton plus assuré d'autorité, et jouer plus sérieusement avec l'exercice de la souveraineté.

Un jour que M. de Maurepas se trouvait chez le Roi, madame de Pompadour demande la levée d'une lettre de cachet. « *Il faut que M.*** revienne* », et se tournant vers le ministre, elle lui donne l'ordre au nom du Roi ; et comme Maurepas objecte : « Il faut que sa Majesté l'ordonne... — Faites ce que veut Madame, » dit Louis XV (1).

Agacé de cette toute-puissance, d'une pareille prise de possession de la volonté du Roi, de ce pouvoir qui va s'affermissant et que rien n'ébranle, pas même des chansons (2), Maurepas perdait toute réserve. Son étourderie et son indiscrétion ne se contenaient plus ; son esprit, auquel il lâchait bride, s'emportait jusqu'à l'insulte, et sa muse allait à ces brutalités qui frappent une femme dans sa faiblesse et l'outragent dans son sexe. A la suite d'un souper dans les cabinets, entre le Roi, la comtesse d'Estrades, madame de Pompadour et Maurepas, le ministre lançait le cruel et fameux à-propos sur le bouquet de jacinthes blanches que madame de Pompadour avait rompu pendant le souper et qu'elle avait semé sous ses mules (3).

---

(1) *Mémoires du marquis d'Argenson,* édition Janet, t. II.

(2) Derrière les chansons, dit le cardinal de Bernis, il y avait une cabale sourde travaillant à faire revenir sans doute, à son insu, madame de Mailly qui jouait à Paris le rôle de Madeleine repentante. (*Mémoires inédits du cardinal de Bernis.*)

(3) Par vos façons nobles et franches,
  Iris, vous enchantez nos cœurs ;
  Sur nos pas vous semez des fleurs,
  Mais ce ne sont que des fleurs blanches.

« Richelieu, disent les *Mémoires de Maurepas,* fit circuler ces vers. En vingt-quatre heures ils furent aussi connus et aussi multipliés que si on avait employé la presse, tant était détestée madame de Pompadour de ceux qui avaient une certaine délicatesse de cœur. »

Maurepas disgracié, les chansons continuaient comme si Maurepas était encore ministre. On colportait ces vers

Madame de Pompadour, demandant vengeance et ne pouvant l'obtenir, finissait par aller trouver en personne le ministre, et lui demandait « quand donc il saurait l'auteur des chansons? — Quand je le saurai, répondait Maurepas, je le dirai au Roi. — *Monsieur*, répliquait la marquise, *vous faites bien peu de cas des maîtresses du Roi.* » A quoi Maurepas, sans se troubler : « Je les ai toujours respectées de *quelque espèce qu'elles fussent,* » et il appuyait du regard l'insolence du mot.

Au sortir de l'entrevue, chez la maréchale de Villars, comme on faisait compliment à Maurepas de la belle visite qu'il avait reçue le matin : « Oui, répondait-il, celle de la marquise. Cela lui portera malheur. Je me souviens que madame de Mailly vint aussi me voir deux jours avant d'être renvoyée par madame de Châteauroux. Je leur porte malheur à toutes. »

Maurepas s'estimait nécessaire. Les dons naturels qu'il avait apportés au ministère dès l'âge de quinze ans, où il avait été fait secrétaire d'Etat : cette pénétration singulière des hommes, cette politesse charmante, cet art de contenter les solliciteurs avec des paroles, cette immense et exacte mémoire qui en

> Fille d'une sangsue, et sangsue elle-même,
> Poisson d'une arrogance extrême
> Étale en ce château sans crainte et sans effroi
> La substance du peuple et la honte du Roi.

Et le chevalier de Rességuier, reconnu comme l'auteur de la pièce, était condamné à vingt ans de détention.

faisait un dictionnaire qu'on pouvait consulter à tout moment sur les hommes et les choses de son département, et surtout cette faculté qu'il possédait de rendre *amusant* son travail avec le Roi, donnait la confiance au ministre que Louis XV ne pourrait jamais se séparer de lui. Maurepas se sentait en outre puissamment soutenu par le Dauphin, et il était l'être que, conjointement avec madame de Villars, Marie Leczinska aimait le mieux après ses enfants (1).

L'entrevue du ministre et de la favorite était bientôt suivie d'une scène violente où madame de Pompadour traitait ouvertement Maurepas de *menteur* et de *fripon*.

Dès lors tous les jours madame de Pompadour (2) parlait à l'amant des insultes faites à sa maîtresse, au Roi du peu de respect de ses premiers serviteurs. A ce père ombrageux, à ce Louis XV si facile aux soupçons, elle peignait M. de Maurepas comme l'auteur du soulèvement de la famille royale contre son chef, comme l'instigateur des chansons et des propos courant partout contre elle et contre le Roi lui-même. Elle appuyait perfidement sur l'alliance intime du Dauphin avec M. de Maurepas. Cependant tout eût peut-être échoué, sans une rouerie

(1) *Mémoires du duc de Luynes*, t. X.
(2) Dans le renversement de Maurepas du ministère, la marquise eut l'appui de Richelieu qui, tout en colportant des chansons contre la marquise, était resté l'ennemi de Maurepas. Voir le libelle contre l'administration de la marine de Maurepas remis par Richelieu à madame de Pompadour et imprimé dans les *Mémoires de Maurepas*, t. IV, p. 213.

qui passa comme une inspiration par la tête de madame de Pompadour ; elle se mit à fatiguer le Roi de prétendues craintes d'être empoisonnée par Maurepas. Elle lui répéta à tout moment qu'elle périrait de la main qui avait fait disparaître si à propos madame de Châteauroux. Elle poussa la comédie et les feintes de la terreur jusqu'à vouloir avoir un chirurgien couché près de son appartement, et du contre-poison à sa portée (1).

Puis en dernier lieu elle enlevait le Roi déjà insupporté de ces grimaces, et dans un petit voyage de la Celle, tenant Louis XV tout à elle, hors de la portée des influences extérieures, loin du ministre parti pour la noce de mademoiselle Maupeou et auquel le Roi avait donné l'ordre de bien se divertir, la favorite arrachait vers les onze heures du soir, peut-être sur le bord de la table du souper, la lettre de cachet avec laquelle on réveillait Maurepas à une heure du matin dans un tranquille premier sommeil (2).

« Je vous ai promis que je vous avertirais, lui écrivait Louis XV, je vous tiens parole. Vos services ne me conviennent plus. Vous donnerez votre démission à M. de Saint-Florentin. Vous irez à

---

(1) Dans les cabinets, elle ne mangeait de rien la première ; à la Comédie, elle n'acceptait de limonade que celle préparée par son chirurgien. Du reste, cette terreur de poison poursuit madame de Pompadour jusqu'à l'affermissement de sa toute-puissance, jusqu'au renvoi d'Argenson, et l'on voit ses parents dans ses cuisines surveiller l'apprêt des viandes.

(2) *Mémoires du duc de Luynes*, t. X.

Bourges. Pontchartrain est trop près. Je vous donne le reste de la semaine pour partir. Vous ne verrez que votre famille. Ne me faites pas de réponse (1). »

En partant pour Bourges (2) (25 avril 1749) avec ce sourire qui est le masque de toute sa vie, Maurepas léguait à madame de Pompadour l'inimitié de son collègue d'Argenson (3). Celui-ci était un autre ennemi ; il avait les passions plus sourdes, l'âme plus froide, les haines plus graves.

La marquise de Pompadour commençait à régner, et son ton prenait les superbes insolences de la fortune. Elle s'essayait à laisser tomber sur les pro-

---

(1) *Mémoires du duc de Luynes,* t. X. — Il n'avait pas vu la lettre et ne la donne que d'après le témoignage d'une personne qui l'aurait vue. Il doute même de la première phrase.

(2) Avec la rancune particulière à la nature de madame de Pompadour, madame de Pompadour retenait à Bourges jusqu'en 1752 M. de Maurepas qui n'obtenait que cette année la permission de venir au Plessis près Dommartin, à dix lieues de Paris, dans un château de sa belle-mère. Madame de Maurepas n'assistait pas sans peine aux couches de sa nièce, de madame d'Agénois, et M. de Maurepas, arrivé de nuit à Clichy chez madame de Pontchartrain, n'avait la permission que de traverser Paris pendant la nuit sans s'y arrêter.

(3) Peu de temps après sa disgrâce, Maurepas se défendait ainsi auprès de ses amis d'une partie des méchancetés qu'on lui attribuait contre la favorite : « Quant à l'intérieur d'ici, continuation ordinaire de tracasseries, continuation de chansons, auxquelles M. de Richelieu et M. d'Ayen ont sûrement part, continuation d'humeur de la marquise, actuellement malade d'une perte qu'on donne à l'oreille pour une fausse couche ; j'ignore ce qui en est ; continuation opiniâtre à m'imputer une partie des propos que je ne tiens pas ; et enfin, de ma part, continuation philosophique de silence et d'indifférence pour cet objet et ses suites. » (*Lettre du comte de Maurepas, du 1er avril 1749. Œuvres posthumes du duc de Nivernois,* vol. I.)

jets et les placets un royal *Nous verrons*. Elle disait déjà aux ministres : « *Continuez, je suis contente de vous, vous savez que je suis de vos amis depuis longtemps.* » Aux ambassadeurs elle disait encore : « *Voilà bien des mardis où le Roi ne pourra vous voir, messieurs, car je ne crois pas que vous veniez nous chercher à Compiègne* (1). » Et elle habituait sa bouche et la cour à ce *nous,* qui mettait sur ses lèvres la parole du commandement et comme une moitié de la royauté.

Son appartement à Versailles était l'appartement princier de la Montespan (2). Il y régnait la grande étiquette dont la marquise était allée chercher les

(1) *Mémoires du marquis d'Argenson,* édition Janet, t. IV.
(2) L'appartement que madame de Pompadour avait dans la cour ovale en 1747 était donné au mois d'octobre 1748 à la duchesse de Brancas, et la favorite prenait possession de celui du duc d'Orléans, habité depuis par la princesse de Conty, situé sous la galerie des Réformés et donnant dans la cour des Fontaines. En mars 1752, madame de Pompadour prenait possession d'une partie des appartements de M. de Penthièvre et de la comtesse de Toulouse. Ces appartements comprenaient tout le bâtiment qui s'étend depuis la voûte de la chapelle jusqu'à l'encoignure du château, sur la terrasse regardant le parterre du nord, et avec le retour de sept croisées du côté de la terrasse, c'est-à-dire tout le dessous de l'appartement du Roi, depuis la grande pièce qui se trouve la seconde après le salon d'*Hercule* jusqu'au salon de la *Guerre,* et en retour les trois croisées qui font partie de la face du château. La partie la plus proche de la voûte était accommodée pour madame de Pompadour, et dans la partie entre M. de Penthièvre et madame de Pompadour on faisait de petits cabinets pour les soupers du Roi. M. de Luynes dit que cet arrangement était l'œuvre de la favorite qui connaissait les fréquentes visites qu'autrefois Louis XV rendait à Madame Infante par un petit escalier dérobé fait du temps de la Montespan. Pressentant le retour de Fontevrault, de Mesdames Sophie et Louise, et voyant l'habitude qu'avait prise le Roi depuis quelques mois de faire venir ses filles sans paniers chez lui après souper, elle voulait empêcher de loger près de leur père

traditions dans les mémorialistes de la cour de Louis XIV, dans les manuscrits de Dangeau, dans les manuscrits de Saint-Simon dont elle avait fait faire des extraits : un seul fauteuil commandait à tous de se tenir debout devant la favorite assise, et il ne se trouva dans ce Versailles humilié, pour s'asseoir sur le bras de ce fauteuil, qu'un homme, le courtisan libre et brave, de tant de cœur et de tant d'esprit, osant tout, disant tout, ce marquis de Souvré, ce dernier fou de la monarchie (1).

La loge de madame de Pompadour au théâtre de la cour était la loge grillée où elle s'enfermait avec le Roi.

La place où madame de Pompadour entendait la messe à la chapelle de Versailles, était une tribune construite pour la favorite dans le balcon de la sacristie, et dans laquelle, aux grandes fêtes, elle affectait de se montrer seule, un livre à la main (2).

Madame et Madame Adélaïde : proximité de logement qui aurait pu amener l'homme d'habitude qu'était le Roi, à y descendre et bientôt à y souper. (Voir la lettre de madame de Pompadour dans sa correspondance avec madame de Lutzelbourg.)

(1) *Baufremont s'est assis devant moi!* s'écriait un jour la marquise dans le plus grand émoi. On était obligé d'excuser le marquis sur ses bizarreries, sur sa tête à l'envers. Le prince de Conti, lui, une fois où la marquise ne lui avait pas fait avancer un siège, s'était tranquillement assis sur son lit en disant : « Voilà, madame, un excellent coucher. » Pour Souvré, un jour arriva où la marquise fut débarrassée de cet homme qui si longtemps représenta à lui tout seul l'opposition de la cour contre la favorite avec des à-propos si impitoyables, tant de jeux de mots sans peur et pareil à celui qui lui valut l'exil; il avait dit : « Qu'il s'étonnait que madame la marquise de Pompadour voulût apprendre l'allemand pendant qu'elle ne faisait qu'écorcher le français. »

(2) *Mémoires du duc de Luynes*, t. XIII.

L'homme qui portait le mantelet de madame de Pompadour sur son bras, qui suivait sa chaise à pied auprès de la portière, qui attendait sa sortie dans l'antichambre : c'était un gentilhomme, un gentilhomme d'une des plus anciennes familles de la Guyenne, ramassé dans la misère (1).

Son maître d'hôtel, Collin, madame de Pompadour ne l'avait cru digne de tenir la serviette, derrière elle, qu'avec la croix de Saint-Louis sur la poitrine (2).

---

(1) *Mémoires de madame du Hausset.*

(2) *Mémoires historiques et anecdotes* pendant la faveur de madame de Pompadour. — Voici l'état de la maison de madame de Pompadour, à Versailles, d'après le relevé des dépenses publié par M. Le Roi :

	Livres.
Nesme, premier intendant.	8,000
Collin, chargé des domestiques, se tenant près d'elle comme secrétaire.	6,000
Quesnay, médecin entretenu de tout.	3,000
Sauvant.	2,000
Gourbillon.	1,800
Aunay.	200
Tréon.	150
Neveu.	100
La Duhausset, femme de chambre.	150
La Courtaget.	150
La Neveu (sans doute la seconde femme de chambre, femme de qualité qui avait si bien dissimulé son vrai nom que madame du Hausset ne le connut pas).	150
Jeanneton, femme de charge.	400
La Duguesnay, fille de garde-robe.	100
Lignés, maître d'hôtel.	600
Benoit, chef de cuisine.	400
Charles, aide de cuisine.	400
Deux garçons de cuisine.	400
Pâtissier.	400
Rôtisseur.	400
Garçon.	200

Le carrosse de madame de Pompadour avait la calote de velours et le manteau ducal aux armes (1).

A la porte de madame de Pompadour, pendant quelque temps même, Versailles chercha des yeux

	Livres.
Deux garçons de cuisine.	400
Chef d'office.	400
Autre chef d'office.	400
Aide d'office.	200
Garçon d'office.	150
Sommelier.	400
Garçon sommelier.	150
Piqueur.	800
Suisse.	600
Quatre laquais.	1,800
Porte-flambeaux.	300
Deux nègres.	1,800
Un concierge	400
Un portier.	400
Deux premiers porteurs.	1,118
Deux porteurs de barquettes.	768
Trois cochers.	2,575
Trois postillons.	1,566
Quatre palefreniers.	1,766
Trois brodeuses.	1,500
Le portier de l'hôtel à Versailles.	400

(1) Madame de Pompadour prenait le 17 octobre 1752, dit de Luynes, son tabouret de duchesse, à six heures et un quart. Madame la princesse de Conty menoit, mesdames d'Estrades et de Choiseuil suivoient. Voici le brevet. « Aujourd'huy 12 octobre 1752, le Roy étant à Fontainebleau, voulant donner des marques de considération particulières et de l'estime que Sa Majesté fait de la personne de la dame, marquise de Pompadour, en luy accordant un rang qui la distingue des autres dames de la cour, Sa Majesté veut qu'elle jouisse pendant sa vie des mêmes honneurs, rangs, préséances et autres avantages dont les duchesses jouissent, m'ayant Sa Majesté commandé d'en expédier le présent brevet, qu'elle a pour témoignage de sa volonté signé de sa main et fait contresigner par moy conseiller-secrétaire d'Etat et de ses commandements et finances, commandeur de ses ordres. » (*Archives de l'Empire*, série O, registre 96, folio 313.) La grimace attribuée au Dauphin par quelques auteurs à la présentation de madame de Pompadour, Soulavie affirme, dans ses *Mémoires de Richelieu*, qu'elle eut lieu pendant la réception de madame de Pompadour comme duchesse.

les deux gardes du corps de madame de Montespan (1).

Enfin, comme si les orgueils de la favorite allaient au-delà de sa vie et devaient l'accompagner dans la mort, elle achetait de la famille Créqui, aux Capucines de la place Vendôme, un caveau où elle faisait porter le corps de sa mère et préparer pour elle un mausolée magnifique.

Dans cette majesté du scandale, dans cette jouissance énorme de la faveur, au milieu de ces prospérités et de ces délices, comblée de toutes les opulences, entourée de cet horizon de splendeurs qui commence, auprès d'elle et dans le champ de sa vue, par ce mobilier, l'envie et l'admiration de l'Europe, madame de Pompadour songe à tirer sa famille jusqu'à elle.

La favorite veut que les siens la suivent et gravitent dans sa grandeur. Elle veut que l'obscurité de sa naissance disparaisse sous les titres et les places de ceux à qui elle tient, et que son sang monte assez haut dans cette cour pour qu'elle ne se souvienne plus d'en avoir rougi.

(1) *Mémoires du marquis d'Argenson,* édition de la Société d'histoire de France, t. VI. — Le prince de Ligne raconte, dans ses Mémoires, qu'il a vu madame de Pompadour avec un air de grandeur de madame de Montespan. Dans un autre passage, il dit : « Quel fut mon étonnement lorsque, après la ronde de révérences qu'on me fit faire chez tous ces individus de la famille royale, on me conduisit chez une espèce de seconde reine qui en avait bien plus l'air que la première ! »

CHAPITRE QUATRIÈME.

Madame de Pompadour cache son père sous la seigneurie de Marigny et jette sur le nom de son frère le marquisat de Vandières.

Mais quels autres projets, quelles ambitions plus effrontées occupent les vanités maternelles de madame de Pompadour! Quels rêves d'avenir sur la tête de cette belle jeune fille, sa fille et son portrait : Alexandrine d'Étioles (1), qui grandit au couvent de l'Assomption (2), élevée sur un *grand pied*, et où elle attire les plus nobles héritières du royaume, empressées à une camaraderie qui peut devenir une protection plus tard (3)!

La fille de madame de Pompadour est élevée en princesse; elle ne s'appelle, comme les princesses, que de son nom de baptême; et sa mère a si bien élevé son petit orgueil, qu'elle dispute le pas à mademoiselle de Soubise (4).

La marquise, songeant pour elle à un duché du Maine, avait un jour, à sa figuerie de Bellevue, fait amener un bel enfant qui, dans ses traits, ses gestes, ses attitudes, était tout le portrait du Roi son père : cet enfant était le comte de Luc, le fils de Louis XV et de madame de Vintimille. Madame de Pompadour essayait d'intéresser le cœur du Roi à

---

(1) Alexandrine-Jeanne Lenormant d'Étioles, l'enfant unique née du mariage de mademoiselle Poisson et de M. Lenormant d'Étioles, avait été baptisée à Saint-Eustache le 10 août 1744.

(2) Dans une lettre à son frère en date du 15 juin 1750, madame de Pompadour écrit : « *Alexandrine est au couvent depuis quinze jours, elle y est parfaitement bien et enchantée d'y être.* »

(3) *Mémoires du marquis d'Argenson*, édition Janet, t. III.

(4) *Mémoires historiques pendant la faveur de madame de Pompadour.*

l'union de ces deux beaux enfants, et elle tentait de mener sa pensée attendrie à ce joli château en Espagne : une famille où s'uniraient la ressemblance du grand-père et la ressemblance de la grand'mère, une race souriant à leur vieillesse et parlant à tous les yeux, qui mêlerait le sang de Louis et de la Pompadour (1). Mais à ce projet le Roi restait froid, et la marquise se voyait obligée de renoncer à ce rêve caressé en secret. « *Il est comme cela,* disait-elle avec des larmes dans la voix, le soir, à madame du Hausset en parlant du Roi; *mais n'est-ce pas que ces deux enfants ont l'air faits l'un pour l'autre? Si c'était Louis XIV, il ferait du jeune enfant un duc du Maine, je n'en demande pas tant : une charge et un brevet de duc pour son fils, c'est bien peu, et c'est à cause que c'est son fils, que je le préfère, ma bonne, à tous les petits ducs de la cour. Mes petits-enfants participeraient en ressemblance au grand-père et à la grand'-mère, et ce mélange que j'ai l'espoir de voir ferait mon bonheur un jour.* »

Alors madame de Pompadour se rabattait sur une alliance avec le duc de Fronsac, le fils du maréchal de Richelieu, qu'elle croyait enfin attacher entièrement à sa fortune par cette proposition. Mais, si soumis que fût son orgueil à son ambition, Richelieu se trouvait blessé de l'honneur que voulait lui faire la marquise et lui répondait ironiquement « qu'il était très-sensible à son choix, mais que son

---

(1) *Mémoires de madame du Hausset.*

fils avait l'honneur d'appartenir aux princes de la maison de Lorraine par sa mère, et qu'il était obligé de leur demander leur agrément (1) ». Ces deux échecs ne décourageaient pas madame de Pompadour, et ne lui faisaient rien rabattre de ses prétentions.

La favorite se retournait d'un autre côté de la cour. Des négociations étaient ouvertes avec le duc de Chaulnes qui devenait, dans la familiarité amie de la correspondance de madame de Pompadour, son *cochon*. Et l'on convenait qu'Alexandrine, aussitôt qu'elle aurait atteint sa treizième années, épouserait le duc de Picquigny, à la double condition que le duc de Chaulnes, son père, obtiendrait la place de gouverneur du duc de Bourgogne, fils du Dauphin, et que la duchesse, sa mère, remplacerait madame de Tallard, gouvernante des Enfants de France (2). Les choses ainsi arrangées, un frisson pris au salut du couvent de l'Assomption enlevait en quelques heures à madame de Pompadour cette fille de ses espérances (3) et ne laissait qu'un frère et un père à l'ambition de ses affections.

Mais que pouvait, et que voulait faire madame de Pompadour pour son père, sinon le cacher et le

---

(1) *Mémoires du maréchal duc de Richelieu.*
(2) *Journal de Barbier,* édit. de l'Histoire de France, t. IV.
(3) La petite Alexandrine mourait dans sa dixième année, le 15 juin 1754. Barbier dit qu'elle fut emportée par une convulsion causée par le

tenir au second plan de la faveur, dans une de ces obscurités satisfaites, dans une de ces aisances repues et sans éclat où les courtisanes enterrent par pudeur un père sans préjugés? Le père Poisson apparaît, dans quelques mots que l'histoire a gardés de lui, comme le type d'un traitant en sous-ordre qui encanaille, dans sa grossière et robuste personne, l'esprit, le scepticisme, les goûts, les vices et jusqu'à l'insolence de la haute finance du temps. C'est un gros homme, plein de vie, de sang et de vin, allumé et débraillé par la débauche, crapuleux et suspect, qui cuve son scandale dans son cynisme, et roule, dans cette tête, qui a entrevu la potence, les théories et la morale d'un drôle sans scrupules. Épanoui, raillard, et brutal, carrément installé, le chapeau sur la tête, dans l'impunité de

percement d'une grosse dent; d'Argenson attribue sa mort à une indigestion de lait : la fille prenant du lait d'ânesse comme sa mère. Quelle que soit la cause de sa mort, Alexandrine tombait malade le 14 après une purgation, et le samedi, quand arrivaient Sénac et La Martinière, ils la trouvaient morte. On parla de poison, ainsi qu'il en est question à propos des morts subites et peu naturelles de tout le siècle; on dit qu'elle avait été empoisonnée par les Jésuites. L'ouverture du corps ne montra aucune trace de poison, les chirurgiens remarquèrent seulement quelques gouttes de sang extravasé dans le bas-ventre.

La marquise, à laquelle la foudroyante nouvelle arrivait dans un moment critique, tombait malade, était saignée au pied, et d'Argenson écrivait : « On ne savait encore hier ce qui arriverait de son sort. »

Gay a fait de la fille de madame de Pompadour un portrait intaillé dans une sardoine qui est aujourd'hui dans la collection de la marquise de Contades. Sous le n° 245 se vendait, à la vente de M. de Ménars, un buste en bronze de jeune fille, les cheveux nattés et retroussés, que M. Leturq affirme être un buste de la jeune fille, exécuté par Saly Enfin madame de Pompadour, dans son codicille dicté à Colin, léguait un portrait de sa fille, une miniature montée sur une boîte garnie de brillants, à madame la comtesse du Roure.

sa fortune et la honte de ses pensions, il rit de tout avec l'impudeur de l'ironie et la crudité des mots; il rappelle aux laquais de sa fille son titre de père dans une langue qui ne peut être citée; il échappe au mépris des autres par l'affiche du mépris qu'il fait de lui-même; il impose des ordres à la Pompadour, il lui arrache les grâces par l'intimidation de sa vue et la menace du tapage; et c'est lui qui, une nuit, partant au milieu d'un souper d'un éclat de rire qui arrête l'orgie, jette à ses convives, jette à Montmartel, d'un ton bourru comme un coup de poing : « Vous, monsieur de Montmartel, vous êtes fils d'un cabaretier... Vous, monsieur de Savalette, fils d'un vinaigrier... Toi, Bouret, fils d'un laquais... Moi?... qui l'ignore (1)?... »

Et cependant une correspondance tout récemment publiée (2) nous fait toucher une véritable affection entre le père et la fille. Il semble que ce gros homme commun, ce progéniteur canaille ait eu, comme cela arrive assez souvent, une adoration très-humble de l'être charmant et distingué qu'il avait créé, adoration dont sa fille, sa petite reine, sa *Reinette* comme il l'appelait, se montre touchée et reconnaissante.

La correspondance débute le 3 septembre 1741 par cette gaie lettre de convalescente :

---

(1) *Vie privée de Louis XV*. Londres, Peter Lyton, t. III. — *Histoire de la marquise de Pompadour*, 1759.

(2) *Correspondance de madame de Pompadour avec son père, M. Poisson,* etc., par P.-Malassis. Paris, Baur, 1878.

Mon très-cher père,

Ne soyez plus inquiet de ma santé, je vous prie, elle est admirable à présent. J'ay eu deux accés de fièvre quarte; mais il y a dix jours que je n'en ay entendu parler, et j'en suis quite absolument. J'ai pris beaucoup de quinquina : deux saignées et autant de médecins m'ont entièrement tirée d'affaire. Je vous diray mesme que pour me consoler un peu de toutes ces mauvoises drogues, je vais aujourd'huy m'amuser à l'Opéra.....

Elle ajoute ces lignes où « *le grand françois* » du père Poisson étonne un peu :

Si j'ay quelque remède contre le chagrin que me donne votre absence : c'est les louanges que j'entends faire dans tout Paris sur votre compte. Je n'en suis pas étonnée, mais il est encore bien heureux que le public vous rende justice. Vous sçavez qu'il n'est pas sujet à caution. A propos vraiment vous écrivez d'un style admirable à vos grands amis; l'on a raison de dire qu'il y a toujours de la dignité dans le grand françois.

. . . . , . . . , ...

Adieu, mon cher papa, portés vous bien, et menagés une vie à laquelle est attachée votre fille.

P. D'ÉTIOLES.

Dans une seconde lettre, relative au procès en séparation de biens intentée à son mari et qui se termina par une sentence du Châtelet du 15 juin 1745, condamnant celui-ci à restituer à sa femme la somme de 30,000 livres par lui reçue comme partie de dot, madame de Pompadour s'exprime ainsi :

Le procès, dont vous me parlés, peut sans doute se perdre, puisque tout ce qui est au jugement des hommes est incertain, mais il faudroit qu'ils jugeassent contre les lois. Les bruits qu'on vous mande sont semés par les partis adverses; je les connois de tout tems et les méprise, ils ne méritent pas d'autres sentimens.

Mais supposons un moment le procès perdu : ma fille restera avec son père et celui de sa mère; en vérité son sort est encore assez beau; il en est peu de pareils.

D'ailleurs vous devez bien juger que puisque je n'ai pas sollicité pour un procès, d'où dépendoit votre réputation, assurément je ne solliciterai pas pour un, où il n'est question que des biens de la fortune.

Quant à l'ordonnance de l'homme bleu, croyez-vous que je veuille mettre au jour l'imbécillité de mon beau-père que le méchant public prendroit peut-être pour friponnerie? Je m'en garderai bien. Perdons ou gagnons, mais n'ayons jamais de reproches à nous faire, et que les richesses ne puissent jamais altérer notre bonheur; telle est et sera toujours ma façon de penser, que j'espère que vous approuverez (1).

Ces lettres où madame de Pompadour rassure à tout moment son père sur cette santé pour laquelle tremblent tous les gens qui l'aiment sont pour ainsi dire entièrement consacrées aux événements et aux personnages de la famille. Elle y parle du trous-

---

(1) Ce sont là sur le papier de grands sentiments, mais que la favorite oubliait dans la pratique de la vie.

seau qu'elle fait faire pour le mariage de mademoiselle Dornoy, de la convalescence de madame Derigny qu'elle venait de marier, elle combat la nomination à la fabrique de Vincennes du cousin Malvoisin qui n'a que vingt-cinq ans, et six ans de service. Dans ces lettres il est souvent question de son frère pour lequel elle croit, en 1750, qu'il n'y aura jamais de surintendance des finances ou des bâtiments, mais qu'elle se fait fort de très-bien marier. A trois ans de là, elle se désole qu'il ne veuille pas se marier, et, à propos de la prévôté de Paris que tout Paris lui donnait, elle écrit sur un ton d'indignation : « *Il n'a jamais été question de la prévôté de Paris pour mon frère, ni lui ni moi n'avons de fonds à placer; cette charge est très-chère, rapporte peu et ne le rendroit pas plus grand seigneur qu'il est, mais il est bien sûr que tout ce qui vaquera lui sera donné par le public : il a été accoutumé aux gens insatiables. Je serois bien fâchée d'avoir cet infâme caractère et que mon frère l'eût* (1). »

Mais l'être dont les lettres de madame de Pompadour sont remplies, c'est Alexandrine, c'est sa fille morte à dix ans, c'est la *fanfan* que le vieux Poisson aime comme ont l'habitude d'aimer les grands-pères. Madame de Pompadour entretient son père des glaires que lui donne la pousse de ses dents canines, des voyages où elle l'emmène, de son amaigrissement, elle le console de la laideur

---

(1) Lettre tirée de la collection de M. Fossé d'Arcosse et publiée dans la première édition des *Maîtresses de Louis XV*.

qui vient à la jeune fille dans ces lignes où perce comme un regret de sa propre beauté :

« *Je trouve qu'elle enlaidit beaucoup ; pourvu qu'elle ne soit pas choquante, je serai satisfaite, car je suis très-éloignée de lui désirer une figure transcendante. Cela ne sert qu'à vous faire des ennemies de tout le sexe féminin, ce qui, avec les amis desdites femmes, fait les deux tiers du monde.* »

Madame de Pompadour gronde le grand-papa de donner des indigestions à sa petite fille, lui défend les cadeaux d'argent, enfin le jalouse joliment de sa tendresse pour Alexandrine :

Octobre 1752.

Il n'est pas honnête à vous, mon cher père, de ne m'avoir pas donné signe de vie depuis un siècle. J'ai eu la fièvre pendant dix jours, le Roy m'a donné les honneurs de duchesse, tous ces événemens ne vous ont rien fait. La saignée du pied et un grand mal de teste ne m'ont pourtant pas empêché de dire à mon frère de vous faire part de la grâce du Roy, ne le pouvant moi-même. Je vois bien que la petite Alexandrine a chassé Reinette de votre cœur, cela n'est pas juste, et il faut que je l'aime bien fort pour lui pardonner.

Madame de Pompadour qui affirme dans une des lettres que nous citons n'avoir pas voulu solliciter pour le procès d'où dépendait la réputation de son père, qui se montre si désintéressé pour elle et au nom des siens, sollicitait, pour l'homme condamné à être pendu en 1726, des lettres de noblesse, et, les lettres de noblesse obtenues (1), satisfaisait la cupidité du vieux traitant par quelque chose de plus solide : par le don d'une terre.

---

(1) Donnons le préambule de ces divertissantes lettres de noblesse : « Les connoissances que le sieur François Poisson avoit acquises depuis mil sept cent trois, par une application continuelle à tout ce qui concerne l'approvisionnement des vivres pour les armées, nous ayant engagé à nous servir de lui en mil sept cent vingt un et mil sept cent vingt deux, afin de procurer à la Provence, alors affligée d'une maladie contagieuse, et aux provinces limitrophes menacées de la même contagion, les secours qui leur étoient nécessaires, nous eûmes d'autant plus de sujet de nous applaudir de ce choix, que ledit sieur Poisson, sans être retenu par les dangers auxquels sa vie fut sans cesse exposée, s'acquitta avec distinction de la commission qui lui avoit été confiée. Cette expérience nous ayant fait connoître combien il pouvoit être utile à la prompte exécution des ordres en mil sept cent vingt-cinq pour prévenir les maux que la disette des blés pouvoit causer dans notre royaume, nous crûmes ne devoir mettre en de meilleures mains l'approvisionnement de la ville de Paris et de plusieurs magasins des places frontières, pour lequel il ne ménagea ni sa fortune, ni son travail, ni le crédit qu'il pouvoit avoir ; cependant, et malgré le succès qu'avoient eu ses talents, sa vigilance et son zèle, il ne put obtenir la justice même qui lui étoit due sur le remboursement de ses avances et sur les emprunts qu'il avoit faits, en sorte qu'il se vit pendant plus de vingt ans exposé aux poursuites les plus rigoureuses qui l'obligèrent de quitter son établissement et sa famille et de vivre pendant huit années dans la retraite qu'il ne put trouver que dans le pays étranger. Enfin la conduite dudit sieur Poisson, examinée par des commissaires les plus équitables et les plus éclairés, le jugement qu'ils ont rendu a fait connoître toute l'exactitude et la fidélité de son service ; les emprunts qu'il avoit faits ont été justifiés, ses avances établies et liquidées, et il a recouvré son état et sa liberté ; mais ce qu'il a souffert dans sa fortune, mais encore plus dans sa réputation, ne pouvant être réparé que par les témoignages de satisfaction que nous devons à ceux de nos sujets qui s'emploient au service de notre État avec autant de désintéressement et de zèle que l'a fait le sieur Poisson, nous croyons devoir lui accorder ces témoignages de satisfaction, préférables suivant lui-même à tout ce qu'il auroit à prétendre de dédommagement et de récompense, et, pour cet effet, nous voulons l'honorer d'un titre qu'il puisse transmettre à ses descendants, et qu'il soit pour eux, comme il doit l'être pour tous nos sujets, un motif d'émulation et le moyen de les

C'est une vraie comédie que ce don d'une terre qu'on voulut faire passer dans le public pour un achat du sieur Poisson. La Peyronie avait légué la terre de Marigny, située en Brie, et d'un revenu de 7 à 8,000 livres de rente, à la maison de Saint-Côme. Or, la confrérie désirait s'en défaire, parce que les administrateurs, sous le prétexte d'administration, dépensaient tous les ans, en quinze jours, dans la joyeuse vie qu'ils y menaient, un tiers au moins du revenu; et Poisson voulait avoir la terre. Que fit-on? On fit acheter 200,000 livres la terre au Roi, qui se trouva naturellement redevable à M. Poisson de la même somme pour fournitures et avances par lui faites, et qui, contre la remise de la terre, donna quittance (1).

Le sexagénaire Poisson, anobli, enrichi, finissait

---

engager à servir l'État et la patrie, avec l'avantage que peuvent procurer leurs talents et leur expérience.»

D'Hozier, dit M. Campardon, régla comme suit les armoiries des Poisson : *Un écu de gueules à deux poissons en forme de barbeaux d'or adossés.* Cet écu timbré d'un casque de profil, orné de ses lambrequins d'or et de gueules.

(1) *Mémoires du duc de Luynes*, t. XI. — Madame de Pompadour qui avait filialement payé les dettes de son père, montant à 400,000 livres, et lui faisait obtenir la terre de Marigny, semble se soucier médiocrement de le voir paraître à la cour, ainsi qu'on en peut juger par les termes de cette lettre : « *Vous avez bien raison... de ne pas paroître ici... Votre présence à la cour n'est d'aucune utilité; le Roy érige tous les jours des terres en comtés, marquisats, etc., dont les possesseurs ne paroissent jamais. Il faut que ce soit pour vous, parce que Marigny est à vous et non à mon frère. Vous serez le maître d'en prendre le nom ou de ne pas le prendre. Je crois pourtant que cela sera plus convenable; vous y réfléchirez. M. de Machault va faire dresser les lettres patentes.* » (Correspondance de madame de Pompadour avec son père, M. Poisson, etc. Paris, 1878.)

en philosophe cynique, mourant en juin 1754, âgé de soixante-dix ans, d'une hydropisie qu'il traitait par la bouteille.

C'était un tout autre homme, un parent parfaitement avouable, que le frère de madame de Pompadour. Il n'avait rien de son père, rien du fond, rien de la mine. Avant que la graisse l'eût envahi, il était beau à l'égal de sa sœur, de cette beauté souriante et comme princière que nous montre le portrait de Tocqué. Il était élégant, gracieux, de jolie tournure, de belles façons, avantagé enfin de tous les dehors qui mettaient un homme à sa place dans la cour élégante de Louis XV. Le Roi l'aimait, l'admettait à ses soupers tête à tête avec la marquise de Pompadour, l'appelait du nom de *petit frère* (1). Il réussissait, il plaisait; il n'était ni exigeant, ni compromettant; il avait enfin pour sa sœur un entier dévouement.

Et cependant, dans ce frère si bien doué, si heureusement approprié à la position de la favorite, et faisant un tel contraste avec ce père indigne et compromettant, il y avait une malheureuse qualité qui refroidissait les bons vouloirs de madame de Pompadour, en s'opposant aux rêves de sa vanité et aux ambitions de son amitié. Le frère de madame de Pompadour, élevé et entretenu par le père Poisson dans une excessive défiance de lui-même, était mo-

(1) *Vie privée de Louis XV*, vol. II.

deste jusqu'à la timidité ; il avait cette pudeur qui ôte l'assurance à l'ambition, comme elle ôte l'aisance à la contenance ; et il rappelait lui-même avec une charmante naïveté son embarras quand, tout jeune, il ne pouvait laisser tomber son mouchoir dans la galerie de Versailles, sans voir à l'instant des cordons bleus se baisser et se disputer l'honneur de le ramasser. C'étaient là de trop ridicules faiblesses en un tel pays, à la cour, pour n'être pas raillées et calomniées. La timidité du frère de la marquise fut déclarée nullité par tous les courtisans ; et il n'y eut pas assez de moqueries à Versailles pour le marquis d'*Avant-hier*, sifflé par la chanson :

> Qu'ébloui par un vain éclat,
> Poisson tranche du petit-maître ;
> Qu'il pense qu'à la cour un fat
> Soit difficile à reconnoître :
> Ah ! le voilà, ah ! le voicy
> Celui qui n'en a nul souci (1).

Ces rires, qui portaient au cœur de la marquise, aigrissaient son amour-propre contre ce frère qui ne prenait pas son marquisat aussi au sérieux qu'elle eût voulu, et semblait encourager les rieurs par sa philosophie et son air de détachement. Elle essayait de le secouer, de l'animer ; elle le tourmentait et l'activait vers les places, les honneurs, les agrandissements, sans pouvoir le sortir de cette paresse d'âme et de cette modération des désirs qui lui firent dix fois dans sa vie refuser d'être ministre.

(1) *Vie privée de Louis XV*, t. II.

La marquise avait enfin fait nommer son frère directeur général des bâtiments en survivance de M. Lenormant de Tournehem, titulaire de cette charge (1). La favorite voulut que le marquis poussât son éducation artistique, se préparât à sa direction future par un voyage en Italie qui dura deux années. Elle lui choisit elle-même des compagnons de voyage qui devaient être des Mentors et des professeurs. C'étaient l'architecte Soufflot, le dessinateur Cochin, *le petit Cochin*, l'abbé Leblanc connu comme critique d'art par sa *Lettre sur les tableaux exposés au Louvre en* 1747. M. de Vandières partait au mois de décembre 1747, accompagné de son monde, ayant l'ordre de vivre magnifiquement, de tenir table ouverte pendant tout son voyage et muni en outre de conversations, d'instructions, de recommandations de sa sœur, et il était déjà à Lyon qu'elle le poursuivait encore de son expérience de quarante ans gagnée, dit-elle, en quatre ans et demi à la cour.

Vous avés bien fait, frérot, de ne pas me dire adieu. Car, malgré l'utilité de ce voyage pour vous et le désir que j'en avois depuis longtemps pour votre bien, j'aurois eu de la peine à vous quitter. Je ne vous recommande pas de me donner souvent de vos nouvelles, car je suis

---

(1) Madame de Pompadour avait, en outre, fait obtenir au *frérot* la capitainerie de Grenelle par la grâce de Louis XV qui paya les 100,000 livres du brevet de retenue dont était frappée cette capitainerie. M. de Vandières la revendait quelque temps après 180,000 livres au prince de Soubise. Le Roi donnait encore au frère de madame de Pompadour, au moment de partir pour l'Italie, une terre située près du domaine de Marigny, possédé par son père.

CHAPITRE QUATRIÈME.

bien sûre que vous n'y manqueres pas; mais ce que je vous recommande par-dessus tout, c'est la plus grande politesse, une discrétion égale, et de vous bien mettre dans la tête qu'étant fait pour le monde et pour la société, il faut être aimable avec tout le monde, car, si l'on se bornoit aux gens que l'on estime, on seroit détesté de presque tout le genre humain. Ne perdés pas de vue les conversations que nous avons eues ensemble, et ne croyés pas que, parce que je suis jeune, je ne puisse donner de bons avis. J'ay tant vu de choses, depuis 4 ans et demi que je suis ici que j'en sais plus qu'une femme de 40 ans. Bonsoir, cher frère, portés-vous bien et aimés-moi autant que je vous aime.

Je vous envoye vos 3 lettres à cachet volant, vous achèverés.

R. ce 28 décembre 1749, à Lyon (1).

Pendant tout ce voyage, la sœur conseille le frère, le dirige, le guide et s'efforce de le maintenir dans la circonspection, la discrétion, la prudence. *Je suis très-convaincue,* dit madame de Pompadour, dans sa seconde lettre, *qu'il n'y a que du bien à dire de tous les souverains que vous verrez, mais comme la retenue ne peut être trop grande sur les rois et leurs familles, s'il vous passoit quelque idée ridicule dont votre âge est susceptible, gardés-vous bien de ne jamais en rien écrire*

---

(1) *Correspondance de madame de Pompadour avec son père et son frère,* par Poulet-Malassis, Baur, 1878. — A cette correspondance, il faut joindre les deux lettres appartenant à M. Boutron et Panisse publiées par mon frère et moi dans la première édition des *Maîtresses de Louis XV.*

à quiconque ce soit, pas même à moi. Car vous jugerés aisément que les lettres du frère de madame de Pompadour seront ouvertes à Turin. Ainsi retenés bien ce que vous avés à me mander que vous ne voulez pas qui soit su, et ne me l'écrivés que lorsqu'il y aura des couriers.

Dans ces trente et une lettres qui sont tout ce qu'il reste de la correspondance du frère et de la sœur pendant ce voyage, madame de Pompadour remercie le voyageur de la lettre qu'il lui envoie sur le théâtre de Turin et du dessin qui doit le suivre (1). Elle le complimente de sa liaison avec le comte Alfieri parce qu'*une conversation avec un homme savant vaut mieux souvent que de voir soi-même.* Elle s'informe s'il a des habits et des dentelles convenables pour paraître dans les fêtes du duc de Savoie. Elle s'interrompt au milieu des petites nouvelles qu'elle lui donne de la cour pour le mettre en garde contre la crédulité paternelle du vieux Poisson, pour l'éclairer sur les sentiments des courtisans à son égard :

Mon père vous a mandé une histoire qui n'a pas été

---

(1) Ce dessin, « Vue du théâtre de Turin », était vendu à la vente de M. Marigny, dans la série des dessins exécutés en Italie par Cochin pendant son voyage d'Italie avec le futur surintendant des bâtiments. Ces dessins vont du n° 297 à 303. Ils devaient composer le petit portefeuille que madame de Pompadour accepte en ces termes dans une lettre du 19 mai 1750 : « *Comme vous me mandés très-bien, le Roy a toutes les gravures de ce que vous voyés, mais moi qui n'ai rien, je ne serai point fâchée d'avoir le petit portefeuille que vous m'offrés et je compte que M. Cochin me fera le plaisir d'y travailler. Je le substituerai à perpétuité, comme une chose précieuse, étant faite par un aussi habile homme.* » Le frère de madame de Pompadour avait la mission de lui rapporter les dessins des plus beaux théâtres d'Italie, afin que la marquise pût en faire construire de semblables en France.

dite par deux personnes. On l'a choisi apparemment pour lui faire ce roman qui n'a pas existé. Dans Paris, il est tant d'officieux méchants qui, pour vous tourmenter, sous le manteau de l'amitié, viennent vous faire de pareilles confidences, qu'en vérité il faut sortir du trou d'une bouteille pour y croire et pour s'en tourmenter. Cette histoire est bien de ce genre. Quand je vous manderai quelque chose, croyez-le, parce que l'expérience que j'ai acquise ne me laissera pas être la dupe des contes ; mais mon père qui croit tout, quand il est question de ses enfants, et qui s'agite d'abord qu'il est question de leur bien ou de leur mal, est suspect dans de pareilles circonstances, d'autant qu'il croit tout ce qu'il rencontre d'honnêtes gens, et se prend de reconnoissance pour eux d'abord qu'ils lui font amitié ; ce qui ne lui manque pas quand on sait que c'est mon père. Peut-il être dupe de toutes ces grimaces-là, et n'est-il pas possible de lui mettre en tête que, la faveur partie, il n'en seroit plus question? Je lui ai dit cent fois, mais son bon cœur le séduit toujours et lui fait voir les autres comme lui.

Quant aux courtisans, je suis obligée de vous éclairer sur eux, vous ne les jugez pas tels qu'ils sont. Si votre naissance vous permettoit d'aller sur leurs brisées pour les charges où ils aspirent, soyez bien sûr que sourdement ils tâcheroient de vous nuire, mais ce cas n'étant pas, vous êtes pour eux un objet indifférent. Ne croyés pas encore que les gens en si grande familiarité osent jamais parler devant leur maître d'autres choses que de très-indifférentes ; à plus forte raison, de rien qui ait rapport à moi.

Voilà la vérité exacte. J'ay bien vu et bien réfléchi depuis que je suis ici, j'y ai du moins gagné la connoissance des humains et je vous assure qu'ils sont les mêmes à Paris, dans une ville de provinces, qu'ils sont à la cour. La différence des objets rend les choses plus ou moins intéressantes et fait paroître les vices dans un plus grand jour.

Madame de Pompadour donne à son frère des règles de conduite pour se gouverner avec l'Infante, la dame de Leyde, la princesse Trivulce qui *a connu presque tous les hommes de la cour pendant la guerre d'Italie*. Elle lui mande les compliments que lui fait tenir Nivernois sur ses heureuses qualités, son *envie de plaire*.

A propos de la brillante réception que lui fait le pape, la favorite écrit à son frère :

Je suis fort aise de la réception que le Saint-Père vous a fait. La considération que l'on a pour moi ne m'étonnoit pas dans ce pays-ci où tout le monde a ou peut avoir besoin de mes services ; mais j'ai été étonnée qu'elle fût jusqu'à Rome. Malgré cet agrément dont il faut jouir, puisqu'il existe, la tête ne m'en tourne pas, et, excepté le bonheur d'être aimé de ce qu'on aime, qui est de tous les états, une vie solitaire et peu brillante est bien à préférer. J'espère que vous penserez comme moi, et que vous ne vous croirez pas plus grand pour des honneurs passagers que l'on rend à la place et non à la personne.

Voilà assez philosopher. Je vous dirai donc, pour nous remettre en commerce avec les humains tant anciens que modernes, que ce que j'ai lu et entendu dire de Rome, m'avoit préparé à l'admiration où vous en êtes, et je crois à présent que vous me rendés grâces souvent de vous avoir engagé à ce voyage.

Dans la lettre qui suit, madame de Pompadour dit : *La peinture que vous me faites des plaisirs* (1) *de Rome ne m'a pas séduite, mon cher frère, malgré cela je pense que vous ne devez pas vous y ennuyer ayant autant de belles choses à voir, et tant de bonnes à apprendre.*

. . . .

Madame de Pompadour adresse à son frère les mesures de deux tableaux à commander à Vernet pour l'antichambre du Roi à Bellevue. Elle le charge de présenter ses compliments à mylord Lysmore. Elle le plaisante sur un portrait qu'il lui envoie et qu'elle dit lui ressembler un peu en *Gargantua*. Elle le remercie de morceaux de cristal *fort extraordinaires* qu'elle fait monter en bonbonnières. Elle lui fait part de ses inquiétudes à propos d'un érysipèle qui lui est arrivé pendant un séjour à Castel-Gandolfo. Elle le prie avec une gaieté voltairienne de rapporter *bien des indulgences et des chapelets*. Elle lui demande des *masques blancs de Venise à sept sols, de sorte que pour un louis, elle en aura à revendre.*

(1) Jeune et beau et bien argenté, le frère de madame de Pompadour eut de galants succès en Italie. A propos d'une beauté de Gênes, sa sœur lui écrit : « *On dit qu'une certaine madame Victorina a été fort bien avec vous, que cependant vous aviez envie d'une autre, et que de celle-ci vous aviés dit* : Prenons toujours ceci puisque Dieu nous l'envoye. *Je vous en félicite et vous souhaite prospérité et point de repentir.* »

Enfin, dans une lettre du 12 janvier 1751, elle écrit à son frère :

« *M. de T.* (Tournehem) *attend, dit-on, votre retour pour se démettre ; j'espère qu'il n'en est rien, mais si cela étoit, je l'empêcherois de tout mon pouvoir, d'abord pour lui qui en mourroit, après cela pour vous. Quoique vous ayez acquis des connoissances, vous n'avez pas vingt-cinq ans ; si vous en pouvés gagner vingt-huit ou trente sur sa survivance, ce sera encore mieux.* »

M. de Vandières n'attendait pas si longtemps, M. de Tournehem mourait au mois de novembre 1751, et le frère de madame de Pompadour, presqu'à son retour d'Italie, était fait directeur-ordonnateur général des Bâtiments, Jardins, Arts, Manufactures, une direction où le frère de la marquise devient, selon l'expression d'un contemporain, l'*arbiter elegantiarum* et crée une nouvelle science et un nouveau goût pour la distribution intérieure des appartements, leur architecture et leur décoration. Et cependant le zèle qu'il apporte à ce ministère de l'idéal et de l'industrie de la France, le plus généreux et le plus sympathique gouvernement des choses et du monde de l'art, ne désarment point les jugements préconçus de la cour, et les injustices de l'opinion sur l'homme dont un juge peu suspect d'indulgence, Quesnay, disait : « C'est un homme bien peu connu ; personne ne parle de son esprit et de ses connaissances, ni de ce qu'il fait pour l'avancement des arts ; aucun, depuis Colbert, n'a fait autant dans sa place ; il est d'ailleurs fort honnête homme, mais on ne veut le voir que comme le frère de la favorite, et, parce qu'il est gros, on le croit lourd et épais d'esprit (1). »

Madame de Pompadour n'était pas satisfaite de la place faite à son frère dans l'État par cet immense gouvernement de l'art, elle le voulait maître d'hôtel du Roi, elle s'efforçait de le faire nommer cordon bleu : projet qui tombait sous le bon mot d'un courtisan, que *le poisson n'était pas encore assez gros pour le mettre au bleu.* Elle obtenait enfin, en septembre 1754, de faire ériger la terre de Marigny en marquisat, et emportait en 1756 la nomination de son frère à la place de secrétaire de l'Ordre du Saint-Esprit, ce qui autorisait M. de Marigny à porter le cordon bleu (2).

Toutes ces prérogatives, ces grâces, ces faveurs, il fallait souvent des efforts, des luttes, des batailles, pour les lui faire accepter, pour enhardir la timidité du *frérot*, pour secouer sa paresse, pour ressaisir un consentement qu'il reprenait parfois. Et madame de Pompadour restait impuissante, en dépit de toutes

---

(1) *Mémoires de madame du Hausset.* — Pour juger et l'homme et le surintendant, un précieux document nous fait défaut. C'est un manuscrit de 500 pages, contenant les *Mémoires de Cochin,* un moment entré à la Bibliothèque nationale, ainsi que le témoigne une analyse du manuscrit parue dans le *Magasin encyclopédique* de 1795, et qui ne s'y retrouve plus aujourd'hui.

(2) *Mémoires du marquis d'Argenson.* — *Mémoires du duc de Luynes.* — *Madame de Pompadour,* par M. Campardon. — A propos de ce cordon bleu qui faisait dire au frère de madame de Pompadour : « Marmontel, le Roi me décrasse! » Marmontel se demande si, par cette parole jouant l'humilité, le surintendant ne cherchait pas à essayer son sentiment et sa pensée ?

ses belles paroles, pour décider son frère à prendre la survivance de Saint-Florentin, ou le ministère de la marine après la retraite de Machault. Le frère se dérobait aux instances de sa sœur par ces sages paroles : « Je vous épargne bien des chagrins en vous privant d'une petite satisfaction : le public seroit injuste envers moi, quelque bien que je fisse dans ma place; quant à celle de M. de Saint-Florentin, il peut vivre encore vingt-cinq ans et cela ne m'avanceroit de rien. Les maîtresses sont assez haïes par elles-mêmes sans qu'elles s'attirent encore la haine qu'on porte aux ministres (1). »

Mais la question sur laquelle le débat entre le frère et la sœur était le plus vif et tournait souvent en querelle, c'était au sujet du mariage. Madame de Pompadour rêvait pour son frère une illustre alliance dont la gloire rejaillît sur elle. Un jour elle lui offrait une fille du maréchal de Lowendal, un autre jour une fille du duc de la Vallière, un autre jour une fille de la princesse de Chimay. Elle cherchait à le séduire par la promesse de lui assurer la propriété de l'hôtel d'Évreux qu'elle venait d'acquérir dans le faubourg Saint-Honoré; elle lui jurait de le faire nommer par le Roi duc à brevet, voire même duc héréditaire. A toutes ces choses et à bien d'autres encore, M. de Marigny répondait tranquillement « préférer à tout son indépendance », disant : « qu'il ne consentirait à faire le sacrifice de cette in-

---

(1) *Mémoires de madame du Hausset.*

dépendance que pour une femme qu'il aimerait réellement et non certes pour s'engager dans les liens d'un mariage de convenance (1). »

Madame du Hausset nous a conservé la peinture d'un de ces moments d'humeur de la favorite, à propos de cet entêtement de son frère à rester célibataire. On lui apporte une lettre, elle en prend connaissance, marque une vive contrariété... puis laisse éclater son dépit en ces termes : « *C'est de monsieur mon frère, qui n'auroit pas osé me dire cela, il me l'écrit, j'avois arrangé pour lui un mariage avec la fille d'un homme titré, il paroissoit s'y prêter et je m'étois engagée. Aujourd'hui il me mande qu'il a pris des informations, que le père et la mère sont d'une hauteur insupportable, que la fille est fort mal élevée, et qu'il sait, à n'en pas douter, qu'ayant eu quelque connoissance du mariage dont il est question, elle s'étoit exprimée avec le dernier des mépris sur nous; qu'il en est sûr et qu'on m'a encore moins ménagée que lui; enfin il me prie de rompre le mariage, mais il m'a laissée aller trop avant et voilà des ennemis irréconciliables qu'il me fait.* »

Les années s'écoulaient sans rallier aux projets de la marquise le marquis de Vandières, devenu le marquis de Marigny. Et content du présent, rassasié d'honneurs et de richesses, détaché de la cour qu'il n'aimait pas, heureux de vivre à l'aise, et doucement bercé par les grâces faciles de la vie, dans ce

---

(1) *Mémoires de madame du Hausset.*

monde des artistes dont il avait fait son monde, il ne voulait point consentir à jouer son bonheur, ses amitiés, sa paresse et sa belle liberté contre la plus belle alliance, et il désespérait la marquise par l'impénitence finale de sa sagesse épicurienne.

Il arrivait cependant un jour où, après la mort de madame de Pompadour, M. de Marigny, ce célibataire endurci, se mariait. Il épousait la fille de madame Filleul, la sœur de la comtesse de Séran, la belle, la spirituelle, la gracieuse Julie, l'idole de sa société, et qui réunissait à la plus séduisante figure la douceur, l'ingénuité, la bonté, la gaieté, la plus aimable raison. Malheureusement il y avait chez le frère de madame de Pompadour un amour-propre ombrageux, une inquiétude perpétuelle de l'estime qu'on faisait de sa personne, une susceptibilité toujours en quête et en alarme d'une ironie ou d'un mépris, une tendresse pleine de méfiances et de soupçons, un besoin de se tourmenter et de se rendre malheureux à propos de tout et de rien, enfin un fond vaporeux dans lequel faisait tout à coup irruption une noire humeur accompagnée de rudesses et de brusqueries. M. de Marigny s'imaginait de devenir jaloux de l'amitié de sa femme pour sa mère, sa sœur : « Sa femme ne l'aimait point, ne vivait pas pour lui ; il s'en fallait bien qu'il fût ce qu'elle avait de plus cher au monde. » Et un jour, sans motif ni raison, chagriné de l'émotion que produisait au Ridotto de Spa la charmante et touchante réunion des deux jeunes sœurs, après avoir déclaré

« qu'il voyait trop bien que sa présence était importune ; qu'après tout ce qu'il avait fait pour être aimé, il ne l'était point ; qu'il était haï, détesté ; qu'il tardait à sa femme qu'il fût parti.... » il partait au point du jour, ne voulant ni entendre ni accueillir sa femme dans sa chambre, jetant à Marmontel : « Adieu, mon ami, plaignez le plus malheureux des hommes. Adieu. »

Le mari et la femme se raccommodaient, mais Marmontel voyait des scènes, à peu près pareilles aux scènes de Spa, se renouveler à Ménars et dans un voyage en Touraine, où il les accompagnait comme ami, comme un médiateur appelé par les deux époux dans leurs incessantes querelles de ménage. Et cette union, entre gens amenés bientôt à se détester, empoisonnait et abrégeait l'existence du frère de madame de Pompadour (1).

(1) *Mémoires de Marmontel*. Paris, 1804, t. II et III.

V

Les terres et les châteaux de madame de Pompadour. — Crécy. — La Celle, *le petit château.* — Les trois *Hermitages* de Versailles, de Fontainebleau, de Compiègne. — L'Hôtel de Versailles. — L'Hôtel d'Évreux, rue du faubourg Saint-Honoré. — Lettre de la marquise relativement à l'achat d'un terrain. — Le goût d'art nouveau apporté à l'habitation par la marquise. — Le château de Bellevue. — Description intérieure. — Madame de Pompadour locataire. — Embellissements dont elle est l'inspiratrice à Choisy. — Les contrastes de nature qu'elle offre à tout moment au Roi. — Métamorphoses galantes de la favorite.

Au milieu de tous ces biens répandus sur sa famille, de cet argent éparpillé parmi ses collatéraux et ses alliés, de ces enrichissements qu'elle faisait autour d'elle, la favorite poussait sa fortune personnelle, l'élevait à une opulence royale. Il y a au fond de la femme une nature d'amasseur de terres et de bâtisseur de châteaux, et madame de Pompadour arrivera à une possession de domaines et de bâtiments, telle qu'en France n'avait point encore osé en rêver une maîtresse de roi.

C'était d'abord la terre de Crécy, près de Dreux, que madame de Pompadour achetait 650,000 livres (1).

---

(1) Pour arrondir cette terre de Crécy achetée en 1746 du fermier énéral Rousset, madame de Pompadour y joignait bientôt le domaine

L'Assurance enlevé à des travaux commencés et chargé des bâtiments, M. d'Isle, gendre de Desgot, mis à la tête des jardins, aussitôt le parc bouleversé était planté à nouveau, aussitôt le château entièrement repris en sous-œuvre avait ses ailes complétement refaites. Et voici, d'après une description de la duchesse de Luynes (1), le château de madame de Pompadour avec l'appartement du Roi et au retour l'appartement de la favorite, avec sa riche boiserie qu'il faudra refaire à peine terminée, avec ses trumeaux de glace, avec ses salons, avec son *cabinet d'assemblée* de 49 pieds de long. Et voici le parc avec sa terrasse à pic sur un vallon au fond duquel court la petite rivière de Blaise, avec sa montagne au *vertugadin* de gazon, avec son terrain bâti, ces canaux aux retenues de pierres de taille, ces architectures élevées avec effort et qui semblent peiner dans le paysage. Et voici dans le château de Mademoiselle où un moment Louis XV tient son conseil d'État, le monde de Choisy, le monde de Compiègne, le monde de Fontainebleau, en son uniforme vert à boutonnières d'or (2).

---

d'Aunay payé 140,000 liv., Magenville 25,000 liv., la baronnie de Tréon 40,000 fr., Saint-Remy 24,000 liv. Les réparations, au bout de deux ans, s'élevaient à 700,000 liv., dans lesquels la charpente entrait pour 100,000 liv. M. Le Roi nous apprend, dans ses *Dépenses de madame de Pompadour,* que le linge seul de Crécy coûtait 650,452 liv.

(1) *Mémoires du duc de Luynes,* t. XII.

(2) Au mois de juin 1751, le Roi fit un voyage à Crécy, suivi d'une partie de sa cour. Le voyage dura six jours. On joua gros jeu et on laissa force argent au passe-dix, au quinquenove, au mormonithe. Le duc de Chartres perdit, pour sa part, 600 louis. Au mois de septembre

Crécy et ses immenses dépendances ne suffisaient pas au goût de la bâtisse de madame de Pompadour. Elle achetait Montretout, *le Trétou* de ses lettres, qu'elle revendait presqu'aussitôt qu'elle l'avait acheté.

Madame de Pompadour acquérait encore de Bachelier (1), valet de chambre du Roi, moyennant la somme de 260,000 livres, la Celle, propriété située à une lieue de Versailles, sur le chemin de Marly.

La Celle, le *petit château*, ainsi qu'on le nommait, apparaissait comme une propriété différente de Crécy, comme une habitation plus bourgeoise et faite pour une intimité plus petite. La Celle était une construction montée sur trois grandes terrasses, entre deux petits bois façonnés en arcades et en berceaux. A la gauche était amarrée une chaloupe, sur un canal entouré d'un de ces treillages contre lesquels les gouaches du dix-huitième siècle nous montrent ces petites colonnades de roses trémières, au ton rose, au ton jaune de soufre, reflétées dans l'eau immobile. Une nuit du mois d'août 1748, le canal, la gondole étaient illuminés, et des lanternes de verre se balançant aux arcades des deux petits bois y renfonçaient l'ombre. Madame de Pom-

---

1751, madame de Pompadour, à l'occasion de la naissance du duc de Bourgogne, mariait seize couples de Crécy et des environs et leur donnait 300 livres d'argent et 200 livres pour les habits. Plus tard, la favorite y fondait un hôpital pour la fondation duquel elle était obligée de vendre une partie de ses diamants.

(1) *Mémoires du duc de Luynes*, t. VIII. — *Madame de Pompadour*, par M. Campardon.

padour rendait en son *petit château* au Roi la fête que Louis XV lui avait donnée. MM. d'Argenson, de Maurepas, de Puisieux, de Saint-Florentin et quelques autres rares invités avaient reçu des billets sur lesquels il y avait ces trois mots : *Bon pour entrer*. L'heure fixée était dix heures. Au dessert, le Roi encore à table, madame de Pompadour apparaissait dans le costume de *la Nuit*, chantant : *Venez, venez, suivez-moi tous*. Et toute la société se rendait à sa suite dans un des deux bois, où était dansé un ballet par de petits enfants et où était chanté le chœur du second acte de *Scanderbeg*. Puis, après un compliment débité au Roi par M. de la Salle, habillé en berger, et comparant Louis XV au soleil, les hommes et les femmes, prenant des dominos et des masques, se répandaient dans la nuit lumineuse du parc.

Au fond, quoique madame de Pompadour se remît à construire le bâtiment de fond en comble, et que le petit château contînt dix-sept appartements de maître, il n'était dans les idées de la propriétaire qu'une maison bonne pour souper ou faire de la villégiature quelques jours dans les grandes chaleurs de l'été, une maison qu'elle comptait échanger, un jour ou l'autre, contre un grand château que depuis longtemps elle songeait à élever près des Capucins de Meudon.

Après Crécy, après la Celle, venaient, en ce temps de mode bocagère et sylvestre, les *Hermitages*.

Sur six hectares de terrain détachés du petit

parc de Versailles près la grille du Dragon, et dont le Roi faisait cadeau à sa maîtresse par brevet du 1ᵉʳ février 1749, madame de Pompadour construisait une petite maison toute simple, aux tentures de Perse, aux panneaux peints, au jardin qui n'était qu'un bosquet de roses enfermant, dans un temple de verdure, un Adonis en marbre blanc. Cette fantaisie, élevée comme par un coup de baguette de fée, et dont les plâtres avaient été séchés au grand feu, coûtait 283,013 l. 1s. 4 d. (1). Mais l'*Hermitage* de Versailles n'était pas seul, il y avait l'*Hermitage* de Fontainebleau et l'*Hermitage* de Compiègne.

L'*Hermitage* de Fontainebleau, bâti pour offrir de temps en temps à Louis XV deux œufs à la coque, ne contenait au rez-de-chaussée qu'une salle à manger et un cabinet d'assemblée pouvant contenir six tables de jeu; au premier, il n'y avait que deux appartements : celui de la maîtresse du logis et celui de l'amie de cœur, madame d'Estrades. Une grande basse-cour avec quatre poulaillers pour toutes les espèces de poules était la curiosité de cette rustique habitation qui revenait à 216,382 l. 18 s. 8 d. (2).

---

(1) *Dépenses de madame de Pompadour*, par M. Le Roi. — *Mémoires du duc de Luynes*, t. IX.

(2) *Ibid.* — « Le jardin de madame la marquise de Pompadour, à Fontainebleau, du dessin de L'Assurance, est noble et de toute beauté, ayant 67 T. de long sur 60 de large. On doit remarquer le beau parterre de gazon, orné de fleurs les plus rares, en face, et les petits bois à droite et à gauche du pavillon, coupés par 16 cabinets de différente composition, autour d'une salle verte qui a 25 T. de long sur 14 de

L'*Hermitage* de Compiègne, le plus simple des trois, et dont la construction du petit bâtiment à l'italienne ne dépassait guère 30,000 livres, voyait en 1756 la favorite, dans son étroite enceinte, donner une fête à l'occasion de la prise de Mahon, et distribuer aux femmes et aux hommes présents des rubans, des bonnets, des nœuds d'épée à la Mahon (1).

A Versailles, sur un terrain à elle abandonné en 1752 par Louis XV, madame de Pompadour dépensait 210,844 l. 14 s. 10 d. pour la construction d'un hôtel dont un corridor menait la favorite directement dans le château (2).

A Paris, madame de Pompadour ne se contentait pas longtemps du royal pied-à-terre qu'elle avait dans l'appartement du premier de l'hôtel Pontchartrain (3), servant de résidence aux ambassadeurs

---

large. Une petite ménagerie, à gauche du pavillon, rend ce lieu plus agréable encore. » (*Jardins anglais et chinois*, par Lerouge, 1788.)

(1) *Mémoires du duc de Luynes*, t. XIV et XV. — Le terrain avait été également donné à madame de Pompadour par brevet du 31 juillet 1755.

(2) C'est aujourd'hui l'hôtel des Réservoirs.

(3) Voici l'acte par lequel Lous XV donna cet appartement à madame de Pompadour : « Aujourd'hui 8 août 1751 le Roy étant à Compiègne voulant donner à la Dame marquise de Pompadour une nouvelle marque de sa bienveillance, Sa Majesté luy a accordé et fait don du grand appartement avec ses dépendances et celuy de l'aile droite en retour jusque sur la rue, au premier étage de l'hostel des Ambassadeurs, à Paris, rue Neuve-des-Petits-Champs, pour, par ladite Dame marquise de Pompadour, en jouir pendant sa vie ; le tout conformément au plan qui en a été dressé et déposé au greffe des bâtimens de Sa Majesté, à condition par ladite dame, de ne le pouvoir louer ny céder à personne, sous quelque prétexte que ce soit, et en outre d'abandonner ledit logement et le laisser entièrement libre, toutes les

extraordinaires. Elle y achetait 730,000 livres l'hôtel du comte d'Évreux, situé dans le faubourg Saint-Honoré (1).

A peine est-elle devenue propriétaire de l'hôtel d'Évreux que madame de Pompadour refait tout le premier étage, le remeuble entièrement, le fait tendre d'une tapisserie des Gobelins aux deux L surmontées d'une couronne royale, met aux fenêtres des rideaux d'une valeur de 5 à 6,000 livres, si

fois et quantes il surviendra des ambassadeurs extraordinaires, cet hostel leur étant destiné et à toute leur suite... » (Archives nationales O¹ 95, publié dans le *Journal* de Lazare Duvaux.) Trois ans après, madame de Pompadour se démettait du droit qu'elle avait à cet appartement en faveur du marquis de Gontaut. La comtesse d'Estrades avait aussi un appartement dans l'hôtel Pontchartrain.

(1) L'achat de l'hôtel d'Évreux valut à madame de Pompadour des épigrammes, des chansons, des placards injurieux. Une affiche, portant *Ædes reginæ meretricum*, fut collée aux murs; et plus tard madame de Pompadour, ayant pris un terrain sur les Champs-Élysées pour en faire un potager, fut forcée par les murmures d'abandonner son projet. Donnons le brevet du don de ce terrain qui lui avait été fait par le Roi :

Brevet de don d'un terrain aux Champs-Élyzées en faveur de la dame marquise de Pompadour.

Du 1ᵉʳ novembre 1763.

Aujourd'hui, premier novembre mil sept cent soixante-trois, le Roy étant à Fontainebleau, Sa Majesté voulant donner à la Dame marquise de Pompadour une marque particulière de la bienveillance dont elle l'honore, luy a accordé et fait don d'un terrain situé aux Champs-Élyzées, contenant en superficie douze cent deux toises ou environ, tendant d'une part au fossé du potager de son hôtel, d'autre part à la maison du jardinier et à la melonnière dudit hôtel par la troisième face à l'allignement du mur de la dᵉ melonnière et à un petit chemin public et par la quatrième face au quinconce des Champs-Élyzées: le tout conformément au plan déposé à la Direction générale des bastiments de Sa Majesté pour, par la dite dame marquise de Pompadour, jouir du dit terrain, en faire et disposer comme de chose à elle appartenant en toute propriété, attendu le don que Sa Majesté luy en a fait dès à

CHAPITRE CINQUIÈME.

bien qu'en une seule année la favorite y dépense 95,169 l. 6 s. (1).

Du reste, rien ne coûte à la favorite, rien ne lui paraît cher quand la propriétaire a une envie, un caprice, le besoin de quelque chose de convenant à sa propriété. Cette lettre en est une preuve assez significative :

« *Quelque ridicule qu'il soit, mon cher compère, de payer* 100,000 *livres un terrain loué* 450 *livres, vous l'avés offert, il y a un an, ainsy je ne vous démentirai pas. Quant à la pension, assurés monsieur de Thorigny très positivement que je ne fois point de demande de cette espèce :* 100,000 *livres, voilà mon dernier mot, il ne changera pas; mais, comme je veux fermer mon jardin sans tarder, demandés la réponse définitive la semaine prochaine.*

« *Bonsoir, cher parrain, je vous embrasse.*

« *La marquise* DE POMPADOUR (2). »

Madame de Pompadour paye tout ce qu'on lui demande, tout ce que l'insatiabilité du vendeur exige de sa volonté, de son *bon plaisir* d'avoir, de détenir, de posséder. Et cependant les prix d'achat,

présent et à ses hoirs ou ayans cause à perpétuité, à la charge d'en payer le cens au Domaine de Sa Majesté ainsy qu'il sera réglé. Mande et ordonne Sa Majesté au sieur marquis de Marigny... (Archives nationales, A M O¹ 1060.)

(1) *Mémoires du duc de Luynes*, t. XIII. — *Dépenses de madame de Pompadour*, par M. Le Roi. — *Madame de Pompadour*, par M. Campardon. — La marquise léguait par testament l'hôtel d'Évreux à Louis XV, qui le revendait à Beaujon, qui le cédait plus tard à Louis XV. C'est aujourd'hui l'Élysée.

(2) *Journal de l'instruction publique*, 9 août 1860.

tout fous qu'ils paraissent, ne sont que la moins grosse dépense de ces acquisitions. Ce qui est immensément cher, ce qui coûte trente-six millions à la France, c'est tout ce monde de peintres, de sculpteurs, de marbriers, de doreurs, de fondeurs, de faïenciers, de menuisiers, de fleuristes, de jardiniers que la favorite traîne derrière elle dans chacun de ses nouveaux domaines, et où elle fait tout changer, tout reprendre, tout remanier selon les ordres de son goût. De cette main-d'œuvre répandue sur toutes choses et promenant sa caresse sur chaque objet, de tant d'or dépensé sans compter dans le luxe, la recherche, le goût d'art inconnu jusque-là de l'habitation, sortaient ces palais de plaisance, dont Bellevue fut l'admirable exemple, le type à jamais perdu.

Ce petit et délicieux modèle de château royal (1), ce musée de l'art français créé par madame de Pompadour et rempli de son inspiration, Bellevue, était sorti de terre comme par miracle.

Frappée de l'étendue et de la beauté de la vue, en passant par hasard sur ces coteaux qui semblent une terrasse naturelle dont la Seine baigne le pied, madame de Pompadour donnait rendez-vous aux deux architectes, L'Assurance et l'Isle ; et là, sur le terrain de son rêve, assise sur un trône rustique

---

(1) Les dépenses de Bellevue s'élevèrent à 2.526,927 livres.

d'opéra improvisé avec des cailloux et du gazon, elle dessinait son projet, elle marquait la place des bâtiments, elle traçait l'ordonnance des jardins (1).

Le premier piquet pour le remuage des terres était posé le 30 juin 1748, et malgré la nature sablonneuse du terrain qui obligeait à creuser à plus de cent vingt pieds de profondeur pour poser solidement les fondations, huit cents ouvriers poussaient les travaux avec une telle activité que l'inauguration pouvait avoir lieu le 25 novembre 1750. La pendaison de la crémaillère n'était pas heureuse : toutes les cheminées fumaient, et le Roi et les invités étaient obligés de souper au *Taudis*, maisonnette bâtie dans le bas du jardin (2).

La véritable inauguration de Bellevue n'était vraiment qu'à la date du 2 décembre, où, sur le petit théâtre décoré à la chinoise, se jouait pour l'amusement du Roi un charmant ballet : l'*Amour architecte*. Dans ce ballet l'on voyait une montagne, *la Montagne en mal d'enfant* de la Fontaine, accoucher du château de la favorite et, sur la route de Bellevue, une de ces voitures appelées pot-de-chambre culbuter et verser sur la scène une pleine corbeille de femmes : un ballet et des danseuses (3).

---

(1) *Dictionnaire historique de la ville de Paris et de ses environs*, par Hurtaut. Moutard, 1779.

(2) *Mémoires et journal inédit du marquis d'Argenson*, t. III.

(3) *Ibid.*, t. IV. — Les représentations qui n'avaient plus lieu dans les petits appartements se continuaient à Bellevue. Aux comédies, aux opéras succédaient des concerts où l'on entendait le chanteur Caffarelli. La manie de *marieuse* dont était atteinte madame de Pompadour

Le corps principal du château n'avait que neuf croisées, selon le désir exprimé par le Roi (1). Il montrait à l'extérieur des bustes de marbre attachés dans des trumeaux. L'antichambre était ornée de deux statues qui avaient fait lutter l'un contre l'autre le ciseau de Falconnet et le ciseau d'Adam. Oudry avait peint dans la salle à manger les attributs de la chasse et de la pêche, que répétaient sur la boiserie les fines sculptures de Verbreck. Six tableaux de Vanloo, la *Comédie* et la *Tragédie*, paraient les murs du salon de compagnie. Une galerie, où souriait l'Amour en marbre de Saly, menait à la salle de musique, dont Pierre avait signé les dessus de porte. Puis venait l'appartement du Roi, peint par Vanloo, et séparé de l'appartement de

---

amenait à Bellevue la fastueuse célébration d'un certain nombre de mariages qu'avait faits la marquise. En 1751, mademoiselle de Romanet, nièce de madame d'Estrades, épousait à Bellevue M. de Choiseul. En juillet 1754, la marquise donnait un repas de noces à deux de ses nièces, les demoiselles Baschi, et à la demoiselle de Quitry. En 1755, elle faisait bénir dans la chapelle de Bellevue le mariage de M. de Cambis avec madame de Chimay, mariage auquel assistaient tous les ministres et secrétaires d'État. Enfin, en 1750, elle avait fait célébrer à *Brimborion* le mariage d'une de ses cousines avec le frère du fermier général Bouret.

La naissance du duc de Bourgogne et le rétablissement du Dauphin étaient célébrés à Bellevue par deux feux d'artifice. Le dernier, qui avait un grand succès, représentait un dauphin lumineux attaqué par des monstres sortis de leurs cavernes, qu'Apollon descendait de l'Olympe foudroyer.

(1) *Journal historique et anecdotique du règne de Louis XV*, par Barbier, vol. III. — Barbier ajoute : « Les boiseries du dedans sont sculptées dans la dernière perfection et peintes d'un très-beau blanc des carmes. A tous les balcons, il y a une tour qui sont les armes de la Pompadour. Le suisse des appartements a une livrée jaune de Pompadour. »

madame de Pompadour par un boudoir en perse dorée en or, qu'égayaient deux paysages chinois de l'invention de Boucher peints en dessus de portes. Brunetti père avait peint l'escalier ; et son génie décoratif avait jeté, jusqu'au premier étage, dans les masses d'une belle architecture, l'échelle d'un Olympe, Ariane et Bacchus, Zéphyre et Flore, Diane et Endymion. Boulongne et Vernet avaient mis leur nom et leur zèle aux peintures de l'appartement du Dauphin et de la Dauphine ; car il y avait, dans le château de madame de Pompadour, l'appartement du Dauphin et de la Dauphine.

On trouvait ensuite la grande rareté et le grand orgueil de Bellevue, la galerie imaginée et dessinée par madame de Pompadour en personne, une galerie où, dans toute la longueur, des guirlandes d'une étonnante légèreté, sculptées par Verbreck et délicatement peintes par Dinant et du Fort, encadraient les plus jolis tableaux de Boucher, auxquels l'étoffe de l'ameublement semblaient faire écho : le pinceau de Perrot y avait rappelé avec un art exquis les gaietés de couleur, la folle lumière, les allégories champêtres et enrubanées semées au mur par le peintre (1).

Tout dans ce Bellevue était en harmonie ; et dans ces salons peints, éclatants et dorés, ou bien dans ces jardins, ces grottes, ces allées d'une si agréable descente, près de ces eaux vives et comme

---

1) *Dictionnaire historique de la ville de Paris*, par Hurtaut.

échappées, dans le bosquet de la cascade, le bosquet vert, les bosquets du baldaquin ou du rond de Sèvres, les allées d'arbres de Judée et de peupliers d'Italie, auprès des deux nymphes de Pigalle (1), de la statue pédestre de Louis XV en marbre de Gênes, ou de l'Apollon en marbre de Coustou (2), allait, venait, passait et se promenait un monde à la livrée du château, et selon le goût du lieu : les hommes avaient des habits de drap pourpre, brodé d'or en bordé, avec des vestes de satin gris blanc travaillé d'un dessin chenillé en pourpre, et bordé de quatre doigts d'une broderie d'or mat ; les femmes étaient habillées de robes semblables aux vestes des hommes (3). Et quel uniforme mieux ordonné pour ce palais des enchantements où tout à l'heure, en plein hiver, la marquise étonnera le Roi avec ce parterre inouï et prodigieux, toutes les fleurs du printemps, toutes les fleurs de l'été odorantes, vivantes presque, — un parterre de porcelaine de Vincennes parfumée (4)!

(1) M. Tarbé, dans la *Vie et les œuvres de Pigalle*, nous apprend que la statue représentant madame de Pompadour une main sur le cœur, après avoir été achetée en 1786 par le duc d'Orléans, est passée dans la collection de lord Hertfort. La statue où elle est représentée sous la figure de l'amitié serait conservée au Ministère des Affaires étrangères
(2) *Jardins anglo-chinois*, par Lerouge, 1788.
(3) *Journal historique de Barbier*, vol. III. — La marquise, pour cet habit d'uniforme des voyages, donnait aux femmes l'étoffe de la robe, aux hommes l'étoffe de l'habit et de la veste et le dessin de la broderie qui revenait pour l'habit et la veste à près de 14,000 liv.
(4) *Mémoires du marquis d'Argenson*, édition Janet, t. III. — Le marquis d'Argenson dit que ces fleurs avaient coûté 800,000 liv. mais il faut avoir la plus grande défiance des chiffres du marquis, quand ils

Un jour cependant madame de Pompadour avait la satiété de Bellevue (1), comme déjà elle avait eu le dégoût du *petit château*. Alors elle devenait une locataire, une locataire originale, et qui louait au duc de la Vallière, 12,000 livres sa maison de Champs toute meublée, et y dépensait en trois ans 200,000 livres ; qui louait encore au duc de Gesvres sa propriété de Saint-Ouen, dans laquelle, en cinq ans, elle engloutissait 500,000 livres (2).

Enfin la dernière acquisition de madame de Pompadour était le marquisat de Menars, une terre à laquelle elle ne faisait qu'une seule visite et qu'elle payait par annuités, sur ses revenus, on ne savait au juste quelle somme (3).

L'imagination de madame de Pompadour, une véritable imagination d'Armide, ne se bornait point

---

concernent les dépenses de la marquise. Ces 800,000 liv. de fleurs de porcelaine doivent être tout aussi vrais que la pension de 1,000 écus faite par la favorite à l'ébéniste du faubourg Saint-Antoine, Migeon, pour la sculpture d'une chaise percée. En effet, M. Riocreux affirmait à M. Davillier que la fabrication des fleurs n'a jamais dépassé, dans les années les plus prospères, la somme de 300,000 liv.

(1) Vers 1757, madame de Pompadour vendait au Roi Bellevue pour la somme de 325,000 liv. Bellevue devint la propriété de Mesdames.

(2) *Dépenses de madame de Pompadour*, par M. Le Roi. — *Madame de Pompadour*, par M. Campardon.

(3) Cette énumération ne comprend pas encore toutes les propriétés possédées par madame de Pompadour ; elle a encore acheté le *Taudis*, appelé depuis *Babiole* ou *Brimborion* et réuni à Bellevue. Elle aurait acquis, au dire de d'Argenson, qui me paraît suspect, la seigneurie de Sèvres au prix de 200,000 liv. Enfin M. Campardon nous apprend qu'elle était propriétaire des terres de la Garancière, Deux-Églises,

aux domaines de sa création, aux maisons qu'elle louait; elle remaniait et décorait encore les châteaux où le Roi la recevait et lui rendait l'hospitalité de Bellevue. Choisy, que le Roi possédait, devenait comme la propriété de la favorite, par tous les embellissements qu'elle y apportait, toutes les dépenses qu'elle y ordonnait. Du petit au grand, tous les luxes du château, toutes les recherches de la vie de Choisy lui appartenaient, et montraient dans les plus petites choses la délicatesse de ses inventions; n'était-ce pas elle qui machinait ce château de féerie, où la table à ressort qu'elle avait inventée de moitié avec le mécanicien, et dont le petit modèle fut vendu à la vente du marquis Ménars, la table de Loriot, remontait une épingle demandée par le Roi, avec des vers de Laujon (1)? C'était l'effort et la victoire

Bret, la Roche et la Rivière en Limousin. Il y a aussi des dépenses faites par la favorite sur des propriétés dont nous n'avons pas parlé, comme Pompadour, où M. Le Roi mentionne une dépense de 28,000 liv.

(1) De cette vie, de ce séjour de Choisy, il ne reste plus guère, épars par ci, par là, que les *Voyages du Roi au château de Choisy, avec les logements de la cour et les menus de la table de Sa Majesté*, menus manuscrits dont la bibliothèque de Rouen possède une année, et dont nous possédons une autre année, l'année 1757. Les soupers se composent d'un premier service composé de deux oilles et de deux potages, de huit hors-d'œuvre, de quatre grandes entrées, de quatre moyennes, de huit plats de rôts, de quatre salades, de douze ou de seize entremets, froids ou chauds; dans les potages, on remarque : le potage à la Pontchartrain, à la Villeroy, à la bonne femme, la chiffonnade, la garbure aux choux, le gratiné aux oignons et aux pains de seigle, le gendarme aux gros oignons; dans les entremets, les appellations et les noms les plus singuliers sont : les tourtereaux à l'impromptu, les rammeraux à la polonaise, la ciboulette de gibier à l'espagnole, les cailles à la Xaintonge, les langues de mouton à la Saint-Hérem, les poussins à la Saint-Cloud, le pâté de cuisses d'oie aux pois de Mon-

de madame de Pompadour de mettre la variété et le contraste dans toutes ces habitations qui donnaient à l'ennui du Roi la distraction des boîtes à surprise. Et chez elle et même chez le Roi, des splendides architectures, des palais de galas, des voûtes d'arbres de parcs centenaires, l'enchanteresse faisait passer Louis XV dans ces retraites où tout était à la mode de la simple campagne, où la maison ne montrait que des bergeries, où les jardins affranchis de la pompe du jardin français n'étaient que berceaux de myrte et de jasmin, bosquets de roses, cachettes agrestes de la statue de l'Amour, champs de jonquilles, d'œillets, de violettes, de tubéreuses embaumant l'air des senteurs de la nature (1).

C'était là que, renouvelant sa beauté, elle ravivait

---

salvie, la terrine de grouins à la purée, les dindonneaux sauce à la civette, les campines à la Gontault, les faisans à la Mancille, les petits pâtés à la Balaquine, les cervelles à la Matignon, les poulets à la Mezeray, les poulets à Lurlubie, les pâtés à la Nesle, les queues d'agneau au soleil, les pigeons aux œufs à la Monglas, les estomacs d'oiseau de rivière à la Rocambole; enfin, dans le souper du 13 décembre 1757, un dindon de la ménagerie à la peau de goret. Les rôtis n'ont rien de remarquable que la désignation de leur provenance, les lapereaux de M. de Cromard, de la Vallière, les dindonneaux de madame la marquise, etc. L'imagination merveilleuse du cuisinier, qui trouve tous les jours maigres les quarante-huit plats exigés, se déploie dans les entremets, où il y a des crêtes au fenouil, des gâteaux au lard, des pattes bottées, des épinards à l'essence, des beignets de blanc-manger au blanc de poularde, des œufs brouillés au coulis de perdreau, des ragoûts aux langues de carpes, des rôtisseaux d'anchois, des montantes à la romaine, des marbrées, des crèmes à la Saint-Genest, etc. Dans tout cela, rien ne rappelle la favorite, ni les *filets à la Bellevue*, que cite La Mésangère dans son *Dictionnaire du luxe* manuscrit, ni les *rissolettes à la Pompadour* dont parle Mercier.

(1) *Histoire de madame la marquise de Pompadour, à la Tête de César*, Londres, 1759.

le goût du Roi par les changements et les déguisements de sa personne, tantôt lui apparaissant dans l'habit de la sultane de Vanloo, tantôt venant à lui en jardinière, dans ce costume que nous a gardé le portrait qu'elle disait être la meilleure image d'elle-même : la tête couverte d'un chapeau de paille doublé de bleu, de ce bleu, sa couleur favorite qui faisait baptiser *habits de la marquise* les habits bleus ; le bras gauche passé dans l'anse d'un panier de fleurs, la main droite tenant une branche de jacinthe (1). Ou bien encore elle charmait les yeux du Roi par cet habit dont elle avait pris l'idée et le patron dans une assemblée galante de Watteau, déshabillé idéal, appelé depuis le *négligé à la Pompadour :* imaginez une sorte de veste turque, serrant le col, boutonnant au poignet, se prêtant à la gorge, collant aux hanches, montrant tout ce qu'elle laissait voir, et dessinant tout ce qu'elle cachait (2).

(1) Catalogue du marquis de Ménars, 1780, n° 130. C'est le portrait gravé par Anselin.
(2) *Histoire de madame la marquise de Pompadour*, 1759.

VI

La conquête du Roi à refaire tous les jours. — Portrait moral du comte d'Argenson. — Haine *foncière et rancunière* de madame de Pompadour pour le ministre. — Madame de Pompadour attache Machault à sa fortune. — Le comte d'Argenson en défaveur. — Il fait de madame d'Estrades son espionne et sa maîtresse.— Louis XV, amoureux de madame Choiseul-Romanet.— *C'en est fait.* — Trahison du comte de Stainville qui livre la lettre amoureuse de Louis XV à madame de Pompadour. — D'Argenson refaisant son crédit. — Madame d'Estrades chassée de Versailles. — Madame de Pompadour appelant sa vie un *combat perpétuel.* — Les cantharides.

Malgré toutes ces séductions et ce perpétuel enchantement de l'amour et des sens du Roi, la favorite était cependant obligée de disputer et de reprendre chaque jour le pouvoir. C'était une laborieuse et perpétuelle conquête que son exercice, son maintien, et son accroissement. Il fallait l'effort d'une incessante bataille, la tension d'une activité sans sommeil, le continu travail de la tête, une combinaison journalière d'intrigues, de marches sourdes, de contre-mines et de manèges de courtisane pour tenir assise madame de Pompadour dans cette grandeur glissante, et dans cette haute fortune, enviée, attaquée, pleine de piéges et d'écueils, battue par les ambitions et les trahisons ; nuage de faveur à la discrétion d'un souffle, d'un caprice, d'un orage, ou d'un coup d'épingle. Posséder le Roi, occuper ses ennuis, distraire et promener ses fatigues, remplir sa vie, l'étourdir et la réveiller par la variété des lieux et la surprise des plaisirs; malade et condamnée au régime du lait, courir, souper, demeurer belle et garder dans ces fatigues la beauté, la fraîcheur, c'était la moindre peine de la favorite. Et qu'était-elle auprès de cette grande fatigue de son métier et de cette dure expiation de son règne : veiller à toute heure, deviner la menace dans le sourire et le danger dans le succès, surmonter les paresses et les malaises du corps et de l'esprit, pour résister à tout ce qui entoure le Roi, à tout ce qui en approche, aux ennemis cachés, aux complots secrets, aux partis, à la cour, à la famille royale, au ministère, aux rivalités qui se poussent en avant, aux périls qui se démasquent !

Maurepas chassé, madame de Pompadour gardait dans le ministère, en face d'elle, un adversaire plus dangereux, plus sérieux, un ennemi plus maître de lui et incapable de compromettre ses haines par des méchancetés de salon, le succès de ses plans par la petite victoire d'un bon mot. Cet ennemi, le comte d'Argenson, que Louis XV avait eu l'occasion d'employer dans les circonstances délicates et intimes de la maladie de Metz, de la *quitterie*, de la reprise et de la perte de la duchesse de Châteauroux, le Roi le considérait comme un ministre *sien* et lui attribuait un de ces dévouements qui étouffent l'intérêt personnel et dominent les intérêts particuliers. Il était encore agréable à Louis XV par l'habitude de plusieurs années de travail, où, épargnant au Roi le détail des affaires, il menait doucement et sans fatigue son intelligence et sa décision au point capital des choses. Homme avisé, disciple de Fleury dans la conduite du Roi, caressant le maître par des caresses et des gâteries de paroles, malade ou bien portant ne quittant point le Roi, et l'occupant encore, quand la goutte le tenait cloué loin de sa personne, par un commerce de petits billets ; sachant aux moments difficiles, dans les tempêtes soufflées par la maîtresse, éveiller chez le Roi les sentiments reconnaissants, affectueux et comme filiaux d'un pupille politique. Homme d'État sans conscience, élevé à cette école du Régent qui partageait les Français en deux classes : les fripons spirituels et les honnêtes gens imbéciles, et condamnait ces derniers à l'éloignement des affaires, il se servait sournoisement de tout moyen et de tout instrument, menant par des chemins couverts ses ambitions et ses ressentiments, sachant les modérer par ces deux vertus de la cour : la dissimulation et la patience, arrivant enfin avec le temps à se rendre maître de tout au moyen de menées jésuitiques, d'un enveloppement sourd, d'une prise de possession qu'on ne sentait pour ainsi dire pas et que le frère du ministre qualifie de *tyrannie doucereuse* (1).

(1) *Mémoires du marquis d'Argenson*, édition Janet, t. II et III.

C'est ainsi que le comte d'Argenson, fort de sa position auprès du Roi et de son génie de courtisan consommé, poursuivait sourdement et obstinément dans madame de Pompadour le grand obstacle qui l'empêchait de devenir premier ministre et de fonder sur la faiblesse du Roi une domination qui eût continué la tutelle du vieux cardinal.

Entre d'Argenson et la femme profonde et secrète et entêtée dans ses haines qu'était madame de Pompadour, la lutte est pleine d'intérêt. Madame de Pompadour en veut à d'Argenson de n'avoir pas rencontré en lui l'instrument souple qu'elle a trouvé chez les autres ministres. Elle ne lui pardonne pas après le renvoi d'Orry d'avoir fait un contrôleur général autre que celui qu'elle voulait. Elle ne lui pardonne pas la nomination à l'intendance des postes de Duparc au lieu et place du cousin Ferrand, l'aimable compositeur de musique des petits appartements. Elle ne pardonne pas surtout au ministre son injurieuse prétention de vouloir, sinon la renverser, au moins la confiner absolument dans la direction des plaisirs du Roi, dans une espèce de vaine et vide surintendance des amusements de Louis XV. Et la despotique favorite porte au comte d'Argenson, suivant l'expression du marquis, une haine *foncière et rancunière où il y eut bientôt récidive sur récidive avec enchères.*

La guerre se fait très-peu à ciel ouvert. Elle est toute souterraine avec des suspensions d'hostilités, des simulacres de réconciliation, de faux traités de paix pendant lesquels chacun cherche à embaucher les forces de son adversaire. Presqu'aussitôt après la chute de Maurepas, pendant que d'Argenson renouait secrètement avec Richelieu à la table du président Hénault et qu'il cherchait à enrôler à son profit les ressentiments du duc contre la favorite, il donnait à madame de Pompadour un grand dîner dont Paris s'entretenait comme d'un dîner d'entière et complète réconciliation. Pendant de longs mois les affaires avaient l'air de se traiter en commun, madame de Pompadour et madame d'Estrades ne hasardaient plus rien sans consulter d'Argenson et d'Argenson ne décidait rien sans prendre l'avis de la favorite. Dans le conseil tenu chez le ministre de la guerre le vendredi 22 mai 1750, pendant l'émeute de Paris au sujet des enfants enlevés par les archers, on voyait la marquise de Pompadour et la comtesse d'Estrades assister à ce conseil. Enfin, les courtisans remarquaient, en décembre 1750, que le comte d'Argenson était le seul ministre qui eût été admis à coucher aux deux voyages que le Roi avait faits à Bellevue. Mais pendant toute cette apparente réconciliation la favorite travaillait à enlever au ministre l'appui de son collègue Machault qui, quoique attaché à d'Argenson et lui devant tout, se montrait hésitant et indécis sur le parti qu'il devait embrasser dans le ministère. Machault s'abandonnait facilement à madame de Pompadour. Machault gagné, la favorite le poussait en avant, le trompettait, lui pratiquait une grande place dans l'esprit du Roi. En même temps elle faisait habilement arriver jusqu'à Louis XV de maladroites indiscrétions de la Reine qui trahissaient les confidences et les propos contre la favorite tenus par d'Argenson dans l'intimité de la famille royale; en sorte que le jour où Machault prenait place au conseil, comme garde des sceaux, le Roi disait avec une certaine dureté à son ministre favori : « Monsieur, il faut maintenant reculer d'un cran. » C'etait presque une disgrâce aux yeux des observateurs de la cour, qui se renforçaient dans leurs prévisions en voyant quelques jours après Machault faire au Dauphin, la veille de l'installation du prince au conseil, l'instruction des principes du Conseil des dépêches, instruction qui, d'après les précédents, devait revenir au comte d'Argenson, le doyen des secrétaires d'État. Les signes de défaveur allaient croissant. Cela fait, brusquement et tout d'un coup finissait la comédie d'affection jouée par la marquise, qui se déchaînait contre d'Argenson et son gendre, de Maillebois. D'Argenson semblait désespérer un moment de sa position. Il disait tout haut : « qu'il ne tenait plus qu'à un fil, qu'il était seul comme un as de pique. »

Mais tout malade et goutteux, tout éteint et écrasé qu'il était, en dépit du pouvoir croissant de Machault qui appelait au ministère Saint-Florentin et Rouillé, et enlevait au propre neveu de d'Argenson la place de secrétaire d'État des Affaires étrangères donnée à Saint-Contest, le ministre menacé et diminué tenait bon dans son hostilité haineuse contre madame de Pompadour, à laquelle il enlevait son amie intime la comtesse d'Estrades.

Madame d'Estrades (1), que madame de Pompadour avait fait nommer dame d'atour de Mesdames et qui avait été la cause de sa rupture ouverte avec Maurepas, cette parente, cette amie inséparable qui avait son logement dans les plus petites maisons de campagne de la favorite, ce conseil toujours consulté et écouté dans toutes les décisions de la maîtresse, cette madame d'Estrades nourrissait contre la position et la fortune de madame de Pompadour une de ces jalousies profondes et enragées particulières aux grandes amitiés de femmes dans une telle inégalité de situation, et Versailles se racontait à l'oreille une entreprise assez brusque tentée sur le Roi, un jour qu'il se trouvait gris à Choisy, par la petite femme aux grosses joues (2).

(1) Madame d'Estrades, de son nom de fille Huguet de Sémonville. était veuve du comte Jean d'Estrades, tué à la bataille de Dettingen, Or, le comte d'Estrades était fils de Charlotte Lenormant, sœur de M. de Tournehem et de M. Lenormant, et la comtesse d'Estrades se trouvait la cousine germaine par alliance de la favorite.

(2) Cette madame d'Estrades, dit madame du Hausset, n'avait eu d'existence que par les bontés de Madame et, toute laide qu'elle était, elle avait tâché de lui enlever le Roi. « Un jour qu'il s'était un peu grisé à Choisy, — la seule fois, je crois, que cela lui était arrivé, — il monta dans une grande et jolie barque où Madame ne put l'accompagner, étant malade d'une indigestion. Madame d'Estrades guettait cette occasion. Elle entra dans la barque, et au retour, comme il faisait nuit, elle suivit le Roi dans un cabinet secret et fit plus que des avances au Roi qu'on croyait dormant sur un lit de repos. Elle raconta le soir à Madame qu'elle était entrée dans ce cabinet pour ses affaires, que le Roi l'y avait suivie et qu'il avait voulu la violer. Elle pouvait dire tout ce qu'elle voulait, car le Roi ne savait ni ce qu'il avait dit, ni ce qu'il avait fait »

D'Argenson, dont un des grands moyens de pouvoir était un système d'espionnage parfaitement monté, eut vent des dispositions secrètes de madame d'Estrades. Ce ministre, qui toute sa vie fera la guerre à madame de Pompadour derrière une femme, et dont madame de Pompadour avait cru reconnaître la main dans la main de sa maîtresse, madame Sauvé, jetant des papiers injurieux dans le berceau du duc de Bourgogne dont elle était la première femme de chambre, d'Argenson, eut aussitôt l'idée de se faire un paravent de madame d'Estrades. Il la fit tâter, et vit de suite le parti à tirer de ses ambitions et de ses rancunes, du fiel amassé dans sa place, et des appétits de vengeance de son amour-propre assez maltraité de paroles par la favorite. Il parlait à toutes ces passions sourdes de l'amitié protégée et humiliée, et, les flattant avec sa finesse de tact et sa persuasive éloquence de salon, il parvenait à séduire entièrement « et à se donner cette comtesse d'Estrades (1) ». Cette ligue, d'abord soigneusement cachée à madame de Pompadour et lui échappant; donnait à d'Argenson un œil et une oreille dans les petits appartements. Elle le mettait au cœur des pensées, des projets, des intentions, des confidences de la favorite. Elle l'éclairait sur tout ce que madame de Pompadour croyait avoir à craindre de la fatigue de l'amour du Roi. Elle l'enhardissait enfin à user contre madame de Pompa-

(1) *Mémoires du marquis d'Argenson,* édition Janet, t. IV.

dour de la machine de guerre employée en désespoir de cause par tous les ministres du temps : la présentation aux désirs du Roi d'une autre maîtresse, la candidature d'une rivale.

La faveur de la jeune madame de Choiseul-Romanet (1), le plaisir que le Roi trouvait à s'amuser de son étourderie, de ses enfantillages, de ses grâces agaçantes, décidaient d'Argenson et madame d'Estrades à tenter l'aventure, à essayer de mener au sérieux le caprice royal. A l'aide du concours de la marquise qui ne voyait dans la jeune femme qu'un enfant avec lequel le Roi n'irait pas aux dernières faveurs, madame de Choiseul était de tous les voyages, de tous les soupers des cabinets, jetant à tous les échos : « qu'elle était incapable de manquer à son mari, qu'elle détestoit tous les jeunes gens qu'elle voyoit à la cour, mais que, pour le Roi seul, elle ne résisteroit pas. » Le Roi était flatté, touché, remué, conquis, et une huitaine où madame de Choiseul était de semaine chez Mesdames, le Roi ne sortait pas de Versailles.

Il était temps que le Roi ne fût plus exposé à se blesser au genou, en allant, sans lumière, par des escaliers tortueux, filer le parfait amour. La chute de la vertu de la femme du menin était décidée en conseil. Donc madame d'Estrades, d'Argenson,

---

(1) C'était mademoiselle Charlotte-Rosalie de Romanet, nièce de madame d'Estrades, qui avait épousé en 1751 M. de Choiseul-Beaupré au château de Bellevue, et dont la propriétaire lui avait fait accorder par le Roi Louis XV 17,000 livres de rente.

Quesnay, Dubois le secrétaire de d'Argenson qui racontera plus tard la scène à Marmontel, étaient réunis dans le cabinet du ministre; d'Argenson et sa maîtresse, très-occupés, très-inquiets du résultat du rendez-vous qui avait lieu dans le moment même. Après une assez longue attente, arrive madame de Choiseul « échevelée et dans le désordre qui était la marque de son triomphe ». Madame d'Estrades court au-devant d'elle les bras ouverts et lui demande si c'en est fait : « Oui, c'en est fait, répond-elle, je suis aimée, il est heureux; elle va être renvoyée, il m'en a donné sa parole. » A ces mots, c'est un éclat de joie dans le cabinet (1).

Déjà le bruit de la disgrâce de la marquise se levait dans un vague murmure et courait Versailles, quand un coup imprévu et véritablement invraisemblable venait ruiner l'intrigue que d'Argenson et madame d'Estrades avaient menée avec tant de mystère et presque jusqu'au succès.

Madame de Choiseul avait reçu une lettre du Roi. Assez embarrassée, car la jeune femme voulait que le don de sa personne fût largement payé par tous les honneurs et prérogatives imaginables (2), ma-

---

(1) *Mémoires de Marmontel*, t. II.
(2) Le marquis d'Argenson dit que la comtesse de Choiseul demandait que les Choiseul seraient reconnus comme les parents du Roi et traités de cousins à cause d'une alliance contractée jadis par l'un d'eux avec une princesse du sang de la maison de Dreux. Elle avait déjà obtenu que son mari, « la plus grosse bête de la cour », fût nommé inspecteur avec promesse d'une place de maréchal de camp, et cela après lui avoir fait vendre à Louis XV 50,000 livres son régiment de Flandres.

dame de Choiseul consultait pour la réponse un de ses parents, le comte de Stainville, qui depuis fut le duc de Choiseul. Le comte de Stainville prenait la lettre du Roi, et demandait à madame de Choiseul jusqu'au lendemain pour répondre. Le comte de Stainville était alors un des ennemis les plus acharnés de madame de Pompadour. Il s'appelait lui-même *le chevalier de Maurepas*, comme si la fraternité de mêmes passions et de haines pareilles le faisait le cadet du ministre exilé. Une répugnance d'orgueil, disent ses amis, à voir une Choiseul devenir maîtresse du Roi, mais bien plutôt une déshonorante inspiration d'ambition touchant presqu'à la filouterie, amenait dans le comte de Stainville un retour subit. Il demandait une audience à madame de Pompadour et lui remettait la lettre, lui disant que, s'il n'avait pas d'affection pour la favorite, il se trouvait plein d'estime pour la femme, qu'il la croyait utile au Roi ; que, du reste, elle ne lui devait rien pour cette démarche faite en vue du repos et du bien de l'Etat (1). Le reste de l'entrevue entre la favorite de Louis XV et le futur premier ministre de son règne se passa à combiner les moyens de détruire la comtesse de Choiseul, qui à quelques jours de là (janvier 1753), était chassée, dit d'Argenson, « comme une petite p.... qui avait une mauvaise conduite et lorgnait le Roi ». Il lui était interdit de souper dans les cabinets et, aussitôt sa

---

(1) *M. de Choiseul*, par Sénac de Meilhan, à la suite des *Mémoires de madame du Hausset.* — *Vie privée de Louis XV*, t. III.

semaine faite chez Mesdames, elle avait l'ordre de retourner à Paris (1).

Madame de Pompadour n'ignorait pas que toute cette intrigue avait été conduite par madame d'Estrades, aidée des conseils d'Argenson, mais elle ne se sentait pas assez forte dans le moment pour faire renvoyer son amie. Elle se contentait de lui faire faire défenses de recevoir sa nièce et lui substituait dans son intimité la grande duchesse de Brancas.

Cependant d'Argenson, par d'habiles manœuvres, refaisait son crédit. Il rattachait à son parti les hommes avec lesquels la favorite s'était brouillée, racolant avec toutes sortes d'habiletés les frères Pâris dont l'amour-propre était intéressé à faire échouer les plans de finance de Machault, captant M. de Puisieux et de Saint-Séverin froissés par les exigences dominatrices de la favorite. Puis d'Argenson se donnait entièrement au parti des *rigoristes*, des scrupuleux. Et le ministre, ainsi solidement établi chez la Reine dans les sociétés pieuses hostiles à madame de Pompadour, dédaignait de voir la favorite, bravait le bruit de son remplacement dans le ministère par de Lucé, s'enfermait ostensiblement des quatre heures chez M. d'Estrades qu'il poussait de toutes ses forces dans la faveur de Mes-

---

(1) *Mémoires de d'Argenson,* édition Janet, t. IV. — Madame de Choiseul-Romanet mourait à six mois de là, et de même qu'autrefois on avait accusé madame de Montespan de la mort de mademoiselle de Fontanges, on accusa madame de Pompadour d'avoir fait empoisonner sa rivale.

dames, au centre des ressentiments de la famille royale.

Madame de Pompadour croyait se débarrasser de la redoutable alliée du comte d'Argenson en accusant la d'Estrades d'avoir reçu un pot-de-vin de 86,000 livres. Mais la d'Estrades se tirait de cette affaire qui éclaboussait un parent d'Argenson, le comte de Maillebois, et ravivait les colères et les passions du ministre (1).

Un moment arrivait, où la favorite prenait tant d'inquiétude du terrain gagné chaque jour par la d'Estrades et d'Argenson dans la famille royale, qu'elle tentait un rapprochement de ce côté ; elle employait de vives instances, elle allait même jusqu'à se jeter aux pieds du Roi pour faire obtenir à Madame Adélaïde l'appartement communiquant par un escalier à l'appartement du Roi : vaines avances, et qui tournaient contre elle. Le Roi, voisinant avec ses enfants, prenait plaisir à causer avec eux. Il demandait et écoutait leurs avis. Le cœur du père s'ouvrait dans cette facilité et cette habitude des visites intimes ; et cette avance de la maîtresse, qui voulait apaiser les inimitiés de la famille royale, ne faisait que leur donner une voix plus haute, une ardeur plus confiante (2).

(1) L'instruction avait lieu dans le cabinet de madame de Pompadour. D'après la déposition de l'abbé Fumal, que le Roi interrogea lui-même, il fut prouvé que la comtesse d'Estrades n'avait rien reçu.

(2) Le profit le plus clair que retirait madame de Pompadour du rapprochement des filles du Roi avec leur père, c'est d'être appelée par elles *Maman p.....*

En même temps madame d'Estrades joignait à la faveur de Mesdames l'appui et les conseils éclairés de la maréchale de Duras, que, dans son ressentiment contre tout ce qui appartenait au parti Maurepas, madame de Pompadour avait voulu remplacer près de Mesdames par sa nouvelle amie la duchesse de Brancas.

Tout semblait se réunir contre madame de Pompadour, et l'arrangement des affaires intérieures, le pacification du parlement, qui remettait d'Argenson en faveur auprès du Roi, et les réflexions du Roi sur le luxe et les dépenses de la marquise publiés, répandus et grossis par la d'Estrades; mais la disparition d'une lettre changeait la face des choses. Madame de Pompadour, malade et au lit dans la journée, avait reçu une lettre du Roi, où le Roi lui parlait des parlements. La lettre était restée ouverte sur une petite table près de son lit. La comtesse d'Estrades était venue faire sa cour à madame de Pompadour; la comtesse sortie, la lettre n'avait plus été retrouvée (1). Tel était du moins le récit, l'accusation de madame de Pompadour, qui, s'animant sur cette violation des secrets d'État et sur cette injure personnelle à la royauté, demandait au Roi le renvoi de la d'Estrades. Le Roi se défendait et se rabattait sur le goût que Mesdames avaient de madame d'Estrades (2). Madame de

(1) *Mémoires de madame du Hausset.*
(2) Le président Hénault dit que Louis XV traitait bien madame d'Estrades seulement pour faire *enrager* madame de Pompadour.

Pompadour courait aussitôt chez madame Adélaïde, qu'elle savait mécontente en ce moment de sa confidente familière, et obtenait d'elle une déclaration « que madame d'Estrades l'ennuyait assez ». Elle revenait auprès du Roi avec cette déclaration ; et là, dans une scène où elle mit en œuvre tout son art de comédienne, ses coquetteries, ses larmes, le suprême effort d'une femme à la fin d'une longue et incertaine bataille, elle décidait le Roi, une heure après avoir invité madame d'Estrades à souper, à envoyer (7 août 1755) à madame d'Estrades une lettre de cachet qui l'exilait de Versailles (1).

A la nouvelle de cette disgrâce imprévue (2), d'Argenson se trouvait mal ; mais, aussitôt revenu à lui, il allait passer la soirée chez madame d'Estrades ce jour même. Il lui louait une maison, et l'établissait à Chaillot, sur la route de Versailles, à portée de ses amis. Tout en redoublant d'assiduités auprès du Roi, il refusait d'entrer en accommodement avec la favorite, dont il prétendait avoir reçu un affront direct par le renvoi de la comtesse d'Estrades, son amie. Et ses haines patientes attendaient

---

(1) Avant-hier au soir, madame d'Estrades voulait aller de la Muette à Paris ; elle demanda à madame de Pompadour : « A quelle heure faut-il revenir pour souper ? — *A l'heure ordinaire, comtesse.* » Elle partit ; au bas de la montagne des Bons-Hommes, elle trouva un courrier qui lui remit une lettre de Saint-Florentin qui lui marquait de la part du Roi qu'elle eût à remettre sa charge dont Sa Majesté lui conservait cependant les appointements, et qu'elle ne revînt plus à la cour. Son logement à Versailles était donné au comte et à la comtesse de Tessé. (*Mémoires du duc de Luynes*, t. XIV.)

(2) *Mémoires du marquis d'Argenson*, t. IV

les circonstances et l'occasion, et se consolaient de temporiser en minant sourdement la marquise dans les sociétés de Versailles et les maisons de Paris, en favorisant secrètement les pamphlets, en l'entourant d'embarras et de murmures (1).

Ainsi toute cette vie de madame de Pompadour, si triomphante au dehors, et qui se montre au public si assurée du lendemain, si bien confirmée dans un règne facile et continu, n'est au fond et dans le secret qu'une misérable inquiétude, le tourment quotidien d'une domination disputée et sans cesse obligée de lutter sur ce terrain de l'heure présente qu'elle possède à peine. Nul moment de sa faveur n'atteint à la pleine et pacifique jouissance de la faveur, à cette sécurité et à cette confiance que de plus heureuses favorites trouvèrent dans la franchise de cœur, la sûreté des tendresses, les instincts de fidélité de leur royal amant. Pour madame de Pompadour, pas un instant de repos, pas un moment d'abandon : jusque dans les épanchements de l'amour, il faut qu'elle épie le Roi, et que, l'esprit présent et de sang-froid, elle cherche sous la figure menteuse de l'homme les secrets du maître (2). Il faut que tout le jour elle s'arrache

(1) *Mémoires du marquis d'Argenson*, t. III et IV.
(2) C'est madame de Pompadour qui disait du Roi à sa femme de chambre : « *Vous ne le connaissez pas, la bonne; s'il devait la* (madame de Coislin) *mettre ce soir dans mon appartement, il la traiterait froidement devant le monde et me traiterait avec la plus grande amitié. Telle a été son éducation...* »

une comédie perpétuelle, et que la gaieté du bout
des lèvres, la tranquillité du front, l'aisance du sourire, un refrain volant, une chanson légère, mas-
quent et cachent la préoccupation, le travail, les
machinations d'une pensée fixe et d'une volonté
entêtée qui cherche des armes, des ressources, des
appuis, des attaques et des défenses. Il faut qu'elle
vive penchée sur la cour, penchée sur toutes ces
âmes qu'elle veut pénétrer, penchée sur les extraits
de lettres que lui communique l'intendant de la
poste Janelle, penchée sur les rapports du lieutenant de police Berryer avec lequel elle s'enferme
et parle bas. Elle se consume dans des nuits d'in-
somnie où le découragement et le doute de l'obscurité et de la solitude ruinent les espérances et les
projets du jour; elle s'agite dans de basses caresses
à l'influence de Lebel, dans l'observation, l'espionnage, le soupçon, dans une continuelle défiance des
amitiés qui l'entourent et des femmes qui l'embras-
sent. Elle vit dans l'effroi et la curiosité anxieuse,
aux aguets et tremblante, prise de sueurs froides
pour une lettre trouvée dans la poche de Louis XV, un
regard, une parole du Roi à une femme; malade,
torturée, fiévreuse, et toujours poursuivie par cette
ombre d'une rivale qu'elle voit se dresser partout,
sortir de la société, s'avancer de la cour, venir de
Paris, qu'elle entend, qu'elle flaire, qui monte !...
Ne croirait-on pas voir le cercle d'agitation fatale,
le supplice renaissant des grandes expiations du paganisme? Et n'est-ce pas madame de Pompadour

elle-même qui, comparant sa vie à la vie du chrétien, l'appelle « *un combat perpétuel* » ?

Pauvre favorite ! que de fois, le masque de son sourire et de sa sérénité tombé, la porte de son appartement fermée, et son règne laissé dans l'antichambre, l'histoire, qui suit sa femme de chambre, la surprend, jetant d'un geste nerveux son manteau et son manchon loin d'elle, et dans la première vivacité et le premier flux du dépit, dans ce déshabillé du corps et de l'âme où la passion s'exhale, éclatant en plaintes amères et qui l'étouffent, sur l'insolence d'une madame de Coislin qui s'est trouvée à la table de jeu, sur ses souffrances, sur le supplice de cette curiosité avide, enragée, inexorable, qui fait cercle autour d'elle pour jouir des nuages de son front et des soucis qu'elle dévore, sur ce *va tout* dit d'une façon insultante, et avec quel regard ! le regard de la favorite de demain à la favorite d'aujourd'hui, sur ce brelan de rois, et sur cette révérence dont le Roi semble encourager l'ironie et l'insulte ! Ressentiment du moments, blessures toutes fraîches, terreurs des signes défavorables, amertumes, récriminations qui touchent au désespoir, désolations de la favorite qui la couchent si souvent dans les larmes !

Mais ce n'était point assez que ce tourment, cette lutte sans trêve contre les séductions de la beauté, les entreprises de l'effronterie, les projets de l'ambition, les souterraines intrigues, les hostilités ténébreuses ; madame de Pompadour était encore obligée de se combattre elle-même et de travailler à se vaincre. La favorite, au milieu de tant d'efforts, devait faire violence à son tempérament, et le forcer à des ardeurs qu'exigeaient les ardeurs du Roi. Elle appelait contre l'âge, contre les dégoûts, contre les malaises, contre la fatigue et la nature, les remèdes et les aiguillons. Elle recourait aux irritants, aux excitants, aux herbes et aux philtres, à ces feux que l'Orient prête à la médecine pour donner la fièvre à l'amour. Elle leur demandait le zèle et les forces de son rôle de courtisane, la moitié de son métier de favorite ; et elle se tuait à triompher de son corps, du naturel de ses sens, de ses froideurs de *macreuse* (1), — c'est le mot dont elle use, —

---

(1) Le récit de madame du Hausset mérite d'être cité tout entier :
« J'avais remarqué que Madame depuis plusieurs jours se faisait servir du chocolat à triple vanille et ambré, à son déjeuné ; qu'elle mangeait des truffes et des potages au céleri : la trouvant fort échauffée, je lui fis des représentations sur son régime qu'elle eut l'air de ne pas écouter. Alors, je crus en devoir parler à son amie la duchesse de Brancas. « Je m'en suis aperçue, me dit-elle, et je vais lui en parler devant vous. » Effectivement, après sa toilette, madame de Brancas lui fit part de ses craintes pour sa santé. « Je viens de m'en entretenir avec elle (en me montrant), dit la duchesse, et elle est de mon avis. » Madame témoigna un peu d'humeur et puis se mit à fondre en larmes. J'allai aussitôt fermer la porte et revins écouter. « *Ma chère amie*, dit Madame à madame de Brancas, *je suis troublée de la crainte de perdre le cœur du Roi en cessant de lui être agréable. Les hommes mettent, comme vous pouvez le savoir, beaucoup de prix à certaines choses et j'ai le malheur d'être d'un tempérament très-froid. J'ai imaginé de prendre un régime un peu échauffant, pour réparer ce défaut, et depuis deux jours, cet élixir*, dit-elle, *me fait assez de bien, ou du moins j'ai cru m'en apercevoir.* » La duchesse de Brancas prit la drogue qui était sur la toilette

par une nourriture qui lui fouettait et lui brûlait le sang tout ensemble.

et après l'avoir sentie : « Fi ! » dit-elle et elle la jeta dans la cheminée. Madame la gronda et dit : « *Je n'aime pas à être traitée comme un enfant ;* » elle pleura encore et dit : « *Vous ne savez pas ce qui m'est arrivé il y a huit jours. Le Roi, sous prétexte qu'il faisait chaud, s'est mis sur mon canapé et y a passé la moitié de la nuit. Il se dégoûtera de moi et en prendra une autre.* » — « Vous ne l'éviterez pas, répondit la duchesse, en suivant votre régime, et ce régime vous tuera ; rendez au Roi votre société précieuse de plus en plus par votre douceur ; ne le repoussez pas dans d'autres moments, et laissez faire le temps ; les chances de l'habitude vous l'attacheront pour toujours. » Ces dames s'embrassèrent. — Madame recommanda le secret à madame de Brancas, et le régime fut abandonné.

« Peu de temps après, elle me dit : « *Le maitre est plus content de moi ; et c'est depuis que j'ai parlé à Quesnay, sans lui tout dire. Il m'a dit que, pour avoir ce que je désire, il fallait avoir soin de se bien porter et tâcher de bien digérer et faire de l'exercice pour y parvenir. Je crois que le docteur a raison et je me sens toute autre. J'adore cet homme-là* (le Roi) ; *je voudrais lui être agréable. Mais, hélas ! quelquefois il me trouve une macreuse ; je sacrifierais ma vie pour lui plaire.* »

VII

Le Trébuchet. — La petite Morfil, le modèle de Boucher. — Le Parc aux Cerfs. — Madame de Pompadour ordonnatrice des accouchements clandestins. — La déesse de l'Amitié. — Conférences religieuses de la favorite avec le père de Sacy. — Soulèvement du clergé austère. — Note de madame de Pompadour au Saint-Père. — Lettre portée par Soubise à M. d'Étioles. — L'indifférence conjugale de M. d'Étioles. — Nomination de madame de Pompadour à la place de dame du palais de la Reine (7 février 1756). — Caricature représentant madame de Pompadour arquebusant les Jésuites.

Un jour vint cependant où ce corps de la favorite, tourmenté et amaigri, forcé au plaisir et à bout de forces, se déroba sous la volonté de la femme. Madame de Pompadour perdit l'espoir et le courage de retenir les désirs du Roi, et la chambre de Lebel, avec la permission de la maîtresse en titre, s'ouvrait à de nouvelles amours, et commençait à s'appeler le *trébuchet*, du nom du piége où l'on prend les petits oiseaux.

Un modèle du peintre Boucher (1), le type de ce Rubens fripon, la femme potelée, au corps douillet et tout étoilé de fossettes, dont il a si souvent répété

(1) *Histoire de madame la marquise de Pompadour*, 1759.

l'étude et le portrait dans ses grasses académies de femmes, ouvrait la porte à ces liaisons obscures du Roi, qui allaient avoir leur logement au Parc aux Cerfs. La jeune personne était une demoiselle Murphy, d'origine irlandaise, communément appelée la petite Morfil, sœur du modèle en titre de l'académie de peinture, dont elle avait la survivance (1.) Ce

---

(1) *Mémoires du marquis d'Argenson*, vol. IV. — Voici d'autres détails un peu contradictoires avec les détails donnés par Soulavie : « La fille d'une revendeuse à la toilette et d'un savetier, une demoiselle Murphy, inaugura les petites maisons du Parc aux Cerfs. Le Bel la trouva à Paris, où elle travaillait en journée chez une couturière nommée Fleuret. Elle avait quatorze ans et demi et était fort gentille. Moyennant mille écus donnés à la mère et cent louis à la couturière, il emmena l'enfant, la conduisit à Versailles et la fit voir au Roi qui la trouva charmante et qui ne tarda pas à l'aimer. Louis XV la logea dans une jolie maison, et lui donna une gouvernante, une femme de chambre, une cuisinière et deux laquais. (*Mémoires de d'Argenson*, vol. VII, édition de la Société d'histoire de France ; et *Madame de Pompadour*, par M. Campardon.) — La liaison du Roi avec la Murphy aurait eu une plus grande importance que ne l'avouent les mémoires français. Le nonce du pape, Durini, dit (mai 1753) : « Selon toutes les apparences, la sultane favorite perd de son crédit. La froideur augmente pour elle à mesure que la nouvelle flamme pour la jeune Irlandaise Murphy prend de la force... On lui fait apprendre la danse et autres arts d'agrément pour la produire à la cour... » Et Durini ajoute plus loin : « 22 octobre 1753. Selon toutes les apparences, le règne de la Pompadour est sur sa fin. A Crécy, un peu avant que la cour allât à Fontainebleau, il y avait eu de telles scènes que chacun croyait que la favorite aurait pris le parti de se retirer de son propre mouvement, sans attendre qu'elle fût chassée ; mais l'ambitieuse, persuadée de pouvoir dissiper ce nuage, a suivi le Roi à Fontainebleau, quoiqu'on lui eût fait entendre qu'après ce voyage elle habiterait Paris plutôt que Versailles. La nouvelle étoile irlandaise devait aller à Fontainebleau, où on lui avait préparé un appartement ; elle avait reçu des diamants et des robes magnifiques. On s'attendait à la voir paraître au grand jour, mais elle n'est point encore venue à cause de symptômes de grossesse. Un homme a été expédié de Versailles pour faire provision de tapis afin de garnir ses appartements et empêcher tout danger en cas de chute. »

qu'il y avait de plus singulier dans ce caprice du Roi, c'est que la petite n'avait pas été présentée par Lebel; c'était madame de Pompadour elle-même qui, rendant la liberté aux sens du Roi, sans renoncer à gouverner cette liberté, cherchait à se garer du danger et des ambitions d'une rivale sérieuse par une rivale de sa main sans conséquence et sans avenir. C'était elle, Soulavie l'affirme, qui avait donné au Roi la tentation de la Morfil, en faisant peindre la charmante enfant dans *une Sainte Famille,* dont la pieuse Marie Leczinska ornait les murs de son oratoire (1); et le Roi, dont on amenait le regard sur ce jeune corps et cette beauté céleste, ne tardait pas à satisfaire le désir secret de madame de Pompadour qui fermait les yeux sur l'achat d'une petite maison destinée à sortir la petite Morfil des combles du château de Versailles où le Roi la tenait cachée (2).

(1) *Mémoires historiques de la cour de France pendant la faveur de madame de Pompadour*, 1802.
(2) Pour la liste, très-grossie par les pamphlétaires et les historiens de la Révolution, des femmes qui passèrent au Parc aux Cerfs et n'ont pas d'histoire, nous renvoyons les curieux aux *Mémoires de Richelieu* de Soulavie, et à la brochure : *Le Parc aux Cerfs, ou l'Origine de l'affreux déficit*, 1790.— Donnons seulement ici les quelques détails qu importent à la vérité historique, et montrent la fable des préjugés et des légendes sur le Parc aux Cerfs. Le Parc aux Cerfs n'est pas la propriété de l'Ermitage, qui aurait été donnée au Roi par madame de Pompadour, ce n'est pas le sérail légendaire des historiens et des romanciers, c'est une assez pauvre maison avec un tout petit jardin, enfermée dans l'impasse de la rue des Tournelles et de la rue Saint-Médéric, contenant quatre chambres et quelques cabinets, pouvant contenir à peine deux ou trois femmes, et qui semble plutôt faite pour l'habitation d'une seule, supposition que corroborent les récits de ma-

Alors, pendant un certain nombre d'années, ce fut dans la petite maison du Parc aux Cerfs pouvant tout au plus contenir deux femmes avec leurs domestiques, ce fut une succession de petites filles, des demoiselles Trusson, Robert, Fouquet, etc., qui se croyaient entretenues par un riche seigneur dont

dame du Hausset, les récits de Mercier, commissaire de la guerre, qui présida à l'éducation de l'abbé de Bourbon, et la pièce découverte et publiée par M. Le Roi.

C'est la déclaration faite par Vallet, huissier priseur au Châtelet, qui avait été chargé d'acquérir la petite maison au nom du Roi.

« Aujourd'hui est comparu par-devant les conseillers du Roi, notaires au Châtelet de Paris soussignés, sieur François Vallet, huissier-priseur audit Châtelet de Paris, y demeurant rue des Déchargeurs, paroisse Saint-Germain-l'Auxerrois, lequel a déclaré ne rien avoir ni prétendre en l'acquisition qui vient d'être faite sous son nom de Jean-Michel-Denis Cremer et sa femme, d'une maison située à Versailles rue Saint-Médéric, paroisse Saint-Louis, avec ses dépendances, par contrat passé devant les notaires soussignés, dont M⁰ Patu, l'un d'eux, a la minute ce jourd'hui; mais que cette acquisition *est pour et au profit du Roi, le prix en ayant été payé des deniers de S. M. à lui fournis à cet effet ;* c'est pourquoi il fait cette déclaration, consentant que S. M. jouisse, fasse et dispose de ladite maison en toute propriété, sans que le payement, qui sera fait sous le nom du comparant, des droits de lods et ventes et centième denier, le décret volontaire qu sera fait et adjugé, et la jouissance et perception des loyers qui pourra être faite aussi sous son nom, puisse *affaiblir la propriété acquise à S. M. de ladite maison et dépendances,* déclarant que l'expédition dudit contrat d'acquisition et les titres énoncés en icelui ont été par lui remis entre les mains du chargé des ordres de S. M., ce qui a été accepté pour S. M. par le notaire soussigné.

« Vallet. Patu. »

« A Paris, l'an 1755, le 25 novembre. »

Et sous madame Du Barry, qui prit à elle seule le cœur du Roi, la maison achetée aux Cremer par le Roi était revendue, le 27 mai 1771, à Jean-Baptiste Sevin, huissier de la chambre de Madame Victoire de France, qui la payait 16,000 liv. (*Histoire anecdotique des rues de Versailles,* par M. Le Roi. — *Le Parc aux Cerfs,* par M. Lacour. Meugnot, 1859.)

elles ignoraient le nom, par un seigneur polonais parent de la Reine qui avait un appartement au château (1). Lorsqu'une de ces fillettes devenait grosse, on la conduisait dans une maison de l'avenue de Saint-Cloud, où elle faisait ses couches ; on constituait à l'enfant dix ou douze mille livres de rentes ; on donnait à la mère une dot de cent mille francs pour se marier en province. Madame de Pompadour présidait sans jalousie à tous ces honteux arrangements, mettait la main sans pudeur à toute cette cuisine, était enfin la grande ordonnatrice des accouchements clandestins.

« *Il faut,* — c'est madame de Pompadour qui s'adresse à madame du Hausset en présence du Roi, — *que vous alliez passer quelques jours à l'avenue de Saint-Cloud dans une maison où je vous ferai conduire;*

(1) L'incognito du Roi fut cependant trahi. Il arrivait parfois que Louis XV ne prenait pas le temps de quitter son cordon bleu parce qu'il fallait changer d'habit. Madame du Hausset raconte qu'à l'époque de la tentative d'assassinat, une jeune fille du Parc aux Cerfs parut en proie à un violent désespoir. La femme chargée de la surveillance de la maison, étonnée de cette douleur, finit par faire avouer à la jeune fille qu'elle avait découvert que le visiteur était le Roi en fouillant dans ses poches et en lui dérobant deux lettres. La surveillante raconta le tout à Le Bel et Louis XV fut informé de l'indiscrétion. Louis XV n'alla plus voir la jeune fillette, mais continua à visiter celle qui se trouvait dans la maison en même temps. La délaissée épia et découvrit l'heure à laquelle le Roi se rendait chez sa voisine et, au moment où il y entrait, elle se jeta à ses genoux en lui disant : « Oui, vous êtes le Roi de tout le royaume, mais ce ne serait rien pour moi, si vous ne l'étiez pas de mon cœur. Ne m'abandonnez pas, mon cher sire, j'ai pensé devenir folle quand on a manqué vous tuer. » — « Vous l'êtes encore, » criait la surveillante. Le Roi embrassa la petite qui se calma. A quelque temps de là on conduisit la fillette dans une pension de folles, où elle fut traitée comme telle pendant quelques jours.

vous trouverez là une jeune personne prête à accoucher....... Vous serez la maîtresse de la maison et présiderez comme une déesse de la fable à l'accouchement. On a besoin de vous pour que tout se passe selon la volonté du Roi et secrètement. Vous assisterez au baptême et indiquerez les noms du père et de la mère. »

Le Roi qui était resté jusque-là silencieux se mettait à rire et disait : « Le père est un très-honnête homme. »

« *Aimé de tout le monde et adoré de ceux qui le connaissent,* » reprenait madame de Pompadour qui s'avançait vers une petite armoire et en tirait une aigrette de diamants : « *Je n'ai pas voulu et pour cause qu'elle fût plus belle,* » disait madame de Pompadour en la présentant au Roi.

« Elle l'est encore trop, » reprenait le Roi en embrassant madame de Pompadour et en ajoutant : « Que vous êtes bonne ! »

Madame de Pompadour mettait la main sur le cœur du Roi et soupirait : « *C'est là que j'en veux.* »

Le Roi alors s'adressait à madame du Hausset : « Guimard (1) vous verra tous les jours pour vous aider et vous conseiller ; et, *au grand moment,* vous le ferez avertir de se rendre près de vous. Mais nous ne parlons pas du parrain et de la marraine ; vous les annoncerez comme devant arriver, et un moment après, vous aurez l'air de recevoir une lettre qui vous apprendra qu'ils ne peuvent venir.

---

(1) Domestique de confiance du Roi.

Alors vous ferez semblant d'être embarrassée et Guimard dira : Il n'y a qu'à prendre les premiers venus ; et vous prendrez la servante de la maison et un pauvre ou un porteur de chaises et ne leur donnerez que douze francs pour ne pas attirer l'attention..... Guimard vous dira les noms du père et de la mère. Il assistera à la cérémonie qui doit être le soir et donnera les dragées. Il est bien juste que vous ayez les vôtres. » Et Louis XV tira cinquante louis qu'il remit avec la grâce qu'il savait mettre à donner.

Le Roi ajouta encore : « Vous aurez soin de l'accouchée, n'est-ce pas ? C'est une très-bonne enfant qui n'a pas inventé la poudre, et je m'en fie à vous pour la discrétion, mon chancelier vous dira le reste, » et il se tourna vers madame de Pompadour.

Le Roi sorti, madame de Pompadour, un peu honteuse devant l'étonnement de la figure de sa femme de chambre, lui disait :

« *Comment trouvez-vous mon rôle ?* »

« D'une femme supérieure et d'une excellente amie, » ripostait la du Hausset qui avait les cinquante louis du Roi dans sa poche.

« *C'est à son cœur que j'en veux*, » répétait madame de Pompadour, et comme si la pensée secrète de l'ambitieuse favorite se mettait à parler tout haut, elle ajoutait : « *Et toutes ces petites filles qui n'ont pas d'éducation, ne me l'enlèveront pas* (1). »

---

(1) *Mémoires de madame du Hausset.* Baudouin frères, Paris, 1824.

Puis froidement madame de Pompadour continuait à donner à sa femme de chambre les instructions les plus détaillées sur le baptême, la nourrice, les relevailles, tous les détails d'une couche qui eussent dû être des blessures pour une femme aimant avec le cœur jaloux de l'amour.

Depuis quatre ou cinq ans (1), les habitués des cabinets, les intimes du Roi répandaient qu'il n'y avait plus entre Louis XV et madame de Pompadour qu'un commerce platonique. Ils disaient que les deux amants n'étaient plus liés que par des attaches immatérielles, les sympathies de l'humeur, la communauté des goûts, les convenances des habitudes, un ménage de l'esprit succédant au partage de la passion et au rapprochement des sens. Et madame de Pompadour semblait publier ce changement et déclarer cette conversion par cette belle statue des jardins de Bellevue qui la montrait à la cour et au public sous les traits de cette déesse des vieux ménages et des liaisons spirituelles : la déesse de l'Amitié (2).

---

(1) Le Roi ne l'a (madame de Pompadour) touchée depuis trois ans dit en octobre 1754 le comte d'Argenson.

(2) *Mémoires du marquis d'Argenson,* vol. IV. — De la grande statue de Bellevue il a dû être fait une réduction en biscuit que madame de Pompadour donnait à ses amis. Nous lisons, en effet, dans le Journal de Lazare Duvaux : « Juin 1757. — Madame la marquise de Pompadour : Un pied carré en bronze doré d'or moulu pour une figure de l'Amitié, pour M. Berryer (le lieutenant de police), 24 liv. » — Berryer devint le ministre en faveur près de madame de Pompadour, reconnaissante de

A peine entrée dans ce rôle, madame de Pompadour y avait vu le renouvellement et l'affermissement d'un pouvoir dégagé des variations de l'amour, de ses caprices et de ses intermittences. Elle avait imaginé de faire de sa nouvelle position une sorte de direction politique, le règne d'une dame de compagnie du Roi ; et elle se voyait déjà sauvant à Louis XV le sérieux des affaires et le souci du pouvoir par ses grâces de femme et l'optimisme le mieux joué, apportant dans les complications, dans les débats irritants des partis, une médiation pleine de douceur et de souplesse, intervenant même, comme une amie et une conciliatrice, entre le Roi et la famille royale. Mais il fallait à madame de Pompadour, pour jouer ce personnage et monter à cette autorité l'état de grâce officiel d'une Maintenon, ce pardon de l'Église qui est l'absolution d'un prêtre.

Tout à coup, à un voyage de Fontainebleau, on entendait la favorite parler de la *religion révélée*, et bientôt déclarer aux gens qui l'approchaient, qu'elle pensait maintenant très-sérieusement, qu'elle s'occupait de son salut, qu'elle voulait vivre chrétiennement, qu'elle avait fait un grand retour sur elle-même depuis la mort de sa fille Alexandrine. La repentante ajoutait sur un ton triste qu'elle n'avait

---

son espionnage qui n'épargnait pas même les maisons des amis de la favorite. Bernis dit dans ses *Mémoires inédits* : « Madame de Pompadour était persuadée que la vigilance de Berryer l'avait sauvée mille fois du fer et du poison ; elle n'avait aucun goût pour cet homme grossier et bourgeois, mais elle le croyait nécessaire à sa sûreté. »

pas l'attrait et le goût pour la dévotion qu'elle désirerait avoir, mais que c'était une grâce qu'elle espérait obtenir par de ferventes prières. On la voyait enfin tous les jours à la messe de la chapelle, non point dans sa tribune, mais en bas, avec tous ses gens, et, longtemps après leur départ, plongée dans d'interminables adorations (1).

Pendant que la cour étonnée s'entretenait tout bas de la grâce qui semblait avoir soufflé sur la patronne de Voltaire et des communications murées entre les appartements du Roi et les appartements de la favorite, madame de Pompadour cherchait le complaisant instrument d'une cérémonie qui fût la déclaration publique de sa conversion, l'éclatante reconnaissance de sa pureté présente, la garantie de la cessation de tout scandale.

Elle avait pour cela jeté les yeux sur un Jésuite, le Père de Sacy, un gentilhomme qui se trouvait un saint homme du temps, indulgent aux autres, faible aux faiblesses du siècle, facile et accommodant par toutes les crédulités d'une belle âme, peu au fait des roueries de la conscience et des duperies du repentir, réunissant en un mot toutes les vertus d'un compère de bonne foi. Le Père de Sacy s'était mis à l'œuvre, et il travaillait à tout concilier, essayant, du meilleur de son cœur, de mettre Dieu à la portée de madame de Pompadour, et d'arranger, comme on disait alors, les choses du monde avec les choses

---

(1) *Mémoires du duc de Luynes*, t. **XV**.

du ciel. Il était soutenu dans l'Église même par le parti opposé au rigorisme du Père Boyer, par ce monde de gens pieux, qui, boudant à regret les faveurs de la favorite, n'étaient point fâchés d'avoir pour s'en rapprocher l'occasion et le prétexte de son salut. Plutôt que de rebuter par les exigences et les sévérités les avances de madame de Pompadour, ne valait-il pas mieux la détacher doucement et sans rudesse du monde philosophique qu'elle soutenait, et dont elle encourageait par-dessous main les audaces et les victoires, la convertir à petites doses, la conquérir à l'amiable, l'habituer d'abord aux dehors de la religion, l'approcher peu à peu de la foi, en attendant que les années l'y jetassent, et qu'elle y entraînât avec elle la conscience du Roi? Ainsi parlaient les amis du Père de Sacy, et les apologistes de sa délicate entreprise.

Cependant les négociations du Père de Sacy traînaient en longueur. Il hésitait, tâtonnait; il répondait aux demandes de confession solennelle, d'absolution, par des paroles dilatoires où se montraient les embarras de sa diplomatie et les troubles de sa conscience. C'étaient de longs pourparlers où il tâchait de ne rien refuser et de ne rien promettre, opposant aux impatiences de madame de Pompadour les règles de l'Église, ses scrupules personnels, les ménagements qu'il devait à son ordre. Au milieu de ces tiraillements, les conférences s'ébruitaient et avec elles une rumeur assez étrange : Versailles s'entretenait du désir qu'avait la favorite de devenir dame du palais de la Reine. A la nouvelle que le Père de Sacy fréquentait madame de Pompadour, avait des conférences avec elle, l'indignation éclatait parmi le clergé austère et dans le parti religieux du Dauphin ; les dévots s'élevaient contre les facilités et les accommodements du confesseur qui permettait à sa pénitente le rouge et toutes les mondanités. Le soulèvement fut si fort, il menaçait d'aller si loin, que les supérieurs du Père de Sacy l'engageaient à discontinuer ses visites et à cesser d'entretenir madame de Pompadour dans l'illusion de pouvoir se réconcilier avec l'Église en gardant sa position auprès du Roi (1).

Mais sur toute cette fourberie religieuse donnons la parole à madame de Pompadour elle-même et publions intégralement cette note remise au Saint-Père par un agent secret, note qui nous montre la favorite, « en la perfide candeur » de ses plaintes, rendre hypocritement l'ordre des Jésuites responsable du Parc aux Cerfs et des débauches de Louis XV (2) :

« *Au commencement de* 1752, *déterminée par des motifs dont il est inutile de rendre compte à ne conserver pour le Roi que les sentimens de la reconnoissance et de l'attachement le plus pur, je le déclarai à Sa Majesté, en la suppliant de faire consulter les docteurs de*

---

(1) *Mémoires historiques et anecdotes de la cour de France pendant la aveur de la marquise de Pompadour*, par Soulavie. Arthus Bertrand, 1802.

(2) *Clément XIV et les Jésuites,* par M. Crétineau-Joly, et *Madame de Pompadour,* par M. Campardon.

Sorbonne et d'écrire à son confesseur pour qu'il en consultât d'autres, afin de trouver les moyens de me laisser auprès de sa personne, puisqu'il le désiroit, sans être exposée au soupçon d'une foiblesse que je n'avois plus. Le Roi, connoissant mon caractère, sentit qu'il n'y avoit pas de retour à espérer de ma part, et se prêta à ce que je désirois. Il fit consulter des docteurs et écrivit au P. Pérusseau qui lui demanda une séparation totale. Le Roi lui répondit qu'il n'étoit nullement dans le cas d'y consentir, que ce n'étoit pas pour lui qu'il désiroit un arrangement qui ne laissât pas de soupçon au public, mais pour ma propre satisfaction; que j'étois nécessaire au bonheur de sa vie, au bien de ses affaires; que j'étois la seule qui osât lui dire la vérité si utile aux rois, etc. Le bon Père espéra, dans ce moment, qu'il se rendroit maître de l'esprit du Roi, et répéta toujours la même chose. Les docteurs firent des réponses sur lesquelles il auroit été possible de s'arranger, si les Jésuites y avoient consenti. Je parlai dans ce temps à des personnes qui désiroient le bien du Roi et de la religion; je les assurai que si le P. Pérusseau n'enchaînoit pas le Roi par les sacremens, il se livreroit à une façon de vivre dont tout le monde seroit fâché. Je ne persuadai pas et l'on vit en peu de temps que je ne m'étois pas trompée. Les choses en restèrent donc en apparence comme par le passé jusqu'en 1755. Puis de longues réflexions sur les malheurs qui m'avoient poursuivie, même dans la plus grande fortune, la certitude de n'être jamais heureuse par les biens du monde, puisqu'aucun d'eux ne m'avoit manqué et que je n'avois pu *parvenir au bonheur, le détachement des choses qui m'amusoient le plus, tout me porta à croire que le seul bonheur étoit en Dieu. Je m'adressai au P. de Sacy comme à l'homme le plus pénétré de cette vérité; je lui montrai mon âme toute nue, il m'éprouva en secret depuis le mois de septembre jusqu'à la fin de janvier 1756. Il me proposa dans ce temps d'écrire une lettre à mon mari dont j'ai le brouillon qu'il écrivit lui-même. Mon mari refusa de jamais me voir. Le Père me fit demander une place chez la Reine pour plus de décence (1); il fit changer les escaliers qui donnoient dans mon appartement, et le Roi n'y entra plus que par la pièce de compagnie, il me prescrivit une règle de conduite que j'observai exactement. Ce changement fit grand bruit à la cour et à la ville : les intrigans de toute espèce s'en mêlèrent; le P. de Sacy en fut entouré et me dit qu'il me refuseroit les sacremens tant que je serois à la cour. Je lui représentai tous les engagemens qu'il m'avoit fait prendre, la différence que l'intrigue avoit mise dans sa façon de penser. Il finit par me dire que l'on s'étoit trop moqué du confesseur du Roi quand M. le comte de Toulouse étoit venu au monde, et qu'il ne vouloit pas qu'il lui en arrivât autant. Je n'eus rien à répondre à un semblable motif, et, après avoir épuisé tout ce que le désir de remplir mes devoirs put me faire trouver de plus propre à le persuader de n'écouter que la religion et non l'intrigue, je ne le revis plus. L'abominable*

---

(1) Madame de Pompadour eut bien certainement l'art de se faire pousser par le Père de Sacy à demander la place qu'elle brûlait d'obtenir depuis longtemps.

5 *janvier* 1757 (la tentative d'assassinat de Damiens) *arriva et fut suivi des mêmes intrigues de l'année d'avant. Le Roi fit tout son possible pour amener le P. Desmarets à la vérité de la religion. Les mêmes motifs le faisant agir, la réponse ne fut pas différente, et le Roi, qui désiroit vivement de remplir ses devoirs de chrétien, en fut privé, et retomba peu après dans les mêmes erreurs, dont on l'auroit tiré si l'on avoit agi de bonne foi.*

« *Malgré la patience extrême dont j'avois fait usage pendant dix-huit mois avec le P. de Sacy, mon cœur n'en étoit pas moins déchiré de ma situation, j'en parlai à un honnête homme en qui j'avois confiance : il en fut touché et il chercha les moyens de la faire cesser. Un abbé de ses amis, aussi savant qu'intelligent, exposa ma position à un homme fait ainsi que lui pour la juger; ils pensèrent l'un et l'autre que ma conduite ne méritoit pas la peine que l'on me faisoit éprouver. En conséquence, mon confesseur, après un nouveau temps d'épreuves assez long, a fait cesser cette injustice en me permettant d'approcher des sacremens, et, quoique je sente quelque peine du secret qu'il faut garder pour éviter des noirceurs à mon confesseur, c'est cependant une grande consolation pour mon âme.* »

Dans cette note de madame de Pompadour sont passés sous silence un certain nombre de détails que la favorite n'avait pas jugé à propos de confier au Saint-Père. Et voici l'histoire de la fameuse lettre dont le Père Sacy avait fait le brouillon. Madame de Pompadour l'avait bien envoyée à son mari, cette lettre, où, s'humiliant, accusant ses fautes, jouant le remords, elle finissait par lui demander de la reprendre et le suppliait de lui permettre d'édifier le monde par l'union dans laquelle elle voulait vivre avec lui. Mais, pendant qu'elle était à recopier sa lettre, Soubise, le courtisan tout dévoué, se rendait chez M. d'Étioles. Il lui annonçait qu'on allait lui remettre dans quelques heures une lettre de madame de Pompadour, qu'il était assurément libre de faire ce qu'il voulait, que l'on ne prétendait en rien forcer sa volonté, mais qu'on lui conseillait, en ami, de ne point accepter les offres de la lettre; que s'il le faisait, cela pourrait désobliger le Roi. Et craignant même que l'intercession de Soubise ne fût pas suffisante, madame de Pompadour avait dépêché son ministre de confiance, Machault, qui s'était transporté de Versailles à Paris pour obtenir du mari, dit le duc de Luynes, « qu'il ne fît pas une réponse trop embarrassante (1) ».

Or, M. d'Étioles, qui avait eu le temps de prendre son parti, de trouver des consolations de mari à la façon de Molière, devenu philosophe à la mode d'Horace, M. d'Étioles, voluptueux et tranquille, noyant le passé et l'avenir dans le bon vin et les amours faciles, ne pensait plus guère à sa femme que pour lui faire passer ses demandes par l'abbé Bayle, avec ces terribles paroles : « Dites à ma femme que j'irai au château, que je l'ai résolu, et que je ferai

---

(1) *Mémoires du duc de Luynes*, t. XV.

retentir les voûtes et les plafonds de l'équité des choses que je demande et que j'exige. » Menant belle et joyeuse vie de garçon dans ce bel hôtel aux volets de laque, aux galeries de glaces enguirlandées de fleurs, qu'une comédie concertée entre madame de Pompadour et Bouret lui avait donné pour la somme ridicule de 100,000 livres, l'homme qui venait de sortir des bras de la belle madame de Bellenaut pour entrer dans les bras de la danseuse Rem, ne se souciait nullement de mettre dans son intérieur une repentie si zélée et cette pénitence exemplaire dont le menaçait madame de Pompadour. La communication officieuse de M. de Soubise le trouvait parfaitement résigné aux ordres du Roi. Il se hâtait de répondre à madame de Pompadour, dans les termes les plus respectueux, qu'il lui pardonnait de bien bon cœur, mais qu'il était fort loin de vouloir la reprendre. Au reçu de ce refus impatiemment attendu, madame de Pompadour éclatait en plaintes et en gémissements. Elle avait péché, elle le savait, elle le répétait, mais elle s'était repentie, elle avait sollicité vainement la consécration de son repentir. Et comment lui reprocher encore de vivre séparée de son mari, quand ce mari la repoussait ?

Marie Leczinska était battue par cette adroite manœuvre. Au premier moment, lors de la demande pour madame de Pompadour d'une place de dame du palais, la Reine, d'ordinaire si soumise et si pliante, s'était relevée sous ce dernier coup. Elle avait fait remontrer au Roi qu'il y aurait trop d'indécence pour elle à accorder cette place à une personne qui vivait dans une frauduleuse séparation avec son mari. Elle terminait par dire que « Sa Majesté pouvoit ordonner ce que bon lui sembleroit; qu'elle se feroit toujours un devoir d'obéir, mais qu'elle espéroit que lui-même auroit trop d'égards pour la famille royale, pour lui faire un affront pareil; que la place en question exigeoit un honneur trop peu équivoque et trop délicat pour qu'on la donnât à une excommuniée qui n'osoit même prétendre au bienfait général de la communion de Pâques ». Madame de Pompadour n'était plus à l'heure présente une excommuniée, et la Reine était obligée de subir la nomination de la favorite à la place de dame de son palais.

Le samedi 7 février 1756, la Reine, au sortir de chez le Roi qui ne lui avait pas soufflé mot sur la nomination de la favorite, recevait des mains de madame de Villars une lettre qu'elle tenait de madame de Pompadour. Cette lettre était un billet du Roi, qui mandait à sa femme que madame de Pompadour était dame du palais, qu'elle serait surnuméraire (1), et servirait de temps en temps. Dans la journée madame de Pompadour rendait à mesdames de Villars et de Luynes des visites, qui n'étaient pas seulement des visites d'étiquette, mais

---

(1) Depuis très-longtemps, il n'y avait pas de dame surnuméraire; la dernière avait été madame de Montoisson. Comme surnuméraire, madame de Pompadour n'était pas tenue à faire sa semaine.

encore une explication détaillée de ses sentiments dans une longue conversation, où elle déclarait n'avoir point désiré et demandé cette place, que son confesseur l'avait forcée à prendre. Toute la protestation de la pauvre Reine fut dans cette réponse sublime, où Marie Leczinska, par la plume du président Hénault, acceptait le calice avec la simplicité, la grâce et l'esprit d'une sainte : « Sire, j'ai un Roi au ciel qui me donne la force de souffrir mes maux, et un Roi sur la terre à qui j'obéirai toujours. »

Le dimanche 8, madame de Pompadour était présentée, après vêpres, par la duchesse de Luynes à la Reine et elle assistait au souper du grand couvert en toilette magnifique (1).

Le lundi 9, la favorite prenait possession de sa place et commençait son service pendant six heures près de la Reine, l'accompagnant à la messe, assistant à son dîner (2).

Au bout de la tartuferie, la dame du palais, arrivée à son but, ne se rappelait guère sa religiosité de

---

(1) D'Argenson dit : « La haute noblesse se plaint de cette nouvelle dame du palais qui est associée aux dames de la plus grande qualité, et disent hautement qu'elles ne peuvent rester dans leur place, ayant pour compagne mademoiselle Poisson, fille d'un laquais qui avait été condamné à être pendu. »

(2) *Journal historique du règne de Louis XV,* par Barbier, édition Renouard, t. IV. — Malgré la faiblesse de ses forces et ses fréquents malaises, madame de Pompadour faisait son service intermittent avec

commande que pour s'en amuser et en amuser ses amis ; toutefois, au fond de la femme qu'on ne voit jamais pardonner, restait contre l'ordre des Jésuites un fonds de rancune qui devait bientôt peser sur les destins de la Société (1).

A douze ans de là, sous le ministère de Choiseul, les Jésuites étaient bannis de France. Une caricature montrait la pénitente du P. de Sacy, la persécutrice de Christophe de Beaumont, arquebusant, comme en une autre Saint-Barthélemy, une foule fuyante de prêtres à bonnet carré, dont les cadavres, arrosés d'eau bénite par le Roi, étaient mis dans des fosses que creusait le Parlement en robe (2).

---

une certaine régularité ; elle venait très-souvent au dîner de Marie Leczinska, lui faisait continuellement des cadeaux de fleurs, la fatiguait enfin, d'après le dire du duc de Luynes, de ses assiduités sans tact.

(1) Soulavie affirme, dans les *Mémoires de Richelieu,* tenir du P. Fontenay, le Jésuite le plus au courant des anecdotes concernant sa Compagnie, que dès 1755, — c'est l'année où madame de Pompadour se brouille avec le P. de Sacy, — l'Ordre était averti par un copiste, ancien élève des Jésuites, rendant compte jour par jour, au recteur de la maison de Saint-Antoine de Paris, de sa prochaine expulsion de la France.

(2) *Mémoires secrets pour servir à l'histoire de la république des lettres,* t. I.

VIII

L'ambition d'immortalité de la favorite. — Ses rapports avec Voltaire, Rousseau, Crébillon père, Buffon, Montesquieu, Marmontel. — L'*Encyclopédie* apportée à un souper du Roi à Trianon. — Création d'une manufacture nationale de porcelaines. — Essais à Mennecy, à Villeroy, à Chantilly. — Transport de la fabrique de Vincennes à Sèvres. — Le *rose pompadour* inventé par Xhrouet. — Madame de Pompadour se fait vendeuse et marchande aux expositions du château de Versailles. — Fondation de l'École militaire. — La favorite en a l'idée première. — Sa correspondance avec Pâris-Duverney. — Madame de Pompadour consacre, en 1755, son revenu à la continuation des travaux.

Le sceptre léger d'une maîtresse de Roi, le gouvernement des grâces et le commandement des plaisirs ne suffisaient plus à madame de Pompadour. La favorite avait soif d'immortalité, elle était ambitieuse de faire figure dans l'histoire au-delà de son règne, elle voulait se survivre en un vers, en une dédicace, en une adulation du génie. Et la favorite groupait autour d'elle les grands hommes de son siècle, s'efforçait d'en faire ses obligés, les pensionnait, les logeait dans les palais de l'État, les défendait de la prison, leur ouvrait le chemin de l'Académie.

Voltaire, parmi les littérateurs du temps, est l'auteur aimé, gâté, préféré de la favorite. Elle lui commande, pour les fêtes de la cour, la *Princesse de Navarre* et le *Temple de la Gloire*. Elle le fait académicien, historiographe de France, gentilhomme ordinaire de la chambre avec la permission de vendre la charge et d'en garder le titre et les priviléges.

Et Voltaire remercie madame de Pompadour par ces vers :

> Ainsi donc vous réunissez
> Tous les arts, tous les goûts, tous les talents de plaire;
> Pompadour, vous embellissez
> La cour, le Parnasse et Cythère.
> Charme de tous les cœurs, trésor d'un seul mortel,
> Qu'un sort si beau soit éternel!

Voltaire lui dédie *Tancrède*. Voltaire la célèbre en prose sous le nom de *Téone* dans la *Vision de Babone :* « Il y a quelques rivales qui déchirent la belle Téone, mais elle fait plus de bien qu'elles toutes ensemble, elle ne commettrait pas une légère injustice pour le plus grand intérêt. Elle ne donne à son amant que des conseils généreux, elle n'est occupée que de sa gloire. » Enfin Voltaire immortalise la favorite dans le Précis du siècle de Louis XV : « Il faut avouer que l'Europe peut dater sa félicité du jour de cette paix (Aix-la-Chapelle). On apprendra avec surprise qu'elle fut le fruit des conseils pressants d'une jeune dame de haut rang, célèbre par ses charmes, par ses talents singuliers, par son esprit et par une place enviée (1). »

(1) *Pièces intéressantes et peu connues,* par Leplace, t. I.

Un refroidissement cependant arriva entre la favorite, qui trouvait son auteur parfois un peu familier, et l'auteur, qui trouvait que la favorite ne faisait pas assez tôt cesser sa disgrâce, si bien que le poëte laudateur de tout à l'heure jetait sa méchante humeur dans une édition de la *Pucelle* :

> Telle plutôt cette heureuse grisette
> Que la nature ainsi que l'art forma
> Pour le b..... ou bien pour l'opéra,
> Qu'une maman avisée et discrète
> Au noble lit d'un fermier éleva,
> Et que l'Amour d'une main plus alerte
> Sous un monarque entre deux draps plaça.

Mais ce ne fut là qu'une boutade habituelle aux amitiés du colérique grand homme, et Voltaire faisait, lors de la mort de sa dévouée et sceptique protectrice, amende honorable dans cette lettre à Cideville : « J'ai été fort affligé de la mort de madame de Pompadour ; je lui avois obligation, je la pleure par reconnaissance. Il est bien ridicule qu'un vieux barbouilleur de papier, qui peut à peine marcher, vive encore, et qu'une belle femme meure à quarante ans, au milieu de la plus belle carrière du monde (1). »

Rousseau, qu'elle appelait un « hibou », madame de Pompadour fit tout pour apprivoiser sa nature sauvage. Elle donnait l'ordre de représenter à Fontainebleau son *Devin de village* ; et si Rousseau

---

(1) *Œuvres de Voltaire,* passim. — *Madame de Pompadour,* par M. Campardon.

n'était pas présenté au Roi, s'il n'avait pas la pension, il ne le devait qu'à lui-même. Plus tard, à la suite d'une nouvelle représentation à Bellevue du *Devin*, où la favorite eut un grand succès sous l'habit d'homme de Colin, elle envoyait cinquante louis à l'auteur qui remerciait dans cette lettre pointue et alambiquée : « Madame, en acceptant le présent qui m'a été remis de votre part, je crois avoir témoigné mon respect pour la main dont il vient, et j'ose ajouter à l'honneur que vous avez fait à mon ouvrage que, des deux épreuves où vous mettez ma modération, l'intérêt n'est pas la plus dangereuse. »

Rousseau toutefois semblait demeurer reconnaissant à la marquise, et, lors de la révision des épreuves de la *Nouvelle Héloïse* par M. de Malesherbes, lorsque celui-ci demandait à l'auteur la suppression de la phrase : « La femme d'un charbonnier est plus digne de respect que la maîtresse d'un roi, » Rousseau, après avoir juré ses grands dieux qu'il n'avait voulu faire aucune application, ne mettait pas trop de mauvaise volonté à substituer le mot *prince* au mot *roi* (1).

Crébillon, la favorite, apprenant sa misère, s'écriait : « *Que dites-vous? Crébillon pauvre et délaissé?* et, se souvenant que, lorsqu'elle était jeune fille, il lui avait donné quelques leçons de déclamation, madame de Pompadour lui faisait obtenir sur-le-

---

(1) *Œuvres de Rousseau*, passim. — *Madame de Pompadour*, par M. Campardon.

champ une pension de cent louis sur la cassette du Roi et un logement au Louvre.

Non contente d'avoir retiré le vieux tragique de sa triste position, elle s'associait au succès de ses œuvres avec une passion dont Voltaire se plaindra dans sa correspondance, humilié de n'avoir dans l'admiration théâtrale de la favorite que la seconde place. Elle faisait représenter *Catilina,* que lui dédiait le poëte écarté si longtemps du théâtre, en ces termes reconnaissants :

« Madame, oser faire paroître Catilina sous vos auspices, c'est acquitter un vœu général. Il y a longtemps que le public vous a dédié de lui-même un ouvrage qui ne doit le jour qu'à vos bontés : heureux si on l'eût jugé digne de sa protectrice. Et qui ne sait pas les soins que vous avez daigné vous donner pour retirer des ténèbres un homme absolument oublié, soins généreux qui ont plus touché que surpris ?... »

Plus tard enfin, madame de Pompadour fera imprimer à l'Imprimerie royale les tragédies de l'auteur dans une édition monumentale ; et, Crébillon mort, ce sera à sa sollicitation que Louis XV commandera à Lemoine le mausolée élevé dans l'église Saint-Gervais (1).

Buffon, quoique appartenant au parti de la Reine, fut traité par la favorite en ami, jusqu'à son lit de

---

(1) Crébillon s'occupa de l'éducation de sa fille Alexandrine et elle lui écrivait à ce propos : « qu'elle ne veut pas *qu'elle fasse le bel esprit.*

mort. Cependant, depuis sa nouvelle métamorphose spiritualiste, madame de Pompadour en voulait à l'écrivain de sa théorie « qu'en amour le physique seul est bon, » et on la vit un jour dans le parc de Marly frapper légèrement le matérialiste de son éventail, en lui jetant dans un reproche qui riait : *Vous êtes un joli garçon !*

Montesquieu lui-même devenait assez honteusement l'obligé de la favorite. Très-sensible aux critiques et ne les supportant guère, il apprenait, quelque temps après la publication de l'*Esprit des Lois*, que le fermier général Dupin et sa femme travaillaient à une réfutation de son livre. Il se rendait chez madame de Pompadour, qui faisait une estime publique de son talent, et obtenait, — le bon président,— que le livre serait supprimé.

Marmontel, voilà celui de tous les hommes de lettres du temps pour lequel la protection de madame de Pompadour fut la plus soutenue, la plus intime, la plus caressante, la plus efficace. Le jeune flatteur avait débuté par un petit poëme sur l'École militaire qui avait facilement trouvé le chemin de la vanité de la fondatrice. Il était présenté. Et tous les dimanches, à cette toilette de Versailles (1), où Duclos était salué par un bref et léger: *Bonjour*,

Nous ne sommes, à ce que dit Molière, que pour coudre et filer. Je ne suis pas de son avis, mais je trouve l'air sçavant et le ton décidé on ne peut pas plus ridicule. » (Lettres autographes composant le cabinet du marquis d'E..... 20 mai 1878.)

(1) Cette toilette de la favorite que la foule des courtisans fait plaisamment comparer par d'Argenson au fameux *déculotté* du cardinal de Fleury.

Duclos, Bernis par un : *Bonjour, abbé*, accompagné d'un petit soufflet ; madame de Pompadour accueillait le dernier par un plus sérieux et plus profond : *Bonjour, Marmontel*. La favorite relevait l'auteur de son découragement poétique, l'encourageait à ses *Funérailles de Sésostris*, prenant sa part de collaboration non-seulement par des observations et par des critiques de vive voix, mais par nombre de notes crayonnées sur le manuscrit. La pièce tombée, elle consolait l'auteur en lui faisant obtenir la place de secrétaire des bâtiments, puis plus tard le privilége du *Mercure*. Et, toujours désireuse de le conserver à la poésie, madame de Pompadour lui faisait remanier et habiller à la moderne le *Wenceslas* de Rotrou qui tombait comme les *Funérailles de Sésostris*. Ces deux chutes ne refroidissaient pas la protectrice pour l'auteur chuté, et, lorsque Marmontel, après avoir été mis à la Bastille comme accusé d'avoir rimé la satire contre le duc d'Aumont, se présentait à l'Académie, c'était madame de Pompadour qui faisait annoncer par Louis XV qu'il trouverait l'élection bonne et décidait la nomination de son protégé (1).

(1) *Mémoires de Marmontel,* t. I et II. — Madame de Pompadour poussait encore deux hommes à l'Académie : Piron et l'abbé Leblanc. Elle se voyait forcée d'abandonner Piron devant la répulsion du Roi, devant les supplications de la duchesse de la Vallière, désireuse de faire entrer dans le docte corps M. de Bissy. L'auteur de la *Métromanie* recevait, comme compensation, une pension de 1,000 liv. Leblanc, le conseiller des achats de madame de Pompadour, le compagnon de voyage de Marigny en Italie, un moment chaudement soutenu par la favorite, recevait amicalement le conseil de se désister de sa candidature contre laquelle toute la compagnie était ameutée. Pour dédom-

Aux noms de Voltaire, de Rousseau, de Crébillon, de Buffon, de Montesquieu, de Marmontel (1), sur lesquels plane et s'étend la protection de la favorite, il faut ajouter les noms des deux illustres écrivains de l'*Encyclopédie*. Mais comment madame de Pompadour, en dehors d'une certaine communauté de sentiments avec les philosophes, fut-elle amenée à travailler presque à la publication sans restriction du livre immense, à fronder entre amis l'opposition que rencontrait l'entreprise de la part du gouvernement, à se prendre d'intérêt pour d'Alembert et Diderot?

L'anecdote est vraiment trop charmante, elle peint trop joliment par quel hasard la fortune d'un livre se fait dans une cour, pour que nous ne donnions pas la parole à Voltaire, qui ne fait que répéter une scène et une conversation surprises par un valet de chambre du Roi.

C'était à Trianon après souper, on était très peu, la conversation roulait entre le Roi et les courtisans sur la chasse, sur la poudre à tirer.

— « Il est plaisant, s'écria tout à coup M. le duc de Nivernois, que nous nous amusions tous les jours à tuer des perdreaux dans le parc de Versail-

---

mager l'abbé-brocanteur, madame de Pompadour le faisait historiographe de France. (Voir *Portraits intimes du dix-huitième siècle*, par E. et J. de Goncourt. Charpentier, 1878.)

(1) A ces noms joignons le nom de Mirabeau, au sujet duquel elle a des conférences avec Quesnay pour arrêter les poursuites dirigées contre le publiciste, et encore le nom de Boissy que la visite de la favorite et le don du privilége du *Mercure* sauvaient du suicide.

les, et quelquefois à tuer des hommes et à nous faire tuer sur la frontière sans savoir précisément avec quoi l'on tue. »

« *Hélas! nous en sommes réduits là sur toutes choses de ce monde*, répondit madame de Pompadour. *Je ne sais de quoi est composé le rouge que je mets sur mes joues, et on m'embarrasseroit fort si on me demandoit comment on fait les bas de soie dont je suis chaussée.* »

« C'est dommage, dit alors le duc de la Vallière, que Sa Majesté ait confisqué nos dictionnaires encyclopédiques qui nous ont coûté chacun cent pistoles... Nous y trouverions bientôt les décisions de toutes nos questions. »

Là dessus, le souper fini, on envoyait chercher un exemplaire de l'*Encyclopédie*. Trois garçons de la chambre apportaient chacun sept volumes avec bien de la peine.

« On vit à l'article *Poudre* que......, et bientôt madame de Pompadour apprit la différence entre l'ancien rouge d'Espagne dont les dames de Madrid coloraient leurs joues et le rouge des dames de Paris ; elle sut que les dames grecques étaient peintes avec de la poudre qui sortait du *murex* et que par conséquent notre écarlate était la pourpre des anciens; elle vit comment on lui faisait ses bas au métier et la machine de cette manœuvre la saisit d'étonnement :

Ah! le beau livre, s'écria-t-elle. *Sire, vous avez donc confisqué ce magasin de toutes les choses utiles pour le posséder seul et pour être le seul savant de votre royaume?* (1) »

Et voici peut-être ce qui décida madame de Pompadour à demander à Louis XV une pension pour d'Alembert, lui fit plusieurs fois, avec des paroles qui sentaient l'intérêt, portées par des personnes amies, conseiller à Diderot la prudence et la modération.

Madame de Pompadour recommandait encore la mémoire de son nom auprès de la postérité par des créations et des monuments que le temps respecte et qui semblent prolonger dans l'avenir la popularité d'une favorite.

Madame de Pompadour créait cette manufacture de Sèvres dont les produits, dotant l'industrie française d'une porcelaine d'art, devaient enlever à la Saxe le tribut que lui payait l'Europe, et ne plus laisser à l'étranger un art, un goût, une mode, une élégance, qui ne fût un impôt de la France (2). Et n'était-ce pas un grand dépit pour le patriotisme artistique de la favorite, que ce monde de marchands et de commissionnaires accourant à Dresde et se disputant ces porcelaines qui venaient de

---

(1) *Œuvres de Voltaire,* édition Beuchot, t. XLVIII. — *Madame de Pompadour,* par M. Campardon.

(2) Madame de Pompadour démontrait au Roi que tous les ans la France payait soit à la Chine, soit à la Saxe, 4 ou 500,000 liv. pour des produits qu'il était très-facile de fabriquer chez nous, et que, si l'entreprise réussissait, non-seulement nous bénéficierions de tout le numéraire qui sortait de France chaque année, mais encore de celui qu'amèneraient nécessairement et les achats des étrangers et l'extension donnée dans le royaume à cette industrie.

CHAPITRE HUITIÈME.

tromper les plus fins connaisseurs d'Amsterdam, et décidaient le roi de Pologne à donner l'ordre de ne plus fabriquer une pièce de porcelaine sans sa marque et ses armes? Contre-balancer, ruiner la porcelaine de Saxe par une porcelaine française devient l'idée fixe de la marquise. Elle ne se laisse point décourager par l'imperfection des essais, le demi-succès des tentatives faites à Mennecy, à Villeroy, et à Chantilly où, malgré les chariots apportant la terre de Saxe et la divulgation des procédés de fabrication par le comte d'Hoym, puni de son indiscrétion par la disgrâce, il n'était sorti des fours que des pièces bien inférieures comme pâte et comme couverte aux belles pièces de Saxe.

La fabrique de Vincennes (1), transportée à Sèvres en 1756, est installée par elle dans ce grand bâtiment, encore aujourd'hui debout, malgré les prédictions de ruine du marquis d'Argenson. Madame de Pompadour appelle des chimistes, elle presse de nouveaux essais, de nouvelles tentatives; elle encourage cette expertise et cette épreuve de

---

(1) Fondée en 1741, la fabrique de Vincennes était tombée dans un dépérissement déplorable. Madame de Pompadour faisait mettre M. Fulvy à la tête de la manufacture régénérée. Une compagnie apportait un capital de 250,000 liv. auxquelles le Roi ajoutait 100,000 liv., et en 1749, Vincennes comptait cent ouvriers travaillant soit à leurs pièces, soit à la journée. L'année précédente, la compagnie, voulant remercier le Roi de sa généreuse subvention, avait fait remetre à la Reine un vase de porcelaine blanche, accompagné de trois figurines, surmonté d'un bouquet de quatre cent quatre-vingts fleurs de porcelaine. Ce vase, dont le blanc était parfait et dont les fleurs surpassaient les fleurs de Saxe, était envoyé par la Dauphine à son père, l'électeur de Saxe.

toutes les terres de France qui devaient amener en 1765 la découverte du kaolin de Saint-Yrieix. Une armée d'ouvriers habiles (1), de peintres de fleurs et de paysages, de sculpteurs, est mise sous la direction de Bachelier. La marquise fait déclarer Sèvres Manufacture royale comme la Savonnerie et les Gobelins.

Madame de Pompadour choisit Sèvres pour but habituel de ses promenades ; elle baptise de son nom ce beau et délicat rose inventé sous elle : *le rose pompadour* (2) ; elle donne à cet atelier de fragilités qui devait survivre à la monarchie, sa surveillance, son intérêt, ses inspirations, les idées ou les conseils de sa fantaisie. Elle protége l'établissement, elle flatte les artistes, elle commande le zèle et l'effort par ce défi au Roi de Saxe, par l'envoi d'un service qu'elle proclamait supérieur à tout ce qu'il avait fait. Elle commence enfin et décide la fortune du *sèvres* par des expositions dans le château de Versailles où elle se fait vendeuse et marchande, par l'achalandage, par la chaleur de la louange, par tous les moyens qu'une favorite possède de commander à une cour un goût nouveau et une dépense, par ce patronage dont une de ses paroles nous indique la passion : « *Ce n'est pas être citoyen*, disait-elle, *de ne*

---

(1) Sous les ordres d'un homme qui avait seul le secret de la composition de la matière et des couleurs, cinq cents ouvriers logés dans le bâtiment travaillaient, dont une soixantaine de peintres.

(2) Et non le rose du Barry, comme le dit très-justement M. Ch. Davillier qui nous apprend que le *rose pompadour* a été inventé en 1757 par un nommé Xhrouet, qui avait pour marque une croix. Xhrouet recevait, pour son invention, 150 livres de gratification.

CHAPITRE HUITIÈME.

pas acheter de cette porcelaine autant qu'on a d'argent (1). »

Mais il y eut une autre création à laquelle madame de Pompadour se dévoua plus entièrement encore et sur laquelle elle mit le grand enjeu de ses ambitions. Elle eut la pensée de compléter la noble idée de Louis XIV et de donner un pendant aux Invalides par l'établissement d'une école militaire qui devait faire du Roi le père des fils de militaires tués à l'armée ou ruinés au service (2). C'est un rêve qui, aussitôt conçu, est en elle un projet, une fièvre, une fureur ; elle en est remplie et transportée, et l'élan de son esprit est si vif, si vrai, dans cette

(1) *Mémoires et Journal du marquis d'Argenson*, vol. IV.
(2) *Étrennes françoises, dédiées à la ville de Paris*. Guillaume Simon, 1766. — Barbier nous donne la conception primitive de cet établissement. Le Roi fondait un hôtel royal pour loger, nourrir, entretenir et élever dans l'art militaire et instruire dans tous les exercices et sciences qui y ont rapport cinq cents gentilshommes jeunes et sans bien, depuis l'âge de neuf ans jusqu'à dix-huit « qu'ils sortiront de l'hôtel pour être placés dans les troupes suivant les dispositions et les talents qu'ils auront, avec 200 livres de pension pour les aider à se soutenir dans les premiers emplois qu'on leur donnera. »
Il fallait faire preuve de noblesse de quatre générations de père au moins. Les enfants des officiers tués au service ou morts de leurs blessures, les enfants de ceux dont les pères et les grands-pères avaien servi, étaient préférés à la simple noblesse sans service. Il y avait huit classes de distinction et de préférence pour être admis. Les enfants étaient reçus sachant seulement lire et écrire.
Les cinq cents jeunes gentilshommes devaient être distribués en dix compagnies de cinquante chacune et faire tous les exercices militaires. Ils devaient, en sortant de l'École, porter une marque distinctive qui n'était point encore fixée.
On parlait d'un terrain, au Gros-Caillou, pour l'érection de l'hôtel.

grande entreprise, qu'il semble par instants élargir son cœur.

D'abord l'idée de la favorite est un secret, c'est un secret si bien gardé que la plupart des historiens attribuent le projet au comte d'Argenson ; mais c'est un honneur qu'il faut rendre à madame de Pompadour, après la lecture de cette lettre écrite par elle le 18 septembre 1750, au retour d'une visite à Saint-Cyr :

« *Nous avons été avant-hier à Saint-Cyr, je ne peux vous dire combien j'ay été attendrie de cet établissement ainsy que tout ce qui étoit; ils sont tous venus me dire qu'il faudroit en faire un pareil pour les hommes, cela m'a donné envie de rire, car ils croiront, quand notre affaire sera sçue, que c'est eux qui ont donné l'idée* (1). »

De ce jour, voilà la marquise complotant avec Pâris-Duverney, *son cher nigaud* (2). Elle lui demande

---

(1) *Lettre autographe de madame de Pompadour.* (Archives de l'Empire, K. 149 17.)

(2) Donnons ici une curieuse lettre de Pâris-Duverney à madame de Pompadour sur cette création de l'École militaire :

« 26 may 1750.

« Madame,

« Mon intention n'est pas d'ajouter à l'idée que vous avez pu vous faire des circonstances actuelles. Si elles n'ont rien en elles-mêmes que l'on puisse regarder comme bien fâcheux, elles ont cela de triste, au moins, qu'on peut les envisager comme l'effet d'une fermentation qui ne convient ni à l'amour que le maître attend et désire de ses sujets, ni à celuy qu'il a pour eux. Vous avez pensé, Madame, que le projet que vous protégés seroit propre à faire une diversion. Je vais plus loin, et je pense que la faveur qui s'y trouve pour la noblesse et pour le militaire, est un de ces objets qui doit l'emporter aujourd'huy sur toute autre considération. C'est en effet dans la noblesse et dans le militaire

des plans, elle lui fait étudier Saint-Cyr et son organisation, elle le presse de chercher avec son frère le terrain le plus propre à son projet. Ce ne sont que lettres, projets, devis, et quelle impatience de ce printemps où l'on posera la première pierre de l'édifice! La marquise ne mit jamais plus de feu, plus d'âme, à une affaire personnelle. Dans une lettre du 10 novembre 1750, elle écrit : « *J'ay été dans l'enchantement de voir le Roy entrer dans le détail tantost, je brûle de voir la chose publique, parce qu'après il ne sera plus possible de la rompre, je compte sur votre éloquence pour séduire M. de Machault, quoique je le croye trop attaché au Roy pour s'opposer à sa gloire; enfin, mon cher Duvernay, je compte sur votre vigilance pour que l'univers en soit bientost instruit, vous viendrés me voir jeudy à ce que j'espère, je n'ay pas besoin de vous dire que j'en seray ravie et que je vous aime de tout mon cœur* (1). »

Et, les années qui suivent, le désir, l'activité, la passion et le zèle de la marquise ne se ralentissent pas. Elle encourage et discute les propositions de Duverney. Pour subvenir aux premiers travaux, elle cherche avec lui de l'argent dans un impôt sur les cartes; elle apaise les discussions entre Pâris-Duver-

---

que l'État trouve sa défense et son appui le plus ferme, même contre les maux intérieurs qui pourroient altérer sa consistance. Il me paroît donc, Madame, que l'on ne sauroit trop exciter le zèle et la fidélité de ces deux corps, dans un temps où l'on pourroit peut-être avoir à se plaindre des autres. » (Archives de l'Empire.)

(1) *Lettre autographe de madame de Pompadour.* (Archives de l'Empire, K. 149 17.)

ney et son frère qui a traité carrément l'ami de sa sœur de fripon. Elle règle la distribution intérieure de l'École; elle intéresse le Roi à la sortie de terre des premières assises, et quand un moment, en 1755, l'argent manque, quand il est question de vendre avec les chevaux et les charrettes qui ont voituré les pierres, les pierres elles-mêmes; quand madame de Pompadour voit s'évanouir cette vision si longtemps caressée de sa jeune École manœuvrant au bruit des tambours, sous les yeux du Roi, elle prend la plume et écrit avec un accent de grandeur et de généreuse émotion :

« *Non assurément, mon cher nigaud, je ne laisserai pas périr au port un établissement qui doit immortaliser le Roi, rendre heureuse sa noblesse et faire connoître à la postérité mon attachement pour l'État et pour la personne de Sa Majesté. J'ai dit à Gabriel aujourd'hui de s'arranger pour remettre à Grenelle les ouvriers nécessaires pour finir la besogne.. Mon revenu de cette année ne m'est pas encore rentré, je l'employerai en entier pour payer les quinzaines des ouvriers; j'ignore si je trouverai mes sûretés pour le paiement, mais je sais très-bien que je risquerai avec grande satisfaction cent mille livres pour le bonheur de ces pauvres enfants. Bonsoir, cher nigaud, si vous êtes en état de venir à Paris mardi, je vous y verrai avec un grand plaisir; si vous ne le pouvez pas, envoyez-moi votre neveu sur les six heures* (1). »

---

(1) *Mélanges de la Société des bibliophiles,* t. VI.

L'École militaire était construite (1) au mois de juillet 1756, et, le 18 de ce mois, le comte d'Argenson ramenant de Vincennes, dans quarante fiacres escortés du guet, les jeunes pensionnaires du Roi, les installait dans les bâtiments neufs.

(1) Toute bâtie qu'elle était, l'existence de l'École militaire fut menacée. L'impôt sur les cartes ne produisait pas un revenu capable de subvenir aux dépenses ; il fallut, en janvier 1758, recourir à la loterie. Et cette loterie fit publier le charmant et rarissime petit volume orné de 90 estampes de Gravelot, qui porte pour titre : *Almanach utile et agréable de la loterie de l'École Royale Militaire*. Prault, 1760.

IX

Responsabilité de madame de Pompadour dans la guerre de sept ans. — Diminution de la monarchie autrichienne. — Ouvertures faites par Marie-Thérèse à Blondel, au marquis d'Hautefort. — Ambassade de Kaunitz en France, et la captation de madame de Pompadour. — Prise du *Lys* et de l'*Alcide* en pleine paix par les Anglais. — La rivalité amoureuse et politique de la marquise de Coislin et de madame de Pompadour. — Starhemberg décidant Marie-Thérèse à préférer l'appui de la favorite à l'appui du prince de Conti. — Lettre de remerciment de madame de Pompadour à l'Impératrice-Reine pour son portrait encastré dans une écritoire de laque. — L'abbé de Bernis. — Sa jeunesse. — Il est nommé à l'ambassade de Venise. — Ses qualités d'homme d'État. — Ses hésitations pour abandonner la politique traditionnelle de la France. — Conférence de *Babiole* (22 septembre 1755). — Les modifications du plan autrichien. — Traité de Versailles (2 mai 1756). — Lettre de Kaunitz à madame de Pompadour.

En ces années, où madame de Pompadour briguait un nom dans l'histoire, il arrivait que le cours des choses et les rivalités d'empires lui donnaient la responsabilité redoutable du rôle de la France dans la longue guerre qui allait ruiner les trésors et le sang de l'Europe, dépenser deux milliards et près d'un million d'hommes, léguer à la France et à tant d'États les embarras de finances de la fin du dix-huitième siècle, et anéantir dans certaines provinces d'Allemagne des races entières, l'espérance et la réserve des enrôlements de l'avenir.

Madame de Pompadour a porté la peine de ses ambitions. Elle a répondu devant ses contemporains des malheurs de cette guerre, des tristes résultats de notre alliance avec l'Autriche. L'opinion publique par toutes ses voix, le dix-huitième siècle par toutes ses plumes, l'a chargée de tout ce sang, des fautes, des erreurs, des désastres, des trahisons de la fortune ou des négociateurs, de l'impéritie des hommes aussi bien que de la fatalité des événements. La valeur française, étonnée devant ce Frédéric auquel les philosophes avaient avec tant de zèle fait une popularité chez ses ennemis, la France humiliée, ont maudit madame de Pompadour. Les défaites de Rosbach et de Crevelt ont condamné sa politique : l'ont-elles jugée ?

Écartons d'abord les circonstances, les motifs qui peuvent avoir contribué à conduire vers l'alliance autrichienne l'esprit de madame de Pompadour, les questions d'amour-propre, les intérêts personnels, les sentiments égoïstes, les considérations petites et passionnées que ses ennemis ont prêtés à sa détermination. Que, dans ce grand changement de la politique française, madame de Pompadour ait obéi aux ressentiments comme aux satisfactions de la vanité d'une femme; qu'elle ait été animée par un désir de vengeance contre les ironies de Frédéric baptisant la favorite du sobriquet de *Cotillon IV* (1);

---

(1) Le prince prussien avait, en outre, traité les charmes de madame de Pompadour de *petits charmes*, avait répondu aux ouvertures de Voltaire chargé de lui transmettre les respects de la favorite : « Je ne la

qu'elle ait été poussée par un zèle de complaisance et une reconnaissance de parvenue pour l'Impératrice-Reine, qui, si elle ne la traitait de *son amie*, de *sa princesse*, de *sa cousine*, la faisait assurer par son ambassadeur « de tous les sentiments qu'elle pouvait désirer »; qu'il y ait eu au fond d'elle cette ambition inévitable de l'inauguration d'une politique nouvelle et contraire qui marque l'avénement de toute maîtresse remplaçant une autre maîtresse; qu'elle se soit donnée à l'alliance autrichienne, parce que madame de Châteauroux s'était prêtée à l'alliance prussienne; qu'elle ait cédé à cette nécessité et à cette fatalité de la position d'une favorite qui jettera après elle madame du Barry dans toutes les alliances anti-autrichiennes : peu importe. Pas plus que l'insuccès, les motifs secrets de l'alliance autrichienne ne doivent entrer dans le jugement du principe de cette alliance. Prenez ce principe tel qu'il fut reconnu jusqu'à Rosbach, dégagez-le de ses origines : il demeure dans son essence et dans son plan général l'évolution d'une politique sage et profitable à la France.

L'Autriche n'était plus cette monarchie gigantesque, allant de la Turquie jusqu'en Bourgogne, et de la Belgique au fond de l'Italie, ce monde où un proverbe voulait que le soleil ne se couchât point, cet

---

connois pas ! » Enfin, Frédéric avait écrit quelque part : « Je ne crois pas cependant qu'un roi de Prusse ait des ménagements à garder avec une demoiselle Poisson, surtout si elle est arrogante et qu'elle manque à ce qu'elle doit de respect à des têtes couronnées. »

empire qui avait fait des cinq voyelles de l'alphabet la devise de son rêve et de son avenir :

Austriæ Est Imperare Orbi Universo.

La France, nous l'avons dit dans un autre livre (1), avait de Henri IV à Louis XIV, par la politique des Richelieu et des Mazarin «, par la longue poursuite de l'Autriche allemande et de l'Autriche espagnole, contre lesquelles le grand Roi avait poussé toute sa vie ses généraux et sa victoire, » et jusque par la fortune de ce débonnaire cardinal de Fleury enlevant de force à l'Autriche en deux guerres, ou lui rognant, de gré à gré, dans des négociations, le royaume de Naples et des Deux-Siciles, la Lorraine et le Barrois, la France avait renfermé l'Empire de Charles-Quint dans des limites qui n'avaient plus de menaces pour l'équilibre de l'Europe.

Sous les efforts, les reprises et les coups de la France, cette grande puissance militaire, tournant vers l'agriculture une partie de ses forces, était devenue moins redoutable à sa vieille ennemie que ce petit État de Prusse, surgi comme une armée sur la carte de l'Europe, sans frontières naturelles, et cherchant sa place en Allemagne avec les tentes de ses 150,000 hommes et le génie de Frédéric.

La menace du Nord contre le Midi, de l'Allemagne contre la France, était évidemment déplacée;

---

(1) *Histoire de Marie-Antoinette*, par Edmond et Jules de Goncourt. Nouvelle édition Charpentier, 1878.

les alliances de la France devaient suivre ce déplacement, elles devaient se conformer à cette grande loi des relations des peuples qui ne veut rien d'immuable, approprie les rapports aux temps, les traités aux circonstances, les systèmes aux faits, et commande à la politique d'être cette science des contre-poids, qui se règle sur la mobilité des fortunes d'empire, sur la croissance et la décroissance des États, en sacrifiant les passions de la veille aux intérêts du lendemain, les haines du passé aux nécessités du présent. L'ancien parti français, qui ne voulait point quitter les ombrages de la vieille tradition nationale et s'obstinait à toujours voir la monarchie de Charles-Quint dans les États de Marie-Thérèse, avait donc tort contre madame de Pompadour, qui cherchait avec raison dans l'alliance de deux grandes puissances égales et de même force une sorte de police de l'Europe, une intervention arrêtant toute guerre, un moyen enfin d'intimidation contre cette puissance, montée au premier rang des puissances européennes, l'Angleterre, envieuse de nos colonies dont son commerce avait besoin, l'Angleterre, qui venait en pleine paix, au mépris du droit des gens, de faire acte de guerre contre nous.

L'alliance de la France et de l'Autriche fut lentement préparée avant d'éclater. Elle était latente, pour ainsi dire, depuis le traité d'Aix-la-Chapelle où Marie-Thérèse avait été forcée d'abandonner la

Silésie à la Prusse. M. de Kaunitz avait à ce moment tâté, mais vainement, sur la question d'une alliance avec la France, M. de Saint-Séverin, envoyé par madame de Pompadour pour conclure la paix à tout prix (1). La cour d'Autriche ne perdait pas courage, et Marie-Thérèse, mettant en avant une inclination singulière qu'elle avait conçue pour Louis XV, priait Blondel, ambassadeur de France près la cour d'Autriche, de mander à Versailles que la situation actuelle des couronnes de France et d'Autriche n'était plus la même que deux cents ans auparavant; que l'équilibre entre elles était parfait, et que leur union serait la garantie de la tranquillité de l'Europe. Mais le marquis de Puisieux, ministre des Affaires étrangères, qui avait, comme M. de Saint-Séverin, son amour-propre engagé dans le traité d'Aix-la-Chapelle et ne se souciait pas de voir défaire son ouvrage, ne jugeait point à propos de parler de cette ouverture. L'Impératrice-Reine, sans se lasser, la renouvelait auprès du marquis d'Hautefort, notre nouvel ambassadeur, ne craignant pas de lui dire : « Si jamais la guerre se rallume entre moi et le roi de Prusse, je rentrerai dans tous mes droits, ou j'y périrai, moi et le dernier de ma maison (2). »

(1) « *Monsieur de Saint-Séverin*, avait dit madame de Pompadour, *vous partez pour Aix-la-Chapelle; souvenez-vous bien de nous apporter la paix à quelque prix que ce puisse être.* » (Mémoires du maréchal duc de Richelieu, t. VIII.)

(2) *Mémoires secrets sur les règnes de Louis XIV et Louis XV*, par feu M. Duclos. *Guerre de* 1756. Buisson, 1791, t. II.

Vers le même temps, le comte de Kaunitz était envoyé à Paris. Du premier coup d'œil, il eut l'esprit de juger la situation et de voir la personne qui tenait en ses mains le succès des vœux de Marie-Thérèse. Il alla droit à madame de Pompadour, il la caressa (1), il flatta son humeur et ses inclinations secrètes, l'orgueil de ses espérances ; il la poussa délicatement, et avec une parole de diplomate, au rôle qu'elle enviait, à un règne hors de page et sorti des petits cabinets, à une de ces influences qui attachent sur une femme les regards de la postérité. Il

(1) Du 2 novembre 1750 où il est reçu par Louis XV au 5 novembre 1752 où il obtient son audience de congé, le comte de Kaunitz travaille à s'emparer de madame de Pompadour, à l'attirer à l'alliance autrichienne, à la faire entrer dans le domaine de la politique.

En 1750, Kaunitz mande à sa cour : « Je n'ai pas oublié non plus d'avoir des attentions pour madame de Pompadour ; je sais que le Roi m'en a su gré et qu'elle y a été sensible.

Le 22 août 1751, il écrit : « Si madame de Pompadour se mêloit des affaires étrangères, j'ai lieu de croire qu'elle ne nous rendroit pas de mauvais offices ; elle a beaucoup de bonté et quelque confiance en moi. A Compiègne, j'ai eu occasion, par l'état de ma maison que j'y ai tenu, de faire des politesses aux principaux courtisans qui sont de ses amis et de la coterie du Roi. Je sais que ce prince y a été sensible et que plusieurs de ces messieurs sont fort de mes amis ; on m'a même fait entendre, mais que cela reste entre nous, je vous prie, que s'il étoit possible de mettre un ambassadeur de la coterie du Roi, j'en serois, mais cela ne se peut pas. Bref, je ne sais pas comment cela s'est fait, mais il est vrai que le Roi et madame de Pompadour et ceux qui l'environnent ont beaucoup de bonté pour moi. Tout cela ne fait rien assurément au fond des affaires, mais ces sortes d'affections personnelles ne gâtent rien cependant et peuvent être de grande conséquence dans les occasions. »

Enfin, quelques mois avant son départ de Paris, le 23 juin 1752, Kaunitz écrit encore : « J'ai eu occasion de causer aussi fort longtemps dans la même matinée avec madame la marquise de Pompadour, et je lui ai dit beaucoup de choses que je suis bien aise qu'elle redise au Roi. »

laissa tomber, dans ses ambitions flattées, les bases de ce traité qui délivrerait la France de la charge et de l'embarras des subsides, si difficiles à obtenir, tiendrait les mauvaises dispositions de l'Angleterre en respect par la crainte d'exposer son électorat de Hanovre, et serait enfin la paix, une paix dont on ne pouvait prévoir la fin. Madame de Pompadour entra, du premier jour, dans les idées de M. de Kaunitz qu'elle proclamait bien haut une tête ministérielle, une *tête carrée* (1) ; mais, rencontrant l'opposition des ministres, l'opposition du conseil tout entier, elle dit à M. de Kaunitz qu'il fallait attendre, et que l'alliance avec la Prusse était encore trop fraîche (2). Kaunitz était trop habile pour insister. Il se fit remplacer par le comte de Starhemberg et abandonna au temps le soin de faire germer ses paroles dans la tête de madame de Pompadour.

Pendant ce temps, les Anglais s'étaient emparés du *Lys* et de l'*Alcide* (1755) ; ils avaient porté la guerre dans nos colonies américaines, mettant à profit la légèreté de notre ambassadeur à Londres,

(1) *Mémoires de madame du Hausset.* — Un jour que madame de Pompadour parlait dans ces termes de la tête du ministre autrichien, quelqu'un cherchant à tourner en ridicule la coiffure de l'Excellence sur laquelle quatre valets de chambre, armés de soufflets, faisaient voler la quintessence de la poudre, la favorite reprenait vivement : « *C'est Alcibiade qui fait couper la queue à son chien pour donner à parler aux Athéniens et détourner leur attention des choses qu'il voulait leur cacher.* »
(2) Madame de Pompadour avouait plus tard à Bernis que Kaunitz, pendant son ambassade, l'avait souvent sollicitée d'engager le Roi au désir que l'Impératrice avait de s'allier avec la France, et madame de Pompadour était arrivée à disposer entièrement le Roi en faveur de cette alliance.

M. de Mirepoix, qui, tout entier à soutenir sa réputation de galant homme et sa gloire de beau danseur, se laissait amuser pendant six mois sur leurs pirateries, et nous laissait enlever 10,000 matelots.

Malgré les répugnances du Roi et du conseil, il fallait se décider à une guerre. Mais une guerre entre la France et l'Angleterre ne pouvait être un spectacle pour les autres puissances : elle devait entraîner l'Europe à sa suite, derrière la lutte des deux peuples. Il était nécessaire de s'armer au dehors, de continuer ou de changer les alliances, d'acepter l'offre d'une alliance de l'Autriche ou l'offre du renouvellement de l'alliance avec le roi de Prusse, alliance finissant au mois de juin 1756. Le conseil était divisé sur cette grande question. D'Argenson, voulant, en qualité de ministre de la guerre, une guerre de terre, était disposé à accepter les propositions du roi de Prusse. Machault désirait que la France s'en tînt à une guerre maritime ; il avait pour lui Puisieux, Saint-Séverin, le maréchal de Noailles. Rouillé appuyait publiquement d'Argenson, mais avec des restrictions mentales et de secrets efforts en faveur de la politique de madame de Pompadour et de l'abbé de Bernis, qui n'entrait pas au conseil, mais auquel madame de Pompadour communiquait tout.

Dans le temps de ces tiraillements et de ces divisions du conseil, qui jetaient l'embarras, le trouble, un ton d'ambiguïté, un air de mauvaise foi dans nos relations avec l'étranger, les indiscrétions des clients, des amis, des maîtresses, de tous les abords et de tous les confesseurs des ministres, allaient grand train et ne taisaient rien. Toute la cour se murmurait à l'oreille et vendait aux curieux les secrets de la diplomatie. Dans les soupers de Compiègne, la politique de la maîtresse semblait un secret de comédie, ballotté de jolies femmes en jolies femmes, courant dans les saillies, livré follement et comme par une espièglerie de l'écho aux espions de Berlin (1).

Ainsi annoncée et publiée d'avance, l'alliance avec l'Autriche était précipitée par une intrigue de cour. Cette rivale dont le *va-tout* au jeu du Roi avait été si insultant pour madame de Pompadour, la marquise de Coislin (2), était poussée dans la faveur amoureuse de Louis XV par le prince de

---

(1) *Mémoires secrets de Duclos,* vol. II.

(2) La marquise de Coislin était *éconduite* au bout de quelques mois. Voici le récit de sa disgrâce raconté par madame de Pompadour à sa femme de chambre : « *Cette superbe marquise a manqué son coup ; elle a effrayé le Roi par ses grands airs et n'a cessé de lui demander de l'argent, et vous ne savez pas que le Roi signerait sans y songer pour un million et donnerait avec peine cent louis sur son petit trésor. Lebel, qui m'aime mieux qu'une nouvelle à ma place, soit par hazard ou par projet, a fait venir au Parc aux Cerfs une petite sultane charmante qui a refroidi un peu le Roi pour l'altière Vasty en l'occupant vivement. On a donné à *** des diamants, cent mille francs et un domaine. Jannel m'a rendu, dans cette circonstance, de grands services, en montrant au Roi les extraits de la poste sur le bruit que faisait la faveur de madame de Coaslin. Le Roi a été frappé de la lettre d'un vieux conseiller au parlement, du parti du Roi, qui mande à un de ses amis :* « Il est juste que le maître ait une amie, une confidente, comme tous tant que nous sommes, quand cela nous convient; mais il est à désirer qu'il garde celle qu'il a ; elle est douce, ne fait de mal à personne et sa fortune est faite. Celle dont on parle aura toute la superbe que peut donner une grande naissance. Il faudra lui

Conti (1), dévoué comme madame Pompadour aux intérêts de Marie-Thérèse et voulant avoir près du Roi un instrument personnellement à lui. Cette émulation, cette concurrence irritait madame de Pompadour qui voyait une autre femme tout à coup essayer de lui enlever l'initiative des projets qu'elle

donner un million par an, parce qu'elle est, à ce qu'on dit, très-dépensière, et faire ducs, gouverneurs de province, maréchaux, ses parents qui finiront par entourer le Roi et faire trembler ses ministres. » L'extrait avait été remis par Janelle à madame de Pompadour.

(1) Bernis rendit, à cette occasion, un grand service à la marquise de Pompadour. La voyant triste un jour, la favorite lui confiait sa situation, la demande qu'elle avait faite au Roi de se retirer de la cour : « Je ne saurais exprimer l'émotion que je ressentis, dit Bernis, mais je la maîtrisai dans un instant en lui disant : Madame, ce n'est pas ainsi qu'un ministre d'État doit prouver ses sentiments. Je me levai et voulus sortir de son cabinet, elle me retint et me força de lui dire quel était mon projet. Je lui avouai que j'allais écrire au Roi, lui représenter combien une nouvelle maîtresse affichée nuirait à sa réputation, à ses affaires et donnerait d'ombrages à la cour de Vienne... La marquise trembla de ma résolution. Elle me fit sentir que je m'exposais à déplaire au Roi, en lui parlant avec cette liberté, et que s'il avait la faiblesse de montrer ma lettre à sa maîtresse, je courais encore de plus grands risques. Je lui répondis avec fermeté que j'avais fait tous ces calculs.

« Malgré les frayeurs de la marquise, je fus écrire au Roi : jamais on n'a dit la vérité à son souverain avec plus de respect ni avec plus de vérité que je ne le fis : la conclusion était que, si le Roi persistait à déclarer une nouvelle maîtresse, je le suppliais de me permettre de me retirer. Je portai cette lettre à la marquise qui pleura d'admiration et de reconnaissance de trouver en moi une amitié si courageuse. Mais, contente de connaître le secret de mon cœur, elle ne voulait pas consentir que cette lettre fût remise au Roi. Je la cachetai à l'instant, et comme le Roi entra chez la marquise un moment après. j'attendis que Sa Majesté s'en retournât pour la suivre et lui remettre ma lettre en la suppliant d'y faire grande attention et une prompte réponse.

« Cette réponse ne tarda pas; le Roi me la remit lui-même le lendemain, et je la portai toute cachetée à la marquise. Le Roi m'y parlait avec la plus grande bonté et franchise; il détaillait les qualités de la marquise et ses défauts, et me promettait de renoncer au goût qu'il avait pour sa rivale, parce qu'il en sentait le danger pour ses affaires et sa réputation. » (*Mémoires inédits du cardinal de Bernis.*)

avait accueillis, les bénéfices d'un système déjà adopté par elle. La favorite se jetait plus passionnément dans l'alliance autrichienne et entrait résolûment dans un rôle qui devait donner à sa fragile situation politique de maîtresse, sans cesse menacée, l'autorité, la solidité, l'assiette d'un grand crédit ministériel.

Or, jusqu'à ce jour, Marie-Thérèse était hésitante si elle devait charger de la négociation d'une alliance intime entre l'Autriche et la France, ou madame de Pompadour, ou le prince de Conti qu'elle savait le rédacteur de la correspondance secrète du Roi et auquel elle supposait un grand crédit auprès du souverain. C'est alors que Starhemberg, après s'être assuré du peu de chances de durée de l'amour ou de la liaison du Roi avec madame de Coislin, décidait l'Impératrice-Reine (1) à donner la préférence à madame de Pompadour, que ce choix faisait mettre dans cette affaire, où ses intérêts étaient engagés, la chaleur et l'obstination que les femmes mettent aux choses qui caressent leurs passions et satisfont leur vanité.

Ici, il faut mettre à néant une légende historique qu'a accréditée Duclos : il n'y eut pas de billet flat-

---

(1) *Maria Theresia*, 1748-1756. Wien, 1770. — Kaunitz écrit à la date de mai 1756 : — Dans l'incertitude où nous étions de savoir si le prince (de Conti) était bien ou mal avec la marquise de Pompadour et si la faveur de l'une ne traverserait peut-être pas le crédit de l'autre, on donna au comte de Starhemberg le choix de s'adresser au prince ou à la marquise. Il se détermina pour la favorite et l'événement justifia son choix,

teur de Marie-Thérèse, pas de correspondance entamée entre l'Impératrice-Reine et madame de Pompadour. Le choix de madame de Pompadour, de préférence au prince de Conti, pour être la cheville ouvrière de la grande évolution de la politique européenne, amena tout seul la soumission humble et pleine de reconnaissance des volontés de la favorite aux désirs de la puissante maîtresse de Kaunitz. Marie-Thérèse dit en effet dans une lettre, à la date du 10 octobre 1763, adressée à l'électrice de Saxe : « Vous vous trompez si vous croyez que nous avons jamais eu de liaisons avec la Pompadour : jamais une lettre, ni que notre ministre (ou ministère) ait passé par son canal. Ils ont dû lui faire la cour comme tous les autres, mais jamais aucune intimité. Ce canal ne m'auroit pas convenu. Je lui ai fait un présent plutôt galant que magnifique l'année 1756 et avec la permission du Roi. Je ne la crois pas capable d'en accepter d'autre (1). » Aujourd'hui nous avons des preuves à l'appui de l'affirmation de Marie-Thérèse; nous possédons, avec la lettre de remercîment de madame de Pompadour, toute la correspondance relative au présent (2)

---

(1) Lettre donnée par M. Depping dans un article de la *Liberté* du mois de juillet 1866.
(2) *Maria Theresia*, 1756-1758, par d'Arneth. Wien, 1875. — Donnons l'histoire complète du pupitre ou plutôt de la fameuse écritoire de laque dans laquelle était encastré le portrait de l'Impératrice-Reine. Après le second traité de Versailles (1ᵉʳ mai 1757), Marie-Thérèse, voulant s'attacher complétement madame de Pompadour, songeait à lui faire un cadeau. Elle balançait entre une somme d'argent, une boîte ornée de son portrait, une aigrette de diamants avec *briolettes* qui se

et qui ne laisse aucun doute sur la vérité en gros de ce dédaigneux paragraphe. Oui, il n'existe véritablement qu'un présent, dont l'envoi, remis d'année

trouvait à Vienne et qui serait une curiosité à Paris. Elle faisait mander à Starhemberg de s'enquérir délicatement de ce qui pouvait faire le plus de plaisir à la favorite. L'ambassadeur répondait à l'Impératrice que l'objet à offrir était une écritoire, *jolité* de mode alors très-goûtée par les dames de Paris, une écritoire du prix de 4,000 ducats. L'Impératrice trouvait la valeur du cadeau insuffisante, demandait que son ambassadeur allât, pour l'entourage seul du portrait en pierres précieuses, à 6,000 ducats et même au delà, et elle choisissait parmi ses laques les plus rares, dont elle avait une merveilleuse collection, quelques boîtes qui étaient envoyées à Paris où l'écritoire devait être fabriquée.

Voici le compte. Fourni à Son Excellence Mgr le comte de Starhemberg, par Durollay et Estienne son neveu, bijoutiers, place Dauphine Paris :

La garniture en or d'un pupitre de lacq avec cornet, poudrier et boite à éponge d'or	3,464 »
Déboursé pour du lacq	528 »
Déboursé pour l'ébéniste, le gainier et le faiseur de serrure.	360 » 360 »
Pour la façon de la bijouterie, la gravure, la ciselure . .	6,148 »
	10,500 »

A cette somme de dix mille cinq cents livres, il fallait ajouter :	
Le compte du bijoutier Lempereur.	66,000 »
Le prix du portrait payé au miniaturiste Venevault. . . .	600 »
Pour une petite boîte garnie de cuivre dans laquelle le présent a été envoyé à Vienne et renvoyé à Paris. . .	30 »
Pour emballage du présent et des laques qui ont été renvoyées à Vienne (les boîtes de laque de Marie-Thérèse qui n'étaient pas entrées dans la confection du pupitre).	28 19 s.
TOTAL.	77,278 19

La pensée du présent, avons-nous dit, remonte au mois de mai 1757. Soit pour une cause que nous ne connaissons pas, soit par la longueur de l'ouvrage, le « souvenir » de Marie-Thérèse à madame de Pompadour n'était offert qu'en janvier 1759. Il était précédé de cette lettre de Kaunitz en date du 11 janvier :

« L'Impératrice est touchée, Madame, de l'intérêt que vous continuez à prendre à Son union avec le Roi. Elle a vu jusqu'ici la constance et la fermeté avec laquelle depuis son origine vous avez toujours été

en année, n'a eu lieu qu'en 1759, mais un présent, quoi qu'en dise Marie-Thérèse, aussi magnifique que galant : un portrait de son auguste personne,

attachée au sistême heureusement établi entre les deux cours et Elle vous en a sçu le plus grand gré. Elle m'ordonne de vous le témoigner en son nom, et comme Elle compte qu'il ne sauroit vous être désagréable et que le Roi ne peut approuver qu'Elle tâche de vous témoigner combien Elle est sensible à vos sentimens pour Lui et pour Elle, Elle charge M. le comte de Starhemberg de vous remettre une petite marque de souvenir de sa part et désire que vous vouliez bien l'accepter comme une preuve de ses sentimens pour vous. Je suis charmé que l'Impératrice ait bien voulu se servir de moi pour vous les témoigner. Faites-moi la grâce d'en être persuadée et conservez-moi vos bontés que je fais gloire de mériter par le respect et l'attachement inviolable avec lequel je serai bien certainement tant que j'existerai. »

Madame de Pompadour remerciait Kaunitz dans cette lettre :

Réunissés, monsieur le comte, tous les sentimens que l'élévation et la sensibilité de votre ame pourront vous inspirer, vous serés encore bien éloigné de sentir ce qui s'est passé dans la mienne en recevant le portrait de S. M. I. Je suis comblée de cette marque infinie de bonté ; mon cœur, accoutumé à compter et admirer respectueusement les grâces surnaturelles de l'Impératrice, n'osoit se flatter qu'elle daignât les étendre jusques à moy. Il est au-dessus de mes forces de parvenir à exprimer mes sentimens à la plus grande princesse du monde. Suppléés à ma timidité, monsieur le comte, je vous en conjure, dites ce que vous avés vu à Compiègne de ma façon de penser, dites ce que vous sentés pour votre adorable maîtresse ; il n'y aura rien d'exagéré ; je laisse d'interpréter à votre cœur ce que le mien sent. Vous devés juger par vous-même combien il est intéressant pour moi que la vérité de mes sentimens parvienne jusqu'à S. M. I. En vous donnant une commission qui m'est aussy chère, je vous prouve, monsieur le comte, toute l'étendue de l'estime et de l'amitié que je vous ai voués, 28 *janvier* 1759.

Je n'oserois me plaindre de la magnificence du présent, mais rien n'auroit manqué à ma satisfaction si le portrait avait été dénué d'ornemens.

. A cette lettre était jointe la lettre de madame de Pompadour à Marie-Thérèse donnée dans le texte. Une dépêche de Starhemberg à Kaunitz nous fait assister à la scène de la remise du cadeau de Marie-Thérèse :

« Madame de Pompadour, à qui j'ai remis le présent qui lui étoit destiné et la lettre de V. E., m'a témoigné avec les expressions les plus vives et certainement les plus sincères sa reconnoissance de cette marque si flatteuse de l'auguste bienveillance de S. M. et de son zèle pour le maintien de l'étroite union entre les deux cours ainsi que pour

encastré dans une écritoire de laque enrichie de pierres précieuses, coûtant 77,000 livres. Madame de Pompadour remerciait en ces termes :

M'est-il permis d'espérer que V. M. I. daignera recevoir avec bonté mes très-humbles remerciemens et

l'affoiblissement de l'ennemi commun. Comme elle me demandoit s'il lui seroit permis d'écrire à S. M. pour s'acquitter vis-à-vis d'Elle-même de ses très-humbles remerciemens, je n'ai pu que me charger de faire parvenir la lettre qui est contenue dans celle ici-jointe qu'elle écrit à V. E. Le présent a été trouvé beau et magnifique, au point que madame de Pompadour s'est plaint de sa trop grande richesse; puisque cela la mettoit dans la nécessité d'en faire mistère à tout le monde par la crainte des propos que l'on pourroit tenir à ce sujet. Le Roi, qui s'est trouvé avant-hier chés madame de Pompadour à l'heure où elle m'avoit fait prier d'y venir pour me remettre la lettre à S. M., m'a fait connoître combien il étoit personnellement sensible à cette marque d'attention que S. M. avoit bien voulu lui donner. Au reste, tout ceci m'a fourni l'occasion d'entrer en quelques explications avec madame de Pompadour sur les tracasseries qu'on avoit cherché à me faire avec elle, et il m'a été bien facile de lui prouver combien elle auroit tort de se méfier de moi et de mes sentimens pour elle. Elle m'en a paruc convaincue et m'a dit à ce sujet des choses aussi obligeantes et flatteuses qu'il seroit inutile et ne me siéroit pas de rapporter. »

Maintenant, que devint la fameuse écritoire? Nous voyons, dans la dépêche de Starhemberg, madame de Pompadour se plaindre de la trop grande richesse du présent qui la met dans la nécessité d'en faire un mystère à tout le monde par la crainte des cancans. N'aurait-elle point détaché la figure de Marie-Thérèse de l'écritoire? N'aurait-elle point enlevé la miniature de son sertissage de pierres précieuses? Et n'aurait-elle pas fait montre du portrait à elle envoyé par l'Impératrice dans un cadre de nature à ne donner lieu à aucun mauvais propos? On a tout lieu de le croire par l'examen du catalogue de son frère, M. de Ménars, où passent tous les objets d'art de la favorite qui ne sont pas vendus à sa vente. Sous le n° 180, nous trouvons : « L'Impératrice, mère de la Reine de France, de forme ovale de 3 pouces sur 2 et demi de large dans une bordure à guirlandes en vermeil. » Cette miniature, qui est bien certainement la miniature de Venevault, est achetée 72 livres par M. Collet. Et, en fait de laque, nous ne rencontrons dans la vente qu'une seule boîte de cette matière ornée d'une miniature de la Rosalba achetée 421 fr. par le marchand Lebrun.

les expressions de la respectueuse reconnoissance pour l'inestimable portrait qu'elle m'a fait remettre? S'il ne falloit, Madame, pour mériter ce don précieux, qu'être pénétrée jusqu'au fond de l'âme de l'admiration pleine d'enthousiasme qu'inspirent les grâces séduisantes et les vertus héroïques de V. M. I., personne sans exception n'en seroit plus digne que moy. J'ose ajouter qu'il n'est point de sujets de V. M. I. qui ne rende un hommage à ces rares et sublimes qualités. Vous êtes accoutumée, Madame, à voir dans tous ceux qui ont le bonheur de vous approcher les sentimens que j'ay l'honneur de vous exprimer, mais j'espère que V. M. daignera distinguer les miens et les regardera comme une suite du très-profond respect avec lequel je suis

Madame
de votre Majesté Impériale
très-humble et très-obéissante servante.
Janne DE POMPADOUR (1).

...28 janvier 1759.

Cela accordé à Marie-Thérèse qu'elle dit la vérité dans sa lettre à l'électrice de Saxe, l'Histoire doit proclamer bien haut que si l'Impératrice-Reine ne s'est pas abaissée à écrire de son impériale main à la Pompadour, elle n'a reculé devant aucune bassesse semi-officielle par voie de ministre et d'ambassadeur.

Dès lors, madame de Pompadour devient le correspondant de la cour impériale, le diplomate sur

---

(1) *Maria Theresia,* 1756-1758, par d'Arneth. Wien, 1875.

lequel le ministère autrichien se repose pour appuyer et faire triompher sa politique, le ministre en quelque sorte des Affaires étrangères auquel Kaunitz demande un plénipotentiaire pour traiter de l'alliance intime des deux cours :

« Madame.... J'ai souvent désiré pouvoir me rappeler à votre souvenir; il s'en présente aujourd'hui une occasion qui, par les sentimens que je vous connois, ne sauroit vous être désagréable. M. le comte de Starhemberg a des choses de la dernière importance à proposer au Roi, et elles sont d'espèce à ne pouvoir être traitées que par le canal de quelqu'un que S. M. T. C. honore de son entière confiance et qu'elle assigneroit au comte de Starhemberg. Nos propositions, je pense, ne vous donneront pas lieu de regretter la peine que vous aurez prise, Madame, de demander au Roi quelqu'un pour traiter avec nous, et je me flatte au contraire que vous pourrez me savoir quelque gré de vous avoir donné par là une nouvelle marque de l'attachement et du respect avec lequel j'ai l'honneur d'être.... »

La participation active de madame de Pompadour à la politique sortait de sa chambre, de son boudoir, pour le jeter sur la grande scène des affaires publiques, un personnage nouveau, le favori qu'elle recevait avec un petit soufflet de familiarité et de patronage sur la joue, son ami, son courtisan, son confident, son *pigeon pattu*, l'abbé de Bernis, qui allait être choisi pour la négociation sollicitée par Kaunitz, puis devenir le représentant dans le ministère des volontés de la favorite pendant une grande partie de la guerre de sept ans.

De bonne race, de vieille noblesse, d'une maison qui possédait dès le douzième siècle le château de Gange, Bernis, comte de Brioude, né dans le Vivarais, près le Pont Saint-Esprit, destiné dès son enfance à l'état ecclésiastique, passait sa jeunesse au séminaire de Saint-Sulpice, dans cette sorte d'école des pages de l'épiscopat, avec aussi peu d'argent que tous les cadets de noblesse visant aux dignités et aux bénéfices de l'Église; puis, après s'être fait recevoir au chapitre de Lyon, il venait vivre à Paris (1).

Bernis avait, pour plaire, une jolie figure d'ange bouffi, un caractère franc, ouvert, expansif, une imagination vive et méridionale, beaucoup d'esprit, relevé par un accent demi-gascon (2), le génie facile des petits vers, des impromptus, des madrigaux qui nouaient autour d'un portrait de femme comme un

---

(1) Bernis, dans les épreuves que me communique M. Frédéric Masson, commence en ces termes ses *Mémoires* :

« Je suis né le 22ᵉ de mai (1715) dans le château de Saint-Marcel sur l'Ardèche, en Vivarais. La seigneurie de cette petite ville appartient à ma famille depuis quatre cents ans... Aujourd'hui le marquis de Bernis, mon frère, est seul possesseur de cette terre qui, par son étendue et la beauté du paysage, est une des principales du Vivarais. Le Roi, par des lettres patentes enregistrées contradictoirement au parlement de Toulouse, a érigé cette terre en marquisat sous la dénomination de *Pierre Bernis*. »

(2) *Mémoires du maréchal duc de Richelieu.*

fil de perles autour d'une miniature. Il possédait la douceur, l'enjouement, un tour de caractère voluptueux et tendre, une onction galante; il était actif, frétillant, et il était encore plutôt que l'ami des hommes, l'ami des femmes, dont l'amitié, dit-il dans ses Mémoires, est plus tendre, plus délicate, plus généreuse, plus fidèle, plus *essentielle*. Que fallait-il de plus en ce temps pour faire un délicieux abbé? L'abbé de Bernis devenait bientôt, comme disait le temps, « rare et de mode », naturellement, par lui-même, et sans qu'il soit besoin de s'arrêter à la légende d'une marchande de modes le protégeant et le présentant aux dames avec les chiffons qu'elle leur portait (1). Introduit par Duclos dans le bureau d'esprit de madame de Tencin, où quelques poésies annonçaient joliment sa petite muse, il continuait à demeurer au cul-de-sac Dauphin; et à solliciter avec résignation le privilége du *Mercure de France,* lorsqu'une bonne fortune lui arrivait : il devenait le cavalier servant de madame de Courcillon, la veuve du prince de Rohan, et s'occupait fort à la consoler du veuvage (2).

Mais cette dissipation, cette vie insoucieuse, et dont le plaisir était la seule affaire, étaient fort mal vues par Saint-Sulpice et par le cardinal Fleury, qui avait promis au père de l'abbé de Bernis de faire la fortune de son fils. Le cardinal mandait

(1) *Correspondance du cardinal de Bernis avec Pâris-Duverney,* Londres, 1790. Notice historique.
(2) *Ibid.*

l'abbé, et lui déclarait que, lui vivant, il n'obtiendrait jamais aucun bénéfice ; à quoi Bernis répondait : « Monseigneur, j'attendrai (1). » Et il reprenait sa carrière de paresse et d'agitation mondaine, et gardait sa philosophie épicurienne, oubliant de presser l'avenir et de s'apprêter pour la fortune, fort indifférent aux indifférences de sa famille qui

(1) Voici le récit de Bernis. Nommé au canonicat de Brioude en 1739 et de retour à Paris en 1741, Bernis prend la résolution d'avoir une explication avec le cardinal Fleury : « Barjac, ce fameux valet de chambre à qui presque toute la cour avait fait des bassesses et qui ne s'était jamais méconnu, me ménagea une audience de son maître. Il m'annonça à Son Éminence que je crois encore voir appuyée sur une petite table, un grand chapeau sur la tête. En m'entendant nommer, il me salua et me dit en branlant un peu la tête : Ah ! ah ! Je m'avançai avec une contenance modeste mais assurée, et je lui dis : « Monseigneur, tant que j'ai été dans l'âge de l'enfance, j'ai respecté les préjugés de Votre Éminence ; je suis aujourd'hui dans l'âge d'essayer de les détruire, l'honneur même m'en fait un devoir : je viens demander à Votre Éminence comment si jeune, j'ai pu démériter au point de déplaire au Roi : de quoi suis-je accusé ? Ai-je manqué à la religion, à mon devoir de sujet ou à la probité ?

« Monsieur, interrompit le cardinal, vous le prenez là sur un ton bien grave, on ne vous reproche rien qui attaque les principes. Mais vous n'avez point de vocation. — Vous me rassurez, répondis-je, Dieu seul est dans les cœurs ; et puisque Votre Éminence n'a rien d'essentiel à me reprocher, j'ose réclamer les bontés dont elle honore mon père ; si je ne suis coupable, Monseigneur, que des étourderies de jeunesse, je vous en apprendrai plus qu'on ne vous en a dit et je ne me croirai pas faire tort dans votre esprit : *tout le monde a été jeune :* ainsi, je supplie Votre Éminence de venir à mon secours. » Je vis, vers la fin de ma harangue, que le front du Cardinal s'obscurcissait ; il m'interrompit avec humeur et me dit avec dureté : « Oh ! monsieur, tant que je vivrai, vous n'aurez point de bénéfices. — Eh bien ! Monseigneur, *j'attendrai,* » en lui faisant une profonde révérence.

« J'aperçus, en me retirant, que le Cardinal avait trouvé le mot bon : ce fut lui qui le divulgua. Et toute la bonne compagnie de la cour et de la ville l'accueillit avec applaudissement. On trouva ce mot simple, noble, courageux et décent. Il blessait un vieillard et le désarmait en même temps. » (*Mémoires inédits du cardinal de Bernis.*)

ne faisait rien pour lui, vivant de son traitement d'académicien, rendant service à ses amis, sans souci de lui-même, et étonnant un monde, où chacun se hâtait vers une espérance, une ambition, une position, par la grâce et par cette espèce de dignité simple et aisée avec laquelle il se contentait du présent et portait la pauvreté. Les plus grands rêves qu'il bâtissait, quand il se mêlait par hasard de bâtir sur l'avenir, n'allaient point au-delà d'une abbaye de 6,000 livres de rentes; et cependant par moments il y avait en lui des pressentiments qui, sans l'enfler, se faisaient jour dans cette parole à ses camarades de séminaire, à Montazet, depuis archevêque de Lyon, à La Rochefoucauld, depuis cardinal, l'engageant à se mettre en chemin pour arriver : « J'ignore quand je prendrai ma résolution de me mettre en chemin; mais ce que je sais, c'est que dès que je l'aurai prise et que je commencerai à marcher, je me trouverai devant vous (1). »

En attendant que l'abbé commençât à marcher, madame de Rohan-Courcillon (2), très-liée avec ma-

(1) *Notice de Loménie de Brienne* à la suite des *Mémoires de madame du Hausset.*

(2) Bernis raconte cette jolie anecdote sur sa protectrice : « Un jour (c'était en 1745 à la suite d'une maladie causée par le chagrin et le regret de ne pouvoir payer ses dettes montant à 12,000 liv.) que je rentrais chez moi, j'aperçus une boîte bien ficelée à mon adresse; je l'ouvris, je trouvai un billet où je lus ces mots : « On connaît votre situation, vous voulez payer vos dettes, vous trouverez dans cette boîte 12,000 fr., on se fera connaitre à vous quand vous serez en état de les rendre. » J'attribuai ce procédé noble à cent personnes de ma connaissance qui n'y avaient point songé. Je n'appris que deux ans après que je devais l'hommage de ma reconnaissance à une des plus

dame d'Étioles et madame d'Estrades, le menait à Étioles (1), dans ce moment où madame d'Étioles, retirée et retraitée dans sa terre pendant la campagne du Roi de 1745, avait l'ordre de ne voir aucun homme, s'ennuyait presque, et se trouvait dans cette disposition d'esprit où un hôte qui survient semble un ami qui arrive. L'intimité se fit vite entre celle qui devait être madame de Pompadour et ce bel esprit sentimental, qui composait sous les regards de la châtelaine d'Étioles les *Quatre parties du jour*. La liaison se resserra et se fortifia par le besoin que madame d'Étioles avait tous les jours de la plume de Bernis, pour sa correspondance amoureuse avec le Roi.

Puis, quand madame d'Étioles devenait madame de Pompadour, quand elle était la favorite, le Roi, qui se prenait d'une véritable affection pour son abbé, désignait Bernis pour être de la compagnie habituelle, de la société de tous les jours qu'il imposait à sa maîtresse; c'était comme un précepteur, comme un directeur qu'il voulait lui donner pour la guider dans les convenances d'une cour, et

---

belles femmes de la cour que je connaissais à peine et qui m'avait refusé la permission d'aller chez elle; ce ne fut même que par hazard que, racontant mon histoire à la princesse de Rohan-Courcillon, je fus éclairé comme d'un trait de lumière : « Ah! lui dis-je, ah! c'est vous, Madame! « Elle se défendit, mais je lui fis sentir qu'il ne convenait pas à un gentilhomme d'ignorer si longtemps à qui il avait obligation. J'ai perdu cette amie dont l'âme était aussi noble que la figure, que les femmes avaient déchirée, mais qui n'avait d'autres défauts que ceux de l'enfantillage et d'une trop grande sensibilité. » (*Mémoires inédits du cardinal de Bernis.*)

(1) *Le Conteur*, 1784, t. II.

lui apprendre Versailles. Bernis, recommandé à Boyer, qui avait la feuille des bénéfices, voyait Boyer qui lui promettait un évêché s'il voulait prendre la prêtrise. Bernis refusait; il déclarait, avec cette bonne foi qui sera toute sa vie la grandeur de son caractère, ne se sentir aucune disposition à la prêtrise; et il se remettait à attendre le plus patiemment du monde. Le Roi se décidait alors à lui donner une pension de 1,500 liv. sur sa cassette et un logement aux Tuileries (1), où madame de Pompadour avait l'amabilité de lui faire une grande joie, la surprise d'un meuble de brocatelle (2).

Avec ces 1,500 liv. de pension, l'ambition vint tout à coup à Bernis, comme l'ordre vient à certains jeunes gens avec un héritage. Il voulut, puisqu'il avait commencé, compléter la somme de son rêve, mener sa rente à 6,000 liv. Mais, poussant cette très-modeste ambition, il trouva de si grandes diffi-

(1) Malgré ma grande faveur, dit Bernis, je n'obtins au commencement de 1746 qu'un logement au Louvre et une pension de 1,500 liv. sur la cassette; cet état médiocre a subsisté jusqu'en 1751. En voici la raison : je n'étais point avide, je suais jusqu'au sang lorsqu'il fallait que je parlasse de mes affaires; madame de Pompadour a obtenu du Roi plusieurs grâces auxquelles les ministres ont toujours mis obstacle.

(2) Au fond, par le ton d'un billet de madame de Pompadour à Pâris-Duverney, billet antérieur à la nomination de Bernis à l'ambassade de Venise, l'abbé ne semble pas encore jouir de la grande faveur auprès de la favorite : « *J'ai oublié, mon cher nigaud, de vous demander ce que vous avez fait pour l'abbé de Bernis, mandez-le moi, je vous prie, car il doit venir dimanche.* » Il est vrai que dans une autre lettre, elle dit au même Duverney comme dans un reproche qu'elle se ferait « ... *car je n'ay encore pu faire de bien à l'abbé, c'est le seul de mes amis qui soit dans ce cas.* »

cultés à attrapper les petites choses, qu'il se demanda un beau jour s'il n'était pas plus facile de parvenir aux grandes (1). Et presque aussitôt le familier de la Pompadour et de la d'Estrades, appuyé par le prince de Soubise et le duc de Nivernois, que stimulait encore la princesse de Rohan, obtenait l'ambassade de Venise (2 novembre 1751) (2).

Il est facile de concevoir les étonnements et les jalousies de la cour, les alarmes et les mauvaises dispositions de l'opinion publique, lorsque la faveur de madame de Pompadour prenait l'ambassadeur, à son retour de Venise au mois d'avril 1755 (3), pour le porter au ministère des affaires étrangères. Ministre des affaires étrangères! ce gentil griffonneur de rimes, ce poëte qui fleurissait le corsage des dames, et que Voltaire appelait la bouquetière du Parnasse, ce petit abbé coureur de ruelles (4), cet

---

(1) « Je dois remarquer ici, écrit Bernis dans ses *Mémoires,* que pendant dix ans de faveur je n'avais pu obtenir douze à quinze mille livres de rente, à quoi je bornais toute mon ambition. Ainsi, il est prouvé qu'il m'a été impossible de faire une fortune médiocre, car, dès que j'eus pris la résolution de m'élever au grand, on me jeta les ambassades à la tête. »

(2) Bernis ne partait pour Venise qu'en octobre 1752.

(3) Le Roi, dit d'Argenson, lui donnait à son arrivée l'abbaye de Saint-Arnould qui valait 30,000 liv. de rente. — Boyer, dit Bernis, demanda l'abbaye pour moi « avec toutes les grâces du monde ».

(4) Depuis des années, il y avait une réforme complète dans la vie de l'abbé mondain. Il dit, dans ses *Mémoires,* que cela avait commencé le jour où il avait été reçu comte de Lyon. « Dès que je fus membre de l'Église de Lyon, je renonçai à la fréquentation des spectacles de la

autre abbé Bichon, l'abbé de compagnie de la favorite, à qui tout à l'heure on avait vu la bourse si plate, l'appétit si modeste... C'était pour le public du temps une fortune étrange, un de ces scandales d'élévation sur lesquels les chances et l'imprévu des révolutions ont depuis blasé la France, mais dont alors le règne des maîtresses commençait l'essai et inaugurait l'exemple. Cependant les préjugés avaient tort contre Bernis; l'abbé ne méritait pas les défiances que lui valait son passé; son esprit était supérieur à son air, son âme à son ton, son cœur à ses goûts; ses dehors de légèreté, son attitude aimable, cette façon de jouer avec les choses graves et d'être spirituel dans le sérieux étaient les dehors du siècle et du ministère, de Choiseul, de Maurepas, des ministres même qui ont laissé après eux la mémoire la plus digne, et comme une gloire sévère. Faut-il citer M. de Malesherbes, qui s'oubliait à faire des camouflets, à brûler des papiers sous le nez de ceux qui venaient l'entretenir? Bernis avait autant de fonds que tous ces hommes étourdis d'apparence. Il y avait en lui la force cachée de certaines natures, et la profondeur de ces personnages doubles, affectant de paraître tout occupés de plaisirs, de monde, de soupers et de bals, s'y abandonnant peut-être, puis s'en relevant tout

cour et de la ville : ce sacrifice me coûta beaucoup. J'en fis un autre qui me parut moins pénible, ce fut d'abandonner le genre frivole de la poésie. L'histoire, la politique et la morale devinrent mes seules occupations. Je voulais accoutumer insensiblement le public à me regarder comme un esprit sérieux et propre aux affaires. »

à coup, et devenant, dans le secret de leurs veilles, de souterrains travailleurs, ne se fiant à personne, rédigeant et recopiant eux-mêmes leurs dépêches jusqu'au jour. Dans ce rôle, le peu de sommeil dont Bernis avait besoin fut une ressource précieuse (1). On le vit, pendant la négociation du traité de Versailles, passant toute la journée à la cour, toutes les soirées en compagnie, au jeu qu'il n'aimait pas, pour dérouter l'espionnage des ministres en place, et leur dérober l'énorme travail de ses nuits. A l'exemple de Choiseul, Bernis apportait encore au ministère la finesse, le tact, ces formes insinuantes, ces adresses heureuses, cet usage et ce maniement délicat des individus, que donne le commerce de la femme, et qu'il avait révélés par la manière dont il avait obtenu communication du traité secret entre la Sardaigne et l'Espagne, pendant un séjour de trois jours à Turin. Il les montrait encore à Venise lorsque, par ses relations avec un ancien amant de la maîtresse de la Enseñada, il apprenait à Versailles, contradictoirement aux dépêches du duc de Duras, ce qui se passait derrière les rideaux du roi d'Espagne à Madrid, et prophétisait le mois, la semaine de la chute du ministre espagnol (2).

L'abbé de Bernis avait donc plusieurs des qualités

---

(1) Loménie de Brienne assure que jusqu'en 1786 l'abbé de Bernis ne restait pas plus de cinq heures au lit.

(2) *Notice*, par Loménie de Brienne.

du ministre, le travail, l'intelligence des moyens, une certaine séduction personnelle, et même du bonheur; il avait encore de la modestie et du bon sens. Dans cette affaire de l'alliance d'Autriche, il eut le courage des représentations et la conscience des réserves. C'est éclairer d'un jour faux la figure du ministre, que de le peindre, dans cette négociation, allant en avant de son plein gré, et appartenant personnellement aux idées de madame de Pompadour. Bernis, cœur timide, esprit pessimiste, était incapable d'être entraîné par un grand changement des alliances de la France; il appartenait d'ailleurs, vis-à-vis de l'étranger, presque superstitieusement, avec toute la diplomatie française, à la vieille politique française, à la politique anti-autrichienne. Bernis ne fut donc point, comme on l'a donné à croire, un instrument docile, patient, asservi, entre les mains de madame de Pompadour. Il s'effrayait de ce renversement d'une tradition d'alliances à laquelle la France était habituée. Jusqu'au dernier moment, il était alarmé de la crainte de choquer les susceptibilités de l'opinion, ses préjugés même. Par ce traité, il voyait le Roi suspect au corps des petites puissances germaniques qui cesseraient de le regarder comme leur protecteur et le garant du traité de Westphalie. Il voyait dans un avenir prochain la France entraînée dans une guerre dont elle fournirait les frais et supporterait les dépenses; et il appuyait vivement auprès de madame de Pompadour sur les reproches qu'elle aurait à subir de la nation, sur le refroidissement qu'elle pouvait trouver auprès du maître, dans le cas d'une issue malheureuse (1).

Cet craintes, ces objections, les menaces même des conseils de Bernis, ne troublaient en rien la résolution de madame de Pompadour qui travaillait plus vivement l'esprit du Roi. Elle occupait, séduisait, effrayait sa pensée par tout ce qui transpirait dans les conversations de Starhemberg des dépêches de l'habile ministre autrichien (2). Elle encourageait les instincts qui le portaient à une alliance avec l'Impératrice. Elle envenimait habilement la répulsion que Louis XV avait pour le roi hérétique; elle ranimait le souvenir des plaisanteries de Frédéric sur les amours du Roi de France (3). Elle parlait

(1) *Mémoires secrets*, par Duclos.
(2) Nous lisons dans une dépêche : « Persuader à une grande puissance que le système sur lequel Elle a monté tous ses ressorts politiques est contraire à ses intérêts. Lui démontrer que le moyen qu'Elle croit unique pour se tirer d'embarras vis-à-vis de l'Angleterre ne vaut rien. La convaincre qu'Elle prend de fausses mesures en soutenant le Roi de Prusse qu'Elle regarde cependant comme l'arc-boutant de ses Alliances; en un mot, déraciner son ancienne rivalité contre la maison d'Autriche... » Nous lisons dans une autre dépêche : « Si l'idée du danger immense pour la France dans l'exécution de la ligue entre l'Angleterre, les cours de Vienne et de Pétersbourg, le Roi de Prusse, les États généraux et plusieurs autres Puissances, pour laquelle la cour de Londres se donne actuellement des mouvements et qu'elle poussera avec son impétuosité accoutumée, n'ouvre pas les yeux à la cour où vous êtes et ne lui fait pas sentir que, pour faire échouer ce projet, il n'y a pas de temps à perdre, il semble qu'il faudra renoncer à l'espoir de lui voir prendre jamais un parti conforme à son intérêt d'État et à la gloire d'une aussi grande monarchie. On ne devrait pas lui supposer cet excès d'aveuglement, cependant VESTIGIA TERRENT. »
(3) Madame du Hausset dit : « Le Roi n'aimait pas le Roi de Prusse qu'il savait faire des plaisanteries sur la vie qu'il menait et sur sa

même à la religion de Louis XV, et faisait briller à ses yeux l'idée d'une grande alliance catholique, qui contre-balancerait en Europe le pouvoir croissant et envahissant du parti protestant. Enfin, elle entretenait Louis XV, avide de repos, de l'espérance d'une paix dans laquelle s'endormirait sa vieillesse et qui rappellerait la paix avec laquelle le vieux Fleury avait bercé son enfance et un moment donné le repos à la France.

Louis XV, gagné à ses projets, proposait de charger Bernis de conférer de l'alliance avec le comte de Starhemberg. Madame de Pompadour, désireuse de réserver sa responsabilité dans l'avenir, représentait que le comte de Bernis, n'étant point ministre, conviendrait moins que tout autre. Le Roi insistait. Alors madame de Pompadour priait Louis XV de se souvenir qu'elle n'avait point proposé l'abbé et que le choix venait uniquement de Sa Majesté (1). La

---

maitresse... Les railleries de Frédéric l'avaient ulcéré et furent cause du traité de Versailles.

(1) Donnons ici le récit de Bernis qui confirme en tout point ce que nous avons dit de son hésitation, de sa répulsion même à se faire l'instrument de la politique de madame de Pompadour : « Je me disposais à mon voyage d'Espagne, et je devais en effet partir dans huit jours, quand, un soir, en sortant de chez M. Rouillé, je reçus un billet de madame de Pompadour qui me mandait de me trouver le lendemain à dix heures, chez elle, sans y manquer. Je me rendis à l'heure indiquée : madame de Pompadour me montra une lettre du comte de Staremberg, ministre plénipotentiaire de Leurs Majestés Impériales, par laquelle il demandait à madame de Pompadour un rendez-vous où il pût faire part de propositions secrètes, dont il était chargé par l'Impératrice. Il demandait en même temps que le Roi choisît parmi ses ministres quelqu'un pour assister à cette première conférence, et qui fût autorisé de rendre compte à Sa Majesté des propositions, et de remettre la

favorite avait le négociateur qu'elle voulait, comptant bien sur le caractère de Bernis, sur son désir de plaire au Roi, sur sa reconnaissance envers elle,

> réponse que le Roi jugerait à propos de faire. Rien n'égala la surprise que cette lettre me causa; une foule d'idées relatives à l'objet que pouvait se proposer la cour de Vienne, et à mes propres intérêts, se présentèrent à mon esprit. Je ne vis dans ce commencement de négociations qu'un piége tendu au Roi, et un écueil fort dangereux pour ma fortune et mon repos. Je demandai à madame de Pompadour si c'était elle qui m'avait proposé à Sa Majesté pour me faire cette confidence : elle m'assura que non, que le Roi m'avait choisi de préférence à tous les ministres, non-seulement par l'idée qu'il avait de ma capacité, mais aussi parce qu'il connaissait les préjugés de ses ministres contre la cour de Vienne,
>
> « Je développai alors à madame de Pompadour tout ce qu'il y avait à craindre de se livrer à une négociation avec la cour de Vienne, soit qu'elle fût sincère ou qu'elle ne voulût que nous amuser. Dans le premier cas le Roi risquait deux choses, la première de changer son système politique, mais encore celui de toute l'Europe, ce qui ne manquerait pas de révolter les esprits et de causer peut-être un ébranlement général. J'ajoutai que, dans ce même cas, il ne fallait pas douter que la cour de Vienne nous entraînât dans une guerre avec le Roi de Prusse, et que cet embrasement ne devînt peut-être général par la frayeur que causerait aux princes protestants l'union des deux plus grandes puissances catholiques. Je fis sentir aussi que cette guerre, étrangère à toute la nation, déplairait à toute la France, que le Roi n'avait point de généraux éprouvés pour conduire ses armées, ni des finances en assez bon ordre pour soutenir le double poids d'une double guerre de terre et de mer.
>
> « Dans le second cas, la cour de Vienne ennemie depuis trois cents ans de celle de France avait un grand intérêt à donner de la jalousie à nos alliés par de feintes négociations... Comme je finissais ces réflexions, le Roi, à qui je n'avais jamais parlé d'affaires, entra et me demanda brusquement ce que je pensais de la lettre de Staremberg. Je répétai à Sa Majesté ce que je venais de dire à madame de Pompadour; le Roi m'écouta avec impatience, et, quand j'eus fini, il me dit presque en colère : « Vous êtes comme les autres, l'ennemi de la Reine de Hongrie. » Je répondis au Roi que personne n'admirait plus que moi cette princesse..... Le visage du Roi devint plus serein, il m'ordonna d'écouter M. Staremberg en présence de madame de Pompadour qui ne devait assister qu'à la première conférence. » (*Mémoires inédits du cardinal de Bernis.*)

sur la tentation des grandeurs pour le faire céder et obtenir de lui le sacrifice de ses répugnances : c'est ce qui arriva.

Le 22 septembre 1755, madame de Pompadour, l'abbé de Bernis, le comte de Starhemberg se rendaient à *Babiole*, la petite maison au-dessous de Bellevue, et une conférence avait lieu où madame de Pompadour, combattant les objections de Bernis, montrait la chaleur d'un plénipotentiaire autrichien (1).

De cette conférence, suivie de quelques entrevues dans un logement de Duclos au Luxembourg, sortait très-légèrement modifié un plan de traité proposé par l'Impératrice-Reine et qui faisait à la France, il faut le reconnaître, les conditions les plus belles qu'on lui eût faites depuis longtemps.

L'Impératrice renonçait à jamais à l'alliance de l'Angleterre. Les Pays-Bas étaient donnés à un prince neutre de la maison de Bourbon, au duc de Parme. Les ports que la France acquérait auprès de la Hollande maintenaient forcément dans l'avenir la République Hollandaise dans notre alliance. Mons était cédé à la France, et Luxembourg, le Gibraltar de l'Autriche, rasé. Enfin la couronne de Pologne, qui gardait par ménagement pour la Porte sa forme républicaine, était rendue héréditaire. La Suède

---

(1) *Histoire de France pendant le dix-huitième siècle*, par Lacretelle, t. III. — C'était madame de Pompadour qui menait tout, quoique dans une lettre provenant de la collection Leber et conservée à la bibliothèque de Rouen, elle écrive à Fitz-James « *qu'elle n'est pas dans le cabinet du Roi pendant le travail du Roi* ».

gagnait la Poméranie. La Russie était partie contractante.

Malgré les immenses avantages que la France retirait de ce traité, madame de Pompadour redoutait l'opposition de MM. de Puisieux et de Saint-Séverin, qu'elle avait poussés à la paix d'Aix-la-Chapelle, pour alors enlever le Roi à la guerre et le garder auprès d'elle. Devinant l'hostilité de d'Argenson, par cela seul que le traité était dû à son initiative, elle faisait rapporter le 20 octobre le plan de traité dans un comité composé de Rouillé, de Séchelles et de Saint-Florentin, et dont pouvait faire partie Bernis qui n'avait pas entrée au conseil.

Les hésitations du comité amenant Bernis à proposer à l'Impératrice entre les deux cours, au lieu du plan primitif proposé par elle, un traité d'union et de garantie de leurs États respectifs en Europe, ceux du roi de Prusse compris, l'Angleterre seule exceptée; la répugnance de l'Impératrice à accorder cette garantie à la Prusse, à un État où notre ambassadeur arrivait le 6 janvier 1756 pour assister à la signature d'un traité avec l'Angleterre; certaines défiances assez excusables, qui un moment faisaient hésiter l'Autriche dans la poursuite de notre alliance; l'exigence de notre part d'un traité de neutralité des Pays-Bas, et défensif en cas d'hostilité des Pays-Bas; puis enfin l'engouement de madame de Pompadour chaque jour plus déclaré, et qui lui faisait demander au Roi que le traité avec l'Autriche fût offensif : les tempéraments apportés par Bernis à cette ardeur ; ses avis de modération, retenant le zèle de madame de Pompadour à prendre plus d'engagements que la cour de Vienne n'en demandait (1) ; ces difficultés, ces complications, ces embarras, retardaient et modifiaient le traité du 2 mai 1756 (2), ce traité de Versailles (3) reçu par le peuple avec une ivresse qui dura jusqu'à nos revers.

Un monument curieux, et sur lequel les doigts de la plénipotentiaire de *Babiole* se sont peut-être essayé à faire œuvre d'ouvrier, est l'agathe-onyx que faisait graver par Gay madame de Pompadour, pour célébrer l'alliance de la France et de l'Autriche, représentées sur la pierre dure se donnant la main sur l'autel de la Fidélité et foulant aux pieds le masque de l'Hypocrisie et la torche de la Discorde.

« Madame de Pompadour, — mandait, aussitôt le

---

(1) *Mémoires secrets de Duclos*, t. II.
(2) Dans le traité d'amitié et d'alliance conclu à Versailles entre le Roi et l'Impératrice, l'Impératrice promet garantir et défendre tous les États du Roi en Europe ; le Roi promet garantir et défendre tous les États possédés en Europe par l'Impératrice-Reine selon l'ordre établi par la pragmatique sanction se promettant réciproquement leurs bons offices pour empêcher les attaques ou invasions, dont l'un ou l'autre pourroit être menacé ; et en outre un secours de vingt-quatre mille hommes effectifs ; savoir dix-huit mille hommes d'infanterie et six mille de cavalerie, ou au choix de la partie attaquée, 8,000 florins argent de l'Empire par mois pour chaque mille hommes d'infanterie et 24,000 pour chaque mille hommes de cavalerie. Lors de l'invasion de la Saxe, ce secours fut porté à quarante-cinq mille hommes pour venir en aide à Auguste III, électeur de Saxe et roi de Pologne, le père de la Dauphine.
(3) Quoique portant le nom de Versailles, la signature du traité avait lieu à Jouy, la maison de campagne de M. de Rouillé.

traité signé, le comte de Stahremberg à Kaunitz, — est enchantée de la conclusion de ce qu'elle regarde comme son ouvrage et m'a fait assurer qu'elle feroit de son mieux pour que nous ne restions pas en si bon chemin (1). »

Pour maintenir la favorite dans ces bonnes dispositions à l'égard de Marie-Thérèse, Starhemberg écrivait à Kaunitz, le 13 mai 1756 : « Je crois qu'il seroit très-à-propos que V. E. voulût bien, dans la première lettre qu'elle me fera l'honneur de m'écrire, insérer quelques lignes ostensibles à madame de Pompadour. C'est à présent le moment où nous avons plus que jamais besoin d'elle, et je serois fort aise qu'outre les compliments personnels de V. E. il y eût aussi quelque chose qui marquât la reconnoissance et la considération de la cour et du ministère pour elle. Il est certain que c'est à elle que nous devons tout et que c'est d'elle que nous devrons tout attendre pour l'avenir. Elle veut qu'on l'estime, et elle le mérite en effet. Je la verrai plus souvent et plus particulièrement lorsque notre alliance ne sera plus un mystère, et je voudrois avoir pour ce tems-là des choses à lui dire qui la flattassent personnellement (2). »

Le comte de Kaunitz se rendait facilement au désir de l'ambassadeur, et ce n'étaient pas quelques lignes ostensibles, mais toute une grande lettre qu'il écrivait à la favorite, le 9 juin 1756 :

(1) *Maria-Theresia*, 1748-1756. par d'Arneth. Wien, 1870. Note 533.
(2) *Ibid.* Note 552.

« L'on doit absolument à votre zèle et à votre sagesse, Madame, tout ce qui a été fait jusqu'ici entre les deux cours. Je le sens et ne saurois me refuser à la satisfaction de vous le dire et de vous remercier d'avoir bien voulu être mon guide jusqu'à cette heure. Je ne dois pas même vous laisser ignorer que Leurs Majestés Impériales vous rendent toute la justice qui vous est due et ont pour vous tous les sentiments que vous pouvez désirer. Ce qui est fait doit mériter, ce me semble, l'approbation du public impartial et de la postérité. Mais ce qui reste à faire est trop grand et trop digne de vous, pour que vous puissiez vous dispenser de tâcher de contribuer à ne point laisser imparfait un ouvrage qui ne pourra que vous rendre chère à jamais à votre patrie. Aussi suis-je persuadé que vous continuerez vos soins à un objet aussi important. En ce cas, je regarde le succès comme certain, et je partage déjà d'avance la gloire et la satisfaction qui doit vous en revenir, personne assurément ne pouvant vous être ni plus sincèrement ni plus respectueusement attaché que votre très-humble et très-obéissant serviteur, le comte de Kaunitz-Rietberg (1). »

(1) *Maria Theresia*. 1748-1756. Note 553.

X

Imposition du *vingtième* sur les biens ecclésiastiques. — Assemblée tenue à l'archevêché de Paris déclarant les biens ecclésiastiques une des assises de l'Église. — Les billets de confession demandés aux jansénistes. — Le curé de Saint-Étienne-du-Mont décrété de prise de corps.— Le parlement offrant sa démission. — La saisie du temporel de l'archevêque de Paris. — Remontrances du Parlement qualifiant les actes du gouvernement d'*actes arbitraires*.— La Grand'-Chambre exilée à Pontoise. — Exil de l'archevêque de Paris. — Le clergé *feuillant* et le clergé *théatin*.— Défenses faites aux pairs de paraître au Parlement. — Lit de justice du 13 décembre 1756. — *La coquine du Roi*. — Voltaire le pamphlétaire au service de la *belle philosophe*. — Quesnay. — Son appartement : le premier club où s'agite la déchéance de l'Église et de la monarchie.

Pendant que la guerre s'engageait à l'étranger, une guerre civile, telle qu'on n'en avait point vu depuis la Ligue, s'allumait en France dans les esprits et dans les consciences. Les passions despotiques et ultramontaines du jésuitisme, remontées au pouvoir avec le cardinalat de Dubois et le ministère de Fleury, les passions gallicanes et républicaines des jansénistes qui se relevaient de la persécution avec le zèle et le ressentiment de la persécution; ces passions, qui apportaient dans les questions politiques les dévouements, les ardeurs et

CHAPITRE DIXIÈME.

les fureurs de la foi, avaient trouvé, après les mille petites luttes qui remplissent tout le siècle, le champ d'une grande bataille dans cette imposition du vingtième sur les biens ecclésiastiques que Machault, le ministre des finances et, il ne faut pas l'oublier, la créature de madame de Pompadour (1), voulait créer pour remplir ce trésor vide, ce trésor épuisé par la longue guerre du commencement du règne de Louis XV (2)

A la première nouvelle de l'édit du ministre de madame de Pompadour, toute l'Église avait été unanime dans une espèce de concile, tenu tumultuairement à l'Archevêché de Paris, pour considérer la dîme et les biens ecclésiastiques comme une des assises de l'Église; pour déclarer les immunités de l'Église aussi anciennes que la monarchie et partie constitutive du droit public français ; pour déclarer qu'il fallait les défendre jusqu'à l'effusion du sang, et pour résoudre de tenter par tous les moyens de conserver la prérogative d'offrir des dons au Roi, et de ne pas permettre qu'on les lui arrachât. Et l'édit enregistré, les remontrances de l'Église représentaient au Roi que l'édit affaiblissait le respect dû à la religion « et que les ministres qui gouvernent les peuples n'auraient plus l'autorité pour affermir les

---

(1) Remarquons que cette lutte du molinisme et du jansénisme sert aux deux ministres ennemis, Machault et d'Argenson, à se faire une guerre *à coups de parlement* et de clergé.

(2) Cette guerre avait ajouté à la dette un capital de près de douze cents millions qu payait annuellement un intérêt de plus de sept pour cent.

peuples par le frein de la religion dans l'obéissance due au souverain. » Cette prédiction, cette menace, était suivie d'un refus à peu près général des évêques de donner au contrôleur général la déclaration de leur temporel; et l'exécution de l'édit se trouvait presque absolument arrêtée par ce refus (1).

Dans ce conflit avec l'Église, la cour avait pour elle le parlement. Elle était encore soutenue, dans cette attaque contre le haut clergé, par les jansénistes, ce tiers état de la religion, ce grand parti puissant, énergique, uni comme un corps persécuté, flottant dans toute la nation, répandu à la cour, possédant la bourgeoisie et le bas clergé, dont une partie ne savait point résister à la jalousie du haut clergé. La cour était soutenue par cette armée d'hommes convaincus ou ambitieux, d'orateurs, de parlementaires confessant et professant les maximes et la morale de l'Église primitive, défenseurs des libertés gallicanes, ennemis de la bulle *Unigenitus*, groupés et armés dans le parlement et autour du parlement qu'une partie de la France regardait comme le contre-poids de l'absolutisme et la garantie d'une monarchie tempérée. Aussitôt la guerre déclarée, c'étaient ces alliés de la cour qui la menaient; et la lutte avait lieu, non point entre la cour, mais entre les jansénistes et le parti contraire, le parti moliniste. Se rappelant une inven-

(1) *Mémoires du maréchal duc de Richelieu*, vol. VIII. — *Histoire de France pendant le dix-huitième siècle*, par Charles Lacretelle. Delaunay, 1812. vol. III.

tion de guerre des jansénistes, lorsque, triomphants par la nomination du cardinal de Noailles, ils avaient exigé des billets de confession des molinistes mourants pour leur accorder le viatique et les saintes huiles, les molinistes retournaient par la main de Christophe de Beaumont l'exigence des billets de confession contre les jansénistes au lit de mort. Les sacrements étaient refusés la première fois, pour raison de jansénisme, à un conseiller du Châtelet qui se mourait de débauches, par le très-zélé et très-ardent curé de Saint-Étienne du Mont (1). Le parlement mandait le curé, mais en vain : le curé refusait de rendre compte de son refus à la magistrature, disant qu'il ne le devait qu'à l'archevêque; et l'archevêque le soutenant, appuyant tout haut la nécessité des billets de confession, destituant la supérieure de l'Hôpital général de Paris pour opposition à la bulle *Unigenitus,* le parlement décrétait le curé de prise de corps, et l'envoyait dans les prisons de la Conciergerie.

Le parlement s'enhardissait aux remontrances les plus vives sur l'autorité que l'archevêque voulait prendre dans l'administration de l'Hôpital général, sur le blâme dont le Roi frappait sa procédure criminelle contre le curé de Saint-Étienne du Mont, sur les lettres de jussion du Roi à propos de l'affaire de l'Hôpital; de nouvelles remontrances décidaient le Roi à mander le parlement avec l'ordre d'appor-

---

(1) *Journal historique et anecdotique du règne de Louis XV,* par Barbier, vol. III.

ter ses registres, qu'il gardait par-devers lui : c'était ôter tout moyen de nouvelles délibérations au parlement que le conseiller Pinon voulait déjà pousser à une protestation éclatante, en cessant tout service. La querelle, un moment apaisée, reprenait plus violente sur un nouveau refus de sacrements du curé de Saint-Étienne du Mont, que le parlement recommençait à décréter de prise de corps. Le Roi, très-embarrassé, croyait tout concilier et assurer la paix en cassant la procédure du parlement et en défendant en même temps au clergé de refuser les sacrements sous prétexte de bulle ou de billet de confession ; mais cette sage décision ne satisfaisait aucun des deux partis. Le clergé y répondit par une requête, colportée de presbytère en presbytère par le curé de Saint-Jean en Grève, et sollicitant de l'archevêque le maintien des billets de confession. Aussitôt le parlement qualifiait cette démarche d'acte attentatoire à la pacification, et au nom des lois de police frappait le curé d'ajournement personnel. Le Roi cassait encore les procédures ; le parlement priait alors le Roi d'accepter sa démission, s'il était résolu à continuer d'anéantir ses actes ; la querelle grandissait, elle devenait la guerre civile de l'opinion publique ; et de Paris, l'imitation de ces refus de sacrements, de ces procédures violentes, de ces débats et de ces protestations, gagnait les provinces et toute la France.

Une tentative du Roi pour enlever à la partie jeune, ardente et turbulente du parlement la connaissance et la poursuite des cas attribués, non plus aux chambres des enquêtes, mais à la grande chambre, amenait le parlement irrité à prendre plusieurs arrêtés ordonnant aux prêtres de paroisse de communier les mourants dans l'heure, les décrétant de prise de corps en cas de refus, enjoignant à l'archevêque de faire cesser le scandale, et mettant la saisie sur son temporel.

A la nouvelle de cette audacieuse mesure, la saisie du temporel de l'archevêque de Paris qui voulait se retirer dans un séminaire et y vivre avec 2,000 livres par an (1), vingt-sept évêques s'assemblaient dans un concile à Versailles, et forçaient presque la porte du Roi. Presqu'en même temps, le président du parlement arrivait à Versailles, et demandait au Roi la permission de convoquer le parlement, « l'invitant de la part du parlement à se trouver à cette séance ». Cette *invitation* du parlement au Roi, qui n'était pas encore Louis XVI, valait au parlement la défense de la convocation des pairs, tandis qu'une lettre de cachet était envoyée à la sœur Perpétue, le prétexte et l'occasion du déchaînement du parlement, la malade payée par le parti janséniste pour mourir sans précipitation, et donner au parlement le temps d'instrumenter contre le refus de sacrements.

C'était alors, dans le parlement, comme un essai et une première menace de la révolution de 1789.

---

(1) *Journal historique de Barbier*, vol. III.

Les mots « *actes arbitraires* » étaient prononcés tout haut, et les plus grandes révoltes d'éloquence de Mirabeau étaient annoncées, égalées déjà dans les réunions, par les présidents de Cotte, Meinières, Clément, de Saint-Vincent, et cet abbé Chauvelin qui recueillait l'héritage de courage et de violence de l'abbé Pucelle.

Les remontrances étaient arrêtées le 5 août et présentées au Roi par Richelieu et le prince de Conti. Le Roi refusait de les lire, puis se décidait à en entendre la lecture de son ministre d'Argenson. Sa réponse fut l'exil ou l'emprisonnement, signifié par des mousquetaires, à tous les présidents des enquêtes et requêtes (mai 1753); la grand'chambre était exilée à Pontoise, et une chambre de vacations, composée de conseillers d'État et de maîtres des requêtes, était formée pour tenir lieu de parlement. Elle s'établissait au couvent des Grands-Augustins, au milieu des huées et des cris du peuple : Vive le parlement! et Louis XV, apprenant cette émotion des Parisiens, laissait échapper cette parole prophétique : « *Je connais le peuple de Paris, il lui faut des remontrances et des spectacles, et un jour peut-être bien pis que tout cela.* »

Vers le commencement de 1754, le mécontentement devenait plus grand dans le public. Le Roi était entouré de menaces anonymes, d'avis de courtisans, d'alarmes de ses familiers, lui parlant de l'irritation des esprits et de l'excitation du peuple. La grande chambre royale demeurait sans autorité.

Le parlement exilé ne faisait que grandir en popularité. Le Roi, inquiet de tous ces témoignages de l'opinion, ne se sentait pas assez fort pour maintenir son coup d'État. Des négociations sérieuses étaient entamées avec Maupeou qui penchait vers la cour, et recevait du Roi l'assurance de devenir garde des sceaux ou chancelier; et le parlement rentrait à Paris, en triomphe et dans l'applaudissement des halles, presqu'au moment où entrait dans la vie et dans l'histoire celui qui sera Louis XVI.

Louis XV, fidèle à son esprit de conciliation et de neutralité, cherchait à balancer la signification de cette victoire du parlement, à en atténuer l'effet auprès de l'Église et de l'archevêché; il faisait passer Machault à la marine (juillet 1754), et donnait une abbaye au curé de Saint-Étienne du Mont. Mais ces concessions ne changeaient en rien les dispositions de l'archevêque et de la paroisse de Saint-Étienne du Mont, qui continuaient à refuser avec éclat le viatique aux mourants; l'impatience prenait le Roi; et le parlement, si vif sur l'arbitraire des lettres de cachet quand il s'était agi de la sœur Perpétue, enregistrait sans remontrances l'exil de l'archevêque de Paris qui avait répondu au Roi par Richelieu : « Ma conscience ne me permet aucun accommodement (1). »

---

(1) *Mémoires du duc de Richelieu*, vol. VIII. — C'est à cette profession de foi que le maréchal de Richelieu répondait par ce joli mot : « Beau, monseigneur, votre conscience est une lanterne sourde qui n'éclaire que vous. »

Pour sortir des difficultés sans cesse renaissantes de la situation, pour échapper à l'odieux de ces coups d'autorité auxquels on la forçait, la cour jetait les yeux sur une trentaine d'évêques, la plupart gens de plaisir, habitant peu leurs diocèses, vivant le plus souvent à Paris ou faisant leur cour à Versailles, et assez hommes du monde pour se plier à des transactions qui avaient révolté la conscience un peu sauvage de l'archevêque. Ils se laissaient flatter par l'idée que leur donnait la cour que, s'ils réussissaient à décider le clergé français à suspendre les billets de confession, le Roi sévirait contre le parlement qui s'abritait de ce prétexte pour s'élever contre la royauté; et tout à coup l'Église de France se séparait en deux clergés : le clergé du parti de la cour, le clergé mondain et tolérant, le clergé *feuillant,* comme on l'appelait par allusion à la feuille des bénéfices que tenait un de ses membres, le cardinal de la Rochefoucauld; et le clergé rigide et sans concession, le clergé nommé *théatin* du nom de son chef Boyer, ex-théatin.

Pendant ce temps, le pèlerinage des curés de Paris et des provinces allant rendre visite à l'archevêque exilé, et se raffermir auprès de lui dans l'exigence des billets de confession, ne discontinuait pas. Le parlement en prenait occasion pour déclarer qu'il était de son devoir d'empêcher les assemblées illicites, et faire demander ironiquement au Roi si ces assemblées avaient lieu par son ordre. Là-dessus venait un conflit, qui éclatait à la suite de l'attribution faite par le Roi au grand conseil d'intimer ses ordres aux tribunaux inférieurs ; le parlement invitait les pairs et les princes à venir prendre place à la cour pour arrêter les entreprises des gens du grand conseil, et le Roi était obligé de faire défense aux pairs de paraître au parlement. Mais le parlement, menacé et intraitable, fort heureux d'avoir mis en cause les priviléges des pairs et de les attacher à sa querelle, suppliait le Roi de décider une affaire qui touchait « aux lois fondamentales, à la police du royaume, à l'essence de la pairie », et le poussait à une réponse qui le compromît.

L'impôt du vingtième n'avait pu s'établir au milieu des résistances. Les frais de la guerre terminée en 1748 n'étaient point payés, et la guerre de 1756 demandait de l'argent. Pour faire face aux besoins les plus pressants, le Roi établissait, le 7 juillet 1756, un nouveau vingtième pareil à celui qui se levait ou plutôt devait se lever depuis 1749. Par une seconde déclaration, le Roi ordonnait la continuation pendant dix ans de deux sous pour livre du dixième créé en 1746 jusqu'à l'acquittement des dettes de l'État ; le Roi créait en même temps 1,800,000 livres de rentes héréditaires sur le produit des deux sous pour livre du dixième. Enfin, par une troisième déclaration, le Roi prorogeait des droits déjà perçus dans la ville de Paris. Le parlement arrêtait aussitôt des remontrances. Le Roi, lassé, déclarait qu'il n'écouterait plus ni représentations, ni remontrances ; et dans un lit de justice tenu avec tout l'appareil militaire, les trois édits étaient enregistrés, pendant que la voix de madame de Pompadour, entourée de sa cour de femmes, se faisait entendre dans une tribune et accusait le parlement « *de se rendre intéressant aux yeux du peuple, de se donner un air de vouloir le protéger.* »

Au lendemain du lit de justice, la guerre recommençait. Le parlement faisait de nouvelles remontrances et se liguait avec la cour des comptes et des aides qu'il décidait à refuser les enregistrements du lit de justice. L'archevêque de Paris, ne pardonnant pas à la cour le rappel du parlement, et se comparant à saint Basile, persécuté par l'empereur Valens, défendait sous peine d'excommunication aux Parisiens de garder des remontrances ou imprimés extraits des registres du parlement, et leur défendait de plus, sous la même peine, d'obéir au parlement. La modération du pape Benoît XIV venait en aide à la cour; il délivrait une encyclique qui, appuyée près de l'archevêque par le cardinal de la Rochefoucauld et le cardinal de Luynes, le désarmait pour un moment. Mais le parlement, loin de s'apaiser, sortait de ses attributions pour condamner la lettre du pape et une dissertation sur l'Immaculée Conception. C'était le dernier succès des parlementaires. Le Roi, rassuré contre ses scrupules par l'encyclique du pape, en paix avec sa conscience, en paix avec son clergé, réalisait un plan depuis longtemps conçu. Un lit de justice était indiqué pour le 13 décembre 1756.

Ce jour, le Roi renouvelait la loi du silence sans préjudicier au droit des évêques, attribuait aux juges d'église la connaissance des refus de sacrements sauf l'appel comme d'abus, et défendait aux parlements d'en ordonner l'administration ; c'était ôter au parlement son influence et sa puissance, en lui ôtant ses moyens d'opposition et de popularité ; le Roi changeait de plus la constitution politique du parlement : il supprimait deux chambres des enquêtes, soixante offices de conseillers laïques, quatre de conseillers clercs ; il accordait à la seule grand'chambre la connaissance des appels. Le parlement ne devait plus s'assembler que par la décision de la grand'chambre ; la voix délibérative n'était plus donnée qu'après dix ans de service au conseil ; nulle dénonciation n'aurait lieu que par le ministère public du procureur général. Enfin, le Roi faisait défense au parlement, ainsi décimé et dompté, réduit et asservi, de suspendre la justice sous peine de désobéissance.

La colère publique, l'indignation du peuple, de ce peuple de la Fronde, éclata dans la rue. Et contre qui ? Contre madame de Pompadour, contre « *la coquine du Roi* (1) ! »

La voix populaire ne se trompait pas, en attribuant à la favorite un grand rôle dans ces débats qui sem-

---

(1) *Mémoires du maréchal duc de Richelieu,* vol. VIII.

blaient lui être si peu personnels. Madame de Pompadour méritait cette grande part dans l'impopularité, par la grande part qu'elle avait prise dans cette bataille des esprits et des consciences. Elle est, en effet, à côté du Roi et derrière lui, l'âme de la guerre qui met aux mains le clergé et le parlement, le parlement et le Roi. Quand avait paru l'édit de Machault, tout le clergé l'avait considéré comme une manœuvre de *la belle philosophe* pour amoindrir l'Église. Et Boyer disait au Dauphin, en l'animant contre la maîtresse : « Il n'est plus, ce temps où les favorites de rois diminuaient l'irrégularité et l'indécence de leur conduite par leur respect pour la religion et leur dévouement au clergé de France. Ce Voltaire, cet athée public, va dominer à la cour, et il en chassera, aidé par madame de Pompadour, tous les prélats par ses brochures et ses quolibets... (1) » Ces appréhensions de Boyer et du parti qu'il représentait exagéraient de bien peu la vérité des choses, les menaces de l'avenir, le caractère et la portée de l'alliance de la maîtresse et de Voltaire.

Voltaire, en effet, était non-seulement le courtisan, mais encore l'instrument de madame de Pompadour, son homme, et son arme de guerre. Satires, épigrammes, exécutions littéraires, colères du goût, tout ce qui chez lui paraît une œuvre du démon, un plaidoyer du poëte *pro domo sua*, cachait et servait les vengeances de madame de Pompadour; et dans

---

(1) *Mémoires du maréchal duc de Richelieu*, vol. VIII.

cette police du Parnasse, faite à coups d'ironies, c'étaient les ennemis politiques de la marquise qu'il visait. Sous la grêle des *Quand*, des *Si*, des *Pourquoi*, des *Pour*, des *Que*, des *Qui*, des *Quoi*, il assommait, non pas Lefranc de Pompignan, mais le parti du Dauphin et le Dauphin même. C'est une clef des pamphlets de Voltaire, qu'il ne faut point oublier dans l'histoire de madame de Pompadour. Ainsi liée à Voltaire par les services et le besoin de son esprit, la maîtresse lui continuait toute sa vie son amitié et sa protection, malgré des froideurs, des susceptibilités, des petites brouilles; et Voltaire demeurait son pensionnaire très-dévoué. Il la remerciait de lui avoir conservé les 2,000 liv. qu'il avait sur la cassette du Roi. Il partageait les rancunes et les ressentiments de la favorite contre ce Boyer qu'il accusait de l'avoir forcé à se réfugier en Hollande; il la défendait et la consolait tout le temps de son règne, par ses attaques contre les *imbéciles fanatiques d'aumôniers;* il lui vouait ses flatteries et sa plume; et quand madame de Pompadour mourait, il lui donnait la grande canonisation du parti, en la proclamant *philosophe* (1).

Désignée déjà par cette alliance et ce commerce aux haines du parti de l'Église, l'amie de Voltaire semblait les défier et les exaspérait par une protection étendue à tous les amis de Voltaire, à son armée, à tous les ennemis des droits et des priviléges de

(1) *Correspondance générale de Voltaire,* passim.

l'Église, aux incrédules, aux encyclopédistes, à ces hommes enfin qui formulaient mathématiquement la révolution, et donnaient à leurs utopies la base et la rigueur inexorable des chiffres, les économistes, qui travaillaient à faire porter l'impôt par le clergé et la noblesse.

Bizarre opposition ! Tandis que l'antichambre de la Reine retentissait de supplications et de prières appelant naïvement les punitions du ciel sur la tête de Voltaire, il y avait dans Versailles, dans ce palais de Louis XIV, le sanctuaire de la royauté, un petit appartement attenant à l'appartement de madame de Pompadour, où toutes les théories menaçantes pour la royauté, le clergé, la noblesse, prenaient voix, et grandissaient dans la fièvre et la révolte de paroles de mort. Ce petit appartement, cet antre d'honnêtes gens, le premier domicile de l'économie politique, était habité par *le maître,* — ainsi les disciples appelaient le docteur Quesnay, que sa discrétion, lors d'une attaque d'épilepsie de la comtesse d'Estrades, avait mené à la faveur de madame de Pompadour, et de la faveur de madame de Pompadour au poste de médecin consultant du Roi. Arrivé là, Quesnay était devenu une espèce de favori (1). Le Roi lui avait donné des armes de sa composition : trois pensées qu'il avait prises un jour dans un vase de fleurs sur la cheminée

---

(1) *Mémoires historiques pendant la faveur de madame de Pompadour.* Bertrand, 1802.

de la marquise, disant au médecin avec sa grâce charmante : « Je vous donne des armoiries parlantes (1). » Un autre jour, surmontant son éloignement ordinaire pour les hommes de science et de lettres, le Roi avait poussé l'amabilité pour le *penseur* jusqu'à composer lui-même deux ou trois feuilles de ses *Essais de psychologie*. L'homme était de cette race de courtisans du Danube, dont Duclos fut dans ce siècle le type accompli. Il était de ces gens rudes et âpres, entiers et brusques de façons, républicains d'écorce et de maximes, qui savent si bien s'accommoder à la monarchie, vivre du scandale ou de la faveur dans le commerce des grands et les grâces d'une cour; sauver par l'originalité et la bonhomie de leur attitude, la contradiction de leurs principes et de leur fortune garder leur estime en boudant,

---

(1) Quesnay dut surtout sa faveur et sa position exceptionnelle auprès du Roi à une indisposition de Louis XV que madame du Hausset raconte presque en ces termes : « Au beau milieu de la nuit, madame de Pompadour en chemise entre dans la chambre de sa femme de chambre : « *Venez*, dit-elle, *le Roi se meurt!* » La du Hausset passe un jupon et trouve dans le lit de la favorite le Roi tout haletant. Elle jette de l'eau sur lui, lui fait avaler des gouttes d'Hoffman. Le Roi revient et dit à la du Hausset : « Ne faisons pas de bruit, allez seulement chez Quesnay lui dire que c'est votre maîtresse qui se trouve mal et dites à ses gens de ne pas parler. » Quesnay arrive aussitôt, tâte le pouls du Roi, dit que la crise est finie, va chercher chez lui une drogue dont il inonde Louis XV qui se remet merveilleusement. La fille de garde-robe reçoit l'ordre de faire du thé pour madame de Pompadour et le Roi peut regagner son appartement sur le bras de Quesnay sans que la domesticité soupçonne rien. Le Roi remettait le lendemain un petit billet à Quesnay, pour madame de Pompadour, contenant ces deux lignes : « Ma chère amie doit avoir eu grand'peur;
« mais qu'elle se tranquillise; je me porte bien, et le docteur vous le
« certifiera. »

non le maître, mais les ministres et le gouvernement, jouer l'humeur d'une conscience bourrue, et trouver amer le pain qu'ils mangent dans une sinécure.

C'était déjà en ce temps le bon parti que ce métier, où, sans rien perdre ni rien risquer de la faveur, on obtenait l'indulgence, comme un aimable enfant grognon, le respect du public, comme un caractère indépendant, les sympathies de l'opinion, comme un ami de l'humanité, un titre fort prisé depuis l'*Ami des hommes* du marquis de Mirabeau. Et Quesnay ne s'y était pas trompé ; il avait tout de suite pris place dans la famille au premier rang, à côté du marquis d'Argenson, si débordant de généreuses indignations, si plein des élancements et des colères d'un *bon citoyen* quand le ministère s'éloigne de lui. Pourtant, si près de l'oreille du Roi, il fallait mettre quelque souplesse et quelque adresse à ce rôle d'opposition : Quesnay échappait aux grands dangers du rôle, en jouant l'Ésope et en donnant à sa franchise le voile de jolis apologues dont l'esprit du Roi s'amusait comme d'un conte de la raison (1).

Tel était l'homme autour duquel les voix enhardies dans les disputes des plus grandes choses, les pensées qui écoutaient l'avenir, les théories qui faisaient table rase des assises du monde d'alors, ébranlaient, de leur bruit, les colonnes du temple, et de leur écho, Versailles. C'était là, dans l'appar-

(1) *Mémoires de madame du Hausset.*

tement du médecin de la Pompadour, que le premier club agitait pour la première fois la déchéance de l'Église et de la monarchie.

Quels réquisitoires, quelles passions, quelles accusations, quelles paroles, et quelles épithètes, où sonne déjà la révolution, amassaient dans ce coin du palais les tempêtes et la foudre! Là, aux cris de Quesnay contre *l'infâme* ministère, tous les ressorts de l'autorité étaient démontés, les droits des pouvoirs revus et éprouvés, les lois discutées, les gouvernements comparés, les bouleversements préparés entre ces fanatiques du bien public: Quesnay, Mirabeau père, Beaudeau, Roubeau. A la suite de discussions sur le produit net et le rendement de la terre, la conversation allait, dans l'ivresse des idées, à ces violences qui faisaient dire à Duclos « qu'on le forcerait à aller aux vêpres et à la grand'messe ». La révolution commençait là, dans la parole et dans les esprits; la terreur même y apparaissait, et c'est dans l'antichambre de la maîtresse de Louis XV, le frère de la maîtresse présent, qu'un jour, après la condamnation des hommes et des choses du temps, ces prophétiques paroles échappaient à la Rivière : « Le royaume ne peut être régénéré que par quelque grand bouleversement intérieur, mais malheur à ceux qui s'y trouveront! le peuple français n'y va pas de main morte (1)... »

La femme qui prêtait, à côté de sa chambre, ce

---

(1) *Mémoires de madame du Hausset.*

lieu d'asile et ce salon de conférences à la conspiration théorique des économistes, devait être regardée par l'Église comme une ennemie personnelle. Le zèle religieux de Boyer et de ses amis, de la famille royale, du Dauphin, la parole du clergé, les alarmes et les ressentiments des consciences, se tournaient contre elle; et il se dressait dans l'Église, pour lui jeter l'anathème à la face, un de ces saints héroïques et violents et fanatiques, comme en montrent les premiers siècles de la chrétienté.

Ce prêtre de vertus antiques, cet ancien étudiant en Sorbonne logé rue des Maçons, à un troisième étage chez un perruquier, ce contempteur des grandeurs, que Louis XV avait été obligé d'appeler trois fois pour lui faire quitter son siége de Vienne, cet archevêque de Paris, pauvre au milieu des 600,000 liv. de rentes de son temporel dépensées en aumônes, en charités qui dépassaient les frontières de la France et allaient jusqu'en Irlande, Christophe de Beaumont, dur et impitoyable pour lui-même, apportait dans les affaires spirituelles l'inflexibilité de sa conscience; et les passions de son âme énergique et sombre, vainement refoulées et domptées, éclataient, furieuses, presque sanguinaires, dans la ferveur de son intolérance. Il représentait et portait en lui les colères de son ordre contre madame de Pompadour, qu'il accusait de tous les malheurs du temps, qu'il accusait d'avoir perverti son Roi, qu'il accusait de vouloir perdre la religion par un plan arrêté avec ses amis. Il l'accusait, — et l'accusation était vraie, — de chercher à s'emparer de la feuille des bénéfices, soit par la nomination d'un évêque choisi parmi les moins sévères, soit par le partage de cette feuille, retirée des mains de l'Église, et donnée aux quatre ministres laïques, ses créatures ; il l'accusait de pousser à des choix de bénéficiers faits sur des preuves secrètes d'irréligion que lui fournissait la police. Et dans ses mandements, il répandait son indignation toute vive. Nommant presque la favorite, il faisait remonter jusqu'à elle tous les maux et tous les scandales, les difficultés de l'État et les larmes de l'Église ; et tandis que sa parole publique la frappait avec si peu de ménagement, au milieu de cette *fausse science* protégée et encouragée par elle (1), sa parole privée s'abandonnait à des vœux indignes de lui et qui le calomniaient ; il s'oubliait, dans des entraînements de colère, jusqu'à dire « qu'il la voudrait voir brûler (2)... »

Mais, si madame de Pompadour rencontrait de pareilles haines dans le parti et les hommes de l'Église, la popularité qu'elle pouvait mériter ainsi

---

(1) *Mémoires du maréchal duc de Richelieu*, vol. VIII.

(2) *Mémoires historiques pendant la faveur de madame de Pompadour.* — La guerre se faisait entre l'archevêque et la favorite dans les plus petites choses. Les *Mémoires de Luynes* nous donnent ce détail à la date du 6 juillet 1756. — Madame de Pompadour, qui a passé vingt-quatre heures à Paris le 1er juillet, a envoyé demander à Mgr l'archevêque la permission de faire dire la messe dans sa chapelle ; Mgr l'archevêque l'a refusée en disant que, si elle était habitante de la ville, il pourrait lui accorder, mais que cela n'étant que pour ses gens, ils pouvaient bien aller à l'église. »

auprès de son temps était effacée par l'énorme et furieuse impopularité (1) qui s'attachait à elle comme à la plus redoutable ennemie du jansénisme et du parlement. La favorite était, pour le parlement, la cause première des embarras financiers, de l'accroissement des dettes publiques. Les parlementaires connaissaient, par l'indiscrétion de ses paroles, ses mauvaises dispositions « *pour des citoyens indignes qui abusent des besoins de l'État pour faire faire à leur maître des actes de faiblesse.* » Ils n'ignoraient point l'entêtement de sa volonté, l'énergie de ses résolutions. A leurs yeux, c'était à la favorite qu'il fallait rapporter les coups d'autorité du Roi ; c'était elle qui les avait inspirés et dictés ; c'était elle qui avait fait apparaître le maître dans ce Roi, qui n'avait de personnel que ses faiblesses ; elle enfin qui avait ôté à la royauté le contre-poids du Parlement, et fait de la monarchie un despotisme. Et les voix des parlementaires s'élevaient aussi haut contre madame de Pompadour, que la voix de l'Église, semant dans le peuple ces malédictions et cette exécration que la mort ne fera pas taire autour du cercueil de la favorite.

(1) Madame de Pompadour hésitait à se rendre à la première représentation du *Catilina* de Crébillon de peur d'être sifflée, insultée par le parterre. En 1750, la marquise étant venue à Paris pour voir à l'Assomption l'appartement de sa fille, le duc de Gontaut, qui devait lui donner à dîner, la pressait de retourner au plus vite à Versailles, lui disant qu'il ne faisait pas bon pour elle à Paris. D'Argenson ajoute en un autre endroit de ses *Mémoires* qu'elle avait pensé être déchirée « et qu'on ne l'avait manquée que d'une rue ». Et un moment elle n'osait plus voyager que précédée et suivie de cavaliers de la maréchaussée.

XI

Tentative d'assassinat de Damiens. — Madame de Pompadour sans nouvelles du Roi pendant onze jours. — Les familiers de la favorite. — Notification de son renvoi par le garde des sceaux. — Intervention de la maréchale de Mirepoix. — Madame de Pompadour disant à d'Argenson : *Il faudra que vous ou moi nous nous en allions.* — Scène de larmes de la marquise. — Exils de Machault et d'Argenson.

Le lit de justice du 13 décembre 1756 avait amené le jour même la rémission de tous les offices du Parlement. Le lendemain, la justice était interrompue ; les intérêts privés n'avaient plus d'avocats ni de procureurs ; toute la France s'agitait sous ces passions et ces excès d'opinion d'où sortent trop souvent les crimes politiques, quand, le 5 janvier 1757, Louis XV, montant en carrosse, pour aller faire les Rois à Trianon était frappé par Damiens. Un ordre du Roi appelait le Dauphin à présider pour la première fois le conseil d'État. Le Père Desmarets, confesseur de Louis XV, s'enfermait avec le Roi (1) ; la

---

(1) Quoique la blessure fût très-légère, le Roi se crut frappé à mort. Il y avait chez Louis XV le pressentiment qu'il mourrait assassiné. Lors du renvoi de Maurepas, le Roi ayant entendu lire le poëme qui

Reine recevait du blessé des déclarations de repentir ; madame de Pompadour n'en recevait rien, pas un billet, pas un mot.

Pendant que le Roi est aux mains de l'Église et de la médecine, pendant que le Dauphin est tout puissant onze jours durant, la marquise est enfermée dans son appartement sans nouvelle du sort qui lui est réservé au dehors : sous ses fenêtres, ce sont des menaces de mort et les cris du peuple ; au dedans, c'est la curiosité impitoyable de tout Versailles qui entre chez elle « comme dans une église », vient jouir de sa vue et s'en repaître.

La marquise pleure, s'évanouit, recommence à pleurer et s'évanouit encore. Il y a autour d'elle Bernis qui la regarde les larmes aux yeux (1), la duchesse de Brancas qui ne la quitte guère, très-souvent Rouillé, Moras, le contrôleur général Saint-Florentin. Le docteur Quesnay ne fait qu'aller et venir du Roi à la marquise ; il la console, la récon-

---

commence par : « *Réveillez-vous, Mânes de Ravaillac,* » disait : « Je vois bien que je mourrai comme Henri IV. »

(1) Bernis, sortant du cabinet du Roi, où le premier objet qu'il apercevait était l'extrême-onction sur la table, s'exprime ainsi : « Je descendis chez madame de Pompadour, elle se jeta dans mes bras avec des cris et des sanglots qui auroient attendri ses ennemis mêmes. Je la priai avec fermeté de rassembler toutes les forces de son âme, de s'attendre à tout et de se soumettre à la Providence ; lui ajoutant qu'elle ne se livrât pas à des conseils timides, qu'aimée du Roi, et n'étant plus sa maîtresse depuis plusieurs années, elle devoit attendre ses ordres pour s'éloigner de la cour ; qu'étant dépositaire des secrets de l'État, des lettres de Sa Majesté, elle ne pouvoit disposer de sa personne ; que je l'instruirois à toutes les heures de la situation du monarque, et que je partagerois mon temps entre ce que je devois à l'État et à l'amitié.

forte, lui dit qu'il n'y a rien à craindre, que si le Roi était un autre homme, le Roi pourrait aller au bal le soir (1). Mais l'homme que madame de Pom-

« Je la quittai en finissant ces paroles, et revins la consoler à toutes les heures de la nuit que je passois entière chez le Roi, et ensuite vingt fois par jour tant que dura la maladie. »

(1) Le duc de Luynes, en général bien informé des choses secrètes de la cour, fait le récit suivant : « *Du samedi* 15. — Tout est ici dans la plus grande fermentation. Les amis de madame de Pompadour ont dit et écrit qu'elle avoit vu le Roi dès le lendemain ou le surlendemain de sa blessure; le fait est faux, et cette visite étoit impossible pendant tout le temps que le Roi a resté dans son lit; il y a eu jour et nuit du monde dans sa chambre. Il y a même lieu de croire qu'il n'y a eu ni message ni lettre. Les premiers jours madame de Pompadour a été malade dans son lit et saignée; elle ne voyoit d'abord que ses amis particuliers, ensuite ceux qui ont coutume de souper chez elle; et, le lundi d'après la blessure, elle vit tout le monde, même les ministres étrangers. Elle a depuis donné à souper chez elle à des dames comme elle avoit accoutumé de faire depuis qu'elle est dame du palais..... Personne n'avoit prononcé son nom devant le Roi jusqu'à hier, que le Roi ayant demandé à M. de Clermont d'où il venoit, il lui répondit qu'il venoit de chez madame de Pompadour, et le Roi ne répondit rien. Tantôt on a vu ses partisans tristes, tantôt le visage plus satisfait. On assure que le Roi a dit à madame la comtesse de Toulouse que pour cette fois-ci c'étoit tout de bon. Ce qui est certain, c'est que, depuis trois ou quatre jours, le Roi n'a pas vu en particulier le Père Desmarets; qu'avant-hier il descendit chez madame de Pompadour et y fut près d'une demi heure, et qu'hier il y fut deux heures. Il y avoit ici un appartement destiné aux maîtresses particulières du Roi, il est démeublé depuis deux ou trois jours. Le Roi paroît frappé sérieusement de cet événement-ci. Il est très-certain qu'il a dit qu'il voudroit qu'il lui en eût coûté un bras et que ceci ne fût pas arrivé, et l'on assure que lorsqu'on lui sonda sa plaie et qu'on lui dit avec plaisir qu'elle n'étoit pas profonde, il dit : « Elle est plus que vous ne le croyez, car elle va jusqu'au cœur. » Il est très-certain aussi que depuis qu'il est guéri et habillé, quelqu'un lui ayant marqué sa joie de sa santé, il dit : « Oui, le corps va bien, mais ceci va mal, en mettant la main à sa tête, et ceci est impossible à guérir. »

« *Du mercredi* 19. — ..... Au reste, le Roi a repris le même train de vie et madame de Pompadour aussi. Toute la cour et tous les ministres étrangers étoient chez elle hier; le Roi y va souvent, il y étoit hier ou avant-hier debout avec plusieurs autres personnes pendant qu'elle

padour attend, le seul homme qui puisse la rassurer, le garde des sceaux, Machault, n'est pas encore venu et ne se présente pas. Le fils de madame du Hausset est dépêché pour épier au château ce qui se passe; il revient dire que le garde des sceaux est chez le Roi. Il est renvoyé pour savoir ce que Machault fera à la sortie; Machault rentre chez lui. « *Et c'est là un ami!* » s'écrie la marquise désespérée.

Dans l'indignation de sa douleur, elle rappelle tout ce qu'elle a fait pour cet homme, qui sans aucun doute dans le moment fait cause commune avec d'Argenson. N'était-ce pas elle qui, lors de la démission de d'Aguesseau, avait fatigué le Roi de ses prières pour le faire nommer garde des sceaux? N'était-ce pas elle qui avait forcé le ministre des Affaires Étrangères à le traiter de Monseigneur dans ses lettres? N'était-ce pas elle qui l'avait soutenu contre le déchaînement populaire qui lui attribuait la misère des provinces, et semait les rues de Paris de billets sur lesquels était écrit: « Rouez Machault. »

---

dînoit tête à tête avec M. de Chaulnes. Il y soupa hier... On présume cependant que ces apparences extérieures ne changent rien à une détermination fixe que le Roi a prise... »

« *Du mardi* 25. — Quoique toutes choses aient repris le même train comme je viens de le dire, madame de Pompadour n'avoit paru nulle part, ni chez le Roi dans le moment de toutes les révérences des dames, ni chez la Reine où elle a coutume de venir assez souvent depuis qu'elle est dame du Palais; enfin elle y parut hier et fit sa cour au dîner de la Reine. Il seroit bien difficile de prévoir quelle sera la suite de tout ceci. Le Roi paroit prier Dieu avec beaucoup de dévotion et madame de Pompadour continue à entendre la messe tous les jours. » (*Mémoires du duc de Luynes*, t. XVI.)

N'était-ce pas elle qui l'avait fait préférer à Rouillé pour la Marine? N'était-ce pas elle enfin qui avait eu l'idée d'en faire un premier ministre.... (1)?

Bernis essaye de la calmer; il la dissuade de juger Machault si vite, quand on annonce le garde des sceaux. Machault entre, sa mine est sévère : « Comment se porte madame de Pompadour? » demande-t-il d'un ton glacé. Et le voilà dans le cabinet de la marquise. Tout le monde sort.

Au bout d'une demi-heure, la marquise sonne; elle est noyée de pleurs : « *Il faut que je m'en aille, mon cher abbé.* » Ses dents s'entre-choquent, et, comme elles casseraient un verre, c'est dans un gobelet d'argent qu'on lui fait prendre de l'eau de fleur d'oranger. Un peu remise, elle donne les ordres à son écuyer pour préparer son hôtel à Paris, et fait prévenir ses cochers de ne point s'éloigner. Le départ se prépare; la porte est fermée à tous ceux qui ne sont pas de la société intime de la marquise.

Tout à coup, sur le seuil de la porte, c'est la voix de la maréchale de Mirepoix : « Qu'est-ce donc, madame, que toutes ces malles?... Vos gens disent que vous partez? » Et la maréchale va à la marquise que ses femmes déshabillaient pour la mettre plus à l'aise sur sa chaise longue. « *Hélas! ma chère amie,* répond d'un ton mourant madame de Pompadour, *le maître le veut, à ce que m'a dit M. Machault.* — Et

---

(1) *Mémoires du marquis d'Argenson,* — *Journal historique du règne de Louis XV.* — *Madame de Pompadour,* par M. Campardon.

son avis à lui, quel est-il? — *Que je parte sans différer.* — Il veut être le maître, votre garde des sceaux, et vous trahit... Qui quitte la partie la perd. »

Ces paroles, leur ton, l'assurance de madame de Mirepoix raniment madame de Pompadour; et au bout d'une heure de conférence avec la maréchale, M. de Soubise, l'abbé de Bernis et M. de Marigny, le frère de la favorite sort en disant à madame du Hausset : « Elle reste, mais *motus*... On fera semblant qu'elle s'en va, pour ne pas animer ses ennemis. C'est la petite maréchale qui l'a décidé. Mais son garde (Machault) le payera (1). »

(1) *Mémoires de madame du Hausset*. Baudouin frères, 1824. — J'ai bien de la peine à croire que ce récit d'un témoin de la vie de madame de Pompadour, récit dont l'accent est si vrai, soit une invention et une fable de sa femme de chambre; cependant le soin religieux de la vérité historique me force à donner le démenti apporté par le cardinal de Bernis : « M. de Machault surtout eut dans cette occasion une conduite timide et embarrassée qui le fit soupçonner d'avoir voulu transiger avec le parti contraire. On crut même à la cour qu'il avoit conseillé à madame de Pompadour de se retirer; mais le fait est faux, je m'en suis éclairci avec elle. Il n'osa pas, un jour que le Roi l'appela durant sa maladie, rendre compte sur-le-champ, comme il y étoit accoutumé, à madame de Pompadour de ce qui s'étoit passé entre le Roi et lui; cela étoit d'autant plus extraordinaire qu'il avoit été question d'elle : il crut devoir différer jusqu'au lendemain à l'informer de cet entretien avec Sa Majesté, quoique je lui eusse fait sentir que c'étoit laisser trop longtemps sur la roue l'âme du Roi et la sienne. Il me répondit avec son laconisme et son air froid ordinaires que cela seroit remarqué par la cour. »

Bernis ajoute plus loin :

« Pendant la maladie du Roi, j'avois déclaré à madame de Pompadour que si le Roi me parloit d'elle et me demandoit mon avis, je me défendrois de le donner; mais que si le Roi l'exigeoit de ma probité, je ne pourrois m'empêcher de lui représenter qu'il devoit la regarder, et la traiter éternellement comme son amie, mais qu'il devoit faire

CHAPITRE ONZIÈME.

La petite maréchale avait bien jugé la position. A quelques jours de là, on apprenait que le Roi avait revu madame de Pompadour. Le grand air de tristesse de M. de Machault était remarqué, et l'on pronostiquait sa chute (1).

Mais cette chute de Machault faisait les affaires du plus mortel ennemi de la marquise. D'Argenson, à qui le Roi blessé et se croyant mourant avait donné les clefs de ses papiers secrets à Trianon, plus ancré que jamais auprès du Roi, appelé à tout moment par lui pour la confidence et la commission

---

cesser le scandale en ne vivant plus avec elle dans la familiarité. Elle ne m'aima pas sans doute davantage de penser ainsi ; mais elle ne put s'empêcher de m'estimer beaucoup plus. Il est remarquable que le Roi, qui m'appeloit dès que je paroissois dans sa chambre, et qui affectoit de mé parler tout bas sur sa famille, sur ses affaires et sur ses chagrins, ne m'ait jamais prononcé le nom de la marquise. Il m'avoit souvent répété en me parlant de Madame Infante : « Elle a de la confiance en vous ; elle a raison, car vous êtes bien honnête homme. »

« Madame la comtesse de Toulouse, qui avoit de l'amitié pour moi, fut chargée, me dit-elle, de la part dè la famille royale quand le Roi fut hors de danger, de m'engager de conseiller à la marquise de se retirer, ajoutant que cette retraite ne diminueroit rien de la confiance et de l'amitié du Roi, lui assureroit la protection de de M. le Dauphin dans tous les temps, et la couvriroit de gloire aux yeux de l'Europe. Je répondis à cette princesse que, si je n'étois qu'un particulier ami de madame de Pompadour, je me chargerois volontiers de la commission... mais que j'étois ministre du Roi et que je ne pourrois, sans connoitre les intentions de Sa Majesté, donner un pareil conseil à une personne qui lui étoit chère. » (*Mémoires inédits du cardinal de Bernis.*)

(1) Louis XV eut un véritable chagrin de se séparer de Machault, « l'homme selon son cœur », ainsi que s'exprime le Roi dans une lettre à sa fille Madame Infante. Et la lettre de cachet qui lui retire les sceaux est conçue dans des termes qui ne se retrouvent pas dans les lettres de renvois des autres ministres. La voici telle que la donne le duc de Luynes : « Monsieur de Machault, quoique je sois persuadé de votre probité et de la droiture de vos intentions, les circonstances

de démarches secrètes, d'Argenson (1), une fois débarrassé de Machault, se jugeait maître du ministère, et il estimait qu'avec son crédit sur l'esprit du Roi, sa supériorité incontestable sur tous les ministres, madame de Pompadour n'était plus à redouter. Il croyait si peu être remplacé que, deux jours avant son exil, il disait à Bernis : « Vous faites le mystérieux, mais vous savez bien que le Machault fait son paquet : c'est une affaire de huit jours. » Et sur cela il se livrait à mille plaisanteries de mauvais goût (2). Fidèle à ses plans, il tenait toute prête la beauté de la belle comtesse d'Esparbès pour la

---

présentes m'obligent de vous redemander mes sceaux et la démission de votre charge de secrétaire de la marine. Soyez toujours sûr de ma protection et de mon amitié. Si vous avez des grâces à me demander pour vos enfants, vous pouvez le faire en tout temps ; il convient que vous restiez quelque temps à Arnouville. Je vous conserve votre pension de vingt mille livres et les honneurs des Gardes des Sceaux. »

(1) D'Argenson, que Louis XV faisait venir le lendemain du coup de canif de Damiens pour le charger de signifier à madame de Pompadour son renvoi, d'Argenson, renseigné sur le peu de gravité de la blessure du Roi, en habile politique et courtisan consommé, faisait observer au Roi qu'ayant eu le malheur de déplaire à la maîtresse, il y aurait une espèce de barbarie à lui faire porter cet ordre par une bouche ennemie ; il lui conseillait d'en charger Machault qui adoucirait la sévérité de la mesure par les consolations de l'amitié. Le madré ministre pensait avec justice que, si la maîtresse se maintenait, tout son ressentiment se tournerait contre Machault. Machault, au dire de Besenval, ne succomba pas seulement sous le ressentiment de madame de Pompadour, le Roi ne lui pardonna pas d'avoir été le confident de son secret et le témoin de la faiblesse qui lui avait fait renvoyer sa maîtresse. Louis XV ne chercha que l'occasion de se débarrasser de ce ministre ; et Besenval raconte que, lorsque madame de Pompadour demanda le renvoi de d'Argenson, le Roi lui répondit : « Oui, si vous consentez à celui de M. de Machault. » L'assertion de Besenval est absolument contredite par la lettre de Louis XV à l'Infante.

(2) *Mémoires inédits du cardinal de Bernis.*

lâcher sur le Roi, et il la préparait, disait-on, à la succession de madame de Pompadour par ce billet que surprenait un certain d'Arboulin à la dévotion de la marquise : « L'indécis est enfin décidé. Le garde des sceaux est renvoyé. Vous allez revenir, ma chère comtesse, et nous serons les maîtres du tripot (1). »

Aussi, quand l'abbé de Bernis, dépêché à ce moment par madame de Pompadour vers M. d'Argenson pour traiter d'une réconciliation, en revenait avec un refus, tous jugèrent que cela allait être entre la favorite et le ministre une dernière passe, un combat à mort. Le lendemain de la réponse de d'Argenson, la marquise demandait sa chaise, et au grand étonnement de ses gens, elle se faisait conduire chez lui. Elle rentrait chez elle fort rêveuse ; et les yeux au plafond, son manteau au dos, ses mains dans son manchon, elle restait si longtemps debout devant la cheminée, absorbée dans ses pensées, que Bernis lui disait : « Vous avez l'air d'un mouton qui rêve. — *C'est un loup qui fait rêver le mouton*, » lui répondait madame de Pompadour (2).

Quelques jours après l'assassinat du Roi, madame de Pompadour avait envoyé chercher Janelle, intendant des postes, pour lui recommander de soustraire dans les extraits de lettres qu'il porterait au Roi tout ce qui ferait allusion à l'attentat. Janelle promettait de se conformer au désir de la mar-

---

(1) *Mémoires de madame du Hausset.*
(2) *Ibid.*

quise (1); mais il n'osait en faire un secret à d'Argenson qui entrait dans la plus violente colère et le menaçait de le mettre à la Bastille s'il prenait les ordres de madame de Pompadour. C'était cette explosion et ces menaces du ministre qui avaient décidé la marquise à l'entrevue dont elle sortait si soucieuse (2) et que Besenval rapporte ainsi :

Madame de Pompadour. *Je suis surprise, Monsieur, de l'ordre que vous avez donné à Janelle. Je ne puis concevoir quelles sont les raisons qui peuvent vous déterminer à vouloir remettre sous les yeux du Roi un événement dont le souvenir est pénible pour lui. Ce n'est pas sans avoir pris l'avis de tous les ministres que je me suis décidée à parler à Janelle.*

(1) Janelle était hostile à d'Argenson ; en effet, il n'ignorait pas que le ministre, tout en se donnant l'air de s'intéresser à lui, avait agi pour M. de Mauregard, le protégé de la comtesse d'Estrades, et, lorsque, nommé depuis trois mois par le Roi qui lui avait ordonné le secret, Janelle avait été présenté par d'Argenson, un sourire ironique de Louis XV à son ministre avait confirmé l'intendant des postes dans ses soupçons.

(2) « En satisfaisant son ressentiment (le renvoi de Machault), dit le président Hénault, madame de Pompadour sentoit qu'elle perdoit le seul homme qui eût sa confiance; qu'elle alloit se trouver seule au milieu de la cour, et qu'elle resteroit dans la dépendance d'un ministre qui avait de justes sujets de s'en plaindre par la préférence qu'elle avoit donnée, sans ménagement, à son rival. Il falloit donc s'en rapprocher. Elle voulut avoir une conversation avec lui pour s'assurer de ses dispositions, c'étoit une avance bien marquée de sa part; et, pour en diminuer la bonté, elle put prendre un ton qui pût cacher la méfiance qu'elle avoit de son crédit. M. d'Argenson, au lieu de se prêter à sa foiblesse, prit un ton plus haut encore. Que n'attendoit-il l'événement afin de s'assurer de ce qui se passoit dans le cœur du Roi ? Ou madame de Pompadour se seroit retirée de la cour, ou le Roi l'auroit gardée; dans les deux cas, ou il devenoit le maître, ou il auroit partagé la confiance du Roi avec elle; sa hauteur l'emporta sur la prudence, et les avances de madame de Pompadour le confirmèrent dans la pensée, qui à la vérité, étoit celle de tout le monde, qu'elle touchoit à la fin de

D'Argenson répondait qu'il devait la vérité au Roi et qu'aucune considération dans le monde ne pouvait le porter à s'écarter de son devoir.

Madame de Pompadour. *Voilà de grands principes; mais vous me permettrez de vous dire qu'ils sont hors de saison dans cette occasion, et que l'intérêt puissant de la tranquillité du Roi doit l'emporter sur tout autre calcul.*

D'Argenson déclarait qu'il n'avait point à changer d'opinion, et qu'il était surpris que madame de Pompadour, qui n'avait aucun ordre à donner, se mêlât d'un détail qui le regardait seul.

C'est alors que madame de Pompadour jetait au ministre cette déclaration de guerre : « *Il y a longtemps, Monsieur, que je connaissais vos dispositions pour moi, je vois bien que rien ne peut les faire changer... J'ignore comment tout ceci finira, mais ce qu'il y a de certain, c'est qu'il faudra que vous ou moi nous nous en allions* (1). »

Sur le mot de madame de Pompadour à Bernis,
son crédit. Je ne dirai point que peut-être ses liaisons avec madame d'Estrades et son ressentiment de ce que madame de Pompadour l'avoit chassée de la cour entrèrent beaucoup dans le parti qu'il prit... On a dit aussi qu'il y avoit eu des propositions auxquelles M. d'Argenson n'avoit pas cru devoir se prêter. Je l'ignore. Enfin madame de Pompadour jouait à quitte ou double. Il fallait que l'un des deux fût sacrifié. » Bernis dit dans ses *Mémoires* : « D'Argenson ne vit dans les avances de la marquise que les derniers efforts d'une personne qui se noie et qui s'accroche où elle peut. »

(1) *Mémoires du baron de Besenval*, publiés par Berville et Barrière, Baudouin, 1821, vol. I.

le Roi qui par hasard avait jeté les yeux sur l'escalier conduisant chez la favorite, qui s'en était d'abord éloigné et qui avait été ramené par l'habitude si puissante chez lui, le Roi entrait. Une scène de larmes où il fallait porter à la marquise des gouttes d'Hoffman, une faiblesse que dissipait un verre d'eau sucrée arrangé de la main du Roi, un baiser sur cette main qui l'avait servie, un sourire, voilà comment fut jouée la disgrâce de d'Argenson (1). Deux jours après, le ministre recevait du Roi cette lettre de cachet : « Votre service ne m'est plus nécessaire; je vous ordonne de m'envoyer votre démission de secrétaire d'État de la guerre et de tout ce qui concerne les emplois y joints, et de vous retirer à votre terre des Ormes (2). »

Cette chute était la délivrance de la marquise, l'affermissement et la tranquillité de sa domination.

Et la toute-puissante maîtresse montrait pour d'Argenson dans l'exil la même implacabilité que pour Maurepas. D'Argenson menacé de perdre la vue, Demours l'oculiste demandait à madame de Pompadour « qui avait la même crainte pour ses yeux » la permission de se rendre aux Ormes. De-

---

(1) *Mémoires de madame du Hausset.*
(2) *Journal anecdotique de Barbier*, vol. IV. — *Vie privée de Louis XV.* — La dureté de la lettre de cachet est expliquée par ce passage de Bernis. « On l'accusa de n'avoir pas eu assez d'attention sur le département de Paris qui lui était confié, d'avoir ménagé les auteurs des placards séditieux. En un mot, on persuada qu'il était coupable d'avoir toléré ces désordres pour intimider le Roi et lui faire croire que, tant qu'il ne renverrait pas la marquise, les poignards seraient levés sur lui. »

mours trouvait les yeux du ministre en très-mauvais état, et ne pouvait cependant obtenir pour lui la permission de revenir « pour être à portée des remèdes ». D'Argenson n'obtiendra qu'après la mort de madame de Pompadour de revenir à Paris et juste à temps pour y mourir (1).

(1) *Mémoires du président Hénault,* par le baron de Vigan. Dentu 1855.

XII

Participation effective de madame de Pompadour aux affaires d'État. — Le président de Meinières. — Entrevue de la marquise avec le président, le 26 janvier 1757. — Éloquence de la favorite et l'étonnement du robin. — Le mandement de l'archevêque contre madame de Pompadour.— Seconde entrevue de la marquise avec le président.

La toute-puissante direction et la haute main de madame de Pompadour pesaient sur la politique étrangère et tout le détail de cette politique.

Elles pesaient, cette haute main et cette direction, sur le gouvernement de l'armée, sur les commandements, sur les nominations, sur les récompenses, sur l'ordonnance des batailles même. La favorite n'enverra-t-elle point au maréchal d'Estrées un plan de campagne, où les positions seront indiquées avec des *mouches* (1) collées sur le vélin à vignette d'une de ses lettres?

Elles pesaient encore, cette direction et cette haute main, sur les affaires de l'intérieur et s'imposaient

---

(1) *Dictionnaire des étiquettes*, article Mouches. Madame de Genlis affirme l'anecdote racontée par le maréchal d'Estrées.

insolemment au ministère. N'était-ce point la favorite qui nommait les ministres des finances? la favorite qui dressait les ministres futurs à leur emploi, et leur faisait la leçon avant leur entrevue avec le Roi? L'anecdote a gardé à l'histoire la piquante aventure de M. Silhouette, cet autre Sully de la façon de a marquise avec lequel elle remplacera, en 1759, Boulogne, créature de Bernis. Madame de Pompadour l'avait préparé par une conversation de deux heures. Quel mécompte quand Silhouette reste court et comme hébété à ce premier mot du Roi : « Ah! vous voilà, Monsieur de Silhouette?... Les lambris de votre cabinet sont-ils vernissés? » Et quelle mercuriale au pauvre homme, le roi sorti! « *Mais, monsieur, on répond... on dit oui, on dit non... on parle... est-ce qu'il y aurait été voir...? Belle affaire que vous me donnez là! Le voilà sombre. Il me faudra huit jours pour le faire revenir sur votre compte* (1)..... » Et, Silhouette nommé, madame de Pompadour ne le laissait que quatre mois et demi au ministère : elle donnait sa succession à Bertin.

Mais, si l'on veut voir dans sa plénitude, et avec tous ses caractères l'influence de madame de Pompadour, si l'on veut se rendre un compte exact de son rôle de premier ministre, de sa participation cachée mais effective aux choses de l'État, il faut

---

(1) *L'espion dévalisé.* Londres, 1782.

suivre et étudier ses efforts et ses menées dans les affaires du Parlement. Un document d'une authenticité irrécusable va nous la montrer entrant à fond dans les embarras de la monarchie, pénétrant au cœur des choses, rêvant et accomplissant un rôle de médiatrice entre la cour et le Parlement, s'y employant de toutes ses forces, se compromettant personnellement dans les démarches, maniant la discussion, provoquant les conférences, employant tour à tour, pour la soumission et la captation des parlementaires, la hauteur, la caresse, la menace, la persuasion, jusqu'à l'éloquence, toutes les adresses et toutes les ressources de l'homme d'État aussi bien que toutes les comédies de la femme.

Remontons à la rémission des offices du Parlement par les présidents et conseillers, le 13 décembre 1756, à la suite du lit de justice tenu par le Roi. Il se trouvait parmi les démissionnaires un homme qui devait à la sévérité de ses mœurs, à l'honnêteté de sa vie, à la constance de son caractère, la considération de son corps, l'estime du public, et l'honneur d'avoir eu ses traits reproduits par Carmontelle dans cette galerie presque exclusivement consacrée aux parlementaires et aux opposants par le peintre ordinaire de portraits intimes de la maison et du parti d'Orléans. Sa connaissance du droit public, les lumières qu'il apportait dans les débats du Parlement, les précédents dont il appuyait les démarches hardies, lui avaient donné, dans les Chambres, un grand rôle d'utilité; et l'opposition qu'il faisait, sous le manteau, à la cour et à madame de Pompadour dans la continuation du journal de Bachaumont, ajoutait encore à son influence. Mais ce magistrat, le président de Meinières, était père. Il avait un fils pour lequel il avait demandé au Roi, en 1755, l'agrément d'une charge au Grand-Conseil. Cet agrément lui avait été refusé. Il se rejetait sur une place d'enseigne aux gardes qu'il n'obtenait pas davantage. Cependant des amis qui s'intéressaient aux ennuis du père et à la carrière du fils, M. de Biron, la comtesse de Montesquiou, madame du Roure, l'abbé Baile, essayaient un rapprochement entre madame de Pompadour et le président. Après plusieurs tentatives, et plusieurs conférences de Bernis avec M. de Meinières à l'hôtel de Belle-Isle, madame de Pompadour se rendait aux sollicitations des amis du président. En femme intelligente, elle voulait user de l'occasion, tenter ce magistrat dont elle tenait le fils entre ses mains, et, en gagnant la reconnaissance du père, séduire sa conscience, et amener le parlementaire à être entre la cour et son corps l'intermédiaire d'une pacification.

Madame de Montesquiou disait au président de Meinières de se rendre à Versailles le 26 janvier 1757, à six heures, et de demander Gourbillon, valet de chambre. Le 26, le président se rendait à Versailles, demandait Gourbillon qui l'introduisait chez madame de Pompadour.

Madame de Pompadour était seule Mais laissons-la peindre au président lui-même : « Seule, debout auprès du feu, elle me regarda de la tête aux pieds avec une hauteur qui me restera, toute ma vie, gravée dans l'esprit, la teste sur l'épaule sans faire de révérence et me mesurant de la façon du monde la plus imposante. » Après ce regard et cet accueil, la marquise disait d'un ton colère à son valet de chambre indécis sur le siége qu'il devait donner au président : « *Tirez une chaise* »; et les deux interlocuteurs assis l'un en face de l'autre, genoux contre genoux, la conférence commençait avec un peu de tremblement dans la voix mal assurée du parlementaire qui se mourait de timidité et de peur. M. de Meinières assurait madame de Pompadour de son profond respect, du désir qu'il avait de la convaincre qu'il était étranger à toutes les intrigues et toutes les cabales dont on l'accusait, de l'espérance qu'il avait que cette conviction acquise par la marquise, sa bonté, son humanité, son inclination naturelle à venir au secours des malheureux, la porteraient à lui accorder sa protection auprès du Roi pour obtenir à son fils l'agrément d'une place de cornette dans un régiment de cavalerie ou d'enseigne dans le régiment des gardes. Et il finissait en se plaignant de l'exclusion donnée à son fils à cause de lui, sans qu'il pût savoir quel était son crime.

Alors la marquise, qui n'avait jusque-là donné signe de vie que par une petite inclination du corps, lorsque le président lui avait parlé de son penchant naturel à obliger, « droite comme un jonc sur son fauteuil », les yeux fixés sur le parlementaire avec une fixité propre à le déconcerter :

— *Comment! vous ignorez votre crime? Vous n'avez pas donc un ami* (1)?

Et, après cette exclamation, la marquise reprochait au président les secours que ses livres, ses manuscrits, ses recherches avaient apporté aux remontrances, lui disant :

— *Entendons-nous donc. Cette considération, vous le savez bien, est fondée sur l'utilité dont vous êtes à votre compagnie par vos livres, vos manuscrits, vos recherches; vous fournissez des citations, des autorités, des titres pour des remontrances qui ont le plus souvent déplu; Sa Majesté en a conservé contre vous une prévention qu'il n'est pas possible d'effacer.*

Meinières répondait timidement qu'il n'avait fait que donner des autorités qui étaient répandues partout; et revenant à son fils, il se plaignait du Roi qui jusqu'alors n'avait jamais enveloppé dans la disgrâce les parents de ceux auxquels il se laissait aller à marquer son mécontentement.

MADAME DE POMPADOUR. *Le Roi est le maître, monsieur; il ne juge pas à propos de vous marquer son mé-*

---

(1) Soulavie a publié en 1793, dans ses *Mémoires du maréchal duc de Richelieu*, les deux conversations de madame de Pompadour avec le président de Meinières. En 1856, M. Pichon a imprimé, dans les *Nouveaux Mélanges des bibliophiles*, la première conversation d'après un manuscrit de M. de Meinières. Je me sers pour cette conversation des deux textes, choisissant les phrases qui me semblent se rapprocher le plus d'une sténographie de la parole de la favorite.

contentement personnellement, il se contente de vous le faire éprouver en privant monsieur votre fils d'un état. Vous punir autrement seroit commencer une affaire, et il n'en veut pas. Il emploie le moyen qui est dans sa main, il faut respecter ses volontés. Je vous plains, cependant, et je voudrois que vous me missiez à portée de vous rendre service. Vous savez par exemple que le Roi désire dans ce moment des marques de soumission de la part de messieurs des enquêtes et requêtes qui ont donné leur démission; qu'il a donné des preuves de ses bontés à ceux qui lui ont écrit des lettres particulières. Si vous vous vouliez en écrire une de même et, par votre exemple, engager plusieurs autres à en écrire de semblables, ce seroit un service que vous rendriez au gouvernement dans les circonstances présentes, que je serois en état de faire valoir, et alors vous pourriez espérer quelque changement dans les dispositions du Roi à votre égard. Mais quand je n'aurai autre chose à dire à S. M., sinon : Sire, j'ai vu aujourd'hui M. de Meinières; il m'a protesté de l'attachement le plus respectueux pour votre personne et cætera, le Roi me répondra : Qu'a-t-il fait pour me le prouver?

Le président de Meinières détaillait longuement les motifs qui lui faisaient estimer cette démarche inutile pour le Roi, dangereuse pour sa compagnie, déshonorante pour lui.

Madame de Pompadour, se gracieusant et sur un ton d'amitié. — *Monsieur le président de Meinières, j'ai envie de vous faire plaisir, mais cela ne sera pas possible parce que vous ne vous prêtez à rien. Vos rai-*

sons ne sont pas plausibles. D'abord on ne vous accorderoit pas tout de suite ce que vous désirez pour votre fils, ainsi ne craignez pas que votre conduite parût être le prix d'une grâce; ensuite, si personne n'imite votre exemple, ce ne sera pas votre faute; il faut bien que quelqu'un de vous commence par se soumettre au Roi. Répondez-moi à cela.

A cela Meinières, à qui l'assurance commençait à revenir, disait qu'il vouloit mettre au service du Roi « le fils d'un homme d'honneur et non le fils d'un homme déshonoré », déclarait qu'il se sentirait mal avec lui-même et qu'il croyait qu'il aimerait mieux se faire capucin.

Madame de Pompadour, après avoir ri, se reprenant à parler « avec une éloquence admirable » : *Je suis étonnée d'entendre parler de l'honneur de messieurs du Parlement, comme s'il y avoit de l'honneur à désobéir au Roi, à suspendre le cours de la justice et à mettre le désordre dans le gouvernement. On fait consister, au contraire, l'honneur françois à reconnoître ses torts, sa légèreté et la précipitation d'une demande contraire à toute règle, à toute bienséance, à tâcher, par une conduite différente, à effacer dans l'esprit du Roi et de ses sujets la mauvaise impression qu'une action de cette nature doit y causer. Je crois que personne n'ignore combien j'honore la magistrature, mais il n'y a rien que je ne donnasse pour n'avoir point à faire un pareil reproche à ce tribunal auguste, à ce premier Parlement du royaume, à cette cour de France qui fait d'elle-même un éloge pompeux dans tous ses écrits, ses remontran-*

ces. Quoi! c'est cette cour si sage qui veut sans cesse rectifier le gouvernement, qui se porte en un quart d'heure à des extrémités pareilles. On ne suit que sa passion, son ressentiment, son aveuglement, sa fureur, et voilà les démissions parties. C'est pourtant avec ces insensés-là, monsieur, que vous avez donné votre démission, et vous mettez votre honneur à ne vouloir pas vous détacher d'eux? Vous aimez mieux voir périr le royaume, les finances, l'État entier, et vous faites en cela consister votre honneur. Ah! monsieur de Meinières, ce n'est pas là l'honneur d'un sujet véritablement attaché à son Roi, ni même celui d'un citoyen.

Le président restait émerveillé de cette éloquence, de cette dignité et de cette grande convenance de la parole de la marquise, de ce ton, qui échappait avec tant d'aisance et de noblesse aux familiarités et aux bassesses de la langue des affaires, du style ministériel et diplomatique du temps. Puis la discussion reprenait sur la démission du président de Meinières, sur la faute qu'on avait faite après l'assassinat du Roi de ne point accepter la soumission du Parlement, offerte à demi-mot dans la lettre du président Dubois (1), sur les membres que madame

---

. (1) Meinières disait, à propos de la lettre de Dubois, : « Il aurait été si simple de profiter de la circonstance de l'horrible assassinat et du zèle avec lequel nous offrions tous nos services! » Il ajoutait : « J'en ai écrit une (lettre) le même jour, à dix heures du soir, à M. le premier président : elle rendoit tout le sentiment dont j'étois affecté. M. le premier président a feint de ne l'avoir pas reçue. Les mouvemens du cœur que cette lettre exprimoit au naturel m'étoient communs avec tous les sujets du Roi et en particulier avec les membres de la compagnie. »

de Pompadour voulait exclure du Parlement et que Meinières défendait, enfin sur la contrainte que quelques membres mal pensants exerçaient sur la compagnie, contrainte que le président s'empressait de nier.

MADAME DE POMPADOUR. *Il ne s'agit pas de gêner les délibérations, mais de diminuer, au contraire, la tyrannie qu'exercent sur les esprits ces messieurs-là dont vous parlez... Je vois bien, monsieur de Meinières, que nous ne serons pas plus d'accord sur cela que sur tout le reste, et j'en suis fâchée. Je vous le répète, c'est la trop grande bonté du Roi qui vous a rendus et vous rend aujourd'hui tous si entreprenants et si difficiles. A la fin, monsieur, sa bonté se lassera, il veut être le maître. N'allez point attribuer aux ministres le ressentiment particulier et personnel du Roi, comme vous faites toujours. Il ne s'agit point d'eux, c'est ici le Roi qui est personnellement blessé et qui, par lui-même et sans y être en aucune façon excité par personne, veut être obéi. Mais je vous demande un peu, messieurs du Parlement, qui êtes-vous donc pour résister comme vous faites aux volontés de votre maître? Croyez-vous que Louis XV ne soit pas aussi grand prince que Louis XIV? Pensez-vous que le Parlement d'aujourd'hui soit composé de magistrats supérieurs en qualité, en capacité et en mérite, à ceux qui composoient le Parlement alors? Ah! je le souhaiterois bien! Qu'il s'en faut qu'ils leur ressemblent! Mais considérez vous-même ce qu'a été le Parlement depuis 1673, après que Louis XIV lui eut ôté les remontrances, jusqu'en 1715, et vous verrez si le*

Parlement a jamais été plus grand et plus considéré que dans cet espace de temps. Pourquoi aujourd'hui, messieurs du Parlement, trouvez-vous extraordinaire qu'on vous ramène à l'exécution de l'ordonnance de 1667, lorsque le Parlement qui existoit pour lors n'a pas soufflé après le lit de justice de 1673 qui étoit plus rigoureux?

Interdit par la rapidité et la vivacité du débit de ce discours, Meinières laissait échapper : « Ils n'osèrent pas. »

Madame de Pompadour. *Y songez-vous, monsieur de Meinières? Ils ne l'osèrent pas, et vous l'osez! Pensez-vous donc que le Roi soit moins puissant que son bisaïeul? Ils ne l'osèrent pas! Ah! mon Dieu! quel sentiment, quelle expression! Je sais que c'est la façon de penser commune à messieurs du Parlement et à d'autres; mais peu l'avouent, et je suis fâchée de savoir de votre propre bouche que vous avez aussi ce sentiment.*

Meinières s'excusait, et finissait en disant que c'était un grand malheur quand un prince n'écoutait pas ceux qui l'avertissaient des surprises qui pouvaient lui être faites, et que Louis XV ne serait pas aujourd'hui surchargé de dettes immenses contractées par Louis XIV, si le Parlement de Louis XIV s'était opposé à ce torrent de créations d'offices et de rentes sur la ville qui accablaient à présent l'État.

Sur cette parole de Meinières qui touchait à l'administration des finances, la marquise se levait et menait le président vers la porte, lui disant :

Je vois bien que je ne gagnerai rien auprès de vous, je

n'en entre pas moins dans votre peine; j'ai été mère, et je sais ce qu'il doit vous en coûter pour laisser votre fils dans cet état.

Alors madame de Pompadour faisait une inclination de tête au président, qu'elle suivait un moment de l'œil, jouissant de l'étonnement du robin qui sortait de chez elle avec une admiration qui éclate sous sa plume dans le récit de cette scène, puis tout à coup elle rentrait « comme un trait » dans sa chambre à coucher où l'attendait du monde.

Bientôt il arrivait que les ressentiments de madame de Pompadour, aigris par le peu de succès de cette négociation, étaient détournés du Parlement et des parlementaires par une démarche de l'archevêque qui tournait toutes les passions et toutes les vengeances de la favorite contre les hommes d'église et les Jésuites.

Quelques jours après l'attentat de Damiens, il avait été remis au Roi une lettre, décachetée par le cabinet noir, qui accusait l'archevêque d'une complicité dans l'assassinat. Le Roi, qui connaissait l'archevêque, lui envoyait la lettre pour lui montrer le mépris qu'il faisait de la dénonciation; et, dans une entrevue, il lui marquait toute l'estime qu'il avait pour son caractère. Mais des ennemis de madame de Pompadour profitaient de la première indignation de l'archevêque, de ses préventions contre la favorite, pour lui persuader que c'était la maîtresse qui avait *maligancé et tripoté* toute cette affaire de la lettre. L'archevêque se laissa convaincre ; et son mandement relatif à la délivrance du Roi, au lieu d'être une action de grâces, fut un réquisitoire contre madame de Pompadour, son parti, ses appuis, ses amis. L'archevêque y attribuait l'attentat « aux erreurs du temps, aux scandales dans tous les états et dans tous les genres, et à l'introduction dans les écrits et dans les esprits d'une multitude de principes qui portaient les sujets à la désobéissance et à la rébellion contre le souverain ». Il osait y dire que l'attentat avait été commis *par trahison et de dessein prémédité dans le palais :* c'était désigner du doigt madame de Pompadour et l'antichambre de Quesnay.

Les commentaires des amis officieux ne firent point défaut à madame de Pompadour que ce mandement de l'archevêque remplit tout à la fois de colère et de crainte. Madame de Pompadour avait l'habitude du caractère du Roi et l'expérience de son cœur. Elle le voyait retomber dans les idées religieuses. Elle remarquait combien sa conscience chrétienne s'alarmait des attaques dirigées contre l'Église par la cour de philosophes qui entourait sa maîtresse à ce moment. Examinant sans illusion sa position, elle crut que cet audacieux mandement pouvait amener son renvoi.

Cette éclatante déclaration de guerre de Christophe de Beaumont rapprochait fatalement madame de Pompadour des parlementaires. Elle revenait à Meinières qu'elle n'avait point laissé exiler avec les démissionnaires du Parlement, exilé, le 26 janvier, vingt et un jours après l'assassinat du Roi ; et, lui sachant en poche un plan d'arrangement, elle lui écrivait de se rendre à Versailles le 8 février.

Dans cette nouvelle conférence, le Président commençait par parler à madame de Pompadour du rappel des seize parlementaires exilés (1). La marquise en rejetait l'idée, et le priait de chercher un autre expédient. Le Président insistait.

MADAME DE POMPADOUR. *Mais faudroit-il, monsieur de Meinières, que l'État pérît parce qu'on ne vous rendra pas vos seize exilés ? Jamais les affaires du Roi n'ont été dans une si belle situation : mais je ne vous le dissimule pas, monsieur, si vos résistances duroient encore, il faudroit que le Roi manquât à ses alliés, à ses engagements et qu'il cessât de payer les rentes, les pensions, et l'État vous auroit cette obligation. Vous avez, dites-vous, le meilleur maître qui soit dans le monde, il vous laisse voir sa peine et la situation cruelle où vous ré-*

---

(1) Meinières disait : « Je vous assure d'ailleurs, madame, que des seize exilés, huit désiroient se retirer et que les huit restant sont des gens de mérite dont la démission est une perte. Dans ce pays-ci on est prévenu contre M. Clément ; eh bien, ce Clément est adroit, habile, il a un bel organe, et il est capable d'empêcher bien des fautes dans les délibérations de sa compagnie. Il y a aussi parmi les exilés des juges excellents tels que MM. de Gars, de Chavannes et de Saint-Vincent. Il y a un M. Lambert qui est un homme de génie. M. de Vandeuil est un travailleur et il a de la facilité. »

duisez son royaume, et vous demeurez sourds et indifférents; un faux point d'honneur vous retient : n'est-ce pas le moyen d'ulcérer le cœur du Roi? De quoi vous plaignez-vous? Vous avez tous donné vos démissions; le Roi a retenu celles qu'il a voulu; il rend les autres à ceux qui les lui demanderont; il a puni les uns et fait grâce aux autres : n'est-ce pas le meilleur des rois? »

Le président se récria à propos de ce mot cruel de « grâce » qui ne se fait qu'aux criminels.

MADAME DE POMPADOUR. *Ce que j'ai dit, monsieur, est dur, mais je ne suis pas un chancelier; quand ceux qui doivent parler le feront, ils pèseront leurs expressions, pour ne rien diminuer de la considération qu'il est essentiel de conserver à la magistrature. Mais il faut que l'honneur du Roi, qui n'est pas moins important que le vôtre, soit ménagé et sauvé. Il a dit deux fois qu'il avoit exilé des particuliers, qu'il avoit pourvu au remboursement de leurs offices : croyez-vous qu'il puisse changer à la face de l'Univers?*

Meinières parlait de devoirs...

MADAME DE POMPADOUR. *Mais fussiez-vous simple citoyen, pourriez-vous voir de sang-froid une poignée d'hommes résister à l'autorité d'un roi de France? N'en auriez-vous pas une mauvaise opinion? Quittez votre petit manteau de magistrat, et vous verrez tout cela comme je le vois.*

Meinières citait l'exemple de Henri IV qui avait cédé dans des circonstances pareilles, et parlait d'exilés rappelés par lui.

A quoi madame de Pompadour répondait d'un ton ironique :

Cela est très-beau pour Henri IV (1).

Cette seconde entrevue de la favorite et du parlementaire demeurait encore sans résultat, et le plan d'arrangement du Président était remis à Bernis. Mais ces deux audiences avaient eu le grand effet de mettre face à face les représentants des deux parties : elles avaient abouché la cour avec le Parlement. D'autres conférences entre d'autres personnages, d'autres essais d'arrangement entre l'autorité royale et les franchises parlementaires, préparaient une réconciliation (2).

(1) « Je m'en retourne désespéré, s'écriait Meinières, j'avois compté en proposant cet arrangement que je ménageois l'autorité du Roi et les intérêts du Parlement; je vois que vous ne goûtez pas mon plan. Je connois assez ma compagnie pour être certain que, s'il étoit proposé, il souffriroit quelques difficultés, mais à la fin il passeroit. Mais ne vouloir accorder ni offices ni liberté, je ne vois, Madame, aucun espoir de succès et j'en suis en peine en mon particulier.

— *Avez-vous votre projet par écrit ?*

— Je l'ai donné à l'abbé de Bernis.

— *C'est la même chose. Mettez-moi en état, Monsieur, de vous rendre service ; car, en vérité, je le désire de tout mon cœur.* »

(2) Les ressentiments implacables de madame de Pompadour contre le parti dévot et l'archevêque de Paris, l'ascendant que le comte de Stainville prenait sur la favorite à son retour de Rome, ses conseils, le patronage de la cause du Parlement où il l'entraînait, amenaient entre le Roi et le Parlement une paix dont l'article secret est ainsi révélé par Soulavie, bien informé de ces négociations par les papiers de Richelieu et par sa qualité de prêtre : « L'ordre des Jésuites sera définitivement détruit. » (*Mémoires du maréchal duc de Richelieu*, par Soulavie. Paris, Buisson, 1793, t. VIII.)

XIII

Richelieu chargé de l'expédition de Mahon. — Froid accueil fait par la favorite au *Minorquin*. — Correspondance de madame de Pompadour avec Kaunitz.— Entrée au Conseil de Bernis nommé secrétaire d'État des Affaires étrangères en juin 1757.— Santé portée à Marie-Thérèse chez madame de Pompadour. — Le favori Soubise. — Intrigues pour retirer le commandement de l'armée d'Allemagne au maréchal d'Estrées. — Richelieu, soutenu par le comte de Stainville, remplace d'Estrées au lendemain de la victoire d'Hastembeck. — Convention de Closter-Seven (10 septembre 1757). — Trahison de Richelieu. — Bataille de Rosbach (5 novembre 1757). — Obstination de madame de Pompadour à ne pas abandonner Marie-Thérèse. — Bernis poussant à la paix. — Scènes entre madame de Pompadour et son ministre. — Le comte de Stainville encourageant la favorite dans son désir de continuer la guerre. — Retraite de Bernis. — Pourquoi *un coup de poignard?*

La campagne qui était la suite de la signature du traité de Versailles avait ouvert par un succès sur mer : la dispersion de la flotte de Byng et la prise de Minorque (20 et 29 mai 1756).

Richelieu, le *Minorquin* (1), n'avait obtenu le com-

(1) M. Boiteau, dans son édition des *Mémoires de madame d'Épinay* (édition Charpentier), donne cette lettre de madame de Pompadour à Richelieu :

« Ce 28 mai 1756.

« *On nous a mandé de Toulon les plus jolies nouvelles du monde : je les aimerois mieux de votre patte de chat. M. Byng nous tient un peu alertes et*

« Nous ne voyons jamais passer devant chez nous
« Cheval, âne ou mulet sans le prendre pour vous.

mandement de l'expédition de Mahon que par les intrigues de la duchesse de Lauraguais (1) et l'appui secret que la duchesse avait trouvé dans Bernis séduit par le plan de Richelieu, dont il défendait l'audace au Conseil. La nomination avait été arrachée presque violemment à madame de Pompadour effrayée de l'ascendant sur Louis XV de ce nouveau duc d'Épernon (2). « *M. de Richelieu*, avait-elle dit, quand on était venu lui parler du commandement que briguait le duc, *il est assez fanfaron pour vouloir être chargé de cela! Il mettra autant de légèreté à prendre une ville qu'à séduire une femme ; cela serait plaisant! Il lui faudroit quelques bonnes disgrâces pour lui apprendre à ne douter de rien* (3). » Et la nomination en-

« *Je n'aurois pas en mille ans trouvé assez d'esprit pour vous exprimer l'occupation où nous sommes de messieurs de Minorque. Les vieilles comédiennes ont heureusement de la mémoire, elle m'a bien servie, puisque j'ai ajusté si à propos cette magnifique comparaison. Je vous envoie la déclaration de guerre du roi d'Angleterre; la vérité n'y brille pas plus que le style. J'en suis fâchée pour l'honneur des beaux esprits anglois. Je crois M. de Duras un honnête garçon, je lui souhaite tous les biens imaginables, et je contribuerai volontiers à les lui faire obtenir; mais je ne puis qu'applaudir au choix de M. de Mirepoix. Bonsoir, monsieur le Minorquin; j'espère bien fort que vous êtes actuellement en pleine possession.*

« *Je rouvre ma lettre pour vous complimenter sur la bonne opération de M. de la Galisonnière. J'espère qu'elle vous avancera. Nous attendons la nouvelle d'un second combat.* »

Une autre lettre de madame de Pompadour relative à la prise de Minorque est donnée dans la *Vie privée du maréchal de Richelieu;* mais cette lettre est-elle authentique et est-elle donnée textuellement ?

(1) Dans un billet à son nigaud, à Paris-Duverney, madame de Pompadour dit : « *... A l'égard de M. de Richelieu, le Roi lui parle ce soir. Je vous avertis qu'il ne cache rien à madame de L* (auragais); *ainsi prenez vos précautions.*

(2) *Mémoires de d'Argenson,* édition Janet, t. IV.

(3) Lettre de la duchesse de Lauraguais imprimée dans la *Vie privée de Richelieu.*

levée, madame de Lauraguais mandait à Richelieu qu'elle croyait que l'espérance de le voir échouer était entrée pour un peu dans la grâce obtenue. Le succès de Richelieu triomphait un instant de ces petites rancunes : mais, bientôt refroidie par d'Argenson encore ministre et fort jaloux de Richelieu, madame de Pompadour faisait au vainqueur de Minorque l'accueil le moins empressé et soufflait à Louis XV le ton indifférent avec lequel il questionnait Richelieu décontenancé sur les figues de Minorque. C'était, il faut le dire, chez la favorite, une succession de froids et de chauds, selon que l'emportait l'antipathie de la femme ou la satisfaction de la victoire de sa politique. Un jour elle maltraitera de paroles Richelieu absent ; le lendemain, en public, elle improvisera autour de la garde de son épée un nœud que madame de Pompadour et le siècle baptiseront : nœud *à la Mahon*. Au fond, malgré toutes les réconciliations, les raccommodements, les *rapatriages*, il y aura toujours, entre la favorite et le maréchal duc, une vieille défiance, dont l'inquiétude querelleuse perce si bien dans cette lettre de madame de Pompadour :

Comment est-il possible qu'un homme aussy considérable que vous s'échauffe sur d'aussy petits objets ? Au reste, sy vous croyés que c'est un dégoût pour vous, vous estes le seul à le croire, ame qui vive n'y a songé ; je ne parle pas de vos caillettes de Paris, il n'est pas en mon pouvoir de les empêcher de vous mander toutes les platitudes imaginables, et il ne me l'est pas davantage de vous empêcher de les croire d'après ces vérités exactes; je ne puis que m'en tenir à ce que j'ay fait jusqu'à présent, je ne vous donneray jamais de sujets légitimes de vous plaindre de moy. Mais en vérité il m'est impossible de prévoir ceux que votre imagination ou vos amies feront naître (1).

Les *caillettes de Paris* jouent un grand rôle dans les lettres de madame de Pompadour. Voici une autre lettre sur le même sujet adressée au comte de Saint-Germain, en 1758, où elle lui répond à propos de torts qu'il ignore :

Vous ne les ignorés pas longtemps, Monsieur, j'ai trouvé mauvais que vous vous soyez plaint sur le rapport de cailletes et de fripons aussy sots que menteurs du tort que l'on vous avoit fait dans mon esprit. Vous en avez trop pour vous être livré à de pareilles platitudes, ayant éprouvé de ma part toutes les marques de distinction que vous mérittés (2).

Les rapports et les correspondances avaient continué entre Kaunitz et madame de Pompadour.

---

(1) Les maîtresses, les femmes aimées par Richelieu seront toujours entre le maréchal duc et madame de Pompadour un sujet de *chamaillade*. Nous lisons dans une lettre de la favorite donnée par M. Boiteau dans une édition des *Mémoires de madame d'Épinay* : « ... Je ne crois pas qu'il y ait rien de si indécent que tous ces propos que votre R... a fait tenir contre M. de Beauvau. Je ne la connais pas assez pour l'aimer beaucoup, mais je suis indignée des moyens dont elle se sert pour obtenir des grâces. Ce n'est pas la première fois que je la vois employer des infâmes moyens pour réussir dans ses projets. Dieu merci, elle n'a pas encore réussi ! »

(2) Catalogue d'autographes, 19 novembre 1863.

En même temps que le premier subside français des 24,000 hommes promis par le traité de Versailles se dirigeait vers la frontière allemande, madame de Pompadour adressait cette lettre au ministre autrichien :

« *C'est avec une grande satisfaction, monsieur, que je vous fais mes compliments sur la réussite des traités conclus entre l'Impératrice Reyne et le Roy. Je suis sensiblement touchée de la justice que Leurs Majestés Impériales veulent bien me rendre et des bontés dont elles daignent m'honorer. Mon zèle en augmenteroit s'il étoit possible, mais les preuves que j'en ai données, vous ont appris, monsieur, qu'il ne s'y peut rien ajouter. J'ay toujours un plaisir nouveau, en vous renouvelant les assurances de tous les sentimens, avec lesquels je ne esseray d'être, monsieur, votre très-humble et très-obéissante servante.*

« J. A. M. DE POMPADOUR.

« 7 septembre 1756.

« *Ce portrait que vous avés désiré est enfin achevé, mandés-moi le moment que vous croirés convenable pour vous l'envoyer* (1). »

Le comte de Kaunitz répondait à madame de Pompadour, le 10 octobre :

« Je me flatte, Madame, que vous trouverez bon qu'à l'occasion de ce courrier, je me donne l'honneur de vous faire mes très-humbles remerciemens

---

(1) *Maria-Theresia*, 1756-1758, par d'Arneth. Wien, 1375. Note 48.

pour la marque de souvenir que vous avez bien voulu me donner par votre lettre du 7 septembre dernier. Les complimens que vous avez la bonté de me faire ne sont dus qu'à vous, je le sens bien sincèrement, et c'est assurément le plus grand plaisir du monde. Par les ordres que j'adresse aujourd'hui au comte de Starhemberg, l'Impératrice se fait un sensible plaisir de donner au Roy une nouvelle preuve de sa façon de penser et de ses sentimens pour Lui. Tout ce qui vient de Sa part est pour Elle d'un très-grand prix, et moyennant cela Elle a été très-sensible a tout ce qu'il a bien voulu faire jusqu'ici pour Elle, en conséquence du Traité de Versailles, avec cette exactitude, et s'il m'est permis de me servir de cette expression, cette noblesse et cette bonne grâce qu'il n'appartient qu'à lui de savoir mettre dans Ses procédés. Les effets dans tous les tems et dans toutes les occasions prouveront Sa gratitude; c'est de quoi je puis vous assurer, ainsi que vous protester que ma façon de penser est aujourd'hui déjà commune à tout le monde dans ce païs-ci et le deviendra toujours davantage, si par la suite, comme je ne saurois en douter, la France continue par ses actions vis-à-vis de nous à seconder mon zèle apostolique. Enfin, les instructions du comte de Starhemberg, l'équité et le discernement supérieur que je connois au Roi, et votre zèle infatigable pour Ses vrais intérêts vus dans le grand, me font espérer que nous sommes bien près de la consommation du plus grand ouvrage qui soit jamais sorti d'aucun cabinet de l'Europe, Je vous prie d'être persuadée que je le souhaite de tout mon cœur, comme citoyen de l'Univers, par l'intérêt que je prends à la gloire de nos maîtres vis-à-vis de la postérité, et par le plaisir que je me fais d'avance de pouvoir vous en faire mon compliment et vous réitérer les assurances du respectueux et inviolable attachement avec lequel je ne cesserai jamais d'être, Madame, votre très-humble et très-obéissant serviteur.

« Le comte de KAUNITZ-RITTBERG.

« *P. S.* Vous ne doutez pas sans doute, Madame, que ce ne soit avec la plus cruelle impatience que j'attens ce charmant portrait pour lequel ce cruel M. de la Tour me fait languir depuis si longtemps. Tirez-moi donc de peine, je vous en supplie, et faites-moi la grâce de me l'envoyer au plus tôt. Je vous baise les mains avec le plus profond respect (1).

« Le comte DE KAUNITZ-RITTBERG. »

Un moment la tentative d'assassinat de Damiens faisait craindre à Vienne le renversement de la favorite et peut-être l'influence du Dauphin dans la politique. Aussi Starhemberg se hâtait-il d'annoncer le retour du Roi chez madame de Pompadour. Mais par un hasard commun aux choses de ce monde, il arrivait que cet événement, considéré dans le

1) *Maria Theresia*, 1756-1758, par d'Arneth. Wien, 1875. Note 56.

premier instant comme une menace pour l'alliance des deux cours, l'assurait d'une manière plus étroite. Le coup de canif du 5 janvier 1757 amenait la chute de d'Argenson, le ministre favorable au Roi de Prusse et dont Starhemberg annonce le renvoi avec une joie qui éclate : « Il était ennemi du nouveau système, mais il affectait de faire paraître le contraire et en raisonnait comme s'il en eût été le partisan le plus zélé. Il est apparent néanmoins que toutes ses vues tendaient à le renverser, et il avait bien de la peine à cacher sa prédilection pour le Roi de Prusse et sa crainte que la puissance de ce prince fût complétement anéantie. Il est donc incontestable que c'est un grand bonheur pour nous qu'il soit éloigné, car jamais nous n'aurions pu nous fier à lui, et, plus il est leste et adroit, plus nous avions sujet de le craindre et de nous attendre à quelque mauvais office de sa part (1). » Rouillé, le ministre des Affaires étrangères, privé de la force de résistance que lui donnait l'appui secret de d'Argenson, Rouillé, que les dépêches autrichiennes peignent comme un homme « incapable d'un plan général et conduit par des impressions momentanées », ne faisait plus que taquiner la favorite par des atermoiements et des mesures dilatoires (2). Saint-Séverin, le signataire du traité d'Aix-la-Chapelle et qui n'avait pu consentir à abandonner la politique qui lui avait donné un nom, une célébrité,

(1) *Maria-Theresia*, 1756-1758, par d'Arneth. Wien, 1875, Note 182.
(2) *Ibid.* Note 568.

était écarté des affaires par une maladie qui allait l'emporter au commencement du mois de mars. Puisieux, seul et abandonné depuis la maladie de son ami, « de sa Minerve » (1), Puisieux, honni par tous pour avoir été le second de Saint-Séverin dans la politique dont madame de Pompadour ne voulait plus à l'heure présente, avait été obligé de demander sa retraite depuis près de six mois. Enfin Bernis, dont Kaunitz réclamait l'entrée au conseil en ces termes : « Je désire sincèrement et beaucoup apprendre bientôt que le Roi ait honoré M. le comte de Bernis d'une place au Conseil. Il faut à la France et à ses alliés un grand homme dans les affaires et M. Bernis me paraît avoir cette qualité..... » (2), Bernis était appelé le 2 février 1757 au Conseil en qualité de ministre d'État (3).

Maîtresse absolue du ministère, madame de Pompadour donnait satisfaction à toutes les exigences de la cour d'Autriche : elle pressait la ratification du traité du 1er mai, elle cédait sur toutes les concessions qui étaient demandées à la France, elle renvoyait au mois de juillet 1757 du ministère des Affaires étrangères, pour y faire entrer Bernis, Rouillé

---

(1) *Mémoires de d'Argenson*, édition Janet, t. IV.

(2) *Maria-Theresia*, 1748-1756, par d'Arneth. Wien, 1870. Note 558.

(3) Une marque de faveur donnée par Louis XV à Bernis qui faisait presque un étonnement à la cour, c'est l'honneur que l'abbé avait de dîner à Choisy au mois d'avril avec Louis XV. Les ecclésiastiques n'étaient pas admis à manger avec le Roi. Pour trouver trace d'une pareille distinction, il fallait remonter jusqu'à l'abbé de Grancey, et encore l'abbé prenait-il place à la table de Louis XIV seulement lorsqu'il suivait le Roi à la guerre.

que les dépêches de Starhemberg accusaient de mauvaise volonté. Enfin elle obtenait de Louis XV, au lieu du subside de vingt-quatre mille hommes, l'envoi au-delà du Rhin de trois armées dont celle commandée par le maréchal d'Estrées comptait cent mille hommes : toutes amabilités et prévenances et bons offices qui valaient à la favorite cette lettre de Kaunitz en date du 14 juin 1757 :

« Le comte de Starhemberg m'a informé, Madame, du plaisir et de la satisfaction à l'occasion de ce que le Roi vient de faire en dernier lieu pour seconder plus puissamment l'Impératrice et la cause commune. Il nous a informé de même jusques ici de l'intérêt que vous aviez témoigné prendre dans toutes les occasions à ce qui nous regarde. Leurs Majestés y ont été toujours sensibles, et Elles le sont à tel point sur cette marque récente d'affection que vous venez de leur donner, qu'elles me chargent de vous en témoigner leur reconnoissance qui, bien loin d'être dominée par la persuasion dans laquelle Elles sont que vos sentimens ne sont déterminés que par ceux que veut bien avoir pour Elle le Roi, en seroit même augmentée par la considération qu'Elles ne le doivent qu'à votre inviolable attachement pour la personne sacrée de ce Prince respectable. Notre courrier est porteur de la ratification de ce grand et fameux traité qui est son ouvrage et sera illustre dans tous les siècles à venir. Il ne s'agit plus que de presser son exécution pour se soustraire par ce moyen aux hasards des événemens et faire cesser plus tôt que plus tard les frais immenses et les malheurs inséparables du fléau de la guerre. Le Roi trouvera l'Impératrice toujours disposée et prête à concourir avec Lui à toutes les mesures nécessaires pour cet effet, et Elle compte qu'Il est dans les mêmes dispositions et ne doute pas qu'Il ne soit d'avis avec Elle que c'est de toutes la meilleure pour ne pas dire la seule façon de recueillir promptement et sûrement les fruits de son ouvrage. A mes vœux j'ajouterai certainement tout ce que pourront valoir mes foibles soins. Je me flatte que vous en userez de même ; je n'en doute pas même par l'élévation que je vous connois dans l'âme et par le vif intérêt que je sais que vous prenez à la gloire du Roi et au bonheur de la France. Faites-moi la grâce de vous rappeler quelquefois ma vénération et mon respectueux attachement pour vous et croyez que je serai toute ma vie..... (1). »

Enfin c'est un véritable engouement chez la favorite pour cette souveraine si habile à caresser par la plume de ses ambassadeurs et de ses ministres l'amour de la postérité de cette bourgeoise. Et Starhemberg mande à Kaunitz dans ce même mois de juin : « Je ne suis revenu de Versailles qu'à deux heures après minuit, ayant été retenu à souper chez madame de Pompadour, où l'on a bu de bien bon cœur à la santé de S. M. l'Impératrice (2). »

Le maréchal d'Estrées avait été choisi par Louis XV

---

(1) *Maria-Theresia*, 1756-1758, par d'Arneth. Note 256.
(2) *Ibid.* Note 307.

pour commander l'armée qui devait agir en Allemagne, mais madame de Pompadour se réservait de lui substituer un de ses familiers. Ce favori, plein de lui, éloquent et superbe d'assurance, honnête homme, galant homme, beau courtisan, brave, désintéressé, loyal, le prince de Soubise, en un mot, avait entraîné l'amitié de madame de Pompadour dans ses plans, dans ses projets; il l'avait séduite en lui promettant de vaincre et en l'assurant que ses victoires reviendraient à celle qui l'avait fait nommer.

Sa sœur, la comtesse de Marsan, ne cessait de rebattre les oreilles de madame de Pompadour des lenteurs du maréchal d'Estrées, de la nécessité d'un général plus entreprenant. Aux séductions des projets de M. de Soubise, aux lamentations de la comtesse de Marsan, se joignaient les plaintes de Pâris-Duverney, fort avant dans la faveur de madame de Pompadour. Munitionnaire général à l'armée, il avait affaire à la sotte hauteur du maréchal d'Estrées qui ne voulait point s'entendre et concerter avec lui les opérations militaires. A cela se joignaient contre d'Estrées les riens, les coups d'épingles, les petites susceptibilités, ces reproches adressés par lui au prince de Soubise, qui, ne commandant qu'une division, timbrait ses lettres : *Armée de Soubise;* reproches qui blessaient personnellement madame de Pompadour dans l'amour-propre de sa protection à Soubise.

Puis c'étaient encore les hauteurs de sa femme, qui, sentant son mari menacé, ne cachait point sa mauvaise humeur et se répandait en paroles imprudentes; c'étaient ses liaisons avec les hommes hostiles à l'Autriche, dont on pensait qu'il partageait les vues politiques; c'étaient les grandes et les petites choses qui préparaient la disgrâce de d'Estrées et la fortune de Soubise, que cependant il était impossible de mettre brusquement au lieu et place du maréchal d'Estrées sans révolter tous les maréchaux de France, tous les officiers généraux plus anciens que le favori de madame de Pompadour (1).

Richelieu, très-poussé par Duverney dont il s'était fait l'ami, était assez heureux d'avoir pour lui Choiseul, alors comte de Stainville, qui, arrivant de Rome en ce temps, l'appuyait auprès de madame de Pompadour pour un commandement qui devait avoir, selon lui, le bon effet de rompre une union trop étroite entre Richelieu et son neveu d'Aiguillon, d'empêcher une ligue trop puisssante du parti anti-autrichien, et de compromettre Richelieu dans une guerre contre les ennemis de l'Autriche. Surmontant son mauvais vouloir pour l'homme, madame de Pompadour ne tardait pas à voir dans Richelieu le général de transition qui devait faire passer l'armée de d'Estrées aux mains de Soubise.

Une conférence sollicitée par Duverney avait lieu chez elle, en présence du Roi. Après avoir blâmé les timidités de d'Estrées, Duverney exposait le plan concerté avec Richelieu, et qui consistait à attaquer

---

(1) *Mémoires du maréchal duc de Richelieu,* vol. VIII et IX.

le roi de Prusse par l'Elbe et l'Oder. Les Français et les impériaux devaient se porter sur Magdebourg, les Suédois et les Russes sur Stettin. Les approvisionnements se feraient sur la Meuse, le Rhin, le Weser. Ce plan, promettant de magnifiques résultats, Duverney désignait pour le commandement le vainqueur de Minorque, le maréchal de Richelieu, qui, afin de se concilier madame de Pompadour, proposait de mettre sous les ordres du prince de Soubise 35,000 hommes à la tête desquels le prince entrerait en Saxe, l'enlèverait au Roi de Prusse, et se ferait le plus grand honneur.

Cette offre décidait un nouveau *rapatriage* (1) entre la favorite et le maréchal, et aux conditions de publicité que voulait le maréchal. A Choisy, pendant le café, comme le Roi était debout environné de la cour, Richelieu se présentait devant madame de Pompadour. Stainville allait causer un moment avec elle; puis, prenant par la main le maréchal, il l'amenait à la favorite (2).

Le bruit de ce raccommodement, les comités secrets, les mouvements du maréchal de Richelieu, les déclamations plus hardies de la comtesse de Mar-

---

(1) Madame de Pompadour s'était fâchée presque ostensiblement avec Richelieu à la suite de la tentative d'assassinat de Damiens et de l'alitement du Roi, pendant lequel elle se plaignait de n'avoir pas trouvé chez le duc, faisant les fonctions de premier gentilhomme de la chambre, les égards qui lui étaient dus.

(2) Aussitôt la réconciliation, Richelieu était, de nouveau, brouillé avec la marquise; et quand il était déclaré général de la grande armée, il était presque impossible de lui faire céder à Soubise un seul vieux régiment. (*Mémoires inédits du cardinal de Bernis.*)

san, les indiscrétions, l'air de la cour, tout avertissait la maréchale d'Estrées de la résolution prise, du commandement promis, du rappel prochain de son mari.

Furieuse de dépit et de ressentiment, osant l'injure, le sarcasme, l'insolence contre la favorite, elle allait jusqu'à se glisser chez les maîtresses secrètes du Parc aux Cerfs, elle cherchait à les attacher à sa haine, à les intéresser et à les faire travailler au renvoi de madame de Pompadour; et le Roi était tout étonné d'entendre la petite Morfil lui dire un jour d'un ton moqueur: « Mais à quel terme en êtes-vous donc avec votre fameuse vieille? » Le Roi, plein de colère, voulait savoir qui lui avait mis ce mot dans la bouche. Morfil pleurait, et lui nommait la maréchale d'Estrées dont elle recevait de fréquentes visites. Ce misérable incident décidait le commandement de Richelieu, il amenait le rappel de d'Estrées; et, si le maréchal de Belle-Isle, soupçonnant le dessous du jeu, n'avait écrit à d'Estrées de se presser pour avoir l'honneur de la campagne, si le maréchal de Richelieu ne s'était arrêté à Strasbourg, pour attendre et fêter la duchesse de Lauraguais de retour des eaux, Richelieu enlevait à d'Estrées la victoire d'Hastembeck, qui ne précéda que de quelques jours son arrivée (1).

(1) *Mémoires du maréchal duc de Richelieu.* Buisson, 1793, vol. IX. — *Mémoires historiques et anecdotes de la cour de France pendant la faveur de madame de Pompadour.* Paris, Bertrand, 1802. — *Mémoires secrets sur les règnes de Louis XIV et de Louis XV*, par feu Duclos. Buisson, 1791, vol. II. — *Mémoires du baron de Besenval.* Baudouin frères, 1821, t. I

Richelieu prend le commandement de l'armée. Il refoule, par une suite de manœuvres hardies, l'armée du duc de Cumberland, démoralisée et frappée de terreur; il l'accule vers l'embouchure de l'Elbe; il l'enferme dans une position où il ne lui reste que le choix entre ces trois extrémités: poser les armes, être taillée en pièces ou sauter à la mer. Aux ouvertures que lui fait le duc de Cumberland, Richelieu lui répond qu'il n'a pas le pouvoir de traiter, et madame de Pompadour et le Roi approuvent sa réponse. Puis qu'arrive-t-il? Un tour de génie du roi de Prusse. Richelieu se laisse prendre à une lettre de Frédéric, chef-d'œuvre de grosse rouerie et de basse flatterie, qui fait une dupe de celui qu'elle appelle « le neveu du grand cardinal de Richelieu, celui qui a mérité des statues à Gênes, celui qui a conquis l'île de Minorque malgré des obstacles immenses, celui qui est sur le point de subjuguer la Basse-Saxe ». Richelieu conclut la trop fameuse convention de Closter-Seven (10 septembre 1757) Les Français restaient maîtres de l'électorat de Hanovre, du landgraviat de Bremen, de la princi-

(Bataille d'Hastembeck et ce qui l'a précédé). — Une estampe satirique du temps représente le maréchal d'Estrées fouettant le duc de Cumberland avec une branche de laurier dont Richelieu ramassait les feuilles et se faisait une couronne. Le maréchal disgracié, invité par Louis XV à rendre visite à madame de Pompadour, se présentait chez la favorite à laquelle il disait : « C'est par ordre du Roi, Madame, que je viens vous faire ma révérence. Je suis parfaitement au fait des sentiments que vous avez pour moi, mais j'ai trop confiance dans la justice du Roi, mon maître, pour que je me croie obligé de les redouter. » Et il se retirait dans ses terres sans se présenter chez le ministre de la guerre qu'il appelait « cet *excrément de Paulmy* ».

pauté de Verden. Les Hanovriens devaient passer au-delà de l'Elbe; les troupes de Brunswick, de Hesse, de Saxe-Gotha, et généralement tous les alliés du Hanovre devaient se retirer dans leurs pays respectifs, et garder la plus parfaite neutralité jusqu'à la fin de la guerre. Telles étaient les bases de la convention (1).

Ce fut la faute capitale de la guerre, une générosité qui recommençait les Fourches Caudines en se contentant de demander à une armée, qu'on devait faire prisonnière de guerre, le serment de ne plus porter les armes, en se fiant à une bonne foi que le désir d'une revanche, l'impatience de l'humiliation, et les échecs de la France, allaient sitôt tenter.

Cependant Bernis, admis au Conseil, puis déclaré ministre des affaires étrangères (25 juin 1757) (2), avait soumis, comme madame de Pompadour l'avait pensé, ses répugnances à sa nouvelle position.

Ses antipathies pour l'alliance autrichienne, ses

---

(1) *Mémoires secrets*, par feu Duclos, vol. II. — *Mémoires du maréchal duc de Richelieu*, vol. IX.

(2) La façon dont Choiseul enleva la démission de Rouillé fut aussi leste que plaisante : « Le comte de Choiseul, fatigué des taquineries de Rouillé et prêt à quitter l'ambassade de Vienne, demandait à la maîtresse son renvoi : « *Mais*, répondit madame de Pompadour, *M. Rouillé se meurt, il dort au Conseil et dans son cabinet, il n'y a qu'à attendre que l'apoplexie nous en délivre : le Roi ne veut pas être homicide d'un ministre inepte, mais honnête homme, en le déplaçant; s'il pouvait se déplacer lui-même, le Roi en serait bien aise; mais madame Rouillé, qui aime la cour comme une bourgeoise qui n'était pas faite pour y être, l'en empêchera toujours...* » — « Voulez-vous, interrompit vivement e comte de Stainville, que je vous apporte dans une heure la démission de M. Rouillé? Le voulez-vous? »

« La marquise traita ce projet de folie et y consentit en assurant

premières opinions, le respect des traditions nationales de notre politique étrangère, ses craintes, ses timidités, s'effacèrent peu à peu sous le succès et l'éclat des débuts de la nouvelle politique française (1) ; et, réconcilié avec les plans et les idées de madame de Pompadour par leur fortune, il attendait de jour en jour, d'heure en heure, la nouvelle officielle de l'entier désarmement et de la dispersion de l'armée ennemie, impatient, agité par l'attente et l'espérance, se promenant seul dans son cabinet, réfléchissant à ce que l'histoire dirait un jour de tous ces glorieux événements qui avaient signalé les premiers jours du traité de Versailles : la prise de Mahon, la victoire d'Hastembeck, la destruction de l'armée hanovrienne ; puis, repassant dans sa tête les moyens par lesquels toutes ces choses avaient été exécutées, quels personnages les avaient conduites, quelles têtes avaient porté la plupart des projets, les intrigues qui avaient précipité les évé-

qu'elle s'emploierait volontiers auprès du Roi pour conserver à M. Rouillé la surintendance des postes et sa place au Conseil, moyennant quoi madame Rouillé serait toujours assurée d'une petite cour

« Le comte de Stainville tint parole. Il fut trouver madame Rouillé, lui fit sentir que son existence était attachée à la conservation de son mari, et que cette précieuse conservation dépendait du soulagement qu'on lui procurerait en le soulageant du poids des affaires. Elle résista quelque temps, mais enfin elle descendit chez M. Rouillé avec le comte de Stainville et décida son mari à remettre sa démission que le comte porta en triomphe chez la marquise. » (*Mémoires inédits du cardinal de Bernis.*)

(1) Bernis raconte dans ses Mémoires que jusqu'à la bataille de Rosbach, n'entrant chez le Roi que pour annoncer de bonnes nouvelles, le peuple, le voyant se rendre chez Louis XV, disait : « Tiens, le voilà, il a l'air d'une bataille gagnée. »

nements, la part des hommes, des ambitions, du hasard, de la raison, de la passion, de l'imprévu dans tout ce qui avait été fait et dans tout ce qui était arrivé, son rôle à lui-même, au milieu de tant d'obstacles, de peines, d'ennuis, de comédies, il se disait: « Pauvre postérité! que sauras-tu? Et comme la vérité, au fond, pourrait se moquer de toi!.. » Et quand il se disait cela, l'officier qui apportait la convention de Closter-Seven faisait claquer son fouet à sa porte. Bernis le voit monter chez lui, il ouvre la dépêche, lit la teneur du traité, en prévoit à l'instant les suites fatales, et laisse échapper: « Le rêve est fini... Ah! parbleu! la postérité n'est pas si à plaindre, elle ne sera pas dans le cas de s'étonner si mal à propos (1)! »

Aux yeux du ministre, la convention était une trop grosse faute (2) pour que le maréchal y fût

---

(1) *Notice sur le cardinal de Bernis,* par Loménie de Brienne.

(2) « Jamais surprise, dit Bernis, ne fut égale à la mienne; elle augmenta en voyant la manière dont cet acte était dressé. J'y vis à l'instant tous les malheurs qui devaient naître d'une si grande imprudence... Pour bien entendre cette affaire de la capitulation de Closter-Seven, il faut se rappeler que le maréchal de Richelieu n'avait aucun pouvoir pour traiter avec aucune cour ou aucun ministre... Il faut convenir que, si la capitulation de Closter-Seven n'est ni capitulation militaire ni traité diplomatique, on peut la regarder comme le chef-d'œuvre de la maladresse et de l'imprudence. Le Roi pouvait la désavouer et faire le procès à son auteur; mais Sa Majesté, sachant que le maréchal de Richelieu, sans attendre seulement d'être informé des intentions de sa cour, s'était éloigné avec toutes ses forces... se crut obligé d'approuver la capitulation et lui ordonna de le déclarer au duc de Cumberland...

« Il est certain cependant que, si j'avais été le maître absolu, j'aurais rejeté cette monstrueuse capitulation et rappelé le général qui avait eu l'imprudence ou la malice de la conclure.

« ..... Le Roi envoyait à son général une instruction pour l'aider à cor-

tombé de bonne foi et sans bonne volonté. Mais il ne restait plus rien à faire qu'à couvrir et autoriser le commandant de l'armée française, dans la crainte qu'en le désavouant on ne fournît aux ennemis le prétexte de violer la convention à la première occasion favorable. Bernis dépêcha donc sur-le-champ à Richelieu les pouvoirs de ratifier, en lui recommandant de prendre toutes les précautions nécessaires pour faire exécuter un traité qui aurait dû être une capitulation militaire et qui était, grâce à sa sottise, une convention politique dont l'exécution dépendait de la loyauté des Anglais appelés à la ratifier.

Mais cette déplorable convention de Closter-Seven allait être suivie de fautes encore plus graves de Richelieu, d'accommodements plus condamnables, de négociations avec le roi de Prusse donnant plus de prise aux soupçons d'une inaction qui a contre elle toutes les apparences d'une trahison (1).

Chassé de Prague, battu à Costernitz par le général autrichien Daun, impuissant à tenir la campagne, pressé par les Russes qui pénétraient dans la Prusse ducale, menacé par le général Haddick qui poussait

riger les vices de la convention et pour remédier aux suites funestes qu'elle pourrait avoir, s'en remettant pour parvenir à ses fins à sa prudence et à son expérience. La manière dont Sa Majesté l'instruisait était pleine d'éloge, de modération et de douceur. Le maréchal, qui croyait avoir fait un chef-d'œuvre, ne vit dans ces réflexions qu'une improbation de sa conduite... » (*Mémoires inédits du cardinal de Bernis*.)

(1) Traître et voleur : c'est le caractère du duc de Richelieu, appelé par ses soldats le *Père la Maraude*. Des vols et des pillages et peut-être de l'argent de sa trahison, il bâtit plus tard sur le boulevard le Pavillon de Hanovre.

jusqu'à Berlin et y levait des contributions de guerre, Frédéric (1) faisait représenter à Richelieu, par un émissaire habile, qu'il ruinait l'œuvre du Cardinal son oncle pour fortifier l'ennemi naturel de sa patrie. Il lui faisait rappeler les beaux jours du commencement du règne de Louis XV, lorsque, partageant tous deux la confiance de madame de Châteauroux, ils dirigeaient la politique et les armées de la France contre l'Autriche. L'émissaire de Frédéric représentait encore à Richelieu que le règne de la femme qui avait dérangé l'ancien système de la diplomatie française ne pouvait être de longue durée; « qu'en cas de mort », le Dauphin reprendrait l'ancienne politique; qu'en cas de disgrâce, une nouvelle maîtresse se hâterait d'y revenir. On disait à Richelieu que le temps avait passé sur les charmes de madame de Pompadour; on lui faisait entrevoir que la place était toute prête pour une autre. On lui demandait si le vainqueur de Mahon

---

(1) C'était le temps où Frédéric, ne voyant guère « plus d'asile pour lui que dans les bras de la mort », avait la pensée d'acheter madame de Pompadour. Dans une lettre adressée à sa sœur, la margrave de Bareuth, et donnée par d'Arneth dans son *Histoire de Marie-Thérèse*, il disait « qu'on pourrait offrir jusqu'à 500,000 écus à la favorite pour la paix et pousser les offres beaucoup au delà, si en même temps elle pouvait s'engager à nous procurer quelques avantages ». Dans d'autres lettres, il annonçait son intention de payer la paix par la principauté de Neufchâtel donnée en souveraineté à la marquise. Cette principauté, où Soulavie affirme que madame de Pompadour avait l'intention de chercher un refuge contre les haines de la famille royale, au cas de la mort de Louis XV, fut, au dire de madame d'Epinay, l'objet d'une négociation conduite par son beau-frère, La Live de Jully. Mais nous n'avons aucun renseignement positif sur la nature de la négociation et même sur l'année où elle fut entamée.

devait se tenir en dehors des éventualités, ne point se réserver l'avenir. Enfin, lui faisait demander Frédéric, une guerre de trois femmes devait-elle renverser sous Louis XV l'édifice des trois plus grands rois de la monarchie française : Louis XIV, Louis XIII, Henri IV (1)?

Entraîné, séduit, gagné, Richelieu demeurait au repos, résistait à l'occasion, respectait Magdebourg et ses trois ou quatre mille recrues incapables de résistance, abandonnait à ses propres forces le prince de Soubise, et laissait perdre au général de madame de Pompadour cette désastreuse bataille de Rosbach (5 novembre 1757) qui allait avoir en France l'écho douloureux d'un autre d'Azincourt : déroute fatale, dont la dépêche faisait fondre en larmes madame de Pompadour, et qui allait pendant de longues nuits ôter le repos à la favorite, et ne lui permettre qu'un sommeil forcé par des calmants (2).

A la première nouvelle de la déroute de Rosbach, Bernis s'effrayait sur les suites d'une politique dont les premiers succès l'avaient bien plus étonné que convaincu (3). Les intrigues et les

---

(1) *Mémoires du maréchal duc de Richelieu.* Buisson, 1793, vol. IX.
(2) *Mémoires de madame du Hausset.* Baudouin, 1824.
(3) La convention de Closter-Seven avait commencé à mettre un peu d'aigreur dans les rapports entre Bernis et madame de Pompadour qui voulait que son ministre eût les mêmes préventions et le même zèle qu'elle en faveur de M. de Soubise. « Après Rosbach, reprend Bernis; je fus d'avis, encore avec tout le Conseil, d'ordonner au prince de Soubise de joindre ses troupes à celles du maréchal de Richelieu, qui, ayant séparé

divisions du Conseil, l'incapacité notoire de nos généraux, la conspiration, sinon des vœux, au moins des prévisions de la France en faveur du roi de Prusse, ce qu'il voyait et ce qu'il prévoyait, le décidaient à déclarer ouvertement qu'on ne devait pas se flatter de faire la guerre plus heureusement; que la France et l'Impératrice n'avaient point de capitaines à mettre en ligne avec le roi de Prusse et le prince Ferdinand de Brunswick; qu'il fallait se presser de faire la paix. La rupture de la convention de Closter par les Hanovriens et les Hessois qu'enhardissaient nos revers, et bientôt la déroute des Autrichiens à Lissa qui jetait la consternation à la cour de Vienne et semblait devoir abattre l'Impératrice et la disposer à un accommodement, poussaient Bernis à de nouvelles représentations, à de nouvelles demandes de paix.

Mais donnons la parole à Bernis : « Peu de jours après la bataille de Rosbach, je profitai de la diminution de la confiance que madame de Pompadour commençait à avoir du succès de la guerre, pour lui

---

son armée, aurait été suffisamment renforcé pour en imposer au prince Ferdinand qui avait rompu la capitulation de Closter-Seven. Madame de Pompadour se fâcha qu'on eût mis son général aux ordres du maréchal de Richelieu : chaque ministre retira son avis, je conservai le mien et j'osai le soutenir. Elle m'en témoigna son indignation ; je lui répondis que j'étais serviteur de M. de Soubise, mais que ses intérêts m'étaient encore moins chers que ceux de l'État. Voilà l'époque où l'amitié de madame de Pompadour pour moi commença à se refroidir, elle se ranima un peu la campagne suivante, quand je fus d'avis qu'on donnât à M. de Soubise vingt-quatre mille hommes à commander et à joindre aux Autrichiens. Je songeai aux moyens de terminer la guerre... » (*Mémoires inédits du cardinal de Bernis.*)

faire sentir qu'il était impossible d'espérer une plus heureuse issue de la campagne prochaine que de la précédente. Je lui représentai que nous n'avions rien encore perdu dans la guerre maritime; que Minorque servirait à la restitution de Louisbourg, s'il était pris, mais qu'à la longue il était impossible que les Anglais, supérieurs en forces maritimes, ne vinssent à bout de nous enlever nos colonies, source et fondement de notre commerce extérieur; qu'il n'était pas dans la puissance de nos alliés de nous dédommager de cette perte; que la capitulation de Closter et ses suites avaient changé la scène; que M. le prince Ferdinand rendrait l'armée des alliés plus formidable qu'elle n'avait jamais été jusqu'alors; que M. Pitt, successeur de Fox, avait senti, étant devenu ministre, l'importance pour l'Angleterre d'empêcher que la balance du continent ne penchât de notre côté, parce que l'intérêt de la terre l'emporte sur l'intérêt maritime; que nous n'avions point de généraux et que la finance ne pouvait plus porter le poids des dépenses; que dans cet état il y aurait de la folie à continuer une guerre ruineuse; que nous devions nous occuper sérieusement de la paix de concert avec nos alliés; que la Suède et la Russie s'y porteraient aisément ainsi que la Saxe et l'Empire; qu'il fallait attendre qu'il arrivât quelque disgrâce à la cour de Vienne, déterminée à continuer la guerre pour la faire entrer dans nos vues; que, par rapport à notre guerre maritime, j'avais déjà préparé la cour de Madrid à se prêter pour médiatrice et à faire respecter sa médiation par l'augmentation de ses forces de terre et de mer ; que la reine d'Espagne, si opposée à entrer dans nos querelles, commençait à sentir combien il importait que nos colonies ne tombassent pas dans les mains de l'Angleterre, et combien le rôle que nous voulions faire jouer à l'Espagne était honorable pour elle. J'ajoutai à ces considérations celle-ci encore plus importante : c'est que la cour de Vienne ne peut nous dédommager de la perte de nos colonies et de notre commerce, source abondante de richesses de la France ; que si, pour son intérêt particulier, elle persistait à vouloir nous ruiner, nous ne devions compter ni sur son amitié, ni sur la fidélité de son alliance, parce que, si ses sentiments à notre égard étaient sincères, elle était presque aussi intéressée à la conservation de la puissance de la France, puisque c'était sa plus grande ressource, au moins pendant la vie du roi de Prusse, et qu'ainsi l'obstination qu'elle pourrait montrer à la continuation de la guerre ne mériterait de notre part que des ménagements politiques, et que le Roi devait toute préférence à son royaume sur ses alliés.

« Ces considérations ne persuadèrent pas madame de Pompadour qui voyait, en enfant, les affaires de l'État ; mais elle n'eut pas de bonnes raisons à opposer (1). »

La paix ! c'était en effet la ruine de l'œuvre de ma-

---

(1) *Mémoires inédits du cardinal de Bernis.*

dame de Pompadour, la condamnation solennelle de son système, une humiliation éclatante de son orgueil. L'alliance avec l'Autriche n'était point en effet une politique accueillie, protégée et adoptée par elle : elle était, à ses yeux, une politique imaginée par elle, animée par elle, émanée d'elle, une idée qui lui était personnelle, un plan qui lui appartenait en propre. Fallait-il donc céder aux mauvaises chances du moment, et leur sacrifier les espérances de l'avenir, la fortune que la France avait le droit d'attendre et d'invoquer en d'autres rencontres? Les exemples de l'histoire n'étaient-ils pas là pour engager à surmonter le présent et à persévérer dans la lutte? Ne montrait-elle pas à toutes ses pages une victoire soudaine réparant tous les malheurs, effaçant une suite de désastres? Le triomphateur du jour, Frédéric lui-même, n'était-il pas le mémorable modèle de cette patience qui lasse les revers, et de cet entêtement à vaincre qui venait de le sauver en un jour d'une position désespérée? Et n'y avait-il plus dans la monarchie le cœur opiniâtre d'un Louis XIV, marchant avec le drapeau de la France contre le vent des destins?

Ainsi raisonnait et s'exaltait madame de Pompadour, enivrée et comme soulevée au-dessus d'elle-même et du niveau de son âme par la grandeur des intérêts et l'imprévu des hasards de la politique et de la guerre.

Et elle écrivait à Kaunitz, le 17 décembre 1757 :

« ... *Je hais le vainqueur plus que je n'ay jamais*

fait... prenons de bonnes mesures, pulvérisons l'Attila du Nord, et vous me verrez aussi contente que je suis de méchante humeur (1). »

Et elle écrivait encore à Kaunitz à quatre jours de là :

« *Je suis bien fâchée, monsieur le comte, d'avoir deux compliments à vous faire. Il m'eût été bien doux de n'avoir à vous parler que de ma joie de l'heureux événement du 22* (victoire des Autrichiens à Breslau); *celuy du 5 de ce mois* (défaite de Lissa) *en la diminuant beaucoup n'affoiblit pas mon courage; toute âme élevée se roidit contre le malheur et n'en est que plus animée à chercher les moyens de le réparer. Telle est ma façon de penser, monsieur le comte, j'espère que vous y reconnoîtrés l'original du portrait que vous recevrés incessamment et qu'il vous remettra ma fidèle et sincère amitié* (2). »

La favorite se raidissait dans une obstination presque cornélienne que soutenaient sa mémoire et l'héroïsme sonore des vers de tragédie. Avec l'aveuglement et la volonté intempérante de son sexe, elle voulait ne s'arrêter qu'à l'extrémité des choses; et il lui semblait naturel de trouver autour d'elle et dans la France la persistance de résolution, l'effort continu, le courage désespéré, que lui avait demandés si souvent le maintien de sa faveur. Puis, quel moment pour céder! le moment où l'opinion se déchaînait contre elle, où l'émeute des libelles et

---

(1) *Maria Theresia*, 1756-1758, par Arneth. Note 423.
(2) *Ibid.*

des injures pourrait s'attribuer l'honneur de l'avoir effrayée ou convertie! Sur ce terrain, le ministre et la favorite ne pouvaient s'entendre. Bernis raisonnait sur le présent, les éventualités présumables et menaçantes : il avait raison comme le bon sens d'un homme. Madame de Pompadour raisonnait sur des possibilités heureuses, un retour des chances du sort, la révélation d'un général : elle avait raison comme l'imagination d'une femme. Aussi, contre les représentations de Bernis, ne faisait-elle qu'irriter chez le Roi la blessure de Rosbach, et se récrier auprès de lui sur la honte de signer la paix après une défaite et d'abandonner Marie-Thérèse avant qu'elle eût repris la Silésie.

La passion que les femmes mettent dans la protection animait encore madame de Pompadour pour la continuation de la lutte. Désolée de l'affront de Soubise, elle voulait donner l'occasion d'une revanche au maréchal, bafoué par les chansons et les épigrammes, par Paris, par Versailles, par les badauds aussi bien que par les grandes familles qui jetaient à la favorite le cri du sang des leurs versé dans une « *soubisade* ». Jamais bataille perdue ne valut au vaincu tant d'insultes, une telle popularité de ridicule, et cependant c'est le devoir de l'historien, dont la justice n'est pas vendue au succès, de reconnaître que Soubise ne méritait point de si cruelles risées. Sa seule faute à Rosbach fut une faute, grande, il est vrai, mais excusable : il fut malheureux. Cette bataille qu'il perdit, il n'avait point voulu la donner après un examen fait de la position de l'ennemi. Soumis au prince d'Hilburghausen, commandant l'armée des Cercles, qui paraît avoir été acheté par Frédéric, Soubise combattait dans le conseil de guerre sa résolution d'attaquer, et s'appuyait de l'avis du comte de Mailly ; il demandait à différer jusqu'au lendemain pour avoir le temps de tracer son plan de bataille. Il envoyait même deux de ses aides de camp pour ordonner à l'armée de rester dans ses positions. Mais le prince d'Hilburghausen mettait son armée en mouvement, et entraînait ainsi Soubise, forcé de le suivre, et d'ailleurs pressé de donner la bataille par une dépêche de Stainville arrivée de Vienne au dernier moment. Ajoutons encore, pour la défense du maréchal, que dans cette bataille, qui fut presque au premier choc une déroute, Soubise avait pris la seule disposition qui pouvait faire échouer le plan du roi de Prusse (1). Ces excuses de Soubise, reconnues par un écrivain qui lui est fort hostile, la vengeance qu'il tira plus tard de Rosbach aux brillants combats de Sundershausen et de Lutzelberg, peuvent excuser jusqu'à un certain point l'engouement de madame de Pompadour pour le général battu (2), à qui elle faisait écrire

---

(1) *Mémoires du maréchal duc de Richelieu,* t. IX.
(2) Voici une lettre de madame de Pompadour à Pâris-Duverney qui montre l'intérêt qu'elle prend à un « ami cher » et qui dévoile toute l'occupation qu'elle a de ses succès : « *Quoique je sois très sûre, mon nigaud, de l'amitié que M. de Soubise a pour vous et de celle que vous lui rendez, sa position est si délicate dans ce moment, que je ne puis me refuser de vous le recommander particulièrement. Par les mesures prises*

une lettre de condoléance par le Roi. Dans le commandement général des troupes qui était donné à Richelieu, elle ne laissait pas sacrifier son favori ; et M. de Choiseul, tout en blâmant cette satisfaction donnée à la maîtresse, apprenait à Richelieu que la réserve de l'état-major était faite au profit du prince de Soubise. Madame de Pompadour persévérant à caresser l'idée de lui rendre un premier commandement, la guerre continuait sous la direction du comte de Clermont, le successeur de Richelieu, dont les défaites n'étaient balancées que par la victoire de Saint-Cast, remportée le 4 septembre 1758, en Bretagne, sur les troupes de débarquement anglaises.

Les illusions de madame de Pompadour abandonnaient son ministre. Inquiet, cédant à ses timidités pessimistes, découragé, très-sensible au bruit de l'opinion, aux piqûres des pamphlets, voyant, comme il l'écrivait, « *les reins de la monarchie affoiblis* », irrité de cette protection continuée à Soubise (1),

---

avec la cour de Vienne, il paroît encore possible de délivrer la Saxe cette année. Je n'entrerai pas dans le détail des avantages immenses dont seroit cette délivrance pour le bien des affaires et pour l'acheminement de la paix. De plus habiles que moi en causeront avec vous. Je me borne à vous parler des sentimens qui m'animent tant pour la gloire des armes du Roi que pour celle d'un ami qui m'est cher. Les subsistances peuvent seules l'arrêter; je vous demande donc, par toute l'amitié que vous avez pour moi, de vous occuper vivement de cette armée. Si vous me le promettez, je n'aurai plus d'inquiétudes et je me flatterai d'un succès heureux. Vous êtes sensible, mon nigaud, vous me connoissez, jugez si je serai reconnoissante ; mais je ne vous en aimerai pas davantage, car il y a longtemps que c'est une affaire faite. »

(1) Il le soutenait quand même, écrivant à Duverney : « Le Roi aime

alarmé de cette Fronde qui s'organisait en France, troublé d'idées noires et allant jusqu'à craindre que madame de Pompadour ne fût déchirée par le peuple à une seconde défaite de Soubise ; plein de dégoût pour une œuvre où il était entré froidement par reconnaissance pour madame de Pompadour et par courtisanerie pour le Roi, gardant une conscience droite dans une ambition sage, Bernis était travaillé et torturé par le malaise, les regrets et les remords d'un honnête homme qui croit compromettre son nom avec les intérêts de sa patrie.

Désespéré et dégoûté, il écrivait : « Il me semble être le ministre des affaires étrangères des Limbes..... Pour moi, j'ai rué tous mes grands coups et je vais prendre le parti d'être en apoplexie comme les autres sur le sentiment.... Le principe s'éteint chez nous. »

A tout moment, il faisait part à madame de Pompadour des ennuis qui lui remplissaient le cœur, des pressentiments qui lui envahissaient l'esprit, de ses alarmes, des impossibilités matérielles d'un plus long effort, de la nécessité des économies, des réformes, de l'urgence de la paix. Mais il n'obtenait rien. « J'excite un peu d'élévation dans le pouls, écrivait-il, puis la léthargie recommence, on ouvre de grands yeux tristes, et tout est dit (1). »

M. de Soubise, il voudroit le mettre à portée de prendre sa revanche du 5 novembre (Rosbach). Voilà la vérité. »

(1) *Corresp. inédite du cardinal de Bernis. Revue française.* Juillet 1828. — *Le cardinal de Bernis,* par M. Sainte-Beuve. Causeries du lundi.

Sans se lasser, il revenait toujours à la paix, que le Conseil lui avait permis de négocier (1), mais dans les négociations de laquelle il rencontrait toujours l'opposition et les traverses de la politique personnelle de madame de Pompadour.

Cependant arrivait la nouvelle du désastre de Crevelt (23 juin 1758); Bernis, en même temps, obtenait, sur un ordre du Roi à Boulogne, communication de l'état des finances. Épouvanté, il allait trouver madame de Pompadour, et, puisant dans la ruine de la France une énergie supérieure à son caractère, il représentait à la favorite, avec une force et une autorité de parole qu'elle n'était point habituée à lui voir, que toutes les disgrâces présentes leur étaient imputées à tous deux et à eux seuls ; que le public n'était pas instruit de l'opposition qu'il avait montrée à la première proposition du traité avec la cour de Vienne, des objections qu'il avait faites, des précautions qu'il avait prises, des préalables qu'il avait exigés, qu'on lui avait promis et qu'on n'avait pas tenus. Le public, continuait Bernis, ignorait les articles secrets du traité, articles si avantageux à la France, et dont le succès était infaillible avec d'autres généraux que les nôtres; le public savait seulement que lui, comte de Bernis,

(1) « Je crus avoir rendu un service important à l'État en obtenant du Roi la permission de traiter la paix et en réussissant à y amener nos alliés, mais cette paix, pour être honorable, exigeait que la campagne de 1758 fût mieux conduite que la précédente. » (*Mémoires inédits du cardinal de Bernis.*)

était le signataire d'un traité aux suites si déplorables, qu'il en était regardé comme le seul auteur; que pour elle, elle était accusée, plus justement, de l'avoir suggéré, et de vouloir continuer la guerre pour donner un commandement à Soubise. Ces récriminations, ces accusations de Bernis, jetaient madame de Pompadour dans une colère qui ne se refusa pas, dit-on, la vivacité des mots. Bernis terminait la scène en lui déclarant que, s'il ne pouvait déterminer le Roi à la paix, il était décidé à se retirer pour se disculper de vouloir continuer la guerre. Sur quoi, la marquise lui disait, d'un ton amer, que ce serait manquer de reconnaissance, et qu'après toutes les grâces dont il avait été comblé, il ne paraîtrait pas faire grand sacrifice à son honneur. Bernis lui répondait assez dignement que, quand on le verrait remettre ses abbayes, renoncer à la promesse du chapeau et se borner au seul prieuré de la Charité, le Roi et le public le jugeraient plus favorablement qu'elle ne pensait (1).

Après avoir ainsi averti madame de Pompadour de sa résolution, le comte de Bernis déclarait au Conseil que le traité ne pouvait se suivre quant au moment présent; que la bonne intelligence pouvait subsister entre les cours de France et de Vienne, mais que le coup était manqué par l'incapacité des généraux, par la rupture de la convention de Closter, par l'anéantissement de la marine. L'armée après

---

1) *Mémoires secrets de Duclos.*

ses revers devait rétrograder infailliblement derrière le Rhin ; et l'Impératrice, à laquelle la pénurie de nos finances ne permettait plus de payer les subsides convenus, ne pouvait plus agir qu'avec des moyens incapables d'amener un résultat. Bernis terminait en disant qu'il ne restait qu'un parti à prendre : engager l'Espagne à une médiation armée. Il était appuyé par le conseil et le Dauphin qui emportaient le consentement du Roi, venu, à ce qu'il semblait, de l'appartement de madame de Pompadour au Conseil avec d'autres idées et les entêtements de la favorite. Le comte de Bernis était autorisé à négocier sur ce plan avec la cour de Vienne.

Cette démarche de Bernis sembla à la favorite une déclaration de guerre. Elle fut étonnée, stupéfaite, de cet acte de caractère dont le ministre l'avait menacée sans qu'elle y ajoutât foi ; elle fut blessée au cœur par l'audace et l'éclat d'indépendance d'un homme dont elle ne voulait pas oublier la première posture auprès d'elle, et dans lequel elle croyait trouver jusqu'au bout une créature et un commis de ses volontés. A ce ressentiment se joignait, chez madame de Pompadour, la jalousie de la place que Bernis avait prise dans l'amitié particulière du Roi, depuis la tentative d'assassinat de Damiens, la jalousie de l'importance qu'il avait acquise, de l'initiative qu'il avait fait paraître dans sa place. Elle ne lui pardonnait ni les réformes dont il avait eu l'idée et le courage dans la dépense de la maison royale, ni ce plan de ministère, où Bernis, dans la situation difficile de la France, voulait grouper les capacités, les intelligences fortes, Chauvelin, le comte de Maurepas, le duc de Nivernois, son parent, non point, comme quelques-uns l'insinuaient à madame de Pompadour, pour jeter à bas ses appuis et la renverser, mais pour donner à la direction des affaires une autorité vigoureuse, et servir au besoin les intérêts de la France contre les passions de la favorite (1).

Ces dispositions de madame de Pompadour parvenaient à la connaissance de M. de Stainville, notre ambassadeur à Vienne, et le faisaient aussitôt changer de conduite. Tant qu'il avait reconnu dans les instructions de Bernis l'inspiration de madame de Pompadour, il les avait exactement suivies; mais, dès qu'il eut appris le dissentiment entre la favorite et le ministre, dès qu'il put supposer par les lettres de madame de Pompadour que Bernis avait perdu l'amitié de la femme, il quitta secrètement le parti et le service du ministre pour les idées de la favorite. Bien qu'il eût négocié la paix et envoyé le consentement de l'Impératrice, il s'autorisait des regrets que l'Impératrice éprouvait de cette reculade, de l'humiliation que madame de Pompadour en ressentait, pour appuyer à Vienne et à Versailles, auprès de Marie-Thérèse et auprès de la favorite, sur le découragement trop prompt et trop facile de

---

(1) *Mémoires secrets sur les règnes de Louis XIV et de Louis XV*, par feu M. Duclos.

l'abbé de Bernis. Il soutenait, contre ses alarmes, que rien n'était désespéré, que tout pouvait encore se réparer, et devait se relever. En même temps qu'il établissait ainsi l'avenir de sa fortune en flattant et en ranimant les espérances vaincues, mais toujours vives et insoumises, de l'Impératrice et de la maîtresse, Stainville, par une manœuvre infiniment habile, poussait la négociation du chapeau de cardinal pour Bernis.

Le cardinalat donnant les prééminences de premier ministre, l'ambassadeur savait par là réparer la chute de Bernis, en mettant le Roi en garde contre lui, en rappelant dans l'esprit du maître ces ombrages contre un cardinal ministre qu'y avait semés le cardinal de Fleury lui-même, ombrages puissants, invincibles chez Louis XV, qui avaient écarté le cardinal de Tencin du pouvoir, et qui devaient, selon toute prévision, en faire descendre le cardinal de Bernis.

Mais déjà le ministre chancelait. Reprenant courage aux encouragements de Stainville, madame de Pompadour conquérait la volonté du Roi, et faisait revenir Louis XV au parti qu'il n'avait abandonné qu'à regret, au parti de la continuation de la guerre. Sur ce changement du Roi, sur cette victoire de la favorite, Bernis jugeait que ses devoirs étaient finis. Il offrait la démission de son département qui serait, disait-il, plus convenablement placé entre les mains du comte de Stainville, puisque M. de Stainville voyait les moyens de relever les affaires. Après des pourparlers, des allées, des venues, toutes les petites faussetés réciproques qui accompagnent d'ordinaire ces sortes d'accommodements, il fut convenu que Bernis, auquel le chapeau venait d'arriver (1), agirait de concert avec le nouveau ministre, M. de Stainville, et serait de plus chargé en particulier d'une négociation avec les parlements dont le maniement exigeait presque un département séparé (2).

Stainville, au premier conseil où il assista, et ma-

(1) Madame de Pompadour aurait eu, au dire de madame du Hausset, l'adresse de refroidir le Roi à l'égard de Bernis à la suite de l'examen des papiers de l'Infante, morte à Versailles, de montrer l'abbé en intrigue avec cette princesse qui eut une grande influence dans l'obtention du chapeau, « si bien, raconte-t-elle, que le Roi lui remettait la barrette comme un os qu'on jette à un chien ». Malheureusement pour la vérité de cette anecdote, nous ferons remarquer que la remise de la barrette est du mois de novembre 1758 et que la mort de l'Infante est du mois de décembre 1759. Le récit de Bernis, dans ses *Mémoires inédits*, dément entièrement le *cancan* de madame du Hausset. Lors des négociations de Choiseul avec le pape pour l'obtention du chapeau, après le consentement flatteur de l'Impératrice-Reine, c'était madame de Pompadour elle-même qui écrivait ce billet à Bernis : « *Eh vite, l'abbé, le Roi vous ordonne d'envoyer un courrier à Madrid pour demander le consentement au Roi, son cousin.* » Ce ne fut que plus tard, à la suite du refroidissement devenant plus grand chaque jour et d'insinuations de Berryer, qu'on fit peur à la marquise du chapeau rouge de son ancien favori, qu'on lui persuada que les cardinaux étaient toujours ambitieux de premiers rôles. Quant au Roi, qui dans le principe avait été hostile au cardinalat de Bernis, il avait changé complétement d'idée et montrait publiquement une telle satisfaction de l'élévation au chapeau de son ministre déclaré cardinal le 2 octobre 1758, que les ambassadeurs étrangers mandaient à leurs cours que Bernis allait être nommé premier ministre. Et Bernis ajoute que le Roi, en lui mettant la barrette sur la tête, dit assez haut pour être entendu de tout le monde : « Je n'ai jamais fait un aussi beau cardinal. »

(2) *Mémoires secrets sur les règnes de Louis XIV et de Louis XV*, par eu M. Duclos.

dame de Pompadour eurent beau se confondre en protestations d'amitié, en instances de ne pas les quitter, le cardinal se sentait dans une situation fausse ; il gênait le ministre, il gênait la favorite, il était gêné lui-même. Au bout de quelque temps, lassé et résolu à un sacrifice complet, il allait droit à eux, leur parlait de la contrainte où il les mettait, leur représentait que, ne pensant pas comme eux sur les affaires, il paraîtrait toujours les traverser en opinant au Conseil, et leur déclarait que le mieux était, pour la conservation de leur amitié, de se séparer et qu'il demandât au Roi la permission de s'absenter quelques mois, en donnant pour prétexte les besoins de sa santé. On le retenait encore ; mais les caresses ne parvenaient pas à l'abuser. Il comprenait le rôle qu'on voulait de lui, le besoin que l'on avait de son crédit auprès du Parlement de Paris pour l'enregistrement d'un emprunt de quarante millions qui souffrait de grandes difficultés. Il avait pratiqué de trop près madame de Pompadour pour ne point la savoir implacable dans ses rancunes ; et, sans illusions, il attendait, d'un jour à l'autre, la disgrâce.

Ce fut dans cette attente singulière qu'un jour, dans une de ces conversations indifférentes qui avaient remplacé, entre la marquise et lui, les entretiens familiers et abandonnés d'autrefois, il lui dit : « Nous séparer, à la bonne heure, rien de plus simple et de plus facile.... Mais pourquoi un *coup de poignard ?* » Madame de Pompadour ne répondait pas (1). « Le coup de poignard, » c'est-à-dire l'exil du ministre, entrait dans son plan comme dans son caractère.

Il lui semblait nécessaire à la satisfaction de son amour-propre, nécessaire à la sauvegarde de ses intérêts. Ne fallait-il pas engager le Roi, le lier par une lettre de cachet contre un retour pour le ministre qu'il avait le plus aimé, depuis le cardinal de Fleury, celui pour lequel il avait eu le plus d'attachement, celui dont la discrétion lui avait inspiré le plus de confiance? Ne fallait-il pas renverser brusquement et d'un grand coup la domination que Bernis avait prise sur le Roi (2), en dehors de la favorite, par la douceur et l'aménité de ses façons, ses grâces d'homme d'église, son dévouement dans des circonstances critiques, ce respect et ce sincère amour d'un courtisan de bonne foi pour la personne de son Roi, dévoilés au Roi pendant de longues années par le viol du secret de la poste?

Cette amitié du maître qui perçait dans les difficultés qu'il faisait pour exiler Bernis à son abbaye de Saint-Médard, de Soissons (3), dans l'embarras

---

(1) *Notice sur le cardinal de Bernis,* par Loménie de Brienne.
(2) Ce qu'il y a de curieux, c'est que le Roi, qui voyait tous les jours Bernis chez madame de Pompadour, passa trois ans sans lui parler, « tant était grande la timidité de ce prince vis-à-vis des personnes auxquelles il n'était pas accoutumé, surtout si ces personnes avaient la réputation de gens d'esprit ».
(3) La disgrâce de Bernis est du 1er novembre 1758. Il était en conférence avec M. de Starhemberg lorsque lui arrivait la lettre qui le remerciait de ses services. Après la lecture du billet, il revenait à l'ambassadeur sans qu'il parût sur son visage aucune altération et rompant

que son visage ne pouvait cacher au cardinal au souper de la veille de son départ, cette séduction du Roi, demandaient que la marquise se vengeât de sa créature par une punition qui fût un exemple.

On a dit que madame de Pompadour n'avait fait que se défendre contre l'ingratitude d'un protégé travaillant à la renverser. On a parlé d'un Mémoire du cardinal où il disait que, dans l'état des affaires, il était besoin dans l'État et auprès du Roi d'un premier ministre, d'une centralisation de la volonté du Conseil, d'un pouvoir et d'une décision qui auraient eu l'unité et l'énergie des dictatures qui sortaient Rome des grands dangers. Ce Mémoire aurait éclairé et effrayé madame de Pompadour sur

l'entretien politique : « Ce n'est plus avec moi, disait-il d'un air riant, que vous devez vous expliquer sur ces grands sujets; voilà que je reçois mon congé. « Et soutenant quelques moments une conversation indifférente avec l'ambassadeur autrichien, il se retira le laissant étonné de son calme. Bernis, qui dit, dans ses *Mémoires inédits*, qu'il fut exilé en décembre 1758 seulement, attribue la précipitation de sa disgrâce à l'annonce faite par les ambassadeurs de sa future élévation au poste de premier ministre, lors de sa déclaration comme cardinal : « Leurs lettres ayant été interceptées à la poste, madame de Pompadour, qui ne pouvait plus me souffrir, persuada sans doute facilement au Roi que je lui forcerais la main s'il ne m'exilait dans une de mes abbayes. Il est à remarquer que le jour que le courrier de Rome arriva fut le même où le Roi me permit, par une lettre pleine de bonté, de quitter les Affaires étrangères. » Barbier dit qu'il n'y eut pas de lettre de cachet, le Roi lui écrivit de sa propre main : cela s'appelle une *lettre d'ordre*. La *Gazette de France* annonçait dans ces termes la démission : « La santé du cardinal de Bernis, dérangée depuis longtemps, ne lui permet plus de continuer les fonctions pénibles du département des Affaires étrangères; le Roi agrée sa démission et a nommé à sa place le duc de Choiseul, ambassadeur à Vienne. Le Roi conserve au cardinal de Bernis sa place dans les conseils, et l'intention de Sa Majesté est que le cardinal assiste dans le plus grand concert avec le duc de Choiseul pour tout ce qui aura rapport aux affaires étrangères. »

les ambitions du cardinal, et elle aurait fait sonner à l'oreille du Roi le mot *dictateur* comme une menace (1). Mais cette version est-elle la vérité? En admettant même le Mémoire, et cette proposition d'un ministre dirigeant, dont le rôle de fermeté et de décision était réservé dans les projets de Bernis au maréchal de Belle-Isle (2), les intentions du ministre étaient-elles tournées contre sa bienfaitrice?

(1) *Le Conteur*, n° 5, 1784.
(2) Un passage des *Mémoires inédits* du cardinal de Bernis que va publier M. Frédéric Masson ne laisse, à cet égard, aucun doute : « C'est dans ces circonstances que j'écrivis au Roi pour lui faire sentir combien il était nécessaire et instant ou de décider par lui-même ou de donner à un ministre capable l'autorité nécessaire pour faire aller la machine du dedans et du dehors. Je proposai le maréchal de Belle-Isle à cause de son expérience ou tel autre que Sa Majesté voudrait choisir...... J'écrivis en même temps à madame de Pompadour une lettre plus forte et plus détaillée, en la priant de remettre au Roi celle dont je viens de parler qui était toute ouverte afin qu'elle pût en prendre connaissance. J'envoyai ce paquet à la marquise et je fus quelques heures après pour savoir si elle avait remis ma lettre au Roi et ce que le Roi avait pensé; je la trouvai froide et aigre : elle me dit qu'elle n'avait point remis ma lettre à Sa Majesté, parce qu'elle était sûre qu'elle lui déplairait. Je combattis ses raisons pendant quelque temps; mais, voyant qu'elle persistait à penser que cette lettre au lieu de produire un bon effet en produirait un mauvais, je la priai de me la rendre, je la déchirai devant elle et je la brûlai. J'aurais craint de l'offenser et de lui montrer une défiance injuste et déplacée, si je lui avais demandé en même temps la lettre que je lui avais écrite à elle-même. D'ailleurs, ayant déchiré celle qui était destinée pour le Roi, l'autre ne signifiait plus rien, puisqu'elle n'était que la préface de la première. J'étais bien éloigné de penser que madame de Pompadour pût se servir de la lettre que je lui avais laissée pour persuader au public que j'avais présenté un mémoire au Roi, par lequel je demandais à être déclaré premier ministre.

« Après ma disgrâce, elle répandit ce bruit ridicule, mais qui prit faveur en France et dans les pays étrangers : elle détacha pour cela quelques phrases de la lettre qu'elle avait gardée, qu'elle donnait comme des fragments du prétendu mémoire envoyé au Roi... Il n'y a guère d'exemple d'une pareille noirceur..... »

Tout le personnage de Bernis repousse ce soupçon. S'il fait, dans son ministère, dans ces circonstances trop grandes pour lui et qui l'écrasent, une assez triste figure d'honnête homme, il laisse derrière lui une pure image de galant homme ; et le dernier trait que méritait sa mémoire, est la justice que lui a rendue madame de Pompadour elle-même, qui évitait d'en parler, comme pour échapper au souvenir et aux remords de sa disgrâce, et ne lui reprochait jamais, dans son cercle intime, que de l'incapacité. Une nuit que malade, et gardée par madame du Hausset, elle s'était laissée aller à parler des amitiés qu'elle avait perdues dans son chemin, il lui venait à la bouche, comme un écho de ses reproches intérieurs, cette parole sur le malheur de l'exil du cardinal : «... *Enfin je songe à moi qui aurais joui de sa société et vieilli avec un ancien et aimable ami* (1).»

(1) *Mémoires de madame du Hausset.*

XIV

Choiseul, le ministre de la politique à outrance de la favorite. — Son nez *au vent*. — Sa méchanceté d'esprit. — Ses ambassades à Rome, à Vienne. — Les qualités et les défauts du diplomate. — Louis XVI définit le duc de Choiseul un *caractère*. — La duchesse de Gramont. — La petite Julie. — Les Choiseul-Stainville, les Choiseul-Beaupré, les Choiseul-Labaume occupant toutes les places. — Le duc de Choiseul faisant les honneurs de sa galerie de tableaux d'après une miniature de Blarenberg. — Plan d'une alliance du *Midi*. — Pacte de famille. — La monarchie tempérée par l'esprit de liberté. — Traité du 30 décembre 1758.

L'homme qui remplaça le comte de Bernis, la seconde créature et le second ministre du règne de madame de Pompadour, le ministre de la politique à outrance de la favorite, celui qui poussa jusqu'au bout l'exécution et les conséquences de ces idées, mérite sa place dans l'histoire de la maîtresse, et par le grand rôle qu'il a joué sous elle, et par la fortune étrange de sa popularité. Injustice singulière ! madame de Pompadour portera dans son temps et bien au delà l'impopularité de la guerre de Sept ans, la peine de nos désastres et de nos malheurs, et le ministre qui servit d'une façon passionnée l'entêtement de ses plans, qui l'affermit et l'enhardit dans les efforts et les résolutions extrêmes, demeurera de son temps le favori de l'opinion publique, et gardera les sympathies de l'avenir.

Le comte de Stainville, fils de M. de Stainville, envoyé du grand-duc de Toscane, était un petit homme, laid de visage, aux traits courts et ramassés qui lui donnaient, sous ses cheveux roux, quelque chose de la tête d'un doguin. Mais des yeux vifs et pétillants, un nez *au vent* (1), une physionomie animée, de grosses lèvres riantes faisaient oublier ses traits. Il avait la taille bien prise, la jambe belle, un abord ouvert, des façons polies relevées de cette nuance d'audace cavalière que les grands seigneurs de la comédie de Beaumarchais devaient faire voir sur le théâtre. Entré dans le monde avec une ligne de conduite, un plan raisonné de tenue et d'ambition, il avait débuté par des méchancetés, des mots acérés, un persiflage soutenu, une sorte de démonstration du danger qu'il y avait à se faire son ennemi ; et il parvenait par ce jeu d'intimidation à une telle renommée d'esprit et de cruauté badine, que beaucoup affirmaient qu'il était un des types qui avaient servi de modèle au *Méchant* de Gresset (2). Il mettait, dans cette amertume impitoyable et pleine de grâces, sa sûreté aussi bien que sa vanité, des raffinements, des jouissances, et ce libertinage de l'ironie qui se révélera avec des carac-

---

(1) *Mémoires secrets de la république des lettres*, t. VIII.
(2) *Portraits et caractères de personnages distingués de la fin du dix-huitième siècle*, par Senac de Meilhan. Dentu, 1813.

tères si frappants, dans les *Liaisons dangereuses* de
Laclos, et montrera le plus grand abîme moral du
dix-huitième siècle. Puis, cette réputation acquise,
le comte de Stainville avait pris le rôle d'homme à
bonnes fortunes ; et, en dépit de sa figure, il réussissait grandement auprès des femmes. Cette vie le
menait jusqu'au jour où, livrant par une perfidie
sans nom à madame de Pompadour la lettre de
madame de Choiseul-Romanet, il s'attachait la reconnaissance de la femme de France contre laquelle
il avait dépensé le plus d'esprit (1). Et le comte de
Stainville avait même l'art de colorer et de rendre
aimable sa trahison aux yeux de la favorite par
l'affiche d'une violente passion pour elle : recom-
mandation bien puissante auprès d'une femme qui,
dit Bernis, « poussait l'amour-propre de la figure
jusqu'au ridicule ». Dès lors il touchait à la fortune
qu'il avait longuement cherchée. Il était nommé
toutes les fois qu'il se présentait pour souper avec

---

(1) Bernis dit : « Il (le comte de Stainville) n'eut pas de peine à persuader à madame de Pompadour qu'un sentiment plus fort que l'amour
même l'avait porté à risquer tout pour lui être utile. Madame de Pompadour sentit, en femme reconnaissante, l'importance de ce service ;
elle sentit dès ce moment se changer en amitié l'espèce d'aversion
qu'elle avait contre M. de Stainville ; son cœur, naturellement bon et
sensible, fut touché du danger qu'il avait couru pour lui rendre service :
elle en fit son ami. Car il faut rendre justice à madame de Pompadour,
oute la coquetterie qu'on lui suppose ne peut être que très-honnête
dans l'esprit, son cœur n'en est pas susceptible. Non-seulement elle
sauva le comte de Stainville de la colère du Roi, mais elle le fit nommer
à l'ambassade de Rome, n'ayant pu lui obtenir celle de Turin qu'il demandait et que M. de Saint-Contest se dépêcha de faire donner à M. de
Chauvelin. » (*Mémoires inédits du cardinal de Bernis*.)

le Roi ; et le bruit de sa faveur le débarrassait de cette épithète d'*espèce* qui avait si longtemps sifflé à ses oreilles (1). Quelques années auparavant il avait eu le bonheur d'épouser une des filles les plus riches de la finance (2), mademoiselle Crozat, la plus pure et la plus noble figure d'épouse de l'époque. Il quittait la carrière militaire où on l'avait vu, sans grand éclat, aide-major général de l'infanterie. Il était envoyé à Rome, où il continuait sa cour en se montrant hostile à l'Institut des Jésuites (3), puis à Vienne (4). De l'ambassade de Vienne, madame de Pompadour le rappelait pour prendre le portefeuille du cardinal de Bernis, et, presque aussitôt, il était créé duc et pair (10 décembre 1758).

Du comte de Stainville le duc de Choiseul avait gardé l'air, les manières, l'esprit, un esprit qui, malgré ses retenues nouvelles, s'échappait encore en mots sans pitié sur ses entours, ses amis, ses connaissances. Une mobilité, un changement, une

---

(1) *Portraits et caractères de personnages distingués de la fin du dix-huitième siècle,* par Senac de Meilhan. Dentu, 1813. — *Mémoires du maréchal duc de Richelieu,* vol. IX.

(2) Le bruit courait que le comte de Stainville n'avait pas 2,000 écus de rente bien nets lorsque, le 14 décembre 1750, il épousait la fille du millionnaire.

(3) *Mémoires du maréchal duc de Richelieu,* par Soulavie, t. IX. — « Un fou qui a bien de l'esprit, » disait de l'ambassadeur de France à Rome Benoît XIV.

(4) Bernis raconte qu'il l'avait chargé de l'ambassade de Vienne, quoiqu'il ait su que Choiseul avait dit au maréchal de Luxembourg en parlant de lui : « Oh ! pour celui-là, il ne m'embarrasse pas, je le perdrai auprès d'elle (madame de Pompadour) quand je voudrai. »

27.

légèreté prodigieuse des impressions, une indiscrétion qui, au plus petit obstacle, lui faisait violer un secret ou perdre un homme (1), un manque de parole sans remords et qui ressemblait à l'étourderie, une nature qui n'avait que l'esprit de méchant et ne connaissait ni la haine ni la vengeance, un goût du plaisir décidé, tyrannique, et que le ministre avouait à Louis XV ne pouvoir sacrifier aux affaires de la France, une obligeance à toute épreuve et particulièrement ouverte aux étrangers, une prodigalité s'oubliant jusqu'à la profusion, une facilité et une aisance de rapports qui écartaient de ses approches la gravité de sa place, une comédie de mépris et d'insouciance de sa fortune dont, écrivait-il, « il se souciait comme de colin-tampon »; une gaieté merveilleuse, intarissable (2), avivée par les revers, cette égalité de bonne humeur qui enveloppe si bien tant d'hommes de ce temps que l'on ne sait si elle est en eux un don natif ou acquis, une forme ou un masque de l'âme; une grande recherche, une savante affectation de la bonhomie, la vertu de caractère dont M. de Choiseul se mon-

---

(1) « Jamais il n'y eut un ministre aussi indiscret dans ses propos que M. de Choiseul : c'était son défaut principal. Sa légèreté, la fougue de son esprit, son goût pour les plaisanteries, et souvent l'effervescence de sa bile, en étaient les causes naturelles. » (*Souvenirs du baron de Gleichen.* Techener, 1868.)

(2) Gleichen dit dans ses *Souvenirs* : « Jamais je n'ai connu un homme qui ait su répandre autour de lui la joie et le contentement autant que lui. Quand il entrait dans une chambre, il fouillait dans ses poches et semblait en tirer une abondance intarissable de plaisanteries et de gaieté. »

trait le plus jaloux (1) : voilà ce dont est fait cet homme dont on ne saisit guère la physionomie que de profil, ainsi que dans la galerie de portraits de Cochin, et qui, plein de contradictions et de replis, cache au fond de lui des coins impénétrables, des ombres, quelque chose de fermé où l'historien ne peut pénétrer.

Le ministre avait ses qualités particulières : un esprit plus étendu que profond, mais hardi, et une rare coup d'œil, la perception immédiate des obstacles, des résultats, de l'espèce d'hommes à employer; une décision prompte; cette fermeté et cette suite dans les résolutions qui passent à travers les embarras ; la précision des ordres (2) ; cette séduction sans exemple de l'imagination et de la chaleur d'idées du politique, de la parole du causeur, de l'agrément de l'homme, qui groupa autour de son ministère et de sa disgrâce cette armée sans égale d'enthousiasmes et de dévouements. Choiseul apportait encore dans sa place une force de travail de huit heures par jour (3), un travail où il

(1) *Mémoires de Besenval*. Baudouin, 1821, vol. I. — *Portraits et caractères*, par Senac de Meilhan. — *Mémoires du maréchal duc de Richelieu*, vol. IX.

(2) *Le Pot pourri*, 1781, n° 3.

(3) Gleichen dit, je crois, plus justement : « Il travaillait peu et faisait beaucoup. » Les *Lettres du chevalier Robert Talbot*, de la suite du duc de Bedfort à Paris en 1762, peignent ainsi le duc de Choiseul : « Quoiqu'il sortît de son cabinet, je ne lui ai pas remarqué cet air distrait et cette mine affairée à quoi les ministres d'État aiment à se faire reconnaître. On dit qu'il travaille avec une grande facilité, qu'il saisit le point d'une question avec une justesse merveilleuse, et qu'il prend son parti dans les affaires le plus résolûment et de la meilleure grâce...

mettait cet absolutisme ministériel qu'il appelait lui-même du « despotisme » (1). Il apportait dans les formes de son respect pour le Roi une dignité, une hauteur, une conscience orgueilleuse de son personnage, inconnues jusqu'alors du ministère et du Roi. Il montrait enfin, dans cette politique en sous-ordre et commandée par la maîtresse, un zèle d'énergie, une volonté intraitable, inflexible, quelque chose de propre à sa nature et de particulier à ses facultés, une direction qui accusait sa personnalité (2). Dans ce siècle où la frivolité, la corruption, la vieillesse de la race, effaçaient le relief usé des types d'humanité, M. de Choiseul révélait en lui cette marque si rare de l'homme : le caractère; « *un caractère* », c'est ainsi qu'est appelé et jugé Choiseul dans le portrait trouvé dans les papiers de Louis XVI (3).

Choiseul était doublé de sa sœur. L'intelligence, l'activité dominante de la duchesse de Gramont,

---

Le bureau des Affaires étrangères a changé de face lorsque M. de Choiseul en a pris la direction. »

(1) *Mémoires du maréchal duc de Richelieu.*

(2) M. de Choiseul avait, en outre, un auxiliaire précieux dans sa femme. Voici le portrait qu'en trace le *Parallèle vivant des deux sexes* (Dufour, 1769) : « Madame la duchesse (de Choiseul) ne partage pas le maniement des affaires, mais, par son enjouement et par mille épanchements de cœur dans le sien, elle nourrit son âme de cette affection tendre qui lui inspire cette grande humanité qui le caractérise; par mille traits d'amour et d'amitié, elle lui échauffe l'imagination et lui donne cette fécondité industrieuse; par l'égalité de son caractère, elle entretient dans son cœur cette gaieté qui lui donne la faculté de travailler avec succès aux affaires les plus délicates. »

(3) *Mémoires du maréchal duc de Richelieu*, vol. IX.

ce cœur et ces vertus d'homme qui lui feront regarder de si haut la mort au tribunal révolutionnaire, M. de Choiseul les possédait. Il disposait absolument des énergies et des dévouements de cette femme que les contemporains nous peignent grande et forte, le teint éclatant, l'œil brûlant, la voix dure, l'abord hautain (1). Chanoinesse et coadjutrice de l'église de Notre-Dame de Bouxières ; destinée au prince de Bauffremont, mariée au comte de Gramont dont Choiseul faisait lever l'interdiction, Béatrice, comtesse de Choiseul-Stainville, appartenait tout entière à la grandeur et aux ambitions de son frère. Elle vivait dans sa fortune ; elle partageait ses pensées, ses travaux, son crédit, et jusqu'aux fatigues de son ministère. C'était auprès d'elle que se débattait et se préparait le plus délicat des affaires ; tandis qu'au-dessous d'elle, la chambre de sa protégée, de la petite Julie, encombrée par la cour et la ville, était comme le bureau secondaire où s'agitait le travail des petites intrigues (2).

Ainsi aidé, ainsi doué, Choiseul allait encore avoir la puissance, les ressorts d'action et les moyens d'autorité, les influences et les gages de

---

(1) *Lettres de la marquise du Deffant à Horace Walpole*. Note de Walpole. Paris, Treuttel et Wurtz, 1812, vol. I.

(2) *Mémoires du maréchal duc de Richelieu*, vol. IX. — Soulavie dit que la petite Julie recevait la grande et la petite noblesse et que des poètereaux célébraient les grâces de la femme, la gentillesse de son chien. L'influence de ce salon subalterne est confirmée par Dumouriez dans ses Mémoires.

durée, que donnent un grand nom, des alliances dans les grandes familles, un monde de parents à la cour. Il allait être dans l'État une de ces grandes et absorbantes personnifications du pouvoir dont les ombrages de Louis XIV avaient voulu débarrasser le trône, en habituant la monarchie à des ministres du tiers état (1) : sages prévisions de ce grand génie de l'autorité royale, qui avait voulu que l'avenir de sa couronne échappât aux exigences comme aux accroissements des ministres de grande famille, à l'obligation de leur accorder, avec le portefeuille, la dignité de pair, le cordon bleu, un grand gouvernement, tous ces honneurs et toutes ces forces dont Choiseul était successivement armé : après la pairie, le gouvernement de Toulouse ; après le gouvernement de Toulouse, la surintendance générale des postes ; après la surintendance des postes, la charge de colonel-général des Suisses et Grisons ; après cette charge, le cordon bleu. Par cet oubli des traditions de Louis XIV, auxquelles on n'avait dérogé jusque-là que pour le vieux maréchal de Belle-Isle, par tous ces manteaux de grandeur, par toutes ces sources de puissance, par la possession et la distribution des pensions, des charges, des grâces, par tous ces entours appelés auprès de lui, le comte de Choiseul-Stainville rappelé du service de l'Autriche, les

---

(1) *Revue française*, juillet 1828. — *Mémoires de M. le duc de Choiseul* écrits par lui-même et imprimés sous ses yeux dans son cabinet à Chanteloup, en 1778, et publiés par Soulavie l'aîné, 1790.

Choiseul-Beaupré, les Choiseul-Labaume, les Stainville, groupés et placés, par cette famille grossissante peuplant la cour, les affaires et l'armée, par cette armée d'ambassadeurs, de cardinaux, de maréchaux de camp, d'inspecteurs généraux de la cavalerie créés par lui, sortis de sa main, par le monde d'intérêts et de reconnaissance attaché à sa fortune, par les places données, par le trésor ouvert, par les passions caressées, M. de Choiseul arrivait à agrandir le cercle de son importance et le rayon de sa faveur bien au-delà d'un ministère : il devenait un parti, et le maître d'une opinion publique de la France ; si bien que plus tard cette chose si simple avec un ministre ordinaire, tiré de la bourgeoisie, sans racines à la cour, sans parti dans l'État, le renvoi de Choiseul, devait demander presque un coup d'État au Roi.

Avec la cour de grandes dames faisant cortége à l'aimable duchesse, avec ce train de maison absorbant bien au-delà des 800,000 liv. de rente du ménage, avec cette table autour de laquelle, tous les soirs, le maître d'hôtel Lesueur, après un coup d'œil dans les salons, faisait mettre cinquante, soixante, quatre-vingts couverts (1) ; c'était en effet une espèce de souverain que le duc de Choiseul. Un charmant document très-inconnu, une gouache de Blarenberg d'une dimension exceptionnelle (2), nous

---

(1) *Mémoires d'un voyageur qui se repose*, par Dutens, vol. II.
(2) Cette gouache, qui appartient à madame Morel de Vindé, a été distraite de la collection Paignon-Dijonval avant la vente. Voici la

montre le duc dans l'intimité de sa somptueuse existence, nous le donne à voir faisant les honneurs de sa royale galerie de tableaux. Dans la grande salle à pilastres aux chapiteaux d'acanthe, aux dessus de portes surmontés de bas-reliefs bronzés représentant des jeux d'enfants, dans la grande salle où se reconnaissent, accrochés aux murs ou placés sur des chevalets, des tableaux gravés de sa collection, dans la grande salle au pavage de marbre blanc et noir que foulent trente visiteurs, de jolies petites femmes en polonaises roses et vertes, on aperçoit au premier plan le duc expliquant le sujet d'un grand tableau à un vieillard qui tient de sa main gantée une badine derrière son dos. Le duct très-reconnaissable, en gilet de drap d'or, en veste et culotte écarlate, le jarret tendu, la tête renversée en arrière, est tout plein d'une superbe insolence (1).

Le duc de Choiseul, arrivant d'Autriche, était

---

note que je trouve sur le catalogue manuscrit de M. Morel de Vindé :

Elle représente une exposition de tableaux chez M. le duc de Choiseul, alors ministre. On y reconnaît Mᵐᵉ la duchesse de Gramont, sa sœur, M. Baudouin, officier aux gardes, M. Watelet et beaucoup d'autres amateurs de tableaux, plusieurs peintres de l'Académie, et toutes les ressemblances frappantes se retrouvent tant dans les traits et la figure que dans les poses et les costumes. Elle est signée « Van Blarenberghe, 1766 ».

(1) Une femme, ayant un mantelet de soie noire sur les épaules et donnant le bras à un homme vêtu d'un frac de militaire vert, se dirige vers le duc de Choiseul. D'après la tradition, ce serait la duchesse de Gramont appuyée sur M. Baudouin, l'officier aux gardes et le dessinateur.

engagé dans la politique de madame de Pompadour et par le désir de plaire à la favorite et par ses attaches personnelles. Il appartenait à une famille lorraine d'origine ; son père, envoyé du grand-duc de Toscane, était pensionnaire de l'Autriche ; plusieurs de ses parents avaient des emplois à la cour de Vienne. Son éducation, les traditions de son nom, ses goûts et ses sentiments étaient d'accord avec les obligations de sa position pour lui commander une politique autrichienne.

Il apportait un plan assez vague en sa ligne générale, une sorte de formule diplomatique des idées ou plutôt des désirs de madame de Pompadour. C'était une alliance du *Midi*, du midi de l'Europe, une alliance de la France avec l'Autriche et l'Espagne, dont l'effet devait être, sinon d'empêcher, au moins de balancer l'alliance du Nord, l'union de l'Angleterre avec la Prusse et la Russie. L'Angleterre était, pour Choiseul, l'ennemie de la France, la puissance contre laquelle la France devait tourner l'effort de ses armées et de sa diplomatie, quoiqu'il prophétisât, avec beaucoup de sens, un affaiblissement de l'Angletere par la révolution d'Amérique qui devait, dans un prochain avenir, la faire moins redoutable pour la France. Il se disait opposé aux engagements de subsides pris envers l'Autriche et les petites puissances d'Allemagne. Il demandait qu'on entretînt avec ces puissances des relations d'amitié ; qu'on ménageât la cour de Turin. Il voulait enfin qu'on se fît une alliée intime, une auxiliaire soumise de la cour d'Espagne. C'était là l'idée capitale de son plan, le point de départ de ce Pacte de famille conclu si heureusement, mais trop tard (15 août 1761), qui, enchaînant l'Espagne à la France, établissait une alliance perpétuelle entre les deux couronnes convenant de se garantir réciproquement leurs États, et de regarder à l'avenir comme ennemi toute puissance ennemie de l'une d'elles (1).

Le système de politique intérieure de Choiseul plus libre, plus indépendant, et qui allait parfois imposer à la favorite les instincts et les tendances du ministre, ce système allait être comme le plan de politique extérieure, un entier changement de l'esprit de conduite du ministère précédent. Avec l'intelligence et l'adresse de Dubois se servant des jansénistes et des parlements contre la vieille cour de Louis XIV, son testament, son ombre, Choiseul se servira de ces mêmes jansénistes et de ces mêmes parlements contre le parti des Jésuites, le parti de l'autorité tout-puissant autour du Roi et chez le Dauphin. Il prendra son appui sur le Parlement, il l'élèvera à la justice politique, il en fera la commission dévouée au ministre qui jugera Lally et le duc d'Aiguillon. Ministre d'une monarchie, il embrassera, pour gouverner et se maintenir, l'esprit de liberté. Il fondera son règne, une faveur sans exemple et sans retour, sur l'applau-

---

(1) *Mémoires du duc de Choiseul.* — *Revue française,* juillet 1828.

dissement des hommes de lettres, des philosophes, des encyclopédistes, sur l'intelligence, sur l'esprit de la France, qu'il flattera, séduira, rentera ou achètera (1).

Tels étaient les inclinations, les idées, les plans, que devait développer dans le ministère l'homme remarquable, le personnage sympathique qui, malgré les dehors, l'éclat et les grâces d'un grand esprit, demeurera pour la postérité juste, au dehors de la France, le serviteur de la politique de madame de Pompadour après Rosbach ; au dedans, l'homme d'État qui avança l'heure de la Révolution.

Le premier acte du nouveau ministère de M. de Choiseul était un nouveau traité (30 décembre 1758) par lequel la France se liait plus étroitement, et s'engageait plus avant dans la guerre. Outre le secours de vingt-quatre mille hommes stipulé par le traité de 1756, le Roi s'engageait à maintenir en Allemagne une armée de cent mille hommes pendant toute la durée de la guerre.

(1) *Mémoires du maréchal duc de Richelieu,* vol. IX.

XV

Les occupations de la marquise de Pompadour. — Elle fait imprimer *Rodogune* sous ses yeux. — Le touret de Gay dans son appartement. — Ses essais d'eau-forte. — Son Œuvre gravé. — Madame de Pompadour épistolaire. — Sa correspondance familière avec la comtesse de Lutzelbourg. — Sa correspondance politique avec le duc d'Aiguillon. — Sa correspondance politique et militaire avec le comte de Clermont et le prince de Condé. — Sa bibliothèque.

De ces hauts intérêts, de ces graves médiations, des grandes affaires de l'État, madame de Pompadour descendait et courait aux occupations les plus légères, aux mille passe-temps d'une vie toujours employée, toujours agissante, toujours affairée. Elle se remuait dans le repos et les trèves de son rôle, occupant sans cesse, même à ses moments perdus, sa pensée, ses doigts, sa plume ou sa pointe. Elle se montrait partout, elle touchait à tout, elle se dépensait et se répandait en cent lieux et en mille choses, avec une fièvre, une activité, une volonté nerveuse, véritablement étonnantes dans un corps si frêle et si maladif.

C'était un tour au Salon de peinture où elle donnait en trois paroles le mot à l'opinion publique et aux critiques d'art.

CHAPITRE QUINZIÈME.

C'était une promenade à Sèvres avec madame du Hausset pour surveiller la chère porcelaine et les services *aux roses* auxquels son nom est resté.

C'était une visite chez Lazare Duvaux (1), le fameux

---

(1) Voir à l'appendice le relevé des achats de madame de Pompadour chez Duvaux. — Madame de Pompadour a laissé un mobilier énorme d'art dont nous ne trouvons qu'une très-faible partie dans les deux ventes de sa collection et de celle de son frère qui avait gardé, pour ainsi dire, la totalité des objets d'art laissés à son décès par la favorite : la première faite en 1766, la seconde en 1782. Soulavie dit, dans ses *Mémoires historiques du règne de Louis XVI,* que la vente de son mobilier dura six mois après sa mort ; il est dans l'erreur. L'étude des catalogues du très-petit nombre de ventes de réunion depuis la mort de la favorite jusqu'à sa vente ne laisse reconnaître aucun des meubles ou objets d'art qui aient appartenu à madame de Pompadour, et le catalogue même de sa vente, une petite plaquette de 32 pages, ne contient que 99 numéros : tableaux, 54 ; miniatures, pastels, dessins, 6 ; estampes, 39. Voici le titre de ce catalogue : *Catalogue des* TABLEAUX ORIGINAUX *de differens maitres,* MINIATURES, DESSINS ET ESTAMPES *sous verre de feue* MADAME LA MARQUISE DE POMPADOUR. *Cette vente se fera le lundi 28 avril 1766 et les jours suivans, trois heures de relevée, grande rue du Faubourg S. Honoré. Le catalogue se distribue gratis chez Pierre Remy, Peintre, rue Poupée, la deuxieme porte à gauche du coté de la rue Haute Feuille.* A PARIS. *De l'Imprimerie de Herissant, Imprimeur du Roi, des Cabinet, Maison et Batimens de* SA MAJESTÉ. M.DCC.LXVI. Ce catalogue, qui renfermait des tableaux de Boucher, de Pierre, d'Oudry, de Bachelier, de Huet, de Duplessis, des gouaches de Baudouin, la plus grande partie de l'Œuvre gravé de Watteau et de Chardin, ne rappelait guère le nom inscrit sur sa première page que par les deux grandes compositions de Boucher (9 pieds sur 8), « le Lever et le Coucher du Soleil », achetées 9,800 liv. et passées depuis dans la collection de Richard Wallace. Dans cette vente n'apparaissait aucun meuble, aucun objet de curiosité.

Le 10 mai 1781, M. de Marigny (marquis de Ménars) mourait, et sa vente, l'année suivante, jetait aux enchères la collection de sa sœur dont il avait hérité : CATALOGUE DES DIFFÉRENTS OBJETS DE CURIOSITÉS DANS LES SCIENCES ET ARTS, *qui composoient le cabinet de feu M. le marquis* DE MENARS..... *par* BASAN ET JOULIAIN. *Dont la vente s'en fera vers la fin de février* 1782, *en son hôtel, Place des Victoires, et sera annoncée dans les Papiers publics.* M.CC.LXXXI. Je donne les prix d'après un curieux catalogue annoté que je possède.

Le catalogue compte plus de 163 numéros de tableaux, parmi les-

28.

marchand bijoutier, de chez lequel elle emportait pour la décoration de ses appartements, de ses châteaux, quelque riche meuble de vieux *lacq,* quel-

quels, il faut le reconnaître, étaient des acquisitions personnelles de M. de Marigny. Sauf un Panini payé par M. de Lavoypière 2,000 liv., il y avait très-peu d'école italienne. L'école flamande, au contraire, était très-riche ; il y avait des Backuisen, des Brauwer, des Karel Dujardin, des Rembrandt, des Potter, des Ruysdael, des Terburg, des Van de Welde. M. de Courmont payait un Miéris le Vieux, 1,921 ; M. de Tolozan, un Isaac Ostade, 2,010 ; M. Rubis, un Metzu, 2,700 ; M. Dolac, un Berghem, 4,800. Dans l'école française, il y avait seize Boucher dont un des acquéreurs était le danseur Vestris qui achetait aussi des Natoire. Le duc de Chaulnes, l'ami de madame de Pompadour, acquérait le nº 25 : « Le portrait d'une dame en pied, vêtue d'une robe de taffetas garnie en gaze ; elle est dans un bosquet, le bras droit appuyé sur un piédestal qui porte une figure de femme assise et arrêtant l'Amour prêt à l'embrasser. » Je crois bien que ce portrait de dame est un portrait de la favorite. La *Serinette* de Chardin était achetée, par M. de Tolozan, 631 liv. ; l'*Ecureuse* et le *Garçon cabaretier,* par M. Haudry, 419 liv. 19 s. Thierry, le valet de chambre du Roi, payait 239 liv. les Jeux d'Enfans à la toilette de Charles Coypel. M. Dubreuil payait 1,220 liv. l'Elève dessinateur de Drouais. L'*Accordée de village* de Greuze atteignait le prix de 16,650 liv. ; elle était achetée par le Roi. Des Lépicié montaient à 1,500 liv. M. Duquesnoy payait 1,200 liv. deux tableaux d'Hubert Robert représentant des ruines. La *Tempête* de Vernet, peinte en 1754, et, je crois, l'un des tableaux que madame de Pompadour charge son frère de lui acheter pendant son voyage d'Italie, dépassait 6,600 liv. Enfin l'original du portrait de madame de Pompadour, par Vanloo, en jardinière, était acheté par le marchand Basan, ô dérision ! 144 liv. et Basan ne payait encore que 1,900 liv. la Sultane et l'Ouvrière en tapisserie, ces deux compositions de quatre pieds en carré qui sont, dit le *Catalogue,* des portraits très-ressemblants de la marquise de Pompadour. Le sujet allégorique de Vanloo, représentant la Peinture, la Sculpture, l'Architecture implorant le Destin pour arrêter la Parque prête à couper le fil de la vie de la favorite, était acheté par M. Gros 2,661 liv.

Nous passons les dessins, parmi lesquels je signalerai seulement de Boucher deux portraits de madame de Pompadour avec un encadrement de fleurs et d'attributs d'art aux trois crayons, de Cochin, le dessin de la représentation d'Acis et Galatée dans les petits appartements, et encore un plan de la bataille de Suttemberg gagnée par le prince de Soubise sur les Hanovriens et les Hessois.

que splendide pièce d'argenterie, quelque vase de Chine, quelque statuette de Saxe, quelque charmante *jolité*, ainsi que s'exprimait la langue de la curiosité d'alors.

Dans les morceaux de sculpture, je ne trouve guère qu'un buste de Louis XV en marbre; une statue équestre en or et argent de 10 pouces de hauteur renfermée dans un vase de porcelaine verte; la terre cuite de l'Amour assis sur un nuage, un doigt sur la bouche; quatre médaillons en terre cuite représentant Rameau, Boucher, Vanloo, Chardin; et un petit sujet en cire où l'on voit l'Amour tenant un caducée et l'écusson des armes de madame de Pompadour.

J'arrive aux *Meubles précieux* : N° 572. Un magnifique lustre de crystal de roche, d'un très-beau choix pour la blancheur et la netteté monté en cuivre doré d'or mat à huit branches (hauteur 6 pieds, diamètre 3 pieds 6 pouces), à M. Hemé pour 8,900 livr. — N° 573. Deux girandoles aussi de crystal de roche montées en bronze doré, à M. Poussin, pour 900 liv. — N° 574. Une paire de flambeaux, supérieurement exécutés et dorés d'or mat : le corps représente un homme et une femme portant chacun un enfant sur ses épaules (hauteur 16 p.), à M. Jubant, pour 563 liv. — N° 576. Une autre paire de flambeaux dont le corps est en bronze et représente l'un une femme montée sur un dauphin, l'autre un satyre et un tigre (hauteur 14 p.) à M. de la Galissonnière, pour 430 liv. — N° 577. Un feu, chaque partie composée de deux enfants sur une frise d'ornements et tenant chacun un brandon d'où sort une flamme, sur pieds cannelés de bronze doré : les enfants en couleur de bronze avec tenailles, pelle, pincettes et mains aussi de bronze doré, à M. de Courmont, pour 820 liv. — N° 582. Une commode chantournée à panneaux de laque, fond noir et or, sujets de châteaux et de paysages, ornée d'une tête de lion au milieu et sur les coins de têtes de satyres, frises, guirlandes et pieds à griffes de lion; le tout en bronze doré avec un dessus de marbre de griotte d'Italie, à M. Poussin, pour 1,350 liv. — N° 584. Une commode en forme de tombeau, à deux tiroirs en marqueterie première partie, à pieds à avant-corps et jambes, ornée aux quatre coins de têtes de femmes ailées, moulures, carderons et rinceaux d'ornements, pieds à griffes de lion, etc. Elle est couverte d'un marbre carré à gorge de griotte d'Italie, à M. Julliot, pour 2,299 liv. 19 s. — N° 585. Un bas d'armoire de marqueterie en contre-partie, à trois panneaux dont deux à glaces, le milieu est orné d'une figure et trophée sur piédestal, demi-relief en mosaïque, orné d'aiguières, moulures, rosettes et calottes en bronze doré, avec dessus à avant-corps de marbre pareil au précédent, à M. Julliot, pour 1,102 liv.

C'était l'impression, dans quelque chambre de Versailles, d'une tragédie de Corneille pour laquelle

Porcelaines diverses de Chine, du Japon, de France. — N° 590. Une garniture de cheminée de cinq beaux vases, couleur de lapis, à dessins tracés en or dont trois urnes avec lions sur le couvercle et deux cornets d'environ 20 pouces de haut aussi de la Chine, à M. Julliot, pour 310 liv. — N° 610. Deux grandes urnes superbes d'ancien Japon, en forme de lisbets, fond bleu couleur de lapis à dessins tracés en or, cartouches fond blanc à sujets de pagodes et châteaux, ornés de gorges à consoles et guirlandes, montées sur de riches pieds à avant-corps en bronze doré de 3 pieds de haut, à M. Remy, pour 1,130 liv. — N° 618. Deux aigles de porcelaine coloriée du Japon, montés sur de riches pieds à guirlandes et à griffes de lion, en bronze doré de 2 pieds de haut, à M*** pour 699 liv. 19 s. — N° 625. Un vase en forme de navire de porcelaine de Sèvres à cartouches fond bleu et fleurs naturelles de 17 p. de haut sur 14 de long, à M. Delpech, pour 279 liv. 19 s. — N° 650. L'autel de l'Amitié en biscuit de Sèvres auprès duquel est une jeune fille tenant de la main droite deux cœurs, à M. Vestris, pour 59 liv. 19 s.

Bijoux. — N° 683. Le portrait de Louis XV. Agathe-onyx camée entourée de roses et de deux brillants sur les corps, à M. Pierre Pont, pour 384 liv. — N° 689. Apollon couronnant le Génie de la Peinture et de la Sculpture, cornaline d'ancienne roche gravée en creux par Gay. Elle est montée en or avec entourage de roses et est indiquée au volume des Estampes gravées par madame de Pompadour, au comte d'Orsay, pour 588 liv. — N° 703. Un petit calendrier en forme de bracelet avec cercles et anneaux d'or, à M. Poussin, pour 11 liv. — N° 706. Une boîte carrée en laque doublée d'or, avec une précieuse mignature représentant Vénus et l'Amour, par la Rosalba, à M. Lebrun pour 421 liv. — N° 709. Autre boîte d'or carrée avec deux mignatures, par Klingstet; elle représente un jeune homme qui tient un verre et paraît demander à boire à une jeune fille, l'autre un homme assis et qui caresse une belle femme, à M. Chevalier, pour 1,022 liv.

Enfin, sous le n° 769 était vendu un forte-piano de 5 pieds et demi de long en bois d'acajou, le forte-piano de la marquise virtuose. Il était acheté 1,050 liv. par Julliot.

La vente de M. de Ménars montait à la somme de 280,000 liv.

Tout immense qu'est cette vente du frère de madame de Pompadour, elle représente bien peu la masse et le nombre de choses d'art achetées tout le long de sa vie par la marquise, et dont les emplettes chez Duvaux ne doivent être qu'une faible portion. Alors, que sont-elles devenues, ces choses d'art? D'abord un certain nombre devaient être ache-

elle se métamorphosait quelques instants en prote (1).

C'étaient des conférences avec des architectes, des dessinateurs, des imaginateurs de plans, où elle donnait ses idées sur un projet de transformation et d'embellissement de Paris, désireuse d'achever le Louvre pour en faire le Musée de la France, et voulant démolir les maisons des ponts, déblayer les quais, rebâtir la Cité, et dans la bâtisse serrée et

---

tées en vue de présents, de cadeaux ; puis la favorite n'aura-t-elle pas vendu, à mesure qu'elle se dégoûtait de ses maisons de plaisance, le mobilier d'art avec les bâtiments?

Soulavie, après avoir dit que la vente de madame de Pompadour dura six mois après son décès, ajoute que Frédéric manifesta sa haine contre la favorite en ordonnant à un de ses agents d'acheter ce qu'il y avait de plus précieux dans son mobilier : « Ces chandeliers d'or massif, écrit-il, ces lustres, chefs-d'œuvre de nos artistes, qui ornent les châteaux du monarque prussien, proviennent de la succession de cette femme célèbre. » D'abord, il n'y a pas trace de chandeliers d'or massif dans le mobilier de madame de Pompadour et je doute même qu'il y en ait à Potsdam; puis, comme il n'y a eu vente de meubles appartenant à la favorite non pas en 1764, non pas en 1766, mais seulement en 1782, le ressentiment de Frédéric contre l'auteur de la guerre de Sept ans devait commencer à se calmer.

(1) Madame de Pompadour fit imprimer à Versailles, dans sa chambre, sous ses yeux, le *Cantique des Cantiques* et le *Précis de l'Ecclésiaste* paraphrasés par Voltaire; elle fit aussi imprimer *Rodogune, princesse des Parthes, au Nord,* 1760, in-4, pour l'édition de laquelle M. de la Fizelière rapporte la curieuse note de M. de Marigny qui se trouvait sur l'exemplaire du comte d'Ourche, de Nancy. « Ma sœur eut un jour la curiosité de voir imprimer. Le Roi fit venir un petit détachement de l'Imprimerie royale et l'on fit imprimer dans la chambre de madame de Pompadour à Versailles, et sous ses yeux, la présente tragédie de *Rodogune*. Il en a été tiré très-peu d'exemplaires.

« Comme l'appartement de ma sœur étoit situé au nord, on a mis pour lieu d'impression : *au Nord.*

« Elle a gravé elle-même à l'eau-forte, d'après Boucher, la planche qu'on voit en tête du volume. »

compacte de la vieille capitale jeter çà et là des jardins.

C'étaient des entrevues avec Clairon qu'elle ramenait à la vérité du costume théâtral.

C'était un mauvais impromptu qu'elle rimait sur une mauvaise victoire de la France :

> Du haut de la voûte azurée
> Descends, fille du roi des Dieux !

Ou bien ce madrigal, plus mauvais encore, où elle feignait d'être jalouse des amours de l'Aurore pour le Roi.

> Quel voile opportun nous couvre ?
> Je veux un moment
> Parcourir mon amant.

C'était le touret du graveur Gay qu'elle installait chez elle, y prenant parfois sa place et restant des heures penchée sur le délicat travail de la pierre dure (1).

Et aux côtés de Gay, sur une planche que Boucher lui chauffait, lui vernissait, lui flambait, madame de Pompadour promenait la pointe de l'aquafortiste, et découvrait, sous le dessin du crayon

---

(1) On voit en effet un P, la lettre initiale de madame de Pompadour, sur la sardoine-onyx des *Deux têtes de femmes juxtaposées* (n° 3). Mais aujourd'hui, les notes de Gay, publiées par M. Leturq, nous renseignent plus complètement sur les travaux de madame de Pompadour en glyptique. Gay nous dit que madame de Pompadour a beaucoup travaillé à la cornaline du *Génie militaire* (n° 38) et à l'agate-onyx du Génie de la Musique (n° 40). A propos de la *Fidèle Amitié* gravée sur une cornaline blanche (n° 42), il nous apprend qu'elle *a été presque toute faite* par la favorite.

d'acier, l'or rouge du cuivre. Car la marquise était une artiste : elle gravait elle-même, ou à peu près. Aimant l'art, elle avait voulu y mettre la main et le pratiquer ; et elle avait eu la jolie idée de s'adonner à ce petit art, si plein de caprice et d'imprévu, qu'il semble fait pour être le talent d'amateur d'une femme. Malheureusement l'Œuvre gravé de madame de Pompadour donne une meilleure idée de sa bonne volonté que de son aptitude, et de son zèle que de ses dispositions. Il calomnie son goût sincère et intelligent de l'art : ce n'est point l'eau-forte spirituelle, hardie, fortunée et bénie jusqu'en ses maladresses, l'eau-forte des maîtres grands et petits du dix-huitième siècle. Prenez garde encore de comparer madame de Pompadour à ses pairs : sa pointe est si loin de la pointe des amateurs du temps, ses essais semblent si médiocres auprès du contour courant de Caylus, du gentil gribouillage de l'abbé de Saint-Non ! Une planche où elle n'a point eu de collaborateur, les *Buveurs de lait*, qu'elle a copiée péniblement trait pour trait sur une eau-forte de Boucher, trahit son peu d'intelligence du maniement de la pointe, son manque de verve, ses timidités d'écolier à attaquer le cuivre. Parcourez son Œuvre : ses seules planches réussies sont reprises d'un travail de burin qui cache les tâtonnements de sa pointe, sont recouvertes du gras pointillé que Boucher seul sait donner à la chair. Puis il reste une autre déception quand on ferme la *Suite d'estampes gravées par madame la marquise de Pompadour :* au lieu de croquis pris sur le vif, de portraits intimes, de scènes d'intérieur, de coins de salons, d'images volantes du temps, de souvenirs, d'indiscrétions, de confidences, qui devraient être l'intérêt de son Œuvre, on n'a vu que les pierres gravées de Gay, des cachets, des allégories, des trophées : les tiroirs d'un médaillier vidés sur soixante-neuf planches (1).

L'activité de madame de Pompadour trouvait encore des loisirs dans une vie si pleine et que tant et de si diverses occupations se disputaient. Aux soucis et aux mille affaires de chaque jour, elle dérobait le temps de nombreuses correspondances (2), de correspondances de toute espèce adressées à toutes sortes de gens, de correspondances politiques et pour ainsi dire ministérielles, de correspondances familières dans un style sans gêne, dont le ton d'amabilité est une cordialité brusque, presque virile. N'est-ce point madame de Pompadour qui au bas d'un bonsoir à son père lui dit : «... *J'ai cepen-*

---

(1) Voir à l'Appendice le *Catalogue de l'Œuvre gravé* de madame de Pompadour.

(2) La marquise de Pompadour, dit M. Etienne Charavay, se servait généralement de papier de petit format, doré sur tranche ; elle ne mettait pas en vedette la formule de politesse, datait le plus souvent du jour et du mois sans millésime d'année ; enfin elle ne signait jamais ses lettres intimes qui portaient son cachet aux trois tours. Les lettres adressées à Pâris-Duverney, citées plus haut, qui font partie des Archives nationales, sont fleuronnées bleu et carmin à l'emporte-pièce. Dans la correspondance de madame de Pompadour avec le comte de Clermont, il y a des lettres encadrées de fleurs violettes semblables à des croix de Malte, et d'autres entourées d'étoiles alternativement vertes et violettes.

dant bien encore une soixantaine de lettres à écrire (1). »

Choisissons d'abord, parmi une de ces correspondances, une suite de billets ou plutôt de *babillets* adressés à la *grand' femme* (2), à madame de Lutzelbourg, où le bavardage a la liberté et le laisser-aller d'une causerie.

Ils vont, ces billets, des *gourgourans* demandés pour meubler ses maisons de campagne au duel de Coigny, de la mort de la petite Madame à la naissance du duc de Bourgogne, de l'histoire de la Sauvé aux revers de Soubise, du don de l'appartement du duc de Penthièvre au régime du lait d'ânesse, du portrait de Vanloo à la vente d'un nœud de diamants pour payer ses dettes. Les ennuis de la favorite, ses joies, ses changements d'habitude, le train errant de la cour, la fatigue de sa *vie terrible qui a à peine une minute à soi*, trouvent un écho franc et vivant dans ces brèves épîtres à bâtons rompus qui méritent une petite place dans sa biographie (3).

(1) *Correspondance de madame de Pompadour avec son père, M. Poisson, etc.* Baur, 1878.

(2) La comtesse de Lutzelbourg, la correspondante de Voltaire, était, dans la correspondance de madame de Pompadour, la *grand'femme*, comme dans sa conversation et ses lettres le comte de Bernis était son *pigeon pattu;* le duc de Chaulnes, *son cochon;* M. de Moras, *son gros cochon;* M. de Saint-Florentin, le *petit saint;* Duverney, *son nigaud;* M. de Paulmy, *sa petite horreur;* le duc de Nivernois, *son petit époux;* le duc d'Aiguillon, *M. Cavendish;* M. de Vandières, son frère, *M. de Marcassin;* madame d'Amblimont, *son torchon.*

(3) Les quinze lettres de madame de Pompadour à la comtesse de Lutzelbourg, sauf la lettre III autographiée dans l'*Isographie* et la lettre IV tirée d'un catalogue de lettres autographes du 23 mars 1748, ont été publiées pour la première fois par le marquis du Roure dans les *Mélanges des Bibliophiles français*, année 1828.

A Choisy, le 28 juillet 1747.

Assurément, ma chère grand'femme, j'ai été enchantée de la victoire que le Roy a remportée sur ses ennemis (1), et j'en reçois votre compliment avec satisfaction.

Ce n'est pas des nankins peints que je désire, mais si vous trouvez des gourgourans d'une couleur pour faire des rideaux de meuble, soit en jaune et blanc, cramoisi, vert ou bleu, cela est plus de résistance que le taffetas. Si vous trouvez encore de ces basins, je ne serois pas fachée d'en avoir deux ou trois cents aunes pour des lits de garde robe.

Adieu, madame, soyez persuadée que je vous trouve fort aimable, et que je serai ravie de vivre avec vous.

La marquise DE POMPADOUR.

Ce 26 *mars* 1748.

Il y a un siècle que je ne vous ai écrit, grand'femme. Les spectacles, mille choses différentes m'en ont empêchée.

Le malheur du pauvre Coigny (2) nous a mis au dé-

---

(1) Bataille de Laufeld gagnée le 2 juillet 1747 par le Roi en personne et le maréchal de Saxe.

(2) Le marquis de Coigny, tué en duel au Point-du-Jour, le 4 mars 1748, par le prince de Dombes, fils du duc du Maine. Le récit donné par le duc de Luynes du vrai chagrin qu'éprouva le Roi de cette mort est intéressant en ce qu'il nous montre un Louis XV attaché à ses amis, un Louis XV presque sensible : « M. de Luxembourg, ayant annoncé au Roi que M. de Coigny s'étoit blessé très-considérablement, le Roi de-

sespoir. Le Roy en a été à me faire peur. Il a donné des marques de son bon cœur, dont j'ai craint les suites pour sa santé. Heureusement la raison a pris le dessus. Après avoir attendu longtemps monsieur votre frère, je l'ai vu hier. Nous n'avions pu nous joindre. Il m'a donné un beau livre et m'a promis de vous retirer de sa maison, afin de vous forcer à revenir ici; vous jugez aisément que je lui en sais bon gré.

J'ai abandonné Tretou (1) *et ai acheté à la place La Celle, petit château près d'ici, assez joli.*

J'ai besoin de mes basins; mandez-moi ce que je vous dois, car je n'en sais plus rien.

J'ai parlé à M. de Venelle; il m'a dit que s'il lui étoit possible, il vous ôteroit le magasin. La petite Madame vient de mourir des dents (2), *M. le Dauphin s'en désole.*

Bonsoir, grand' femme, vous connoissez mon amitié.

manda ce que vouloit dire ce terme de considérablement. » M. de Luxembourg baissa les yeux d'un air fort triste et ne répondit rien. Le Roi n'en demanda pas davantage. Il s'habilla promptement, passa à son prie-Dieu, rentra dans son cabinet, où, en donnant l'ordre comme à l'ordinaire pour ce qu'il y auroit à faire dans la journée, dit qu'il n'y auroit rien; il monta chez madame de Pompadour un moment après et y resta environ trois quarts d'heure, il revint dans son cabinet ayant vraisemblablement pleuré, car il avoit les yeux fort rouges. Il passa pour la messe, au retour il vit M. le Dauphin, madame la Dauphine et Mesdames, il leur parla peu et remonta ensuite en haut. On ne le vit plus de la journée que le soir lorsqu'il donna l'ordre; il ne vit que quatre ou cinq personnes avec lesquelles il soupa, comme M. de Meuse, M. de Luxembourg, M. de Soubise, M. d'Ayen et M. de Lauraguais; il répéta plusieurs fois dans la journée : « C'est moi qui suis cause de sa mort, car je lui avois dit de revenir pour la chasse. »

(1) Montretout.

(2) La petite Madame était l'unique fruit de l'union du Dauphin avec la première Dauphine, Marie-Thérèse d'Espagne. Madame de Pompa-

Ce 27 janvier 1749.

J'ai été désolée de la fausse couche de madame la Dauphine; mais j'espère que cela se réparera bientôt. Le Roy se porte, grâce au ciel, à merveille, et moi aussi. Vous croyez que nous ne voyageons plus, vous vous trompez, nous sommes toujours en chemin : Choisy, la Muette, le Petit Château et certain Ermitage près la grille du Dragon à Versailles, où je passe la moitié de ma vie. Il a huit toises de long sur cinq de large et rien au dessus, jugez de sa beauté; mais j'y suis seule ou avec le Roy et peu de monde, ainsi j'y suis heureuse.

On vous aura mandé que c'est un palais, ainsi que Meudon (1), *qui aura neuf croisées de face sur sept; mais c'est la mode à présent à Paris de déraisonner, et sur tous les points.*

Bonjour, ma très-grand'femme, je ferai une chambre pour vous à Meudon, et je veux que vous me promettiez d'y venir.

1749.

J'espère et me flatte bien fort, grand'femme, que mon silence n'a fait nulle impression sur vous; en tout cas vous seriés bien dans votre tort. La vie que je mène est terrible, à peine ai-je une minute à moi : répétitions et représentations, et deux fois la semaine; voyages continuels tant au Petit Château qu'à la Muette, etc. Devoirs

---

dour écrivait à son frère, lors de la naissance de la petite fille : « *Je l'ai vue aujourd'hui pour la première fois... Elle est bien délicate, je ne sais si elle vivra.* »

(1) Le château de Bellevue.

considérables et indispensables : Reine, Dauphin, Dauphine gardant heureusement la chaise longue, trois filles, deux infantes, jugez s'il est possible de respirer; plaignez-moi et ne m'accusez pas.

Ce 29 1750.

L'accident de la petite La Faye est horrible, grand'-femme, et je pense comme vous, qu'il est impossible que votre fils l'épouse. On n'a jamais épousé les Petites Maisons; ce seroit le cas, et quoique je la plaigne fort, c'est une chose impraticable.

Le Roi m'a donné le logement de monsieur et madame de Penthièvre qui me sera très-commode. Ils passent dans celui de madame la comtesse de Toulouse, qui en garde une petite partie pour venir voir le Roy les soirs. Ils sont tous très-contens et moi aussi (1); *c'est*

(1) Voir ce que je dis dans le chapitre IV de ce changement d'appartement opéré un peu dans le pressentiment du retour de Fontevrault de Mesdames Louise et Sophie, retour que madame de Pompadour peint sous des couleurs bien attendries dans une lettre adressée à son frère.

Ce 19 octobre 1750.

Mesdames Sophie et Louise sont arrivées hier ici, le Roy a été au-devant d'elles avec M. le Dauphin et Madame Victoire; j'ai eu l'honneur de les suivre. En vérité, rien n'est plus touchant que ces entrevues; la tendresse du Roy pour ses enfants est incroyable et ils y répondent de tout leur cœur. Madame Sophie est presque aussi grande que moi, très-bonne, grasse, une belle gorge, bien faite, la peau belle, les yeux aussi, ressemblant au Roy de profil comme deux gouttes d'eau; en face pas à beaucoup près autant parce qu'elle a la bouche désagréable; en tout, c'est une belle princesse. Madame Louise est grande comme rien, point formée, les traits plutôt mal que bien, avec cela une physionomie fine qui plaît beaucoup plus que si elle étoit belle. Nous avons été tous présentés aujourd'hui. (Correspondance de madame de Pompadour avec son père et son frère... par Poulet-Malassis. Baur, 1878.)

par conséquent une chose agréable. Je ne pourrai y être qu'après Fontainebleau, parce qu'il faut l'accommoder.

Je reçois votre compliment pour madame la Duchesse avec satisfaction. Il y a sûrement peu de personnes qui soient aussi aises que moi des espérances que nous avons.

Ce que l'on vous a mandé de moi est absolument faux.

Je vous ferai rembourser incessamment ce que je vous dois; j'ai ce qu'il me faut pour tous mes meubles de Bellevue, ainsi je n'ai plus besoin de perse, et vous en remercie, en vous embrassant, grand'femme, de tout mon cœur.

Ce 3 janvier 1751.

Les enfans sont arrivés à bon port, grand'femme, et ont été envoyés tout de suite au Cabinet du Jardin du Roi. Je ne les trouve pas trop jolis à voir.

Vous jugez bien que j'ai été enchantée de recevoir le Roy à Bellevue (1). S. M. y a fait trois voyages, il doit y aller le 25 de ce mois. C'est un endroit délicieux pour la vue; la maison, quoique pas bien grande, est commode et charmante sans nulle magnificence. Nous y jouerons quelques comédies. Le Roy veut diminuer sa dépense dans toutes les parties; quoique celle-là soit peu considérable, le public croyant qu'elle l'est, j'ai voulu en ménager l'opinion et montrer l'exemple. Je souhaite que les autres pensent de même.

---

(1) Dans une lettre en date d'août 1751 adressée à son frère, elle écrit : « *Je suis comme un enfant de revoir Bellevue.* »

Je vous crois bien contente de l'édit que le Roy a donné pour anoblir les militaires. Vous le serez bien davantage de celui qui va paroître pour l'établissement de cinq cents gentilhommes, que S. M. fera élever dans l'art militaire. Cette école royale sera bâtie auprès des Invalides. Cet établissement est d'autant plus beau que S. M. y travaille depuis un an, et que ses ministres n'y ont nulle part, et ne l'ont su que lorsqu'il a eu arrangé tout à sa fantaisie, ce qui a été à la fin du voyage de Fontainebleau. Je vous enverrai l'édit d'abord qu'il sera imprimé.

Ce que vous désirez pour votre fils ne me paroît pas possible. J'ai consulté des gens instruits qui m'ont dit que les officiers des gardes regarderoient cela comme un vol que je leur ferois, que d'ailleurs les 12,000 livres d'augmentation seroient sûrement ôtées; ainsi 2,000 livres ne feroient pas grand bien à votre fils et en feront beaucoup à un exempt.

Cherchez quelque autre chose que je puisse obtenir, je m'y porterai avec toute l'amitié que vous me connoissez pour vous.

Ce 1er avril 1751.

Il est vrai, grand'femme, qu'il y a bien longtemps que je ne vous ai écrit. Nous avons été toujours courant avant le carême et depuis la paresse m'a pris. Sachez moi grâce d'y renoncer pour vous.

Je ne doute pas que vous n'ayez été fort aise de madame de Chevreuse. C'est une très-bonne femme et de mes amies depuis que je suis au monde.

La mort de madame de Mailly a fait de la peine au Roy (1); *j'en suis fâchée, aussi je l'ai toujours plaint, elle étoit malheureuse. Elle fait le petit Vintimille son légataire.*

Nous avons depuis trois semaines le duc de Deux-Ponts; il est on ne peut plus aimable.

Bonsoir, grand'femme, je vous aime bien véritablement.

Ne m'envoyez pas l'oraison funèbre du maréchal de Saxe; je ne puis penser à sa mort sans douleur.

A Choisy, 29 septembre 1751.

Vous pouvez juger de ma joie, grand'femme, par mon attachement pour le Roy; j'en ai été si saisie que je me suis évanouie dans l'anti-chambre de madame la Duchesse. Heureusement on m'a poussée derrière un rideau et je n'ai eu de témoins que madame de Villars et madame d'Estrades. Madame la Dauphine se porte à ravir, M. le duc de Bourgogne aussi (2); *je l'ai vu hier : il a les yeux de son grand-père, ce n'est pas maladroit à lui.*

Je vais lundi à Crécy pour cinq jours, tout de suite à Fontainebleau; je marie les filles dans mes villages, j'en donne le divertissement au Roy. Ils viennent le lendemain manger et danser dans la cour du château.

---

(1) Dans une lettre à son frère pendant son voyage d'Italie, madame de Pompadour dit : « *La pauvre madame de Mailly est morte, j'en suis réellement fâchée; elle étoit malheureuse, le Roy en est touché.* »

(2) Le premier enfant du Dauphin et de la seconde Dauphine, Marie-Josèphe de Saxe, mort le 22 février 1761.

CHAPITRE QUINZIÈME.

Ceux que le Roi a ordonnés à Paris sont dignes de sa bonté, mais en province, ils feront encore plus de bien.

Bonsoir, grand'femme, en voilà long pour être éternellement sur les grands chemins, car réellement nous y sommes.

5 *décembre* 1751.

Je ne sens que trop, grand'femme, quel est le malheur d'avoir une âme sensible : ma santé a été un peu dérangée par la mort de M. de Tournehem (1). *Je me porte un peu mieux depuis quatre jours.*

La Sauvé n'est autre chose qu'une folle qui s'est imaginé qu'en mettant un paquet effrayant dans le lit de M. le duc de Bourgogne, elle auroit l'air, en avertissant, de lui avoir sauvé la vie, et que sa fortune et celle de sa famille seroit faite (2). *Nota qu'il n'y avoit dans le paquet que de quoi brûler le drap, encore si l'on avoit mis le feu dessus, et impossibilité de faire aucun mal à*

---

(1) M. de Tournehem était mort presque subitement à sa maison d'Étioles le 19 novembre 1751.

(2) Cette madame Sauvé était une ancienne marchande de poisson, devenue la maîtresse du comte d'Argenson, qui l'avait fait attacher auprès du duc de Bourgogne. L'opinion de la cour, conforme à celle de madame de Pompadour, était qu'elle avait cru par cette manœuvre se faire un mérite de son zèle et de son attention. Le marquis d'Argenson affirme qu'au paquet de matières inflammables était jointe une pièce de vers injurieuse pour la marquise, et il donne à entendre que cela avait été fait à la sollicitation de son frère. Quoi qu'il en soit, la Sauvé, entrée à la Bastille le 17 octobre 1751, n'en sortait que le 6 mars 1757 et encore à la condition de vivre éloignée de Paris. — Le nonce du pape Durini, dans sa correspondance avec le cardinal Valenti récemment publiée à Milan, dit qu'avec la farine et la poudre mises dans le berceau du duc de Bourgogne, il y avait un papier contenant : « Si l'une nous manque, l'autre ne nous manquera pas. »

l'enfant. Son prétendu empoisonnement en est une suite. Ce qu'elle avoit pris et vomi est prouvé du tain de derrière une glace. Elle est à la Bastille où elle restera jusqu'à ce qu'elle dise ses motifs; mais il n'y a pas eu la plus légère inquiétude pour le prince, il se porte à ravir.

Nous sommes si souvent sur les chemins que je ne vas plus à la chasse depuis trois ans. Il faut bien se donner le temps de penser.

Bonsoir, grand'femme, je vous aime bien véritablement.

18 septembre 1756.

Qui appelez-vous le Salomon du Nord, grand'-femme? Dites le tyran et vous aurez raison.

Je vous remercie de la petite carte; on m'a dit qu'on trouveroit à Strasbourg celle de toute l'Allemagne, pareille à celle que vous m'avez envoyée. Je voudrois fort en avoir trois exemplaires; bien entendu que je les paierai.

Mon accès de fièvre n'a pas eu de suites, et je me porte aussi bien qu'il est possible avec ma pauvre oreillette.

29 mai 1757.

J'ai vu madame de Crévecœur aujourd'hui, grand'-femme. Je crois qu'elle ne vous dira pas de mal de moi.

Je hais à mort vos Luthériens d'aimer le roi de Prusse, et, si j'étois à Strasbourg, je me battrois toute la journée.

CHAPITRE QUINZIÈME.

Envoyez-moi vite la robe, puisque vous la trouvez belle, j'ai des projets de broderie à y ajouter; envoyez-la à Janel par le premier courrier.

1ᵉʳ *septembre* 1757.

Ma santé n'est pas trop bonne depuis quinze jours, grand'femme; la crise où nous sommes par le Parlement m'a fait un mal aux nerfs effroyable. Je ne vois que des fous et de mauvais citoyens. C'est assez vous ennuyer de mes peines, parlons de votre fils.

M. de Moras a assuré (avant de quitter le contrôle général) à lui et à sa future femme dix-huit mille livres de rente sur la première place de fermier des postes vacantes. Il faudra peut-être attendre quelques années, peut-être aussi en jouiront-ils bientôt. Je souhaite tout ce qui peut faire plaisir à la grand'femme et lui être preuve de mon amitié.

28 *novembre* 1757.

Mon Bouillon n'est plus malheureux, ma pauvre comtesse, mais en revanche M. de Soubise l'est au dernier excès. Vous connoissez mon amitié pour lui, jugez de ma douleur des énormes injustices qu'on lui a faites à Paris, car pour à son armée il est admiré et aimé comme il le mérite. Madame la Dauphine est dans la grande affliction de la mort de la Reine sa mère (1),

---

(1) La mère de la Dauphine, femme de Frédéric-Auguste III, électeur de Saxe et roi de Pologne, morte du chagrin causé par les ravages du Roi de Prusse en Saxe.

c'est une des victimes du roi de Prusse. Pourquoi la Providence lui laisse-t-elle le pouvoir de faire tant d'infortunes? J'en suis au désespoir.

Bonsoir, ma grande comtesse, je ne veux pas vous entretenir plus longtemps des chagrins que vous partagez par l'amitié que vous avez pour moi et que je vous rends bien.

1758.

J'ai reçu vos lettres, grand'femme, et celles de votre fils; elles m'ont fait grand plaisir. Je lui cherche toujours une moitié, et je voudrois bien que l'hiver ne se passât pas sans l'avoir mis en ménage.

Je vous remercie de vos étoffes, je suis dans la réforme, et d'une sagesse qui me surprend moi-même. J'ai vendu mon nœud de diamans pour payer des dettes; cela n'est-il pas beau? Vous allez dire que je suis comme Cicéron qui n'avoit pas besoin des autres pour être loué, je vous dirai pourtant avec franchise que je ne le mérite pas, car ce sacrifice m'a peu coûté.

Bonsoir, grand'femme, je vous embrasse de tout mon cœur.

6 mai 1759.

L'arrangement utile qui vient d'être fait pour le service du Roy, grand'femme, prive votre fils d'un revenu honnête, mais S. M., en même temps, lui donne une gratification pour attendre d'autres grâces; c'est une marque de bonté très flatteuse. Le maréchal ne peut faire ce que vous désirez pour votre neveu. A l'égard *de vos eaux, il m'a assuré que vous les auriez sans qu'il vous en coutât rien, vos lottes avoient la meilleure mine du monde; je n'en ai pas mangé, parce que je fais gras, à cause du lait d'ânesse que je prends depuis quatre mois.*

La bataille m'a fait un grand plaisir. M. de Soubise avoit si bien placé ses quartiers et choisi un si bon champ de bataille à Berghen (1) *que nous ne pouvions être battus. Mon seul regret est qu'il n'y ait pas été et que le Roy l'ait retenu auprès de sa personne.*

Ne vous tourmentez pas du voyage de Lyon, il n'y a nul risque pour moi. Si la confiance dont le Roy m'honore n'étoit pas à l'abri de quinze jours d'absence, elle seroit bien mal établie et je ne pourrois en être flattée. J'irai pendant ce temps me reposer dans mon écurie de Saint-Ouen (2).

Vous n'aurez pas encore ce portrait de quelque temps; Vanloo l'habille pour le salon de la Saint-Louis, et ce n'est pas une petite affaire.

Bonsoir, grand'femme, je vous embrasse de tout mon cœur.

Une autre correspondance de madame de Pompadour, sur un ton plus élevé, nous montre la part qu'elle prend à la guerre de Sept ans, ses sollicitudes, ses préoccupations, ses fatigues de premier

---

(1) Bataille gagnée par le maréchal de Broglie sur les Hanovriens le 13 avril 1759.

(2) L'écurie de Saint-Ouen de madame de Pompadour est la propriété louée au duc de Gesvres dans laquelle, en cinq ans, elle dépensait 500,000 liv.

ministre, et tout l'écho qu'un succès des armées du Roi trouve en elle. C'est une série de lettres adressées au vainqueur de Saint-Cast (4 septembre 1758), au gouverneur de la Bretagne, au duc d'Aiguillon (1) : lettres où les câlineries et les paroles familières de la femme se mêlent au ton d'autorité d'une volonté presque royale. Malgré sa misérable santé, des accès de fièvre qui reviennent toutes les nuits, madame de Pompadour, au milieu de tant d'autres soucis, caresse la vanité du victorieux, apaise ses mécontentements, relève ses découragements, et, *têtue* comme elle le dit pour le *service du Roi,* moitié plaisantant, moitié raisonnant, travaille à triompher de la *mauvaise petite tête* du duc, à le retenir en Bretagne (2), disant avec une certaine grandeur à l'homme dégoûté de son gouvernement :

Vous avés raison, Monsieur, il est très-vrai que mon esprit et mon cœur sont continuellement occupés des affaires du Roy; mais sans l'attachement inexprimable que j'ai pour sa gloire et sa personne, je serois souvent rebutée des obstacles continuels qui se rencontrent à faire le bien. J'aurois préféré la grande niche, et je suis fâchée d'être obligée de me contenter de la petite; elle ne convient pas du tout à mon humeur.

---

(1) Ces lettres, faisant partie du *British Museum,* ont été publiées pour la première fois par M. G. Masson dans la *Correspondance littéraire* du 5 septembre 1857.

(2) Les Bretons n'étaient pas des administrés faciles et, à quelques années de là, le duc d'Aiguillon partant pour tenir les États de la province, disait à M. de Belleval : « J'aimerois mieux brider des ours que ces Bretons. »

La correspondance débute par cette phrase sur les Anglais, dont la rodomontade est d'un bel accent :

Les vilains ne vous attendront pas, Monsieur, j'en meurs de peur, car je suis sûre que vous les rosseriez magnifiquement. Vos lettres font plaisir à lire, on y reconnoît le citoyen, le sujet zélé et éclairé et une petite teste très-bonne dans ce moment et dont je dis tous les biens du monde parce que je les pense ; bonsoir, Monsieur.

Et à la nouvelle de la victoire, voici sa félicitation à d'Aiguillon :

C'est avec bien du regret, Monsieur, que je ne vous ay pas dit tout ce que je pensois avant-hier sur la gloire dont vous venés de vous couvrir, mais ma teste estoit sy douloureuse, que je nus de force que pour vous dire un mot. Nous avons chanté aujourd'hui votre **Te Deum** *et je vous assure que ç'a été avec la plus grande satisfaction ; j'avois prédit vos succès, et en effet comment étoit-il possible qu'avec autant de zèle, d'intelligence, une teste aussy froide, et des troupes qui brûloient ainsy que leur chef de venger le roy, vous ne fussiés pas vainqueur ? Cela ne se pouvoit pas. Un petit billet que je vous ay écrit avant votre brillante journée a dû vous faire connoître ma facon de penser pour vous et la justice dont je fais profession. Dites-moy, je vous prie, actuellement si vous estes bien fâché contre moy de n'avoir pas cédé à vos instances, et aux belles raisons que vous m'avés conté, elles ne valoient rien de ce temps, et je les trouverois encore plus détestables aujourdhuy. Un autre n'auroit pas fait aussi bien que vous, je serois dans la douleur au lieu d'être dans la joye, vous vous* *seriés perdu et il y auroit bien de quoy. Osés dire maintenant que ma teste ne vaut pas mieux que la vôtre, je vous en deffie* (1).

21.

Assurément, Monsieur, vos lieutenants sont dignes de leur chef, et, pour qu'ils le soient toujours, il faut qu'il leur reste jusqu'à la paix. Je suis têtue pour le service du Roy, et je n'en rabattray rien, vous le sçavés, n'en parlons plus. Parlons du vainqueur de Saint-Cast, de la façon brillante dont M. de Sainte Croix l'a imité, et dont il l'imitera encore, car on dit que ces messieurs les mylords en veulent retâter. Je desire de toute mon âme que ce soit au mesme prix, j'aurois un nouveau compliment à vous faire et un à recevoir de vous, l'un et l'autre me plairoit infiniment.

6 *février* 1759.

Vous êtes en vérité très-aimable de trouver des ressources pour notre affaire (2), *je me flatte de la réussite malgré tous les inconvéniens, parce que je compte sur*

(1) Madame de Pompadour écrivait à la duchesse d'Aiguillon au lendemain de la nouvelle de la victoire : « *Recevés, Madame, tous mes compliments sur le brillant succès de M. d'Aiguillon, personne n'y prend une part plus vive et plus sincère. Vous m'avés pardonné, à ce que j'espère, de n'avoir pas cédé à ses instances il y a un mois, je m'en félicite pour le bien de la chose et pour sa gloire. J'ay l'honneur d'estre, Madame, votre très humble et très-obeissante servante.*

La marquise DE POMPADOUR.

(2) Il est question du projet de descente en Angleterre pour lequel d'Aiguillon rassemblait des troupes et des navires à Vannes.

la fortune de Cavendish (1). *Je voudrois qu'elle s'étendît jusqu'aux 40 millions qui nous sont bien nécessaires. Je vous confie (et j'ay lu la lettre) que la Bollière a mandé au controlleur général, que ses correspondans de Paris l'avertissoient que l'on ne mettroit pas à cet emprunt. Il faut que vous soyés informé de ce fait, mais ne le paroissez pas. J'ay beau me ménager, ma santé est toujours misérable, j'ay encore eu cette nuit un mouvement de fièvre; je vois avec plaisir l'intérest que je vous y prenés, sy l'amitié suit cet intérest, je seray bien tentée de vous accorder la mienne, car j'ay très-bonne opinion de M. Cavendish.*

14 octobre 1759.

Enfin, monsieur, ma très-douloureuse maladie vous tire de votre létargie, ce n'est assurément pas ma faute sy vous y estiés resté, car je vous avois dit tout ce qu'il falloit pour vous en faire sortir. Je me porte très-bien après avoir cruellement souffert. J'ay vu M. Orry (?); il m'a paru très-sensé et m'a donné de l'espérance sur notre projet, celuy que va exécuter la marine est grand, et je doutte qu'il parle du maréchal de C.(oigny?), j'en soubsone plutost vous, et M. de Beauvau. J'attends le succès avec une impatience, meslée de beaucoup de crainte. Je diray peut-estre encore du mal de votre teste, mais je n'en ay jamais pensé de votre cœur; je le crois très-honneste; je suis persuadée qu'en le connoissant da-

---

(1) Surnom familier donné au duc d'Aiguillon par madame de Pompadour, dont nous ne connaissons pas l'origine.

vantage, vous y gagnerés infiniment, et que j'auray pour vous, Monsieur, l'amitié que vous désirés.

A Monsieur

Monsieur le duc d'Aiguillon, à Vannes.

Vous allés convenir tout à l'heure, Monsieur, que je suis bien insuportable d'avoir toujours raison. Comment donc! j'ay osé vous dire qu'avec les meilleures et les plus grandes qualités, vous aviez une petite teste qui s'échauffoit trop vite, et vous me le prouvés dans ce moment encore; en vérité je suis odieuse, et je ne consois pas comment vous avés la bonté de me répondre, après un pareil tort. Vous vous fâchés sur une décision qui n'a pas esté expliquée, et qui l'étant, est précisément ce que vous voulés, demandés-le au maréchal à qui M. Berryer la dit en ma présence. Vous voulés quitter la Bretagne, belle folie qui vous passe par la teste; je ne vous la passeray pas plus que la première que vous avés eu sur le mesme sujet. Souvenés-vous bien que si vous aviés suivi votre premier mouvement, vous ne seriez pas Cavendish. Vous avés de l'humeur; dites-moy qui n'en auroit pas, s'il s'y laissoit aller? Ah! fy, je rougis pour vous de vous voir moins de courage que moy, vous avés les désagrémens de votre petit commandement, et moy ceux de toutes les administrations, puisqu'il n'est point de ministres qui ne viennent me conter ses chagrins. Qu'il ne soit plus question des vôtres, je vous prie; je veux pouvoir donner mon amitié à M. Cavendish sans réstriction, *et que sy son âme m'en paroist digne, sa teste le soit aussy. Je verrai par votre conduitte jusqu'à quel point vous en faites cas.*

A Monsieur

Monsieur le duc d'Aiguillon, à Saint-Brieuc.

28 *juin* 1760.

Vous ne pouvés vous persuader, Monsieur, que les Anglois en veuillent à Brest, moy je désire plustost qu'ils s'acharnent à votre commandement, parceque je suis bien sûre que vous les feriés repentir de leur audace. Vous n'avés pas oublié que j'ay été bon prophète il y a deux ans, ainsy je vous prie d'avoir confiance en moy, s'ils se présentent. Tout ce que vous me dites des âmes des Bretons, n'est rien en comparaison de celles de ce monstrueux païs-cy, et je pense absolument pour Menars comme vous pour Verest. Dieu veuille que mes chasteaux à cet égard ne soient bientost plus en Espagne, et quoique je ne me propose pas de vivre avec mon voisinage, vous serés excepté de la loy génneralle. Vous voyés que je ne vous cède en rien pour l'horreur de ce monde.

14 *septembre* 1760.

Je vous fais mon compliment, Monsieur, et je reçois le vôtre, sur le zèle dont les Bretons viennent de donner au roy une nouvelle preuve. Je désire bien vivement que l'assemblée finisse comme elle a commencé, et (malgré votre petit accès de colère contre le controlleur) vous devés convenir que vous l'avés retrouvé très-raisonnable. Je vous prédis que les états finiront à merveille, que vous y aurés (selon votre coutume) très-bien servy le Roy. Quand tout sera fini, je vous demanderay très-humblement pardon d'avoir toujours raison avec vous, c'est un grand tort, mais, comme il est fondé sur la bonne opinion que j'ay de votre zèle pour le service du Roy, et des talens qui vous font réussir, j'espère, monsieur, que vous me pardonnerés.

10 septembre 1760.

Vous avés bien raison, Monsieur, de ne pas parler de sang-froid des parlementaires, je pense comme vous absolument, et le projet d'arrangement de M. de Choiseul adopté par le conseil m'a fait le plus grand plaisir, parce qu'il nous donne les moyens de nous passer de ces indignes citoyens, qui abusent des besoins de l'Estat, pour faire faire à leur maître des actes de foiblesse. Ils feront tout le tapage qu'il leur plaira; nous les laisserons faire, vous n'en êtes pas encore à votre Nunc dimittis. Il ne faut pas songer à quitter pendant la guerre ces fols de Bretons; cherchés cependant qui pourra vous remplacer, car je n'ay personne en vue, et l'on ne veut point M. de Lorges; il est trop procureur, trop avare, et n'a pas l'âme assés noble, pour représenter en chef dans une grande province, voilà l'avis du conseil qui ne m'a été rendu qu'hier par votre petit oncle, vous voyés que je ne vous fais pas attendre ma réponce. Je ne sçay si votre tête ressemblera à celle du procureur de Guingamp,

CHAPITRE QUINZIÈME.

mais ce que je sçay très-bien, c'est que vous étiés apparament de très méchante humeur quand vous avés reçu ma lettre, puisqu'une plaisanterie vous fait monter sur vos grands chevaux. Je ne veux pas en faire autant, et je me borne, Monsieur, à vous souhaiter le bonsoir, une parfaite santé, une heureuse fin d'année accompagnée de plusieurs autres, etc., etc.

26 décembre 1760.

Les uns disent que vous revenés, Monsieur, d'autres que vous ne revenés pas et que vous aurés le temps de recevoir cette réponse. Je l'envoie donc très-vite, car vous pourriés bien sans cela me pouiller comme vous avés fait et voulés faire encore le contrôleur. Or, comme je ne suis pas si douce que lui, il s'ensuivroit que nous nous battrions et que j'aurois peut-être la tête cassée. Pour éviter un pareil accident, je vous félicite de n'être ni maître des requêtes, ni financier, et je vous souhaite, Monsieur, une heureuse année accompagnée de plusieurs autres.

A Monsieur

Monsieur le duc d'Aiguillon, à Nantes.

20 août.

Le zèle et les talens avec lesquels vous avés servi le Roi en Bretagne, Monsieur, m'ont fait prendre à vous l'intérêt le plus véritable et je vous en ai donné des preuves avec plaisir quand les occasions s'en sont présentées.

Ce même intérêt exige de moi de vous gronder fortement sur la lettre que vous m'écrivés.

Qu'est devenu le zèle dont vous avés donné des marques, il n'y a pas encore trois mois? Comment est-il possible qu'un moment de dégoût vous le fasse oublier? C'est aux âmes communes qu'il convient d'envoyer leurs démissions pour un désagrément, mais celle de M. d'Aiguillon doit être au-dessus de pareilles misères et n'avoir pour but que l'utilité qu'il peut être à son maître. Vous donnés à votre mauvaise cause la meilleure tournure qu'il est possible ; ne me me croyés pas assez dupe pour l'adopter. Sondés votre conscience et vous y trouverés tout ce que je vous dis.

M. de Saint-Florentin, qui m'a remis hier au soir votre lettre, a été témoin de la façon dont j'ai parlé à M. Massiac ce matin; il m'a assuré que vous seriés content. Je suis fâchée contre vous. La petite tête dont je vous parlai le jour de votre départ a joué un trop grand rôle. Je ne sais quand je vous pardonnerai; vous mériteriés que je ne m'intéresse plus à vous.

Bonsoir, Monsieur, rancune tenante et très-fort.

A Monsieur

Monsieur le duc d'Aiguillon, à Saint-Mathieu.

Réjouissés-vous, M. de Cavendish : 1° Je ne suis pas morte, et (malgré votre méchant petit cœur), je veux me flatter que vous n'en êtes pas fâché; 2° la lettre que M. le contrôleur général vous écrit aujourd'hui vous prouvera que, malgré mes maux, je n'ai pas oublié no-

tre conquête. Donnés donc vite vos ordres, il n'y a pas un moment à perdre. Qui peut vous avoir mandé que les ministres n'approuvoient pas le projet? Il n'y a rien de si faux.

Bonsoir, M. de Cavendish ; *en voilà beaucoup pour une pauvre tête foible et convalescente.*

Donnons enfin une troisième et dernière correspondance de madame de Pompadour sortie d'où? des cartons du Ministère de la guerre (1). C'est une série de billets et de lettres adressés par la favorite au comte de Clermont pendant les années victorieuses des premières campagnes du Roi et reprise pendant les plus malheureuses années de la guerre de Sept ans. Madame de Pompadour écrit deux fois dans le même jour ; madame de Pompadour à tout moment soutient et réconforte le malheureux général au milieu de la perte de la discipline, de la désorganisation militaire, « de la destruction de l'armée ; » madame de Pompadour bat des mains à la nomination, comme officier, du caporal La Jeunesse qui s'est frayé, avec une poignée d'hommes, un chemin à travers l'ennemi ; madame de Pompadour, dans la joie de son cœur, lui envoie le bulletin d'une petite victoire en lui demandant grâce pour les détails techniques. Une correspondance au fond bien profondément triste, où la femme qui est l'au-

(1) Ces seize lettres au comte de Clermont, plus une lettre au prince de Condé, sont tirées des papiers et correspondance du comte de Clermont conservés aux archives historiques du Dépôt de la guerre. Deux seulement ont été publiées par M. Camille Rousset dans son Étude sur le comte de Gisors.

teur de la guerre de Sept ans, inconsolable « de la honte de la nation », a de temps en temps des cris douloureux comme celui-ci : « *J'ai le cœur flétri de voir faire les belles actions aux autres et les François... N'en parlons plus.* »

Dans une des lettres du comte de Clermont qui répond à un billet de madame de Pompadour, il est un joli détail : le comte remercie la favorite d'une cocarde qu'elle lui a envoyée et lui dit qu'il la porte les jours où il va au feu :

Permettez, Monseigneur, que pour répondre à la lettre dont vous m'avés (1) *honorée je vous fasse mon compliment sur la prise de la citadelle* (2). *On ne s'attendoit pas que cette opération fût si prompte ; je n'en suis pas surprise puisque vous la commandiés. En vérité les Stuarts sont bien malheureux et je trouve que c'est une grande injustice, avec la bravoure qu'ils ont. Je serai ravie de recevoir de vos nouvelles et de trouver des occasions, Monseigneur, de vous renouveler les assurances de mon sincère attachement.*

La marquise DE POMPADOUR.

A Choisy, ce 3 juin 1746.

J'ai reçu la lettre dont vous m'honorés au 29 juin, Monseigneur. Je ne sais pas pourquoi vous êtes sensible et flatté de la bonne opinion que j'ai de vous. Il n'y a nul mérite à penser comme tout le monde, et je suis dans ce

---

(1) Nous ne donnons pas les fautes d'orthographe, tout en conservant les habitudes d'orthographe de la favorite.
(2) Prise de la citadelle d'Anvers, juin 1746.

cas avec vous. *Madame la Dauphine nous tient ici dans une grande impatience et je vous assure que notre maître n'est pas tranquille; il brûle d'être où sa gloire l'appelle et quoi qu'il m'en coûte je voudrois qu'il y fût. Il n'est pas nécessaire que je prononce votre nom devant lui pour qu'il ne vous oublie pas, il me semble qu'il vous rend justice, il vous aime beaucoup. Je me flatte que Monseigneur ne doute pas de mon sincère attachement pour sa personne.*

La marquise DE POMPADOUR.

8 *juillet* 1746.

Si j'ai différé, Monseigneur, à vous faire mon compliment sur la prise de Namur (1), *c'est que j'étois bien sûre de la façon dont vous menés les châteaux. J'ai voulu vous épargner la lecture de deux lettres et je renferme mes complimens dans celle-ci. Ils sont bien sincères. Malgré la bonne opinion que j'avois de vous, je n'imaginois pas que l'ouvrage de deux mois seroit pour vous celui de cinq jours. Soyés, je vous prie, persuadé, Monseigneur, de la part que je prends à votre gloire, et de mon sincère attachement.*

La marquise DE POMPADOUR.

Ce 3 *octobre* 1746.

La nouvelle de la bataille (2) *et la part que vous avés aux belles actions qui s'y sont faites, Monseigneur,*

---

(1) Prise de Namur, le 30 septembre 1746.
(2) Bataille de Rocoux, livrée le 11 octobre 1746.

m'ont fait le plus grand plaisir par l'intérêt que je prends à l'État et à votre gloire. Elle est grande et tout le monde vous rendra justice. Le Roi m'a paru fort sensible à ce que vous avez fait. Permettez-moi de vous renouveler les assurances de mon inviolable attachement.

La marquise DE POMPADOUR.

Ce 16 octobre 1747.

Les nouvelles que j'ai reçues de vous, Monseigneur (1), *m'ont fait le plus grand plaisir du monde. Elles me prouvent que vous voulés bien ne me pas oublier. J'y suis on ne peut plus sensible. Ma santé est assés bonne : j'ai pris des eaux ces deux derniers jours pour une bile affreuse que j'avois, causée par l'attente d'un moment qui s'approche de jour en jour et que ma mort certaine ne me feroit pas reculer quand il sera nécessaire pour la gloire de celui à qui je suis attachée. Mais c'est trop vous entretenir de mes peines. Je finis en vous suppliant, Monseigneur, de ne jamais douter de mon sincère et éternel attachement.*

La marquise DE POMPADOUR.

A Versailles, ce 18 mai 1747.

La prise d'Axel que le chevalier de Broglie nous a apportée aujourd'hui à Choisy, va je crois vous donner de la besogne. Je suis sûre que vous en serés bien aise.

---

(1) Le comte de Clermont est à Namur.

CHAPITRE QUINZIÈME.

Le Roi reçoit toujours avec plaisir les assurances de votre attachement. Il vous aime beaucoup.

Quoique je n'aie pas de nouvelles de Monseigneur, je ne laisse pas de lui faire mon compliment sur les grandes actions qu'il a faites (1). *Le Roy me l'a mandé et en est très-aise pour l'amitié qu'il a pour Monseigneur. Après cela je n'ose lui dire que j'en ai été comblée, mon attachement pour lui étant bien sincère.*

La marquise DE POMPADOUR.

Ce 8 *juillet* 1747.

La marquise de Laigle me prie instamment de vous importuner pour son fils le baron de Rey, capitaine dans le régiment de Fiennes et aide de camp du maréchal. Je l'ai assurée que vous aviés sûrement pris des engagemens pour ce régiment. Elle a voulu absolument que j'eusse l'honneur de vous en écrire. Je vous prie, Monseigneur, de ne pas me prendre pour importune. Je n'ai pas pu refuser cette consolation.

Je suis d'autant plus affligée, Monseigneur, de ce que vous faites l'honneur de me mander que par l'esprit et les talens de M. de Bernis les affaires se remontoient au point d'en imposer prodigieusement au roi de Prusse. Je crains bien que tant de peines ne soient inutiles par la position de l'armée. Le maréchal de Belle-Isle s'occupe

---

(1) Bataille de Laufeld (2 juillet 1747), où les ennemis perdirent dix mille hommes à l'attaque de Laufeld faite par le corps de troupes commandé par le comte de Clermont. Le prince est alors au camp de Recckem.

uniquement du rétablissement du militaire, il a les connoissances et la volonté nécessaires pour cette difficile besogne. Recevés toujours avec le même plaisir, Monseigneur, les assurances du plus fidèle attachement.

Madame de Sens m'ordonne de faire ses compliments à Monseigneur.

12 mars 1758.

18 mars 1758.

Hélas! oui, Monseigneur, votre préambule et votre situation est toujours la même. J'en ai le cœur pénétré de douleur. Si vous ne venés pas à bout de rétablir la discipline, c'est que ce sera impossible, car assurément vous en prenés bien tous les moyens. Quelque utile que vous ait été Crémilles, il l'est, je crois, encore plus ici. Le maréchal est éclairé, bien intentionné et de plus il vous est fidèlement attaché. Ainsi, Monseigneur, vous devés être bien sûr de tout ce qui a part au ministère, car je me flatte que vous ne doutés pas des sentimens qui m'attachent à vous pour la vie.

M. de Soubise est pénétré de vos bontés, et désire avec ardeur de trouver quelque occasion de vous prouver son fidèle attachement.

23 mars 1758.

Vous pouvés juger de mon désespoir, Monseigneur, par l'attachement que vous me connoissés pour le Roi et pour le bien de l'État. Vous entrés aussi pour beaucoup dans mes peines. Il est affreux d'arriver au moment de la destruction de l'armée sans pouvoir y apporter de remède. J'espère que votre position sur le Rhin sera assez stable pour donner le temps aux réparations absolument indispensables et sans lesquelles il ne resteroit plus de troupes au Roi. L'ordre que vous établissés contre les fripons a bien réussi dans votre armée. Continués, Monseigneur, ne vous découragés pas par les traverses de tout genre que vous éprouvés. Vous serés le restaurateur du militaire, avec lequel vous ferés des actions dignes de l'élévation de votre âme et qui vous dédommageront des peines auxquelles vous vous êtes livré. C'est l'objet de mes vœux les plus ardens (1).

26 mars 1758.

Je suis fort aise, Monseigneur, de n'avoir appris votre maladie qu'avec votre guérison. Elle m'auroit causé une très-grande inquiétude. Je ne veux pas augmenter votre douleur en vous parlant de la mienne : elle est extrême. Je ne peux plus me consoler de la honte de la nation et de la cruelle situation où vous vous trouvés. Le maréchal est très-occupé des choses que vous désirés, il est empressé de vous donner des marques de son attachement. Je pense comme lui, Monseigneur, et j'ose vous dire que si vous en doutiés un instant, vous feriés la plus grande injure au fidèle attachement que je vous ai voué à jamais (2).

(1) Lettre publiée par M. Rousset dans le *Comte de Gisors*. Didier, 1868.
(2) Réponse à une lettre de Clermont, en daté de Paderborn (20

Rueil, 4 avril 1758.

Si votre avis ne m'autorisoit, Monseigneur, à trouver la capitulation ridicule (1), *j'aurois cru me tromper en la jugeant telle. Elle ne me paroît faite que pour sauver les équipages et donner la liberté aux officiers. J'espère que vous les avés renvoyés à leurs troupes. Je me suis écriée qu'il falloit faire officier Mons. de La Jeunesse* (2), *et j'ai été bien glorieuse d'avoir pensé comme vous. Il court un bruit de la prise de Dresden qui seroit très-agréable. Je ne puis cependant m'empêcher d'avoir le cœur flétri de voir faire les belles actions aux autres, et les François..... N'en parlons plus et recevés mes hommages, Monseigneur, et mon attachement avec quelque intérêt.*

Vous êtes persuadé, Monseigneur, du violent chagrin que les événemens malheureux m'ont causé; celui que j'éprouve aujourd'hui par votre dépêche et la lettre dont vous m'honorés l'est encore plus s'il est possible. Je vois que les troupes qui vous ont été demandées pour l'Impératrice vous déterminent à une seconde retraite mille fois plus humiliante et plus dangereuse à tous égards que

---

mars 1758), lettre qui dit : « ... Il ne faut pas se flatter, madame, nous n'avons plus de soldats et presque plus de ce qui s'appelle des officiers. Faites vos efforts pour qu'on protége et qu'on accueille le petit nombre de ce qui nous reste de bon. C'est le seul moyen de les conserver et de donner à d'autres de le devenir. Je sais que l'on dit que je vois noir, mais je vois vrai, ainsi je ne saurois voir blanc. »

(1) Capitulation de Minden.
(2) La Jeunesse, « qu'il falloit faire officier », était un caporal de grenadiers lyonnais qui s'était distingué en passsant au travers des ennemis avec une poignée d'hommes.

celle que vous venés de faire. Nos alliés accablés et la Hollande maîtresse de se déclarer sans courir de risque sont les moindres inconvéniens qui doivent en résulter. D'un autre côté, si nous n'envoyons pas à l'Impératrice les secours promis, elle est en très-grand danger d'être détrônée. Nous resterons donc seuls ayant abandonné et laissé périr nos amis (et où trouverons-nous jamais des puissances assez dupes pour vouloir en être?), déshonorés, perdus dans l'Europe entière avec le roi de Prusse, d'Angleterre et peut-être bien d'autres acharnés à notre destruction. Voilà, Monseigneur, le tableau très-exact de notre situation... Au reste, si vous ne croyés pas votre armée assez forte, il sera facile de vous faire passer des troupes de Flandres ou des autres provinces.

15 avril 1758 (1).

15 *avril soir*, 1758.

L'état violent de l'Impératrice et la méfiance que notre retraite lui a inspirée, Monseigneur, ont déterminé le Roi à renvoyer Montazel à votre armée pour être en état de tranquilliser Sa Majesté tant sur l'état des troupes que sur le temps où elles peuvent agir et sur votre façon de penser personnelle. Je ne vous parle pas des motifs militaires qui se sont joints aux politiques pour déterminer ce voyage. M. le maréchal de Belle-Isle vous en rendra un compte plus exact que mon peu de lumières à cet égard ne me permettroit de vous en

(1) Lettre publiée par M. Rousset dans le *Comte de Gisors*. Didier, 1868.

rendre. Je me borne donc, Monseigneur, à vous renouveler mes hommages et mon fidèle attachement.

J'ai ouï dire tous les biens imaginables des Marquet, et il mérite l'intérêt que vous daignés y prendre.

Quoique Monseigneur m'ait oubliée parfaitement, je ne puis me refuser la satisfaction de l'assurer de mon fidèle attachement (1).

10 juin 1858.

J'ai été tout aussi fâchée que vous, Monseigneur, du quart qui a été ajouté sur la place de Pelletier, mais il sera ôté le plus tôt possible, mais vous savés ce que c'est que les domestiques de la maison royale. J'attends le contrôleur général pour lui parler de l'intérêt pour Laujon et de l'affaire du comte de Montbrun. Je désire fort de réussir puisqu'elles vous intéressent. Je pense comme vous que les ennemis veulent, en passant la Meuse, faire déclarer le Hollandois. Je souhaite ardemment qu'ils vous attendent, Monseigneur. De quoi ne sont pas capables les François avec un chef tel que vous? Rien ne peut égaler mon tendre et inviolable attachement.

L'agitation et le chagrin que m'ont causés depuis trois semaines vos différentes positions, Monseigneur, m'ont donné la fièvre tierce. J'ai eu le second accès cette nuit. Il ne me reste que la force de vous renouveler les assurances de mon fidèle attachement (2).

26 juin 1758.

(1) Le comte de Clermont répond à ce billet sans date par une lettre datée du 7 juin 1758. Il est alors au camp de Rhinberg.
(2) Le comte de Clermont est au camp de Wischelen.

CHAPITRE QUINZIÈME.

Je vous avoue, Monseigneur, que la lettre dont vous m'honorés me confond. Le maréchal de Bellisle n'a jamais désiré autre chose que de vous voir combattre et chasser les ennemis. Ses lettres ont toutes été lues au conseil parce qu'il trouvoit l'ordre de combattre trop positif pour vous l'envoyer sans que le Roi l'ait donné lui-même. D'après les faits dont j'ai connaissance, je n'entends plus rien à ce que vous me faites l'honneur de me mander. Le roi désire que vous chassiés les ennemis, mais en même temps Sa Majesté ne peut rien faire de mieux que de s'en rapporter à votre prudence. Voilà, Monseigneur, l'état exact des choses. Quoique la fièvre m'ait manqué, j'ai encore de grands maux de tête : ils ne me font pas oublier mon inviolable attachement.

Mercredi au soir, 28 juin 1758.

Qui sont les plats officiers, Monseigneur, qui ont égaré vos troupes et ont fait d'une action (qui devoit être la plus belle) la plus malheureuse du monde? Ma consolation est dans le bon ton de l'armée. Il me fait espérer que vous prendrez votre revanche de façon à faire ressouvenir longtemps vos ennemis d'avoir osé attaquer des François commandés par un petit-fils du grand Condé. Je vous rends mille grâces des détails que vous voulez bien m'envoyer. Je pleure sur de Gisors (1) *et son*

(1) Le comte de Gisors, tué à la bataille de Crevelt (23 juin 1758). C'est madame de Pompadour qui engagea le Roi à aller rendre visite à son père le maréchal de Belle-Isle ; et comme Louis XV hésitait, elle le décida, dit-on, par la citation de ces vers :

Barbare dont l'orgueil
Croit le sang d'un sujet trop payé d'un coup d'œil!

malheureux père qui mourra sûrement bientôt malgré l'incroyable courage dont il est devant le monde. Ma santé est fort altérée, et je n'ai de force que pour assurer Monseigneur de mon tendre attachement.

Septembre 1762.

Il est très-vrai, Monseigneur, que M. de Boisgelin, colonel des régimens anciennement la Tour du Pin, vient d'arriver avec l'agréable nouvelle que le 30, l'avant-garde de M. le prince de Condé commandée par M. de Lévis, réunie à celle de M. de Stainville, ensuite renforcée par le régiment de Boisgelin, les dragons et les gendarmes dauphins que M. de Soubise a amenés, ont battu complétement M. le prince héréditaire et Lukner(1). *Nous avons pris 11 pièces de gros canons, 2 étendards, 1,200 hommes. Le nombre auroit été plus considérable si le prince Ferdinand qui n'étoit pas loin de son neveu n'avoit foudroyé par son canon nos dragons que M. le maréchal d'Estrées avoit envoyés à la poursuite. Ils ont poursuivi à une lieue et demie du combat. Le régiment et le colonel de Boisgelin ont fait des miracles. Le Roi l'a fait brigadier sur-le-champ. Le reste des troupes qui ont combattu ont aussi fait des merveilles. M. le prince de Condé s'y est conduit comme à son ordinaire, c'est-à-dire en perfection, et M. le prince héréditaire devroit être dégoûté d'attaquer M. le prince de Condé. Aussi sa perte est-elle très-considérable par l'acharnement avec lequel il s'est battu. Je vous demande, Monseigneur,*

(1) Victoire de Johannisberg remportée le 30 août 1762.

de l'indulgence pour ce bulletin. Je ne suis pas accoutumée aux détails militaires et mon zèle pour ce qui vous intéresse a été mon seul guide. MM. de Choiseul, La Baume, de Schomberg, de Wormser, sont blessés légèrement de coups de sabre. Notre perte n'est pas fort considérable; elle est tombée principalement sur le régiment de Boisgelin seul d'infanterie. Monseigneur rend justice à mon sincère attachement et à mon profond respect.

A la suite de ces lettres adressées au comte de Clermont, nous donnons une lettre de madame de Pompadour adressée au prince de Condé, tirée également des archives du Ministère de la guerre :

3 octobre 1762.

La lettre de confiance du 28 septembre dont vous m'honorés, Monseigneur (1), *ne me laisse pas hésiter sur la façon dont je dois y répondre, et je croirois y manquer si je ne vous parlois point avec la vérité inséparable de mon caractère. M. de Boisgelin vint chez moi à Choisy. Je le priai de me détailler sur la carte l'action heureuse qui s'étoit passée le 30. Il m'expliqua très-clairement, et devant tout ce qui étoit dans ma chambre, les différentes charges qui s'étoient faites, les momens et les lieux, et me dit en détail ce que je vais répéter en bref. M. de Levis avoit été porté en avant et s'étoit très-bien battu, malgré la supériorité des ennemis, que*

---

(1) C'est une réponse au prince se plaignant amèrement de ce que les gazettes l'accusaient d'avoir pris pour lui tout l'honneur de la bataille de Johannisberg.

M. de Stainville avec qui M. de Soubise étoit arrivé heureusement assés tôt avoit fait deux charges très-utiles, que lui Boisgelin avoit eu ordre d'arriver ainsi que votre réserve, que sa brigade étoit arrivée seule parce qu'elle avoit toujours couru, que, se voyant débordé par le grand nombre d'ennemis, il avoit envoyé demander du secours, que M. de Soubise lui avoit amené des dragons et les gendarmes dauphins sans lesquels il étoit forcé d'abandonner le poste. D'après ce récit fait devant tout le monde, j'ai jugé que les troupes de votre réserve avoient été commandées par les généraux, et que tous partageoient la gloire de cette journée. J'ai écrit deux lettres pareilles, des faits simplement, monseigneur le comte de Clermont pourra vous en montrer une, et vous y verrez la vérité de ce que j'ai l'honneur de vous mander. Je n'ai jamais imaginé qu'il pût y avoir la moindre tracasserie, et ce n'est qu'en revenant de Choisy à Paris que l'abbé du Cer (sic) et autres avoient distribué des bulletins où il n'étoit pas plus question des maréchaux que s'ils n'avoient jamais existé. De retour ici on me dit qu'il y avoit de grandes plaintes sur ces bulletins. Je n'en ai vu aucuns. Je ne sais dans aucun temps ce qui se met dans la gazette, parce que je ne l'ai lue de ma vie. Je me suis tenue dans le silence par respect pour vous et par amitié pour M. de Soubise. Voilà quelle a été ma conduite. Quant à ma façon de penser, elle ne peut changer. Il est certain que les troupes commandées par vous, Monseigneur, ont fait des merveilles, et cela ne peut être autrement en suivant votre exemple. Il est tout aussi sûr que M. de Stainville, les dragons et les gendarmes dauphins amenés par M. de Soubise ont été très-utiles. J'en reviens donc à la vérité, c'est que la réserve et une partie de l'armée ont bien servi dans cette journée. Je ne puis donc concevoir par quelle fatalité cette affaire a causé une tracasserie. J'en suis très-affligée par l'attachement que j'ai pour vous, Monseigneur, et mon amitié pour M. de Soubise. Vous rendés justice à sa probité. Il est votre beau-père, ainsi je ne puis croire que les gens qui n'ont d'autre occupation que celle de faire du mal, parviennent à vous brouiller. Je l'espère et le désire bien vivement. J'ignore, Monseigneur, si je vous plais en vous disant ce que je pense, mais vous me l'avés ordonné et je vous jure que cette lettre n'est dictée que par la vérité et mon fidèle attachement pour vous. Je vous demande pardon, Monseigneur, de mon griffonnage, mais mon œil est si fatigué qu'il me seroit impossible de recommencer et je ne puis confier à personne ce que j'ai l'honneur de vous mander.

Puis, quittant la plume, madame de Pompadour cherchait le délassement dans la lecture. Elle appliquait son esprit ou laissait aller sa pensée à quelqu'un des livres de cette bibliothèque (1) qui

---

(1) Catalogue des livres de la bibliothèque de feue madame la marquise de Pompadour, dame du palais de la reine, 1765. — Le produit de la vente des 3,561 numéros de la bibliothèque monta à 41,940 liv. 8 sols. — Un des articles les plus curieux était le n° 32 : un *Office de la sainte Vierge pour tous les jours de la Semaine*. Paris, Imprimerie royale, 1757, 2 vol. in-12 contenant huit dessins de Boucher et relié en maroquin bleu avec des fermoirs d'or.

satisfaisait tous les goûts de son intelligence, et répondait à tous les besoins de sa situation. La bibliothèque de madame de Pompadour n'était pas seulement en effet le cabinet de lecture d'une femme : elle était encore l'arsenal et l'école de la favorite. Les plus sérieux volumes n'y figuraient point pour la représentation et la parade ; ils complétaient l'éducation de madame de Pompadour, ils lui fournissaient des armes de gouvernement, les termes des choses d'État, la connaissance des précédents historiques, l'art de toucher à la politique sans gaucherie, la facilité de parler sur les plus graves questions d'autorité et sur les plus grands conflits de prérogatives avec l'accent et presque la compétence d'un ministre. Les livres de droit public, de vieux droit français, l'histoire de tous les pays, l'histoire de France, lui apprenaient tout ce qu'il était nécessaire qu'elle sût pour être, sinon à la hauteur, au moins dans les convenances de son rôle. Comme la femme politique, la femme philosophe trouvait dans cette bibliothèque des secours et des ressources : les moralistes anciens et les moralistes modernes étaient rangés sur les rayons ; et madame de Pompadour n'avait qu'à étendre le bras pour toucher à la sagesse du paganisme ou à la sagesse de Voltaire, et s'affermir dans le stoïcisme de sa dernière heure. A côté de ces livres d'étude et de ces livres de conseil, des manuels de son esprit et des bréviaires de son âme, venait la magnifique collection de la comédienne et de la chanteuse, les archives de la virtuose, cette suite unique d'ouvrages sur le théâtre, de pièces depuis les mystères, d'opéras graves et imprimés dont le beau cabinet de l'auteur des *Recherches sur les théâtres*, Beauchamps, avait fait le premier fonds. Çà et là des livres à figures, des œuvres de graveur, Callot, La Belle, Sylvestre, tentaient parfois la main de la graveuse, lasse de tenir la pointe, et lui donnaient leurs muettes leçons. Mais surtout que de livres, dans tous ces livres dont les plus sévères agréaient à l'œil par leurs dos de maroquin et leurs plats armoriés, que de livres parlaient à l'imagination de la femme, l'amusaient, la berçaient, l'entraînaient dans la distraction du rêve! La bibliothèque de madame de Pompadour était le palais du roman : romans d'amour de tous les pays d'amour, espagnols, italiens, français, romans de chevalerie, romans héroïques, romans historiques, romans moraux et politiques, romans satiriques, romans comiques, romans merveilleux et romans féeriques, la favorite avait voulu que tous les enfants de la fiction humaine l'entourassent de leurs mensonges et de leurs enchantements, et lui donnassent pendant quelques heures l'oubli du présent et d'une vie si enviée!

XVI

Mademoiselle de Romans aimée par le Roi. — Madame de Pompadour allant voir la mère et l'enfant au Bois de Boulogne. — Le résumé de la situation fait par la maréchale de Mirepoix. — La profonde tristesse de la favorite dans le triomphe et l'affermissement. — Sa nature *réfléchissante*. — Sa souffrance de ne plus se sentir aimée par le Roi. — Son refroidissement avec Choiseul. — Son désespoir d'être contrainte à *renoncer à toute gloire*. — Madame de Pompadour malade et mourante de chagrin.

En ces dernières années de la vie de madame de Pompadour, en ces années où elle apparaît comme la vraie reine de France, la favorite dont le règne n'a rien du tranquille et facile règne de la du Barry a encore à craindre, à lutter, à se défendre (1). Il ne s'agissait plus cette fois d'une aventure du Parc aux Cerfs, d'un de ces caprices de passage qui avaient jusque-là laissé la favorite sans ombrage et le cœur du Roi sans émotion. Le nouvel attachement du Roi ressemblait à de l'amour. La femme

(1) Je renonce à donner, d'après d'Argenson, la liste et les noms de toutes les femmes de la cour et de la ville mises en avant pour remplacer madame de Pompadour qu'on sait n'être plus aimée et qui tour à tour donnaient quelques jours des inquiétudes à la favorite.

qui avait touché Louis XV s'était refusée à entrer dans la petite maison commune et le Roi lui rendait visite dans sa jolie habitation de Passy. Elle s'appelait Romans (1). C'était la fille d'un avocat de Grenoble que sa sœur, madame Varnier, avait amenée au Roi dans les jardins de Marly. Elle avait les plus longs cheveux noirs et si longs qu'elle pouvait s'en couvrir. Sa grande séduction était la nonchalance, la langueur presque orientale de ses attitudes, la paresse voluptueuse de son beau corps presque toujours étendu sur un canapé dans l'abandon des postures lasses.

A tous ces charmes, mademoiselle de Romans joignait des droits sur le Roi qui avaient manqué à madame de la Tournelle, qui manquaient à madame de Pompadour: elle avait un fils de Louis XV, un fils que le Roi, sur les instances de la mère, reconnaissait presque. Ce fils du Roi était la joie et l'orgueil de mademoiselle de Romans. Elle promenait partout, dans une corbeille, cet enfant beau comme le jour; elle l'habillait de dentelles, et le montrait à tous; son secret l'étouffait, elle le laissait déborder, et aux Tuileries, devant la foule qui se pressait et entourait l'enfant, elle s'écriait : « Ah! mesdames et messieurs, n'écrasez pas et laissez respirer l'enfant du Roi (2) ! »

(1) Voir la Notice sur mademoiselle de Romans dans les *Portraits intimes du dix-huitième siècle*. Charpentier, 1878.
(2) *Paris, Versailles et les provinces*, 1823, vol. I. — *Journal historique et anecdotique du règne de Louis XV*, par Barbier, vol. IV. — *Mémoires du maréchal duc de Richelieu*, vol. IX.

Cette mère, cet enfant, étaient le souci de madame de Pompadour; et un jour qu'assise dans un coin du bois de Boulogne, ses cheveux relevés par un peigne de diamant, mademoiselle de Romans donnait le sein au fils de Louis XV, elle vit s'approcher d'elle deux femmes dont l'une se cachait sous ses coiffes et dans son mouchoir, dont l'autre la salua en lui disant: « Voilà un bien bel enfant. — Oui, je peux en convenir quoique je sois sa mère, » dit mademoiselle de Romans; et comme la dame lui demandait si le père était bel homme: « Très-beau. Si je vous le nommais, vous diriez comme moi. — J'ai donc l'honneur de le connaître, Madame? — Cela est très-vraisemblable. » Les deux femmes s'éloignèrent; et madame de Pompadour, écartant son mouchoir de sa bouche, disait avec un soupir à madame du Hausset, sa femme de chambre, qui avait porté la parole: « *Il faut convenir que la mère et l'enfant sont de belles créatures.* » Et elle revenait à Versailles le désespoir au cœur. Elle s'alarmait encore de voir ses alarmes sur le front de M. de Choiseul.

Mais ce conseil et cette providence des maîtresses, cet observateur en jupons si versé dans la connaissance de l'humanité des cours, cette femme qui déjà avait retenu et maintenu à Versailles madame de Pompadour lors de l'assassinat de Damiens, la maréchale de Mirepoix rendait le courage à la favorite par son sang-froid, sa vue saine des choses, ces résumés de situation qu'elle savait faire si netttement et si vivement, avec un sens pratique de la vie et des caractères. Parlant du Roi, madame de Mirepoix disait à madame de Pompadour : « Je ne vous dirai pas qu'il vous aime mieux qu'elle, et, si par un coup de baguette elle pouvait être transportée ici, qu'on lui donnât ce soir à souper, et qu'on fût au courant de ses goûts, il y aurait peut-être pour vous de quoi trembler. Mais les princes sont avant tout des gens d'habitude. L'amitié du Roi pour vous est la même que pour votre appartement, vos entours. Vous êtes faite à ses manières, à ses histoires ; il ne se gêne pas, ne craint pas de vous ennuyer. Comment voulez-vous qu'il ait le courage de déraciner tout cela en un jour, de former un autre établissement, et de se donner en spectacle au public par un changement aussi grand de décoration? » Elle lui disait encore, à propos de cet enfant qui était la grande inquiétude de madame de Pompadour : « Soyez persuadée que le Roi se soucie fort peu d'enfant. Il en a assez, et ne voudrait pas s'embarrasser de la mère et du fils. Voyez comme il s'occupe du comte de Luc qui lui ressemble d'une manière frappante ; il n'en parle jamais, et je suis sûre qu'il ne fera rien pour lui. Encore une fois, nous ne sommes pas sous le Louis XIVme. »

Ces paroles de madame de Mirepoix sauvaient madame de Pompadour du découragement, lui rendaient l'assurance, lui donnaient la présence d'esprit de profiter des indiscrétions de l'imprudente mère de *Louis de Bourbon,* lui permettaient enfin de ramener cet amour aux proportions d'une intrigue du Parc aux Cerfs.

Finalement donc, les inconstances même, les plus longs et les plus vifs caprices du Roi ne pouvaient briser sa chaîne. L'habitude l'avait asservi à la domination de madame de Pompadour. Et la favorite était arrivée à ce moment de confiance et de sécurité d'une liaison où les infidélités des sens, du cœur même de l'amant n'ont plus de menaces pour la position d'une maîtresse. Après cette dernière épreuve, madame de Pompadour pouvait croire sa faveur inébranlable. Rien ne devait plus l'inquiéter dans le présent; et elle était délivrée de ce tourment de l'avenir qui empoisonnait sa fortune, de la pensée fixe de ses insomnies, du souci continu mêlé à toutes ses joies, de la jalousie de ses ambitions sans cesse inquiètes, toujours tremblantes.

Son dernier, son seul redoutable ennemi, le Dauphin, la favorite l'avait tué par le ridicule (1).

(1) Après avoir, de complicité avec Choiseul, cherché à faire soupçonner à Louis XV que son fils était pour quelque chose dans l'assassinat de Damiens poussé au crime par le parti dévot, madame de Pompadour détruisait les restes du sentiment paternel de Louis XV par la honte qu'elle inspirait au père de son fils, par les moqueries qu'elle faisait de la bigoterie du Dauphin, de son habitude de dire *matines et laudes* comme un curé de village. Soulavie raconte même que, dans le temps de la destruction des Jésuites, madame de Pompadour et Choiseul faisaient voir au Roi, au milieu de la nuit, dans la chambre du Dauphin, par la glace de la porte entr'ouverte, un homme vêtu d'un habit de Jésuite, prosterné devant un crucifix, qui était son fils ou que Louis XV put croire son fils.

Cependant, dans cette délivrance, au milieu de ces jours sans alarmes, quand le règne de la favorite semblait définitivement assuré et que tous les bonheurs semblaient lui sourire, une tristesse plus profonde et plus sombre que l'ennui des derniers jours de madame de Maintenon remplissait son visage et son âme, la solitude de son cœur, et le regard de ses grands yeux mourants.

Madame de Pompadour n'est point, en effet, la figure de trumeau et d'opéra-comique qu'une certaine histoire a accréditée; c'est une figure très-sérieuse, très-*réfléchissante*, même un peu triste. C'est une *désenchantée* qui, dans les premières années de sa faveur, écrit à son frère:

Plus j'avance en âge, mon cher frère, et plus mes réflexions sont philosophiques. Je suis bien sûre que vous penserés de même. Excepté le bonheur d'être avec le Roy, et qui assurément me console de tout, le reste n'est qu'un tissu de méchancetés, de platitudes, enfin de toutes les misères dont les pauvres humains sont capables. Belle matière à réflexions surtout pour quelqu'un né aussi réfléchissante que je le suis.

Elle écrit une autre fois :

Partout où il y a des humains, mon cher frère, vous y trouverez de la fausseté et tous les vices dont ils sont capables. Vivre seul seroit par trop ennuyeux, ainsi il faut bien les souffrir avec leurs défauts et avoir l'air de ne pas les voir.

On sent en tout temps chez la femme une blessure de la vie, et, à mesure qu'elle se perpétue sur le théâtre de la cour, qu'elle est en butte à la trahison de sa cousine d'Estrades, à la défection de son ministre Machault (1), dans tout ce qu'elle dit, dans tout ce qu'elle jette sur le papier, on trouve des paroles, des phrases qui ressemblent à des cris de souffrance.

Et aujourd'hui comme toujours la vie de la favorite a ses empoisonnements secrets.

Madame de Pompadour comprenait avec son tact de femme que le Roi ne l'aimait plus, qu'il ne continuait à la garder que par une sorte de charité, par la crainte d'une résolution énergique s'il la quittait, d'un coup de désespoir, d'un suicide. Et elle pénétrait si bien les secrets sentiments de

---

(1) Un passage des *Mémoires inédits de Bernis* nous fait toucher l'état de l'âme de la favorite qui va un moment jusqu'à l'idée d'une retraite de la cour :

« Je trouvai (1755), en arrivant de Venise, madame de Pompadour dans une situation bien différente de celle où je l'avais laissée : ce n'était plus cette femme environnée de tous les talents aimables, qui gouvernait la France du sein des plaisirs. Le Roi n'avait plus de passion pour elle depuis plusieurs années, il ne lui restait que de l'amitié, de la confiance et ce lien d'habitude qui, chez les princes, est le plus fort de tous. Madame de Pompadour avait besoin de consolations, elle me vit arriver avec la plus grande joie. J'étais son ami éprouvé... Elle ne tarda pas à m'ouvrir son cœur et m'en découvrir toutes les blessures. Elle me mit au fait de l'intrigue du Roi avec madame de Choiseul qui, un an auparavant, était morte en couches; elle m'apprit que madame d'Estrades, conseillée par d'Argenson, avait conduit toute cette intrigue avec la plus indigne ingratitude...

« Je trouvai madame de Pompadour fort dégoûtée de la cour. Elle me montra la copie des lettres qu'elle avait écrites au Roi pour obtenir la permission de se retirer, elle ne me fit pas non plus mystère de celles qu'elle lui écrivait sur les affaires. Les premières me persuadèrent seulement qu'elle avait de l'humeur et du dégoût, mais je n'y vis pas la ferme résolution de quitter le monde, les secondes au contraire me parurent admirables. »

Louis XV qu'il les avouera quand elle sera morte.

Ce Choiseul qu'elle avait créé le premier ministre de la monarchie, qu'elle avait fait son amant (1), elle commençait à trouver sa domination bien dure, bien exigeante, bien impérieuse et le voyait, avec un profond froissement de l'âme, vouloir renverser son favori Bertin et tenter de joindre le ministère des finances à ceux qu'il avait réunis dans sa maison (2).

Mais de tous les chagrins de la favorite, disons-le, le plus grand était l'avortement du rêve de sa vie : il fal-

(1) Madame du Hausset nie que M. de Choiseul fût l'amant de madame de Pompadour et dit que c'est un conte fait par une dame de la cour qu'elle ne nomme pas. Les contemporains sont unanimes pour donner un démenti à madame du Hausset.

(2) *Mémoires du maréchal duc de Richelieu*, par Soulavie, t. X. — Soulavie dit que madame de Pompadour, se rappelant les prédictions faites par Bernis sur la domination future de Choiseul, eut un moment l'envie de rappeler le cardinal. Trois entrevues secrètes, arrangées par la comtesse de Toulouse, eurent lieu à Versailles, dans lesquelles étaient résolus le retour du cardinal aux affaires et l'exil du duc de Choiseul. Le duc de Choiseul, instruit de la négociation, para le coup, et madame de Pompadour, qui mourait au bout de quelques mois, mourait persuadée, affirme Soulavie, que sa fin avait été hâtée par Choiseul. Un refroidissement entre madame de Pompadour et Choiseul semble incontestable, mais une rupture complète, mais le soupçon du poison, quand on rapproche ces dires de l'enthousiasme de la marquise pour Laverdy, et des lettres de la duchesse de Choiseul, relatives à la mort de la favorite, font l'effet de contes à mettre à côté du piétinement de la tombe de madame de Pompadour par la duchesse de Gramont. Soulavie, que nous avons été les premiers à réhabiliter, — et il le mérite par les papiers précieux qu'il a eus entre les mains, — n'a, il faut l'avouer, aucun sens critique et donne avec la même candeur le renseignement le plus authentique aussi bien que le renseignement le plus faux.

lait renoncer à la gloire, « *renoncer à toute gloire* (1) !... »
écrit-elle avec désespoir dans une lettre qui semble
le cri suprême et déchirant de ses espérances et de
ses orgueils vaincus. Ne vous trompez pas en effet
au masque de madame de Pompadour, à cette parade d'indifférence et d'insouciance, à ce mot avec
lequel, pour étourdir Louis XV, elle blasphémait la
postérité du bout des lèvres : « Après nous le déluge! » La favorite ne méprisait point la mémoire
de son nom. Elle se souciait et se préoccupait de
l'histoire. Elle avait, tout le temps de sa faveur, poursuivi et quêté partout la gloire avec la passion et
l'entêtement d'une femme. Sur ce grand trône où le
hasard l'avait élevée, elle avait cherché à se hausser jusqu'à la postérité, et le présent pas plus que

---

(1) Voici cette lettre écrite au duc d'Aiguillon au milieu des revers
de la guerre de Sept ans et publiée par M. Lacretelle dans son *Histoire
de France pendant le dix-huitième siècle* :

« *Que vous dirai-je, monsieur le duc? Je suis dans le désespoir parce
qu'il n'est rien qui m'en cause d'aussi violent que l'excès d'humiliation.
Est-il possible d'en éprouver de plus forte? Être battu n'est qu'un malheur : ne pas se battre est un opprobre. Qu'est devenue notre nation? Les
parlemens, les encyclopédistes, etc., etc., l'ont changée absolument. Quand
on manque assez de principe pour ne pas reconnoître ni divinité, ni maître,
on devient bientôt le rebut de la nature, et c'est ce qui nous arrive. Je suis
mille fois plus effrayée de notre avilissement que je ne l'aurois été de la
perte de toute l'escadre. Il est encore bien heureux que vos troupes n'y aient
pas été : vous périssiez tous. Que voulez-vous que j'espère pour nos projets?
Pouvez-vous passer tout seul? Cela est impossible.* (Il s'agit du projet de
descente en Angleterre.) *Et peut-on compter sur la marine? Nous ne
savons que trop à quoi nous en tenir à cet égard. Il faut renoncer à toute
gloire. C'est une cruelle extrémité, mais je crois la seule qui nous reste.
Ne vous découragez pas autant que moi, Monsieur; votre zèle et votre
attachement pour le Roi peuvent lui être utiles. Je souhaite qu'ils puissent
être mis à l'épreuve.* »

le tombeau ne lui avaient semblé la fin de son règne et de son bruit. Elle avait rêvé de lier son image et ce nom de Pompadour à un règne de conquête, à des villes prises, à des provinces soumises, à l'agrandissement de la monarchie, à l'éclat de nos armes, au fracas des victoires, à toutes les grandes immortalités de la guerre, ce patrimoine de l'honneur d'un peuple. Un moment elle avait cru surpasser les combinaisons politiques du cardinal de Richelieu et les plans si vantés du marquis de Louvois. Un moment elle avait calculé l'heure où Frédéric serait obligé de mendier sa grâce. Un moment elle avait avancé la main sur le Hanovre, la Hesse, les deux Saxes. Un moment elle avait cru pousser les frontières et le drapeau de la France jusqu'à l'Escaut... De tant d'illusions que restait-il (1) ? La fortune des batailles s'était jouée de la France ; et madame de Pompadour comptait toutes ces défaites qui avaient suivi Rosbach, et Minden, et Warbourg, et Filhingshausen, revers sans exemple qui avaient diminué jusqu'à la réputation de bravoure du soldat français en Europe, et qui exposaient la rive française du Rhin au pas des troupes étrangères.

(1) Diderot a assez durement résumé ce que le gouvernement de madame de Pompadour a laissé à la France : « Eh bien, qu'est-il resté de cette femme qui nous a épuisés d'hommes et d'argent, laissé sans honneur et sans énergie, qui a bouleversé le système politique de l'Europe? Le traité de Versailles qui durera ce qu'il pourra, l'*Amour* de Bourchardon qu'on admirera à jamais, quelques pierres gravées de Gay qui étonneront les antiquaires à venir, un bon petit tableau de Vanloo qu'on regardera quelquefois, et une pincée de cendres. »

Que d'humiliations pour elle, dans ces humiliations de la France : notre côte de la Manche incendiée, bombardée; nos escadres réfugiées dans nos ports et désertant les mers; et l'Inde et l'Amérique, où la fortune nous trahit comme en Europe! Puis c'étaient au dedans du royaume tous les contre-coups de ces désastres, toutes les misères des guerres malheureuses, les campagnes privées d'un million d'hommes, l'agriculture demandant des bras, le commerce anéanti, les finances épuisées et faisant défaut aux besoins du Roi et de l'Etat, la France plus ruinée, plus affaiblie, plus abaissée qu'aux plus tristes jours du coucher de la monarchie de Louis XIV. Spectacle lugubre qui la pressait de toutes parts, et la blessait à tous les instants, malédictions des destins, des hommes et des choses, où elle entendait déjà la voix de son impopularité future; chagrins sourds, hontes dévorées, blessures toujours ouvertes, où le regard honteux du Roi devant quelque général étranger illustré par nos revers faisait saigner la vanité de la femme presque aussi douloureusement que la vanité d'un peuple.

Et enfin, quand toute la politique de madame de Pompadour vint aboutir à ce traité de Paris, quand il fallut se résigner à signer l'abandon de nos droits sur le nouveau monde, céder l'Acadie, le Canada, l'île du Cap-Breton, toutes les îles du golfe et du fleuve Saint-Laurent; quand il fallut se plier à tous ces sacrifices dont les siècles à venir devaient demander compte à madame de Pompadour comme au véritable maître de la politique du Roi Louis XV ; quelles souffrances chez la favorite (1), qui, se rabattant sur les détails du protocole, et voulant là au moins sauver la dignité du Roi, manquait se brouiller avec Choiseul à propos du vieux titre de *Roi de France*, pris dans le traité par le roi d'Angleterre (2)!

Ce réveil, après ce rêve, point de gloire après tant d'impatience et tant d'envie de la gloire, c'était une déception bien dure pour une femme habituée à avoir toutes choses à sa volonté et à son caprice. Madame de Pompadour ne s'en consola point. Et l'homme qui vit dans son intimité la plus grande, son ministre et son amant, en un mot le duc de Choiseul, effrayé de l'abattement de la souveraine

---

(1) Dans les affaires les plus graves, dans celles qui tiennent le plus au cœur de madame de Pompadour, qui intéressent le plus sa vanité, il est curieux de voir toujours la femme passer au travers de l'homme d'État, et le chiffon et la fanfiole venir sous sa plume. C'est là l'intérêt de cette lettre écrite au sujet de ce traité de Paris qui fit passer tant de nuits blanches à la favorite, et adressée au duc de Nivernois, son *petit époux* :

« *Ce M. d'Éon est, dit-on, un fort bon sujet, et MM. les Anglois ont été très-polis de lui donner à apporter le traité. Je ne doute pas qu'il ne s'en trouve bien. J'aime ainsi que vous le roi d'Angleterre, il me paroit rempli de candeur, d'humanité et de toutes les vertus qui forment un bon roi. C'est le plus grand éloge à mon gré. Les conquérans ne sont que des tyrans qu'à tort on appelle grands hommes. Ah! les vilaines bourses que vous nous avez envoyées! elles sont grosses comme des cordes : aussi notre ami Praslin en a-t-il été gratifié. Quand je ne vous rappellerois pas au souvenir de notre très-aimé maître, la besogne que vous avez faite ne vous auroit pas laissé oublier. Elle est enfin terminée, embrassons-nous pour nous en féliciter l'un et l'autre.*

« *Les petites dames vous saluent.* »

(2) *Histoire de France pendant le dix-huitième siècle*, par Charles Lacretelle. Paris, 1812. Vol. IV.

de Versailles, dira à sa femme de chambre : « Je crains, ma chère dame, qu'elle ne se laisse gagner par la mélancolie et qu'elle ne meure de chagrin. »

Mourir de chagrin, elle! madame de Pompadour! C'est cependant presque la vérité. Longtemps après cette visite à la tireuse de cartes que raconte madame du Hausset, et qui semble avoir fait une profonde impression sur l'imagination de la favorite à laquelle une autre tireuse de cartes avait prédit sa fortune, madame de Pompadour laissait échapper : « *La sorcière a dit que j'aurais le temps de me reconnaître, je le crois, car je ne périrai que de chagrin.* »

XVII

Madame de Pompadour crachant le sang dès sa première jeunesse. — Sa vie toujours *sur les grands chemins*. — Ses nombreuses fausses couches. — La *préparation* d'après nature de la Tour de Saint-Quentin. — Madame de Pompadour ne peut, en 1756, passer l'appartement à la suite de la Reine à cause de ses palpitations de cœur. — Elle tombe malade à Choisy. — Embarras d'argent. — L'estampe de Cochin sur sa convalescence. — Son testament de novembre 1757. — Codicille du 30 mars 1761. — Second codicille du 15 avril 1764. — Sa mort le même jour. — Lettre de Marie Leczinska sur la mort de la favorite.

Madame de Pompadour, *conçue dans le péché* (1), avait craché le sang dès sa première jeunesse (2). Mise au régime du lait, elle avait encore pu suivre ce régime pendant les premières campagnes du Roi ; mais, quand Louis XV ne fit plus la guerre, la poitrinaire dut y renoncer et toute l'année « courir et boire et manger ». *Une vie toujours en l'air et sur les grands chemins*, — c'est ainsi qu'elle s'exprime quelque part, — une vie dans laquelle son pauvre

(1) *Et in peccato*, dit d'Argenson, *concepit eam mater sua.*
(2) Dans une des lettres de madame de Pompadour à son frère pendant son voyage d'Italie, on lit : « *On vous mandera cependant de Paris que je crache le sang, cela est aussy vray que toutes les fois qu'on l'a dit.* »

être maladif, demandant le repos et le ménagement, secoué et échauffé par cette vie de courses et de fatigues, se lassait davantage chaque jour, une vie où la tension de toutes les activités morales enfiévrait et épuisait ce corps auquel la favorite ne voulait pas faire grâce et qu'elle continuait à faire aller et à agiter. Aussi que de rhumes, que d'heures de fièvre (1), que de journées passées au lit, que de saignées au pied notent les correspondances (2) et les journaux des courtisans ! Et la misérable santé de la maîtresse déclarée avait été encore affaiblie par de nombreuses fausses couches (3).

Dès l'année 1748, d'Argenson, voyant un jour, à la messe de la chapelle de Versailles, Madame de Pompadour coiffée de nuit, s'étonnait du changement de sa personne, de la mine *sucée et malsaine* qu'elle avait. En 1749, toute la cour était frappée de

---

(1) Madame de Pompadour écrit bien souvent des lettres pareilles à celle-ci : « *Marly, 20 mai 1751. J'ai un rhume assez fort qui m'a donné la fièvre vingt-quatre heures, il va un peu mieux. Je descends au salon ce soir qui, par parenthèse, est diabolique pour les rhumes, il y fait un chaud énorme et froid en sortant, aussi entend-on plus tousser qu'à Noël.* »

(2) Marie Leczinska, au sujet d'une de ces saignées, écrit à la date du 22 mai 1751 : « ... Madame de Pompadour a eu la fièvre hier et a été saignée ; cela m'a fait une peur horrible, dont j'avoue que la charité n'a pas été tout le motif. Mais cela alloit mieux au soir et l'on disoit seulement qu'il n'y auroit pas de voyage de Crécy. » (*Mémoires du duc de Luynes*, t. XI.) — Un joli détail. On trouve, dans les comptes de madame de Pompadour publiés par M. Le Roi, 6,000 livres donnés par Louis XV en juin 1761, pour récompenser la favorite de s'être laissé saigner.

(3) Le duc de Luynes écrit à la date du 2 avril 1749 : « Il y a deux ou trois jours que madame de Pompadour est incommodée et on ne la voit point. J'ai appris aujourd'hui que cette incommodité est une fausse couche ; on m'a assuré que c'étoit au moins la troisième depuis qu'elle est habitante ici. »

son amaigrissement, de la totale disparition de sa gorge, du desséchement et de la teinte jaune du bas de son visage. Il est, du reste, un indiscret portrait qui trahit la favorite dans l'anémie et la chlorose de sa triste santé : c'est la *préparation* de la Tour du Musée de Saint-Quentin, la préparation d'après nature qui n'a rien du *joli* officiel du grand portrait du Louvre, et qui nous montre la marquise avec son teint de papier maché, avec les bleuissements du dessous de ses yeux, avec les colorations *truitées* de la chanson satirique du temps. Et cependant la beauté de madame de Pompadour avait des forces inconnues qui maintenaient la femme belle en dépit de la flétrissure de ses charmes, de la destruction physique de son corps. On aurait dit autrefois, écrit un contemporain irrité de cette espèce de miracle, qu'elle avait un talisman, un anneau constellé (1).

En 1756, lors de sa nomination à la place de dame du palais, madame de Pompadour ne pouvait plus passer l'appartement à la suite de la Reine à cause de ses palpitations de cœur (2). Madame du Hausset parle de battements de cœur terribles pendant lesquels son cœur semblait sauter (3). En novembre 1757, madame de Pompadour se trouvait si mal qu'elle faisait son testament.

A partir de ces années, cette physionomie en-

(1) *Mémoires de d'Argenson*, édition Jannet, t. IV.
(2) *Mémoires du duc de Luynes*, t. XV.
(3) Elle suivait quelque temps un traitement d'un médecin du Marais, nommé Renard, qui la faisait promener très-vite dans sa chambre et lui faisait soulever des poids.

chanteresse, où tant d'âme et d'esprit passait et se jouait dans un éclair, ne montrait plus qu'un sourire grimaçant sur un masque d'ironie. Vainement elle plâtrait et chargeait de blanc et de rouge vif ce visage plombé; vainement sous la toilette, les artifices, les coquetteries désespérées, elle voilait sa maigreur et s'acharnait à cacher tout ce qu'il y avait en elle de déjà mort; tous la voyaient comme elle était usée, perdue, mourante (1).

Ce fut dans un voyage de plaisir à Choisy que la machine s'arrêta; les forces se dérobèrent à la volonté de la marquise : il fallut s'aliter.

Des ennuis que le public ne soupçonnait guère assaillaient la marquise au commencement de sa maladie. Elle était tourmentée dans le lit où la tenait la fièvre par des embarras d'argent. Tels étaient depuis longtemps les misérables tracas de cette femme avide et recevant de toutes les mains, à laquelle le peuple attribuait le placement de sommes énormes à l'étranger (2). Dans sa furie de bâtisses

---

(1) *Mémoires historiques et Anecdotes de la cour de France.* Paris, 1802.

(2) A une demande d'argent de son père madame de Pompadour répondait par cette lettre datée du 12 janvier 1753 : « ... *Je n'ai rien à ajouter à ce que je vous ai dit en plus d'une occasion, je suis beaucoup moins riche que je n'étois à Paris; ce que j'ai m'a été donné sans que je l'aie demandé; les dépenses faites pour mes maisons m'ont beaucoup fâchée; ç'a été l'amusement du maître, il n'y a rien à dire, mais si j'avois désiré des richesses, toutes les dépenses faites m'auroient produit un revenu consi-*

et d'acquisitions de tout genre, la favorite avait dépensé bien au-delà de ses revenus et des bénéfices de sa place. A tout moment, elle était obligée de recourir aux expédients, sans que rien la corrigeât d'acquérir et de travailler à posséder davantage. La pension que le Roi lui faisait en 1746, cette pension de 24,000 livres par mois, que le Roi comptait à peine, aux premiers moments de la passion, dans les générosités dont il comblait sa maîtresse, se régularisait avec l'habitude de la liaison et ne dépassait pas 4,000 livres par mois. D'un autre côté, les étrennes du Roi, qui montaient en 1747 à 50,000 livres, descendaient bientôt à 20,000 ; et, dès 1750, elles cessaient entièrement. Comment arriver à une balance, surtout dans les mauvaises années de la guerre de Sept ans, en 1760, par exemple, où sa pension était tombée à 3,000 livres par mois, et où elle achetait encore Ménars ? Madame de Pompadour faisait face au plus pressé avec toutes sortes de ressources et de sacrifices, tantôt par des gains au jeu qui s'élevaient en 1752 à près de 38,000 livres, en 1753 à 20,000 livres ; tantôt, en cas de mauvaise chance, par des ventes de tabatières, des ventes de bijoux, des ventes de bracelets de perles ;

---

dérable. Je n'en ai jamais rien désiré et je défie la fortune de me rendre malheureuse : la sensibilité seule de mon âme peut en venir à bout. J'ai au moins la consolation que le public fait cette réflexion et me rend justice; avec cette façon de penser vous devez juger si j'ai envie de commencer à demander. Il vous reste toujours la ressource de ce qu'il y a de fonds à moi entre les mains de M. Montmartel; cela n'est pas considérable actuellement, parce que j'ai presque tout prêté pour l'École militaire ... »

ou bien encore par un peu d'argent, un cadeau de 6,000 livres, par exemple, qu'elle tirait du Roi pour son courage à se laisser saigner. Ce défaut d'équilibre entre les recettes et les dépenses, la gêne au milieu de cette opulence qui amassait les dettes, arrivait à ce point que Collin était obligé d'emprunter 70,000 livres au moment où madame de Pompadour tombait malade. Qui eût pensé que la favorite ne devait à sa mort laisser d'argent que trente-sept louis d'or dans sa table à écrire (1)?

Au bout de peu de jours, la toux de la malade augmentait. Le lit l'étouffait. Les médecins ne cachaient pas leurs inquiétudes. Le Roi venait voir la malade presque tous les jours; et, les jours où il était retenu à Versailles, des courriers lui apportaient d'heure en heure les nouvelles de Choisy qu'envoyaient chercher de leur côté les membres de la famille royale.

La marquise ne tardait pas à être condamnée; et il ne semblait plus rester d'espérance, quand, au bout de trois semaines, il arrivait un mieux soudain. La fièvre diminuait, la toux cessait presque; et, un matin, les amis de madame de Pompadour se disaient la bonne nouvelle : elle avait pu dormir cinq heures dans un fauteuil, et elle se trouvait si

---

(1) *Relevé des dépenses de madame de Pompadour depuis la première année de sa faveur jusqu'à sa mort,* par J.-A. Le Roi. Versailles, Montalant-Bougleux.

bien qu'elle devait essayer de dormir dans son lit le soir (1).

Après quelques reprises de fièvre, la marquise pouvait se lever, puis bientôt aller se promener en voiture aux environs de Choisy. Les médecins eux-mêmes fixaient déjà le jour de son retour à Versailles. C'était une résurrection (2). Cochin recevait l'ordre de dessiner, pour la convalescence de la marquise, un cartel dans lequel Favart prenait déjà la mesure de sa chanson sur l'éclipse du soleil :

> Le soleil est malade,
> Et Pompadour aussi.
> Ce n'est qu'une passade,
> L'un et l'autre est guéri.
> Le bon Dieu qui féconde
> Nos vœux et notre amour
> Pour le bonheur du monde
> Nous a rendu le jour
> Avec Pompadour.
> *Votum populi, laus ejus.*

Mais estampe et chanson devaient arriver trop tard (3). La marquise, transportée à Versail-

---

(1) *Correspondance inédite de madame du Deffand*, publiée par le marquis de Sainte-Aulaire. Paris, Michel Lévy, 1859.

(2) A ce propos, la duchesse de Choiseul écrivait : « Madame de Pompadour est enfin hors d'affaires. Je nage dans la joie. »

(3) Je possède cette estampe rare qui représente, sous le soleil voilé, les Muses de la Peinture, de la Musique suppliantes pendant que la médecine arrête la Parque au moment où elle va couper le fil de la vie de la marquise. Jombert, dans le *Catalogue de l'Œuvre de Charles-Nicolas Cochin fils*, 1770, dit à propos de cette gravure : « La mort de cette dame qui survint quinze jours après cette fausse apparence d'un retour de santé, a empêché qu'on ne fît usage de cette ingénieuse

les (1) au palais, enlevée aux soins de Quesnay qui connaissait son mal et son tempérament, livrée aux mains maladroites de Richard, la marquise se mourait.

Madame de Pompadour ne démentit en ces derniers moments rien de son caractère. Sa mort fut fidèle à sa vie. La favorite, un soupçon de rouge sur les joues, fut convenable dans ce spectacle suprême comme dans une pièce apprise : et l'on eût dit que l'agonie était sa dernière comédie et son rôle d'adieux. Elle appelait, avec l'agrément du Roi, le curé de la Madeleine, et l'étonnait moins par les élancements de piété d'une chrétienne que par la tranquillité d'âme d'un philosophe et la résolution nette d'une fin décente. Elle rouvrait le testament qu'elle avait fait en 1757 :

« Au nom du Père et du Fils et du Saint-Esprit.

« *Je, Jeanne-Antoinette Poisson, marquise de Pompadour, épouse séparée de biens de Charles-Guillaume Le Normant, écuyer, ai fait et écrit mon présent testa-*

---

composition de M. Cochin fils et la planche a été supprimée. » Cette convalescence d'un moment, Boucher la célébra aussi par un dessin aux trois crayons qui passa à la vente du frère de madame de Pompadour. Des Amours fêtaient la convalescence d'une jolie femme qui s'élevait en repoussant les nuages avec la légende écrite au-dessous : *Nous renaissons*. Enfin Gay, dans deux intailles, dont l'une sur cristal de roche ne fut pas achevée, faisait des vœux pour le rétablissement de la santé de madame de Pompadour.

(1) Lacretelle dit : « Le Roi la fit conduire à Versailles, quoique, par l'étiquette, il ne fût permis qu'aux princes de mourir dans le palais du Roi. »

ment et ordonnance de ma dernière volonté, que je veux être exécutée dans son entier.

« Je recommande mon âme à Dieu, le suppliant d'en avoir pitié, de me pardonner mes péchés, et de m'accorder la grâce d'en faire pénitence et de mourir dans des dispositions dignes de sa miséricorde, espérant appaiser sa justice par les mérites du sang précieux de Jésus-Christ mon sauveur et par la puissante intercession de la sainte Vierge, et de tous les saints et saintes du Paradis.

« Je désire que mon corps soit porté aux Capucines de la place Vendôme, à Paris, sans cérémonie, et qu'il y soit inhumé dans la cave de la chapelle qui m'a été concédée dans leur église.

« Je laisse à M. Collin, en reconnoissance de son attachement à ma personne, une pension de (1). 6,000 l.
A M. Quesnay, quatre mille livres. . . . . . 4,000 l.
A M. Nesmes, trois mille livres. 3,000
A M. Lefèvre, piqueur, douze cents livres. . 1,200

A mes trois femmes, à mademoiselle Jeanneton, à mes trois valets de chambre, cuisiniers, officiers, maître d'hôtel, sommelier, concierge, à chaque le revenu à dix pour cent du fond de cinq cents livres ; et, pour rendre mes intentions plus claires, je vais citer un exem-

---

(1) Collin, qui servit toute sa vie madame de Pompadour, avait été longtemps le procureur de sa famille. En 1748, la favorite le décidait à abandonner sa profession pour devenir l'intendant de sa maison. Collin vendait sa charge de procureur au Châtelet, obtenait quatre ou cinq sous d'intérêt dans les sous-fermes dont madame de Pompadour faisait les fonds, et devenait bientôt au service de la favorite fort riche et propriétaire d'une belle maison située rue Saint-Louis, à Versailles.

ple : madame Labbaty est à moi depuis douze ans ; si je mourois dans le moment, on lui payeroit 600 livres de rente viagère, faisant douze fois cinquante à dix pour cent de 500 livres de fond, attendu que chaque année de service, il lui sera augmenté 50 livres de plus. Je laisse à mes laquais, cochers, suisses, porteurs, portiers, jardiniers, femmes de garde-robe et de basse-cour, le fonds de 300 livres, dont on leur payera le revenu, en suivant la même méthode, que je viens d'expliquer dans l'article précédent.

« Je laisse au reste de mes domestiques qui ne sont point compris dans les deux articles ci-dessous nommés, cent cinquante livres en fonds, dont il leur sera fait la pension de la même manière expliquée ci-dessus. Plus, j'ordonne que toutes les pensions et fondations faites de mon vivant, auront pleine exécution ; plus je donne à mes femmes de chambre tout ce qui concerne ma garde-robe en habits, linges, hardes y compris les dentelles.

« Plus je donne à ma troisième femme de chambre une gratification de trois mille livres, non compris sa rente viagère ; plus à la femme de garde-robe servant journellement auprès de ma personne, douze cents livres de gratification, non compris sa rente viagère.

« Plus, à mes trois valets de chambre, trois mille livres de gratification.

« Je supplie le Roi d'accepter le don que je lui fais de mon hôtel de Paris, étant susceptible de faire le palais d'un de ses petits-fils.

« Je désire que ce soit pour monseigneur le comte de Provence,

CHAPITRE DIX-SEPTIÈME.

« *Je supplie aussi Sa Majesté d'accepter le don que je lui fais de toutes mes pierres gravées par Guay, soit brasselets, bagues, cachets, etc., pour augmenter son cabinet de pierres fines gravées.*

« *Quant au surplus de mes meubles et immeubles, biens de quelque nature et en quelques lieux qu'ils soient situés, je les donne et lègue à Abel-François Poisson, marquis de Marigny, mon frère, que je fais et institue mon légataire universel ; et, en cas de mort, je mets en son lieu et place M. Poisson de Malvoisin, maréchal des logis de l'armée, actuellement chef de brigade des carabiniers, et ses enfants.*

« *Je nomme pour exécuteur de mon présent testament M. le prince de Soubise, auquel je donne le pouvoir d'agir et faire tout ce qui sera nécessaire pour l'entière exécution d'icelui, et notamment d'indiquer tels fonds, rentes et effets de ma succession qu'il jugera à propos, pour pourvoir au payement exact de toutes les pensions viagères par moi léguées ; et, au cas qu'il ne s'en trouve pas de convenables, je lui donne le pouvoir de prendre sur les deniers comptans qui proviendront de la vente de mes meubles, la somme suffisante pour être employée en acquisitions de fonds ou rentes dont les revenus serviront à acquitter lesdites pensions viagères, comme aussi de nommer et de choisir telle personne qu'il jugera à propos et aux appointemens qu'il lui fixera, pour faire la recette des revenus destinés par mon exécuteur testamentaire, et faire le payement desdites pensions viagères à chacun desdits légataires, lesquels, au moyen de ladite délégation et destination, ne* pourront rien prétendre, ni avoir aucuns priviléges ni hypothèques sur tous les autres biens de ma succession.

« Quelque affligeante que soit pour M. de Soubise cette commission que je lui donne, il la doit regarder comme une preuve certaine de la confiance que sa probité et ses vertus m'ont inspirée pour lui. Je le prie d'accepter deux de mes bagues, l'une mon gros diamant couleur d'aigue-marine, l'autre une gravure de Guay représentant l'Amitié ; je me flatte qu'il ne s'en défera jamais et qu'elles lui rappelleront la personne du monde qui a eu pour lui la plus tendre amitié.

« *Fait à Versailles le 15 novembre 1757.*

« JEANNE-ANTOINETTE POISSON,

« Marquise de Pompadour (1) »

---

(1) Il n'est pas sans intérêt de donner, à propos de ce testament, une estimation des richesses mobilières et immobilières de la favorite, dont les renseignements ont été donnés par elle-même à Collin peu de temps avant sa mort, estimation où se mêlent quelques dépenses :

État de mes effets en général.

	Livres.
J'avais en vaisselle d'argent pour.	537,600
Plus, en vaisselle d'or ou en colifichets	150,000
Elle a dépensé pour ses menus plaisirs et en se satisfaisant. .	1,338,867
Pour sa bouche, pendant les dix-neuf années de *son règne*. .	3,504,800
Pour les voyages du Roi, extraordinaires, comédies, opéras et fêtes données en différentes maisons.	4,005,900
Gages pour mes domestiques, dix-neuf années, ci	1,168,886
Pensions que j'ai toujours faites *jusqu'à ma mort* (sic) . . .	229,236
Une cassette contenant quatre-vingt-dix-huit boîtes d'or, évaluées l'une dans l'autre à 3,000 livres, ci.	394,000
Une autre cassette contenant tous mes diamants.	1,783,000
Une superbe collection de pierres gravées par le sieur Leguay chez moi, donnée au Roi, estimée, ci.	400,000
A reporter.. . .	13,512,289

Madame de Pompadour relisait le codicille qu'elle avait écrit au dos de ce testament le 30 mars 1761 :

Je substitue à Abel-François Poisson, mon frère, marquis de Marigny, ma terre du marquisat-pairie de Menars et ses dépendances et telle qu'elle se trouvera le jour de mon décès, et à ses enfants et petits-enfants mâles et toujours à l'aîné. S'il n'a que des filles, la

	Livres.
Report.	13,512,289
En différents morceaux de vieux laque.	111,945
En porcelaines anciennes	150,000
Achat de pierres fines pour compléter la collection	60,000
Linge pour draps et tables pour Crécy, ci	600,452
Plus, pour mes autres maisons.	400,325
Ma garde-robe, tout compris.	350,235
Ma batterie de cuisine pour toutes mes maisons	66,172
Ma bibliothèque, y compris nombre de manuscrits	12,500
Donné aux dames qui m'ont toujours accompagnée pour présents, en variant les effets, ci	460,000
Donné aux pauvres pendant tout mon règne.	150,000
En générosités aux concierges, en robes, vestes d'étoffes, ainsi qu'au cabinet du Roy.	100,000
Pour les affaires de mon père, M. de Machault les régla à la somme de 400,000 livres, ci	400,000
En tableaux et autres fantaisies	60,000
La dépense de la bougie pendant dix-neuf années.	660,000
La dépense des fallots et chandelles.	150,000
En belles juments, voitures, chaises à porteur, chevaux de selle, quoi qu'en ait dit le gazetier d'Utrecht, en tout, cy.	1,800,000
Fourrages, nourriture de mes chevaux, dix-neuf années. . .	1,300,000
Pour toute ma livrée, dans toutes mes maisons.	250,000
Pour achat de Crécy.	650,000
Achat de la Celle	260,000
Achat d'Aulnay	140,000
Achat de la baronnie de Tréon.	80,000
Achat de Magenville.	25,000
Achat de Saint-Rémy	24,000
Achat d'Oville, à moitié chemin d'Orléans.	11,000
Achat de l'hôtel d'Évreux, à Paris	650,000
A reporter.	22.433,918

substitution n'aura pas lieu, et la terre sera partagée entre elles.

	Livres.
Report.	22,433,918
Achat d'un terrain à côté dudit hôtel.	80,000
Dépensé à Champs pendant l'espace de trois ans	200,000
Dépensé à Saint-Ouen pendant l'espace de cinq ans, près de 500,000 livres, sans faire les réparations constatées par la maison de Gesvres.	500,000
Total.	23,213,918
Médailles d'or et d'argent.	400,000

A ces 23 millions, il faut ajouter plusieurs acquisitions et dépenses oubliées, qui font monter, d'après les chiffres qu'a relevés M. Le Roi, à 36 millions le coût des dix-neuf années de règne de madame de Pompadour.

Donnons ici quelques-unes des pensions que madame de Pompadour faisait et que M. Le Roi a relevées : A madame Lebon pour lui avoir prédit à l'âge de neuf ans qu'elle serait un jour la maîtresse de Louis XV, 600 liv.— A madame Sainte-Perpétue, supérieure des Ursulines de Poissy, sa tante du côté maternel, 3,000 liv.— A mademoiselle Clergé, ancienne femme de chambre de sa mère, 600 liv. — Aux Capucines de Paris, 720 liv. — A la dame Plantier, nourrice de sa fille, 200 liv. — A la dame Pin, son ancienne fille de garde-robe, 50 liv. — A Dablon, son père nourricier, 300 liv.— Au fils de sa première femme de chambre, 212 liv.— Au fils de madame du Hausset, deuxième femme de chambre, 400 liv. — Pour madame la baronne du Rhône, âgée de 90 ans, 3,000 liv.— Pour mademoiselle de Farges 2,000 liv.— Pour la petite nymphe de Compiègne, 400 liv. — Pour la veuve Bourgeois, ancienne remueuse, 120 liv.— Pour son homme de confiance, tous les ans 12 à 13,000 liv., qu'elle faisait distribuer dans les greniers de Versailles.— Au petit sans bras, 144 liv.— A mademoiselle de Gosmond pour être religieuse, 1,800 liv.— A mademoiselle du Laurent pour *idem*, 1,800 liv.— A mademoiselle Mazagathy pour *idem*, 1,800 liv.— A mademoiselle du Hausset, 400 liv.— A mademoiselle de Longpré, sa parente, 600 liv. Je passe de nombreuses maisons religieuses d'hommes et de femmes et je reprends : A la bouquetière du château de Versailles suivant la cour, 120 liv.— Le jour de l'an, à tous les officiers des petits appartements du Roi et garçons du château une très-belle veste, 1,000 liv.— A tous les autres domestiques du Roi, suisses des appartements grands et petits, frotteurs, cochers, postillons et palefreniers du Roi et tous les métiers travaillant au château, 1,200 liv.

Au cas de mort de mon frère sans aucune postérité, je mets en son lieu et place et aux mêmes conditions M. Poisson de Malvoisin, actuellement chef de brigade des carabiniers.

Et elle dictait à Collin ce second codicille :

Ma volonté est de donner comme marques d'amitié pour les faire ressouvenir de moi aux personnes suivantes :

A madame du Roure le portrait de ma fille en boîte garnie de diamans. Quoique ma fille n'ait pas l'honneur de lui appartenir, elle la fera ressouvenir de l'amitié que j'avois pour madame du Roure.

A madame la maréchale de Mirepoix ma montre neuve de diamans.

A madame de Chateaurenaud une boîte du portrait du Roi, garnie de diamans qu'on devoit me livrer ces jours-ci.

A madame la duchesse de Choiseul (1) *une boîte d'argent garnie de diamans.*

A madame la duchesse de Gramont une boîte avec un papillon de diamans.

A M. le duc de Gontaut (2) *une alliance couleur*

(1) La vertueuse duchesse de Choiseul, parlant de madame de Pompadour pendant sa maladie, écrivait de la femme qui l'avait entièrement gagnée : « ... Je suis inquiète parce que je l'aime, et comment ne l'aimerais-je pas ? Vous savez ce que je vous en ai dit hier, je joins pour elle l'estime à la reconnaissance. »

(2) On sait l'intimité qui existait entre madame de Pompadour et le duc de Gontaut, beau-frère du duc de Choiseul. Madame du Hausset disait qu'il ne quittait jamais la favorite. Gontaut fut le seul homme avec Bernis que la favorite eût la permission de voir à Étioles pendant la campagne du Roi en 1745; c'était Gontaut qui était chargé des ambassades de madame de Pompadour près de son mari. Et quand

rose et blanche de diamans, enlassée d'un nœud verd; et une boîte de cornaline qu'il a toujours beaucoup aimée.

A M. le duc de Choiseul un diamant couleur d'aigue-marine et une boîte noire piquée à pans et gobelet.

A M. le maréchal de Soubise une bague de Gay représentant l'Amitié; c'est son portrait et le mien depuis vingt ans que je le connois.

A madame d'Amblimont (1) ma parure d'émeraudes.

Si j'ai oublié quelqu'un de mes gens dans mon testament, je prie mon frère d'y pourvoir, et je confirme mon testament; j'espère qu'il trouvera bon le codicille que l'amitié me dicte et que j'ai fait écrire par M. Collin, n'ayant que la force de le signer.

La marquise DE POMPADOUR (2).

A Versailles, le 15 avril 1764.

madame de Pompadour, avec un faux nez fait d'une vessie et une verrue postiche, se rend en cachette chez la tireuse de cartes Bontemps, c'était Gontaut qui accompagnait la favorite.

(1) Madame d'Amblimont et madame d'Esparbès étaient appelées par la marquise « ses petits chats ». « *Tout ce qui nous occupe*, disait-elle à Louis XV, *est du grec pour elles; mais leur gaieté me rend le calme et me permet de reprendre ensuite les choses sérieuses. Vous avez la chasse, sire, qui vous distrait, et elles m'en tiennent lieu.* » Reparlant à quelque temps de là à madame du Hausset de madame d'Amblimont, la marquise disait : « *C'est une personne unique peut-être pour sa fidélité à ses amis et par son honnêteté! Écoute et n'en parle à qui que ce soit : il y a quatre jours que passant pour aller à table, le Roi s'est approché d'elle en faisant semblant de la chatouiller, et il a voulu lui remettre une petite lettre. D'Amblimont, faisant la folle, a mis aussitôt ses deux mains derrière son dos, et le Roi a été obligé de ramasser le billet qui était tombé à terre.* » Madame de Pompadour ajoutait : « *Elle est étourdie, hurlubrelu, mais elle a plus d'esprit et d'âme que les prudes et les dévotes. D'Esparbès n'en ferait pas autant, peut-être elle irait au devant.* »

(2) Les originaux desdits testaments et codicille avaient été déposés chez Mᵉ Baron le jeune, notaire, par acte du 16 avril, « par lequel acte Mᵉ Colin a déclaré que madame de Pompadour, après lui avoir dicté et

Un joli legs, et bien du temps, que ne mentionne pas le testament de madame de Pompadour, fut le legs, pendant sa dernière maladie, de son perroquet, de son chien, de son sapajou à Buffon, qui prenait l'engagement de bien soigner les trois bêtes aimées de la marquise après sa mort. Et Buffon tint parole; le sapajou, le chien et le perroquet de la favorite vécurent, moururent doucement à Montbard (1).

Mourante, madame de Pompadour demeurait la

signé les dispositions ci-dessus, l'a chargé verbalement de distribuer à des pauvres l'argent qu'il trouvera dans la table volante en forme d'écritoire de madame, pour laquelle distribution il trouveroit dans la même table une note indicative par lettres initiales des noms de ceux auxquels l'intention de madame est que l'argent soit remis. Plus, de récompenser noblement les médecins, chirurgiens, apothicaires et garçons de l'apothicaire du Roi, qui l'ont vue et soignée pendant sa maladie. Enfin, qu'elle vouloit que l'on donnât à la dame Bertrand, sa garde, 3,000 liv., parce qu'elle étoit fort contente d'elle. » *Mémoires historiques et anecdotes de la cour de France*. Paris, 1802. — Le testament de madame de Pompadour fut publié après la mort du marquis de Ménars, mort intestat et sans enfants, à la suite d'un procès entre M. Poisson de Malvoisin et la veuve de M. le marquis de Ménars. Voyez *Mémoires secrets pour servir à l'histoire de la république des lettres en France*, vol. XX.

(1) *Correspondance inédite de Buffon*, publiée par Henri Nadault de Buffon, t. I. — Madame de Pompadour aimait à être entourée d'animaux. Ses chiens, nous les retrouvons gravés par elle sur pierre dure, dans des tableaux de Huet de sa collection, dans des tableaux de Bachelier du marquis de Ménars. Mais la favorite n'avait pas que des chiens, des singes, des perroquets; elle avait encore des oiseaux chanteurs, des oiseaux rares; et nous trouvons, dans le catalogue des tableaux d'Oudry publié à la suite de sa vie dans les *Mémoires inédits sur la vie des membres de l'Académie royale*, « un petit tableau sur cuivre pour le cabinet de madame la marquise de Pompadour. Il représente ses oiseaux perchés sur un cerisier. Ils sont tous portraits. »

favorite et la maîtresse. Son agonie donnait audience jusqu'à son dernier souffle; et ses mains à demi froides serraient encore le pouvoir.

Quelques heures avant sa mort, elle *travaillait* encore avec Janelle qui venait lui rendre compte du secret de la poste.

Puis, quand elle sentit que tout était terminé et que tout allait s'éteindre, elle finit par cette parole qui donne à sa mort un sourire presque antique : « *Un moment, Monsieur le curé, nous nous en irons ensemble* (1)... »

Un mot sans cœur, jeté sur le convoi qui emportait la morte au couvent des Capucines, fut toute l'oraison funèbre que le Roi, las de sa servitude, donna à madame de Pompadour, cette femme qu'il dira un jour n'avoir jamais aimée et n'avoir gardée que pour ne pas la tuer.

Et à peine est-elle enterrée, cette Pompadour qui emplissait la cour, que la reine Marie Leczinska écrit au président Hénault : « Au reste, il n'est non plus question ici de *ce qui n'est plus* que si elle n'avoit jamais existé. Voilà le monde, c'est bien la peine de l'aimer (2) ! »

---

(1) *Mémoires secrets de la république des lettres*, vol. II. — Hardy annonce en ces termes la mort de la favorite : « 1764, 15 avril. Dimanche des Rameaux. La marquise de Pompadour, dame du palais de la Reine, mourut à Versailles dans les petits appartements du Roi vers les sept heures du soir après une maladie de près de deux mois, dans la 43e année de son âge. Elle fut enterrée aux Capucines. »

(2) *Mémoires du président Hénault*. Dentu, 1855.

XVIII

Portrait moral de madame de Pompadour. — La femme implacable. — Direction *chipotière et touche-à-tout*. — Elle inspire à la noblesse les cupidités de la maltôte. — Le portrait de La Tour.— Madame de Pompadour prend le patronage de l'art de son temps. — Inspiration de la *Conversation espagnole*.— L'art *Pompadour*.

Que la Postérité fasse comme la mort; qu'elle dépouille madame de Pompadour de sa fortune; qu'elle lui ôte le triomphe de sa grâce, l'auréole de son scandale; et que, sans se laisser toucher par l'attrait irritant et sensuel du personnage de la favorite, sans s'arrêter à cette pourpre bâtarde, à ce rayon de majesté que les rois jettent à leurs amours, elle lève tous les voiles et pénètre jusqu'à la femme, la femme apparaîtra comme un rare exemple de laideur morale (1). Une sécheresse ab-

(1) Dans ses *Mémoires inédits* sous presse chez Plon, Bernis qui se fait bien pardonnant à la femme, après les actes de perfidie qu'il a racontés d'elle, trace ce portrait de madame de Pompadour : « La marquise n'avait aucun des grands vices des femmes ambitieuses, mais elle avait toutes les petites misères et la légèreté des femmes enivrées de leurs figures et de la prétendue supériorité de leur esprit; elle faisait le mal sans être méchante, et du bien par engouement; son amitié était jalouse comme l'amour, légère, inconstante comme lui et jamais assurée. »

solue, une possession d'elle-même entière et continue, une domination supérieure des premiers mouvements, des instincts, des élans; un mensonge et une comédie de toutes les facultés, des organes même, du sentiment comme de la passion, de la parole, du geste, du regard, des lèvres, des sens de l'âme aussi bien que des sens du corps; un égoïsme parfait, et qui fait, avec l'égoïsme du Roi, le ménage d'un Pont de Veyle et d'une du Deffand; l'esprit d'un politique, une âme où tout est plan, projet, conduite, où rien ne parle que ce qu'elle veut, et dont rien ne s'échappe que pour un but; une coquinerie qui va jusqu'à voler, sur le Roi enivré par elle, et peut-être endormi avec un somnifère, la clef du meuble contenant la *Correspondance secrète* (1); un caractère brisé, dompté, rompu à subir

(1) Il faut lire au sujet de cet abus de confiance la terrible dépêche citée par MM. Gaillardet et Boutaric : « Tercier au chevalier d'Eon. Le Roi m'a appelé ce matin auprès de lui, je l'ai trouvé fort pâle et fort agité. Il m'a dit d'une voix altérée qu'il craignoit que le secret de notre correspondance eût été violé. Il m'a raconté qu'ayant soupé, il y a quelques jours, en tête-à-tête avec madame de Pompadour, il fut pris de sommeil à la suite d'un léger excès, dont il ne croit pas la marquise tout à fait innocente. Celle-ci auroit profité de ce sommeil pour lui enlever la clef d'un meuble particulier que Sa Majesté tient fermé pour tout le monde et auroit pris connoissance de vos relations avec le comte de Broglie. Sa Majesté le soupçonne, d'après certains indices de désordre remarqués par elle dans ses papiers. En conséquence elle me charge de vous recommander la plus grande prudence et la plus grande discrétion vis-à-vis de son ambassadeur qui va partir pour Londres et qu'elle a lieu de croire tout dévoué à M. le duc de Praslin et à madame de Pompadour. » La dépêche est du 10 juin 1763.

La *Correspondance secrète* est la correspondance au moyen de laquelle le Roi, revenant sur ses erreurs, sur ses faiblesses, sur ses concessions, sur les indignes consentements qu'il n'avait pas la force de refuser à

sans révolte les tyrannies et les caprices du maître ;
un amour-propre de maîtresse, si bien étouffé, si
bien réduit, que le dernier honneur de la femme, la
jalousie même n'y bat plus, et que la tolérance y
descend jusqu'au proxénétisme ; un cœur de philosophe, ironique, sceptique et de sang-froid, où rien
de tendre ne remue, où rien d'ému ne tressaille,
où se taisent les religions de la femme ; un cœur
dont les caresses et les amitiés ne sont que des chatteries ; un cœur sans clémence, sans pardon, sans
retour, inexorable dans le ressentiment et la vengeance, sourd aux gémissements de Pierre Encize,
sourd aux lamentations de la Bastille, dont elle
nommait elle-même les gouverneurs (1), sourd à

une demande faite en face, travaillait souterrainement, par la voie
d'agents généralement inconnus, à les annihiler, à les annuler, à les
détruire. Madame de Pompadour et plus tard madame du Barry seront
impuissantes à pénétrer le secret de cette correspondance. Madame de
Pompadour, plus occupée de gouvernement que madame du Barry et
souvent contrariée dans ses plans et ses projets par cet obstacle
occulte, passera tout son règne à vouloir y être initiée. Et sa haine
contre le prince de Conti, ses mauvais procédés à son égard, l'enlèvement du commandement de l'armée du Rhin au vainqueur de Coni,
pendant la guerre de Sept ans, viendront seulement de ce que, pendant
le temps où le prince fut chargé de cette *correspondance secrète*, il ne
consentit pas à la communiquer à la favorite qui ne pouvait cacher
son dépit à la vue du prince se rendant chez le Roi avec son *grand
portefeuille*.

(1) Madame de Pompadour fit nommer du Baile au gouvernement de
la Bastille et prit son frère l'abbé Baile chez lui pour lui transmettre
ses ordres. Baile avait fait son éducation de geôle, dans la place de
lieutenant du Roi au château de Vincennes, sur les poëtes, les gens à
bons mots, tous ceux qui manquaient de respect à la maîtresse du Roi
On connaît la lettre publiée dans l'*Amateur d'autographes*, t. V, 1860,
dans laquelle madame de Pompadour remercie si chaudement M. de
Bonnac, l'ambassadeur du Roi à la Haye, de l'extradition qu'il a
obtenue d'un pamphlétaire qui avait osé toucher à la favorite :

l'imploration de cette lettre : « Madame, je n'en puis plus. Miséricorde! Miséricorde! Je me meurs à tout moment. Je serai discret, je vous le jure. Je vous supplie pour l'amour de Louis le Bien-Aimé de mettre fin aujourd'hui à ma longue souffrance ; et en reconnaissance je prierai Dieu pour vous toute ma vie. Votre très-humble et très-obéissant serviteur, d'Aury, à la Bastille depuis quatorze ans. Le 1ᵉʳ septembre 1763 (1) » : — tel est le fond de la marquise de Pompadour, et ce qu'on trouve derrière la favorite.

Froide et sèche, madame de Pompadour appartient, malgré ses charmes et ses dehors, à la race des Maintenon. Elle est de la famille des gouvernantes de roi et des favorites premiers ministres. Elle développe et étale dans la faveur la femme que

« *Le sieur Saint-Sauveur ne m'avoit pas laissé ignorer tous les soins que vous vous donnez pour découvrir l'auteur de cet infâme libelle. Le respect que les États généraux ont marqué au Roy en vous remettant le coupable est en effet un exemple très-rare et qui vous fait beaucoup d'honneur. J'espère qu'il arrêtera un peu les plumes empoisonnées des habitans de ce pays.* » Le nonce du pape, Durini, dit qu'elle a remplacé Marville par Berryer parce qu'il n'avait pas réussi à mettre la main sur l'auteur d'un petit livre intitulé : *Histoire des maîtresses des princes jusqu'à nos jours.*

(1) Cette lettre, ce cri de désespoir, est tracée au crayon dans les interlignes d'une page arrachée à un livre de médecine. En tête de la lettre, le gouverneur a écrit en grosses lettres : « *Envoyé à madame la marquise de Pompadour de la Bastille, 1ᵉʳ septembre 1763. Point de réponse.* » Et les papiers de la Bastille conservés à la Bibliothèque impériale de Saint-Pétersbourg contiennent un certain nombre de lettres du même genre, des lettres de Latude, que la *Bastille dévoilée* suppose être ce d'Aury, de Latude qui passa trente-neuf ans dans les prisons d'État, d'un d'Allègre qui sortit de la Bastille pour être enfermé comme fou enragé dans les cabanons de Bicêtre.

promettait la jeune fille, cette jeune fille, pétrie et pourrie par sa mère, qui, surmontant la pudeur des illusions de son âge, se destinait résolûment à être « un morceau de roi ». L'ambition est la règle de ses passions, comme elle est la raison de sa conscience. Et, dans cette ambition même, il n'y aura ni les instincts de grandeur, ni les insolences de domination d'une Montespan ou d'une Châteauroux. Fille de la bourgeoisie, madame de Pompadour fait son règne et son rêve à l'image et à la mesure de la bourgeoisie.

Toute-puissante, sa volonté ne peut se façonner au grand; et le gouvernement de son caprice laisse percer les misères et les petitesses de l'ordre dont elle sort. Ce n'est le plus souvent qu'une direction *chipotière* et *touche-à-tout*, qui, ne pouvant s'élever plus haut que le tripotage, se rabat sur le détail, et descend en se ramifiant jusque sur la moindre lieutenance. Et ce n'est point seulement de la bourgeoisie, c'est encore de sa famille et de sa race qu'elle apporte dans sa place et dans son rôle les vilenies et les appétits : il y a en elle du sang de traitant qui semble s'étendre à ses exigences et les marquer d'une bassesse originelle. Elle ne gouverne pas, elle accapare. La monarchie n'est entre ses mains qu'une feuille des bénéfices; et voyez-la pressant sa faveur et tirant tout à elle, argent, honneurs, terres, pensions, places, traitements, cordons, grâces, survivances, — c'est la première des favorites qui déshonorent le scandale et leur fortune par la cupidité et l'insatiabilité de la maltôte; la première qui, par les pots-de-vin qu'elle laisse accepter à ses femmes de chambre, les bons du Roi qu'elle leur laisse vendre (1), les associations des femmes et des courtisans aux bénéfices des fermiers généraux, les *croupes* sur leurs places (2), apprend à la noblesse les viles passions de la finance et l'abaisse aux ambitions d'argent.

Et maintenant allez au Louvre, et regardez le portrait de La Tour (3). Dans la fleur et la poussière

(1) L'*Espion américain en Europe* ou *Lettres illinoises*. A Londres, aux dépens de la compagnie, 1756. L'*Espion américain* accuse de ce trafic « la Duhossay » (*sic*). — Le nonce du pape, Durini, dit : « Elle aime l'argent et dispose de toutes les charges. »

(2) *Portraits et caractères de personnages distingués de la fin du dix-huitième siècle,* par Sénac de Meilhan. Dentu, 1813.

(3) Opposons au portrait de La Tour le portrait de Boucher tel que nous l'avons décrit dans notre monographie du *Peintre des grâces* : « Madame de Pompadour voulant avoir son portrait, c'était Boucher qu'elle choisissait avec La Tour pour laisser d'elle une image qui survécût à sa fortune et l'empêchât de mourir tout entière. Et Boucher la peignait dans la pose de paresse que donne une chaise longue, avec l'air d'attention distraite d'une femme aimée qui attend l'amour en tournant à demi la tête. Le bras droit de madame de Pompadour s'accoudait sur un coussin de pékin peint; son bras gauche retenait mollement un livre sur ses genoux. Boucher jetait dans ses cheveux un œil de poudre et des fleurettes; il la décolletait un peu en carré, évasant à la naissance de la gorge l'échancrure de cette magnifique robe bleue, falbalassée, toute semée de petites roses, toute ruisselante de dentelles d'argent, et au bout de la jupe paraissaient les deux pieds mutins de la favorite croisant, selon leur habitude, l'une sur l'autre les mules roses brodées d'argent. Et partout c'étaient des rubans et des nœuds au cou, à la saignée, au cœur du corsage. La figure sortait d'un appartement de soie jaune et semblait s'avancer entre deux rideaux à grands plis du fond d'une glace reflétant dans sa transparence, comme dans

de vie du pastel, une tout autre femme vous apparaîtra. Habillée d'un satin blanc où courent les branchages d'or, les bouquets de roses et les fleurettes, robe d'argent aux grandes manchettes de dentelles s'ouvrant au coude, au corsage fleuri d'une échelle de rubans dont le violet pâle est tendre comme le calice d'un pavot lilas, madame de Pompadour est assise sur un fauteuil de tapisserie, dans une attitude familière qui retrousse un peu sa jupe et laisse voir un bout de jupon de dentelle, et sous le jupon deux pieds qui croisent l'une sur l'autre deux mules roses au haut talon. Sa main droite appuie à peine, d'un geste qui voltige, sur le papier d'un cahier de musique qu'elle tient de l'autre main, le bras plié et accoudé sur une console. Un œil de poudre est jeté dans ses cheveux. Son regard n'est point au cahier de musique ; doucement distrait, il semble écouter quelque joli rêve, tandis qu'un demi-sourire, d'une sérénité délicieuse, errant sur ses lè-

---

une vapeur, une bibliothèque surmontée d'une pendule en lyre, aux Heures gardées par un Amour. Sur le parquet, aux pieds de madame de Pompadour, Boucher avait semé et comme effeuillé les amusements et les goûts de sa protectrice : un porte-crayon monté de sanguine et de crayon noir, un carton de dessins ouvert, un plan de château à demi déroulé, des rouleaux de musique, une pointe de graveur emmanchée, étaient çà et là entre un king's-charles au repos et deux roses gisantes. A sa droite et plus près d'elle, le peintre semblait avoir voulu caractériser sa vie sérieuse : les affaires de la faveur ; l'on voyait de ce côté une petite table à écrire de bois de rose, un flambeau d'argent chantourné, le cachet de la marquise, un bâton de cire, une lettre décachetée, une plume enfoncée dans un encrier et sortant d'un tiroir ouvert, des brochures, des livres, des maroquins aux armes, et encore deux roses oubliées là par la femme au milieu de tous ces outils de la favorite et du premier ministre.

vres, rayonne sur tout son visage. Derrière elle, c'est une tenture bleue, coupée de baguettes dorées qui encadrent sur un côté un panneau de peinture : une marche de paysans dans un chemin de montagnes. Auprès d'elle, sur un canapé, une guitare encore frémissante dort sur un cahier de musique. Sur la console où son coude repose, des volumes reliés en veau, comme des livres d'usage et des amis de tous les jours, montrent, à portée de sa main, la compagnie de son esprit : c'est le *Pastor fido,* sorti des presses d'Elzevir en 1659, la *Henriade,* vendue à sa mort sous le n° 721 de sa bibliothèque, le tome III de l'*Esprit des loix,* et le tome IV de l'*Encyclopédie.* A côté d'une sphère, un livre à couverture bleue à demi ouvert, portant sur le dos : « Pierres gravées », laisse pendre sur la console au pied d'or une gravure au bas de laquelle on lit : *Pompadour sculpsit,* et ces mots : « Représentation de la situation où est le graveur en pierres fines et des divers instruments... » Au bas, un carton noué de bleu et armorié aux trois tours, est le carton de l'OEuvre gravé de madame de Pompadour. Quelle image adorable de la favorite (1), peinte et vivante

---

(1) Citons, d'après un *Éloge de Latour,* peu connu et inséré dans l'*Almanach littéraire* de 1792, l'anecdote qui raconte la manière dont ce portrait fut fait par le grand pastelliste.

« ... Quelque temps après, La Tour fut mandé à Versailles pour faire le portrait de madame de Pompadour. Il répondit brusquement : « Dites à Madame que je ne vais pas peindre en ville. » Un de ses intimes amis lui observa que le procédé n'était pas honnête. Il promit donc de se rendre à la cour au jour fixé, mais à condition que la séance ne serait interrompue par personne. Arrivé chez la favorite, il réitère ses conven-

dans sa beauté spirituelle, dans les amitiés de son intelligence, dans le règne de ses goûts! Toutes ces choses qui l'entourent et qu'elle aima lui prêtent leurs séductions, leur reflet et leur lumière. Portrait magique! qui semble personnifier sa mémoire, et figurer la charmante immortalité qui lui restera : l'immortalité de l'Art.

Madame de Pompadour a véritablement aimé l'Art. Elle l'a protégé, elle l'a pratiqué, et ses eaux-fortes, si peu qu'elles vaillent, si maladroites qu'elles soient quand sa pointe n'a point d'aide, témoignent au moins de son zèle et de ses goûts

---

tions et demande la liberté de se mettre à son aise. On la lui accorde. Tout à coup il détache les boucles de ses escarpins, ses jarretières, son col, ôte sa perruque, l'accroche à une girandole, tire de sa poche un petit bonnet de taffetas et le met sur sa tête. Dans ce déshabillé pittoresque, notre génie, ou, si on l'aime mieux, notre original, commença le portrait. Il n'y avait pas un quart d'heure que notre excellent peintre était occupé, lorsque Louis XV entre. Latour dit, en ôtant son bonnet : « Vous aviez promis, Madame, que votre porte serait fermée. » Le Roi rit de bon cœur du costume et du reproche du moderne Apelles et l'engage à continuer. « Il ne m'est pas possible d'obéir à Votre Majesté, répliqua le peintre, je reviendrai lorsque Madame sera seule. » Aussitôt il se lève, emporte sa perruque, ses jarretières, et va s'habiller dans une autre pièce, en répétant plusieurs fois : « Je n'aime point à être interrompu. » La belle favorite céda au caprice de son peintre et le portrait fut achevé... »

Un catalogue d'autographes a donné un extrait d'une lettre de madame de Pompadour, datée de Choisy, relative à ce portrait : « *Elle est à peu près dans le même embonpoint où il l'a vue à la Muette, et elle croit qu'il seroit à propos de profiter du moment pour finir ce qu'il a si bien commencé... S'il peut venir demain, elle sera libre, et avec si peu de monde qu'il voudra..... Vous connoissés, Monsieur, le cas que je fais de vous et de vos admirables talens.* »

Plus tard, sans doute à propos d'une répétition de ce portrait, elle écrit à son frère : « *Il n'y a plus de ressource auprès de Latour, sa folie augmente à chaque instant.* »

d'amateur. Une passion d'amateur, voilà ce que madame de Pompadour apporta dans le patronage des arts de son temps. Ce n'est point chez elle l'encouragement banal et de convenance commandé aux personnages qui règnent comme une grâce de leur rôle et comme un devoir aimable de leur pouvoir. Madame de Pompadour met à toutes les choses de l'art un goût et un zèle dont les caractères sont frappants et ne peuvent tromper. Elle donne à l'art les meilleurs loisirs de sa pensée, tout le temps qu'elle dérobe aux affaires, une part de sa vie, tout son cœur. L'art, l'art français de son temps, est sa distraction, son passe-temps, sa consolation même. Il est sa dépense et sa ruine. Par le ministère de son frère, la favorite répand sa faveur et les grâces du Roi sur le monde des artistes. Peintres, sculpteurs, graveurs, architectes, montrent ses bienfaits et s'honorent de son applaudissement. L'art du dix-huitième siècle est son client, de Boucher à Chardin, d'Oudry à Vien, de Cochin à Guay, de Soufflot à Gabriel, et de Gabriel à L'Assurance. Elle suit ce petit peuple de grands noms dans ses efforts, dans ses travaux. Elle apporte à les juger la vivacité de son sentiment; elle leur distribue la critique ou la louange selon la conscience de son impression. Elle leur donne son imagination, ses idées; elle leur montre des chemins nouveaux. Elle enlève un moment à l'Olympe et au monde de la Fable son peintre favori, le dessinateur et le conseiller de ses eaux-fortes, Boucher, dont si souvent les trois crayons entourent des attributs des arts le médaillon de la marquise. Elle exige de lui des dessins de la vie commune, des personnages familiers, une jardinière, une batteuse de beurre, une laitière, dont elle fera des statues à son château de Crécy (1). Inspiration remarquable, et dont on a oublié de lui rapporter le mérite, elle indique, elle dicte à Vanloo la *Conversation espagnole*. Elle veut tirer l'art français de la servitude et de la monotonie des sujets de tradition; elle veut délivrer notre école des Alexandres, des Césars, des Scipions, des héros grecs et romains. Elle rappelle enfin les artistes à une représentation de la vie contemporaine; elle les pousse, malgré leurs résistances, leurs objections, leurs préjugés et leurs habitudes, à faire de leur temps leur proie et le royaume de leur génie (2).

Et pour que cette gloire de madame de Pompadour ait plus de gages de durée, des rappels plus journaliers, un caractère particulier de rayonnement, ce ne sera point seulement l'Art qui protégera et accompagnera sa mémoire. Pour vaincre le temps, elle n'aura point seulement pour elle la toile, le marbre, le cuivre gravé. Elle aura aussi l'industrie de l'art; et son souvenir restera attaché

---

(1) *Catalogue des différents objets de curiosité dans les sciences et les arts qui composaient le cabinet de feu M. le marquis de Ménars,* par Basan et Joullain. Paris, 1781.

(2) *Lettre sur le Salon de* 1755. A Amsterdam, chez Arkstée et Merkus, 1755.

à l'art de son temps dans tout ce que cet art a eu d'intime, de familier, de pratique et de particulièrement lié à la vie de l'homme. Il semble en effet que la grâce et le goût de toutes les choses de son temps lui appartiennent. Elle a marqué à son cachet, on pourrait presque dire à ses armes, ce monde de matière que semble animer d'un bout à l'autre l'idéal des habitudes d'un peuple et des besoins d'une société. Tout le siècle est comme une grande relique de la favorite. Sa personnalité vit dans tous ces témoignages du passé que la curiosité garde dans le musée des mœurs. Elle préside à cette variété et à cet ensemble d'objets, si divers dans l'universalité de leur type, que le dix-huitième siècle créa à son image pour entourer son existence, la servir et la parer. La mode, ce grand domaine de gloire des maîtresses, est sa plus petite popularité. Vivante, elle ne baptise pas seulement les élégances et les coquetteries, le déshabillé qu'elle imagine, le nœud d'épée qu'elle refait au maréchal de Saxe ; elle baptise encore toute la main-d'œuvre de son temps, tout le mobilier et tous les accessoires d'une civilisation exquise et raffinée. Elle baptise le carrosse, la cheminée, le miroir, le sopha, le lit, la chaise, la boîte, l'éventail, jusqu'à l'étui, jusqu'au cure-dent du dix-huitième siècle (1) : chefs-d'œuvre

(1) Dans une *Lettre sur le goût des François*, faisant partie d'un recueil de pièces fugitives manuscrites à la date de 1751, — lettre que je n'ai jamais rencontrée imprimée et qui m'a été communiquée, il y a une vingtaine d'années, par M. Socquard, le libraire de Troyes, — j'ai relevé le carrosse à la Pompadour, un drap de couleur Pompadour, des ragoûts

ou babioles que, morte, elle touche encore de son nom comme d'un rayon et d'une baguette magique. De la tapisserie de Beauvais à la chinoiserie jetée sur l'étagère, de la tasse de Sèvres au pot à oille d'argenterie, du panneau de boiserie au lustre de Bohême, du cartel à la glace en trumeau, du grand à l'infiniment petit du goût, des bois chantournés et dorés au vernis Martin d'une navette à frivolité, tout le beau et tout le joli, toutes les recherches et tous les charmes du siècle, se recommandent d'elle comme d'une patronne du luxe et de la rocaille. C'est là la grande fortune de madame de Pompadour : elle représente ce caractère inimitable et constant étendu à toutes les modes d'un temps et à toutes les applications d'un art, un style ; elle est la marraine et la reine du *Rococo* (1).

à la Pompadour, des cheminées, des miroirs, des tables, des sophas, des chaises, des lits à la Pompadour, puis encore des rubans à la Pompadour, des boîtes à la Pompadour, des éventails à la Pompadour, des étuis à la Pompadour, des cure-dents à la Pompadour. Enfin la lettre déclare qu'il n'y a point aujourd'hui de chiffon pour la toilette d'une femme qui ne soit à la Pompadour.

Dans le Journal de Lazare Duvaux, nous trouvons, à la date du 27 janvier 1750, madame Rouillé, la femme du ministre, achetant une petite table *à la Pompadour* avec ses cornets en bois satiné à fleurs.

(1) Ici, je tiens à m'élever contre une doctrine qui tend à se faire jour et qui veut faire de madame de Pompadour une restauratrice de l'art grec, et des objets de mobilier et d'art attribués à son inspiration, des objets aux lignes droites. Parce que madame de Pompadour a gravé sur pierre dure, parce qu'elle a arrangé à l'antique sur des sardoines ou des cornalines des figures contemporaines, il ne s'ensuit pas qu'elle ait eu une si grande passion pour l'art grec et romain. Ses achats de tous les jours sont des achats de choses de son temps ou de chinoiseries, et les comptes des marchands ne signalent aucune emplette à la façon d'un Caylus. Il y a plus, l'auteur de la *Lettre sur le Salon de* 1755, affirme,

Ce sera dans ce cortége et dans ce triomphe aimable, entourée de toutes les grâces de son temps, que madame de Pompadour s'avancera vers la Postérité. Le temps en s'éloignant d'elle jettera un voile sur la favorite, l'histoire oubliera la femme, et il restera de la maîtresse de Louis XV une ombre radieuse et charmante, assise sur un nuage de Boucher, au milieu d'une cour divine et de cette famille de Muses, la Peinture, la Sculpture, l'Architecture, la Gravure, la Musique, les Beaux-Arts, tous les Arts que Vanloo jetait suppliants aux genoux du Destin pendant la maladie de madame de Pompadour.

ainsi que je l'ai dit plus haut, qu'elle est l'inspiratrice de la *Conversation espagnole* de Vanloo, à la seule fin de tirer la peinture française de la servitude des héros grecs et romains. Mais quel est vraiment le moment où l'action de la favorite est la plus grande sur la mode? c'est vers l'année 1751, l'année où paraît cette *Lettre sur le goût françois* qui énumère les objets qu'elle a baptisés de son nom. Je sais bien que le garde-meuble est de 1750, mais la révolution dans l'architecture a précédé de vingt ans la révolution dans le mobilier, et les formes qui règnent et gouvernent dans ce temps sont les formes enseignées dans les *Éléments d'orfévrerie* de Germain publiés en 1748, trois ans avant la lettre. Non certes, ce n'est plus la robuste et rondante rocaille du grand Meissonnier, mais c'est une rocaille contenue, amincie, rapetissée : le *rococo*, quoi! Et je pourrais parier avec certitude que le carrosse, que la cheminée, le sopha, l'étui dont parle la *Lettre sur le goût françois*, ainsi que la table *à la Pompadour* achetée par madame Rouillé chez Lazare-Duvaux, étaient des objets aux formes ventrues, contournées, chantournées, et qui n'avaient rien des profils que reprendront seulement après la mort de madame de Pompadour les Riessener et les Gouthière. N'est-ce point là d'ailleurs le mobilier qui entoure la favorite dans ses deux portraits de La Tour et de Boucher? Du reste, il est une preuve à l'appui de ce que j'avance ici, c'est que les caricatures qui moquent le retour de l'art français aux modèles de l'antiquité, et entre autres le recueil de *La mascarade à la grecque* par le chevalier de Petitot, ne sont que de l'année 1771.

APPENDICE

PORTRAITS, BUSTES ET INTAILLES
DE MADAME LA MARQUISE DE POMPADOUR

Portraits gravés.

Il existe un certain nombre de portraits gravés de madame de Pompadour. Nous citerons les suivants :

La Belle Jardinière, *madame de Pompadour.*

Vanloo *pinxit*   J. Anselin.

Gravé d'après le tableau original qui étoit au château de Bellevue et qui se trouve en la possession de M. Fontanel, associé honoraire et garde des dessins de l'Académie de Montpellier. A Paris, chez Basan et Poignant, rue et hôtel Serpente.

C'est véritablement le beau portrait et l'effigie officielle de la favorite.

Les épreuves avant la lettre dépassent 300 fr.

N'oublions pas les deux estampes gravées par Beauvarlet d'après Vanloo, et dont les peintures originales : la Sultane faisant de la tapisserie et la Sultane prenant le café, étaient déclarées par les critiques du Salon, 1755, les portraits les plus ressemblants de la *belle Laure*, et très-supérieurs au fameux portrait de La Tour possédé par le Louvre.

Madame de Pompadour est représentée dans un autre

petit portrait de Nattier avec un faux air de duchesse de Châteauroux. Elle est en déesse, les épaules nues, sa draperie retenue comme par l'attache d'un carquois.

L'estampe qui a un encadrement de roses, au bas duquel est une branche de cyprès à côté d'une torche prête à s'éteindre, porte :

Nattier pinx. *Cathelin sculp.*

Chez Bligny, peintre doreur et lancier du Roy, cour du Manége.

On lit sur un petit socle :

MADAME DE POMPADOUR.

Une beauté! non loin du noir cyprès
Et ce flambeau qu'hélas on voit s'éteindre,
D'aimables fleurs se flétrissant auprès
Diroient assez qui l'on a voulu peindre.

Une copie de ce portrait, en sens contraire, existe avec : *Queverdo. Le Beau sculp.* Il y a une seconde copie plus mauvaise avec quelques changements et des fleurs dans les cheveux, enfin une troisième encore plus détestable qui a dû servir pour un livre avec, en haut à droite : *Lat.*

D'après Boucher, il y a deux portraits gravés de madame de Pompadour.

Le premier est le portrait où elle est représentée, grandeur nature, dans un habillement de jardinière qui rappelle beaucoup le portrait de Vanloo, sauf qu'elle a la tête nue avec quelques fleurettes piquées dans ses cheveux poudrés.

Cette estampe en couleur, surtout dans un petit nombre d'épreuves qui jouent absolument le pastel et en ont la fraîcheur et le *crayeux,* est le chef-d'œuvre et la merveille d'un art perdu.

Cette estampe porte dans le fond en haut : *Boucher* 1751, en bas : *Bonnet* 1769.

Un autre portrait a été gravé d'après Boucher, et non terminé, je crois, quoiqu'il ait été beaucoup copié en France et à l'étranger. La seule épreuve que je connaisse est à la Bibliothèque nationale, avec beaucoup de travaux manquants, la tablette blanche, et l'absence des noms du peintre et du graveur. Cette gravure, très-sérieusement étudiée, et qui rend, comme d'après un La Tour, le modèle du visage, représente madame de Pompadour, un nœud de perles dans les cheveux. Et autour de la gorge découverte de la favorite court au hasard le tuyauté lâche d'une chemise, sur laquelle est jetée une draperie attachée par un camée.

Il existe plusieurs petites copies assez mauvaises de cette estampe, et donnant toutes au portraitiste le nom de Boucher. Il y en a une au trait gravé, une autre au pointillé par Dien. Une copie plus grande que l'original a été exécutée à l'aqua-tinte en Angleterre, et se trouve généralement en tête de la *Suite d'Estampes gravées* par madame de Pompadour.

Cette estampe porte :

MADAME LA MARQUISE DE POMPADOUR,

morte en 1764.

F. Boucher pinxit.   *L. Watson sculp.*

Une seconde aqua-tinte a été gravée par Watson, dans le sens contraire.

Madame de Pompadour a été représentée encore d'après un dessin de Schenau avec un petit air fort ingénu, un profil de mouton qu'on ne trouve que dans cette image d'elle. Elle a au cou un double fil de perles, et les cheveux relevés, ramenés en queue de la nuque au sommet de la tête comme le cimier d'un casque.

Le petit portrait gravé, dont le profil est enfermé dans un médaillon tout fleuri, porte :

MADAME D'E.

MARQUISE DE POMPADOUR.

Schenau del. *Littret sc.* 1764.

A Paris, chez Quilliau libraire, rue Christine, au Magasin littéraire.

Enfin, la favorite a son portrait en médaillon dans la suite des profils de Cochin. Madame de Pompadour est en négligé, les ruches d'un peignoir jouent autour de sa gorge et sur son épaule, le chignon lâche et les cheveux crépés en accommodage du matin. C'est un des portraits de madame de Pompadour où l'expression de sa physionomie est la plus spirituelle, où le sourire de son œil, de sa bouche finement entr'ouverte et joliment riante, montre le mieux un homme d'esprit dans une jolie femme.

On lit au-dessous, avec les noms du dessinateur et du graveur, les vers de Marmontel.

Dessiné par Cochin, Gravé par Aug. de Saint-Aubin 1764.

> Avec des traits si doux, l'Amour en la formant
> Lui fit un cœur si vrai, si tendre et si fidèle,
> Que l'Amitié crut bonnement
> Qu'il la faisait exprès pour elle.

Parmi les estampes modernes, citons, parmi celles qui ne sont pas des reproductions d'anciens portraits, un portrait où elle est représentée les épaules nues, une main approchant de sa gorge des fleurs, dans un arrangement ressemblant assez au portrait de Nattier. Ce portrait a été gravé par Bernardi dans les *Galeries historiques de Versailles*. Citons encore le bois, d'après Boucher, de l'*Histoire des peintres de M. Charles Blanc*.

Dans les lithographies, un portrait de madame de Pompadour dans l'*Iconographie* de Delpech, lithographié par Belliard, d'après un tableau du cabinet de M. le chevalier Le Noir, nous montre sous une fanchon le type connu de la marquise, mais plus plein, et, pour user d'une des expressions du modèle, plus *grassouillet*.

Portraits peints.

Essayons maintenant une énumération des portraits peints (gravés ou non gravés) en tâchant de dire leur passage dans les ventes et leur bonne et mauvaise fortune.

Commençons par les portraits peints par Vanloo.

L'original du portrait en Belle Jardinière, gravé par Anselin, figure à la vente du marquis de Ménars sous le n° 130. Il est décrit dans ces termes : Le portrait d'une dame habillée en paysanne à mi-corps, la tête couverte d'un chapeau de paille doublé de bleu, elle porte de son bras gauche un panier de fleurs et de la main droite une branche de jacinthe (H. 30 p. L. 24). Ce portrait était acheté par le marchand Basan, 144 liv.

A la même vente et sous le n° 131, se vendaient les deux grands tableaux représentant la favorite en pied, sous les travestissements d'une sultane prenant le café, d'une sultane faisant de la tapisserie. Ces deux tableaux, qui se vendaient 1,900 liv., sont aujourd'hui au Louvre.

Passons aux portraits de Boucher.

De Boucher, nous avons le grand portrait en pied, exposé au Salon de 1757, et dont une curieuse petite esquisse sur toile tracée au crayon noir et blanc se vendait 6 liv. à la vente Sireuil.

Ce portrait, longtemps en possession du vieux marchand Duclos et passé dans la collection de M. Henri Didier, était exposé au boulevard des Italiens en 1860. Dans l'*Histoire des peintres*, M. Charles Blanc le décrit en ces termes : Nonchalamment assise sur les coussins de son boudoir, elle tient à la main un livre qu'elle ne lit plus. Sa robe, en damas de soie bleue, est parsemée de roses, festonnée de rubans et de falbalas. A ses pieds est un de ces soyeux épagneuls qu'on appelle King's Charles. Derrière elle est une glace où l'on voit tout son appartement, sa pendule à Cupidons, sa bibliothèque, et qui réfléchit les cheveux de sa nuque charmante. Près d'elle est une petite table en bois de rose où elle vient d'écrire. Ce portrait (H. 2, 15; L. 1, 65) est signé sous un livre en maroquin rouge de la favorite : *F. Boucher* 1758 (1).

Il est encore de Boucher un autre grand portrait en pied, qui appartenait également à M. Didier et qui a été aussi exposé au boulevard des Italiens. M. P. Burty le décrit ainsi : Vêtue d'une robe de soie jaune ouverte au corsage, avec un bouquet sur le sein, debout devant un chevalet, et la main appuyée sur un carton à dessin, elle se retourne pour regarder un buste posé à sa droite sur une table. Ce portrait (H. 1, 95; L. 1, 30), qui provient de la vente de Véron, qui n'est pas signé, qui n'a rien de la peinture laiteuse du maître, serait-ce une répétition de l'original conservé en Angleterre ? Serait-ce le portrait de la favorite qui figure à Hampton-Court?

Dans des dimensions plus restreintes, Boucher a peint dans une toile de 3 pieds sur 2 de large madame de Pompadour, vêtue d'une robe de taffetas garnie de gaze appuyée dans un bosquet, sur un piédestal portant une figure de femme assise, qui arrête l'Amour prêt à l'embrasser. Ce portrait était acheté 154 liv. à la vente de M. de Ménars par le duc de Chaulnes, celui qui devait épouser Alexandrine, la fille de madame de Pompadour.

Un autre portrait en pied, dans des dimensions encore plus restreintes, je crois, a été longtemps conservé dans

---

(1) Voir ma description de ce portrait dans une note du chapitre précédent.

la famille Bernis. Le voici tel qu'il apparaît dans la photographie : Entourée d'un buisson de roses, madame de Pompadour est assise sur un tertre aux pieds d'un arbre. Elle est habillée d'une robe dont elle a bien certainement pris l'idée dans ces costumes de femmes que Leprince a rapportées de la Russie dans ses tableaux, une robe au long buste en forme de gilet d'homme et boutonné jusqu'au cou par des nœuds de rubans, une robe aux manches flottantes à l'orientale, resserrées au coude par des fils de perle. Distraite, et un coude appuyé sur un amas de volumes, elle feuillette un livre ouvert dans le creux de sa jupe. Dans ce petit portrait en pied, où l'on est frappé à travers la photographie de la luminosité des chairs, de la blancheur éblouissante du visage, madame de Pompadour est coiffée d'une de ces coiffures plates qu'affectionnait la favorite avec un long repentir se déroulant sur une épaule.

Au Musée de Versailles est conservé sous le n° 3682 un portrait de madame de Pompadour par Boucher qui la représente dans une robe blanche, avec une écharpe bleue qui court sur sa gorge à l'air, et tenant à la main droite des fleurs. Un portrait où Boucher, comme je l'ai dit plus haut, a peint la marquise en une de ces déesses demi-nues de Nattier.

En 1822, à la vente de Craufurd passait un portrait de madame de Pompadour par Boucher. Ce portrait, qui avait 28 pouces de hauteur sur 22 de largeur, est ainsi décrit : N° 66. — Portrait de madame de *Pompadour*, représentée assise à sa toilette dans un costume négligé, la poitrine découverte par l'ouverture que fait son peignoir. Serait-ce la peinture dont nous retrouvons le pastel plus loin, dans le catalogue Sireuil et l'estampe dans la gravure non terminée à la bibliothèque?

Enfin, ces jours-ci, se vendait, à la vente de Juliette de Beau, un portrait de madame de Pompadour par Boucher, très-discutable ou au moins très-repeint, ayant une certaine analogie avec la Pompadour en fanchon lithographiée par Delpech d'après un tableau du cabinet du chevalier Le Noir.

Drouais a fait un grand portrait en pied de la marquise de Pompadour, le portrait exposé dans le mois d'août 1764, après le décès de la favorite, en une salle des Tuileries. Le peintre de la femme au dix-huitième siècle a représenté la marquise dans une robe à grands ramages, travaillant au métier dans un cabinet où le flot d'une lourde draperie tombe sur des livres, des instruments de peinture et de musique. Devant le métier se tient un petit épagneul regardant sa maîtresse qui ne travaille plus et semble tombée dans une profonde rêverie. Grimm, qui nous donne cette description, dit que la tête de la défunte était terminée au mois d'avril. Nous l'avons vu vendre en 1845, à la vente de M. de Cypierre, ce portrait où, à côté de la signature de Drouais, on pouvait lire l'inscription suivante : « *La tête a été peinte en 1763, et le tableau fini en 1764.* »

Dans la vente de M. de Cypierre était vendu un autre portrait de la favorite de Drouais, un portrait en buste et de forme ovale, dont l'ajustement était le même que dans le grand portrait, mais où les mains de madame de Pompadour étaient cachées dans un manchon.

L'original du tableau de Nattier, dont Cathelin a fait une gravure, je n'en retrouve la mention ni dans les livrets du Salon, ni dans les ventes anciennes ou contemporaines. Cependant il a passé à la vente du docteur Isambert, le 7 mars 1877, un portrait de Nattier représentant madame de Pompadour en Diane chasseresse tenant un arc de la main gauche.

Portraits dessinés et miniatures.

Parmi les pastels, citons en première ligne le grand portrait en pied de madame de Pompadour acquis, en 1797, par l'administration du Musée du citoyen Lespinasse d'Arlet, exposé sous le n° 819 au Louvre, portrait qui n'a point été encore gravé d'une manière digne de l'original.

De ce portrait nous avons mentionné la préparation *d'après nature* qui existe au musée de Saint-Quentin.

Le portrait de la favorite par La Tour, dont la favorite annonce l'envoi à Kaunitz, dans l'*Histoire de Marie-Thérèse* d'Arneth, doit être une répétition du buste du grand portrait du Louvre.

Nous trouvons dans le catalogue de la vente de Sireuil, 1781, au nom de Boucher : « N° 45. Le portrait de madame la marquise de Pompadour vu de trois quarts ; elle est représentée coiffée en cheveux et la gorge à demi découverte. Ce précieux morceau peut être regardé comme un des chefs-d'œuvre en pastel de notre école. »

Ce portrait pourrait bien être l'original d'après lequel aurait été gravée la gravure non terminée de la Bibliothèque. Serait-ce à propos de ce portrait que madame de Pompadour écrivait à son frère pendant son voyage d'Italie : « *Je vous envoye enfin la copie de mon portrait de Boucher, elle ressemble beaucoup à l'original, peu à moi, cependant assez agréable.* »

Je ne retrouve pas dans les catalogues la mention du pastel de Boucher qui a servi à la gravure en couleur de Bonnet. Le portrait de Madame *** en petit et vue de face, représentée en cheveux et en habit de bergère, ayant le bras droit passé dans une corbeille de fleurs, portrait qui passe à la vente Sireuil, pourrait bien être une réduction du pastel qui a servi à la gravure en manière de crayon de couleur.

Enfin, dans la correspondance de madame de Pompadour avec son frère, la favorite parle d'un portrait au pastel, que Liotard est en train de faire d'elle.

Dans les dessins, je ne citerai qu'un merveilleux dessin que j'ai retrouvé chez un Anglais à Paris, il y a une vingtaine d'années, et que je n'ai pu malheureusement acquérir. C'était le n° 282 du catalogue de Menars : « Le portrait d'une jolie femme ; il est entouré d'une guirlande de fleurs formée par des Amours et accompagné des attributs des Arts. » Ce dessin, fait en 1754, montrait, au milieu d'Amours et d'attributs du faire le plus large aux trois crayons, une petite figure de la favorite grande comme une miniature, et dont le pastel en avait presque le fini... Il existait dans la vente de Ménars un double de ce portrait avec quelques différences.

Je ne connais pas de miniatures bien authentiques de madame de Pompadour ; cependant, dans ces portraits d'une dame la gorge nue, les bras appuyés à une urne dont il sort de l'eau, d'une dame représentée en peignoir à sa toilette, d'une dame en chemise et en corset tenant un bouquet de roses, dans ces portraits figurant à la vente du frère de madame de Pompadour, il est bien difficile qu'il ne s'y rencontrât pas un portrait de la favorite.

Bustes et statues.

Parmi les sculptures, j'indiquerai un buste de marbre de la marquise de Pompadour par Le Moyne, exposé sous le n° 112 au Salon de 1761, et célébré par les *Mercure* de l'année. On ignore aujourd'hui le possesseur de ce buste.

Et, de la favorite si souvent peinte, nous n'avons plus guère de représentations sculpturales que la statue des Jardins de Bellevue, représentant la maîtresse du Roi en *Déesse de l'Amitié*, statue reproduite en biscuit par la manufacture de Sèvres. Cette statue de Pigalle, vêtue d'une tunique flottante découvrant une partie de la gorge, et laissant voir par une fente un morceau de la jambe droite, montrait la favorite une main appuyée sur le cœur. Cette statue-portrait était achetée en 1786 par le duc d'Orléans et passait vers 1839 dans la collection du marquis d'Herfort. Et le groupe de l'Amour et de l'Amitié, où peut-être madame de Pompadour a encore servi de modèle à Pigalle, est aujourd'hui conservé au ministère des Affaires étrangères.

Intailles.

Quelques pierres gravées nous conservent l'image de la marquise. Dans la collection de M. Leturcq, il y avait une cornaline intaille, montée en bague d'or; on la voyait toute jeune, vue de profil, coiffée en cheveux avec une natte relevée sur le haut de la tête et un nœud de rubans autour du cou, ainsi qu'elle est représentée dans la gravure de Littret d'après Schenau.

Une autre cornaline intaille, montée en bague d'or, montrait la tête de madame de Pompadour accolée à celle de Louis XV et vue de profil à droite. Elle est coiffée en cheveux et porte un collier fait d'un triple rang de perles. Cette intaille, qui porte à l'exergue GUAY et qui était cataloguée à la vente du marquis de Ménars sous la désignation: « Une cornaline en creux représentant des têtes intéressantes », y était vendue 120 liv.

ACHATS DE CURIOSITÉS ET DE MEUBLES FAITS PAR MADAME DE POMPADOUR CHEZ LAZARE DUVAUX, MARCHAND-BIJOUTIER ORDINAIRE DU ROY PENDANT LES ANNÉES 1748, 1749, 1750, 1751, 1752, 1753, 1754, 1755, 1756, 1757, 1758, 1759 (1).

ANNÉE 1749.

27 février. — Mme la marquise de POMPADOUR : Un trictrac plaqué en ébène et ivoire, avec ses dames blanches et vertes, 92 l. (Livré à M. de Cury.)

ANNÉE 1750.

25 avril. — Mme la marquise de POMPADOUR : Deux magots de terre des Indes, 240 l. — Deux coqs de porcelaine de la Chine, 240 l. — Un chandelier de porcelaine brune, 192 l.

(1) Ces extraits sont tirés du volume intitulé : *Livre-Journal de Lazare Duvaux, marchand-bijoutier ordinaire du Roy*, 1748-1758, *précédé d'une étude sur le goût et le commerce des objets d'art*, par M. Louis Courajod. Paris, 1873. Nous signalons ce volume publié par la Société des Bibliophiles françois, comme un des documents les plus intéressants pour l'histoire de la *curiosité* au dix-huitième siècle. Les extraits du *Livre-Journal* de Duvaux nous montrent l'immense mobilier de la favorite dont les catalogues de sa vente et de celle de son frère ne nous donnent qu'une très-petite idée, — un mobilier remplissant de meubles d'art l'appartement de Versailles, l'hôtel d'Évreux, Bellevue, les Hermitages, Champs, etc. Les comptes du marchand-bijoutier ordinaire du Roy nous initient en outre aux babioles de goût qui entouraient la femme dans sa vie privée ; ils nous font pour ainsi dire toucher à sa loupe de *graveuse*, à sa boîte à mouches, à ses tablettes d'agate, à ses ciseaux damasquinés, à son aiguille à broder au tambour avec son manche d'ivoire, à sa navette d'or ornée de cerises en cornaline.

— Deux pots pourris truités, 96 l. (Payé par les soins de M. Desfarges en un mandement de M. de Voyer.

16 mai. — Deux singes du Japon remuant la tête, 960 l.
— Une commode composée de tiroirs, d'ancien lacq, garnie de bronze doré d'or moulu, avec le marbre d'Antin, 864 l. — Trois petites tables vernies en aventurine, dont les dessus sont de vernis des Indes, à 60 l. : 180 l. — Avoir fait des cornets argentés dans chaque table et avoir doublé les tiroirs d'étoffe, 30 l.

22 juillet. — Une petite armoire de lacq en forme d'encoignure, garnie de bronze doré d'or moulu, les ferrures dorées et clef ciselée, les portes plaquées en bois de rose dedans, le fond ouvrant à secret, garni partout en moire verte et argent, 525 l.

23 juillet. — Une table à écrire aussi de lacq garnie de bronze doré d'or moulu, avec une tablette qui se tire, garnie en velours, deux porte-chandeliers aux côtés plaquée en bois de rose, avec son écritoire argentée, le dedans du tiroir et le dessus de la table de moire verte et argent, 400 l.

7 août. — Une paire de petites girandoles de bronze doré d'or moulu sur des rochers blancs, 240 l.

19 août. — ....Le mémoire des fleurs de Vincennes employées dans vingt-quatre vases de différentes grandeurs et quatre-vingt huit plantes écrites plus bas, 2,455 l. 9 s.
— Les garnitures desdits vases en cannetille couverte de soie et de quatre-vingt-huit plantes, 800 l. — Quatre boëtes pour les plantes, trois boëtes dans quoi on a fait des compartimens pour lesdits vases, 40 l. — Le port à Bellevue, 7 l.

16 octobre. — ....Quatre morceaux de porcelaine céladon dont deux en forme de cornets et deux poissons, le tout garni de bronze doré d'or moulu, 3,600 l. (1).

---

(1) Nous ne mentionnons qu'un très-petit nombre de pièces céladon; mais, par la quantité que la favorite achète et fait monter, il est prouvé qu'elle avait un goût tout particulier pour cette porcelaine.

2 novembre. — L'or et la façon d'une navette de lacq, un étui de roussette garni d'or, 200 l.

19 novembre. — Dix commodes bâties de chêne de quatre pieds plaquées en bois satiné avec les ferrures en cuivre, les pieds, boutons, et entrées dorés d'or moulu à 140 l., 1,400 l. — Dix tables à écrire, à tablette et tiroir, garnies de cornets argentés, plaquées en bois satiné garnies de pieds, entrées et boutons dorés d'or moulu, 580. l. — Six tables de nuit plaquées en bois satiné, 132 l. — Une lanterne de glace à six pans, les montans à baguette, posée dans l'antichambre du Roy avec son chandelier, 510 l. — Deux autres lanternes à montans ciselés en glace, à six pans, dont l'une pour l'escalier du Roy et l'autre pour le vestibule avec un chandelier à neuf branches, 1,520 l. (1),

20 novembre. — Une lanterne de glace carrée, les montans argentés, garnie de branchages et fleurs d'oranger, 360 l. — Une lanterne plus petite garnie d'œillets.

21 novembre. — Deux paires de grands bras à trois branches dorés d'or moulu pour la salle à manger 2000 l....

22 novembre. — Une commode de lacq à pagodes, garnie de bronze doré d'or moulu, les tiroirs doublés de satin bordé d'or, de quatre pieds et demi, 2,400 l. — Une table à écrire de trois pieds de long plaquée en bois de rose avec des fleurs et ornemens dorés d'or moulu, les cornets en argent, 890 l. — Une table de nuit en bois de rose à fleurs avec moulures et portans dorés d'or moulu, 270 l. — Une paire de bras de fleurs de Vincennes à double branche posée dans le cabinet du Roy, 550 l. — Deux autres paires à trois branches dont les tiges sont dorées, posées dans le grand cabinet du Roy, 2,000 l. — Deux paires à trois branches dans la chambre de madame la marquise, 1900 l. — Une petite paire dans le cabinet de Madame, le tout garni de bobèches dorées, 520 l. — Une grande paire de bras

---

(1) Ces achats et ceux des jours suivants forment le mobilier de Bellevue dont l'inauguration va avoir lieu le 25 novembre 1750.

à trois branches en fleurs de Vincennes, posés dans la pièce d'assemblée, bassins de porcelaines et bobèches dorées, 1,440 l. — -Un grand feu de bronze doré d'or moulu avec un vase et une guirlande de fleurs garni de recouvrements d'or moulu, avec les pelle et pincette, 1,160 l. — Un autre feu avec des pâtissiers, les recouvremens ciselés et dorés dans la salle à manger, 900 l. — Un feu représentant Apollon et la Sibylle avec les recouvremens ciselés (chambre de Madame), 620 l. — Un feu représentant l'Amour et une Vestale qui garde le feu sacré avec recouvremens, posé dans le grand cabinet du Roy, 920 l.

30 *novembre*. — Deux encoignures de lacq à oiseaux, garnis de bronze doré d'or moulu sans marbre, 1,350 l.

11 *décembre*. — Une cassette de lacq avec des coqs dessus, de 360 l. — Les garnitures de ladite casette, 132 l. — Une boëte de lacq, fond aventurine avec magot dessus, dans laquelle il y a aussi neuf petites boëtes aussi de lacq à rosettes, 192 l. — Un bonnet chinois garni de fleurs, 60 l. — Une petite figure de Saxe jouant de la guitare ajoutée sur un rocher, 20 l.

16 *décembre*. — Deux grands vases de porcelaine bleue à roseaux en forme de sceaux carrés, garnis et doublés de bronze doré d'or moulu, 1,920 l. — Deux figures de Saxe représentant des Malabares, avec leurs terrasses dorées, 600 l.

17 *décembre*. — Deux vases de porcelaine truitée en forme de pots pourris, garnis en bronze d'or moulu, 1,200 l. — Le port à Bellevue.

23 *décembre*. — Un couteau de toilette à manche de lacq, la garniture et lame en or, 108 l.

28 *décembre*. — Un petit bras à deux branches et fleurs de Vincennes avec une figure de Saxe, posé dans la garde robe du Roy, 195 l. — Un autre petit bras aussi à deux branches, garni de fleurs avec une figure pour la garde-robe de Madame, 204 l.

30 *décembre*. — Deux vases de porcelaine des Indes à jour, à huit pans garnis en bronze doré d'or moulu, 1,200 l.

ANNÉE 1751.

23 *janvier*. — Madame la marquise de POMPADOUR: Un lustre de crystal de Bohême, monté en lyre à huit branches de 550 l.

25 *janvier*. — Les toiles et façons de six petits panneaux en papier tissu pour la garde robe des bains, le port, posage, 32 l.

26 *janvier*. — Un feu en bronze doré d'or moulu représentant une poule et des pigeons, les poupées dorées, avec ses garnitures de pelle et pincettes pour la chambre des bains, 726 l. — Un autre feu représentant l'Amour et Psyché avec les poupées dorées (chambre du Roy), 970 l. — Une autre grille représentant des enfans chasseurs et poupées dorés (cabinet du Roy), 503. — Un autre feu représentant un berger et une bergère avec les attributs de chiens et de moutons, les poupées dorées avec ses garnitures pour l'entresol, 562 l. — Les ports à Bellevue 15 l.

29 *janvier*. — Receu de madame la marquise de POMPADOUR en un mandement de Collin sur M. de Montmartel dont j'ai fourni la quittance la somme de 9,000 l.

9 *mars*. — Un vase d'ancienne porcelaine truitée à jour garni et doublé de bronze d'or moulu, 480 l.

14 *mars*. — Receu de madame la marquise de POMPADOUR la somme de 6,000 liv. sur M. de Montmartel, à compte dont j'ai remis la quittance à M. Collin.

16 *avril*. — Une lanterne à six pans, en bronze doré d'or moulu de quatre pieds et demi de haut sur 30 pouces de diamètre, garnie de ses glaces et chandelier, 4,300 l.

21 *avril*. — Receu de madame la marquise de POMPADOUR à compte la somme de 12,000 liv. en un mande-

ment sur M. de Montmartel dont j'ai fourni une quittance à M. Collin (1).

25 *avril*. — Un groupe de Saxe représentant l'Été et l'Automne sur une terrasse dorée d'or moulu ornée de quatre figures aux coins et d'une guirlande de petites fleurs de Vincennes, 720 l. — Un pot à pommade de Saxe à miniatures (rendu).

5 *mai*. — Une petite boëte de lacq veinée en noir et brun garnie et doublée d'or, les moulures gravées, 372 l.

8 *mai*. — Un étui de pièces d'agathe avec ses pièces, garni en or, 408 l. — Un flacon de crystal couvert et bouché d'or, 168 l. — Deux œufs l'un en jaspe, l'autre en agathe garnis et couverts d'or ciselé à 168 l. : 336 l. — Quatre petites cages d'or avec un oiseau émaillé dans chacune à 60 l. : 240 l.

7 *juin*. — Un lustre en forme de treillage peint et doré d'or moulu, à six branches avec des figures de Saxe une pyramide de crystal de roche formant le jet d'eau, garni partout en fleurs de Vincennes (cabinet du Roy à Crécy), 1,260 l.

11 *juin*. — Une pendule sur un groupe de porcelaine de Saxe, montée de terrasse et de branchages dorés d'or moulu, les fleurs de Vincennes, le mouvement simple, 490 l. — Un pot à tabac de porcelaine de Saxe à miniatures garni d'or et une cuiller d'or, de 450 l.

17 *juin*. — Un pied pour un cabinet formant un secrétaire revêtu en lacq à pagodes, garni partout en bronze doré d'or moulu, le dedans plaqué en bois de rose à fleurs, les tiroirs en cèdre, les cornets d'argent, 1,320 l. — Réparation au cabinet à M. Martin sur son mémoire, 96 l.

6 *août*. — Un grand cabaret de lacq à oiseaux, fonds aventurine, 240 l.....

---

(1) J'arrête ici les reçus, voulant seulement montrer par ceux que j'ai donnés que madame de Pompadour payait plus régulièrement que madame du Barry.

10 août. — Deux paires de bras à double branche en forme de berceau, partie dorée d'or moulu, les branchages de lilas imitant la nature, garnis de fleurs de Vincennes, avec quatre enfans de Vincennes, 860 l. — Une paire de bras à double branche posés dans le petit cabinet du Roy en berceau verni avec des figures de Saxe, tous les branchages d'or moulu, garnis de fleurs de Vincennes, 336 l. — Une écritoire de bois de cèdre pour une table de lacq de Bellevue où l'on a fait trois cornets d'argent, 132 l. — Deux cornets de pierre de lard avec des pieds, le cercle doré d'or moulu, 54 l.

18 août. — Une garniture de porcelaine, bleu céleste uni, composée de deux chats et trois bouteilles à dragons garnis en bronze doré d'or moulu, dont les modèles ont été faits exprès, 1,480 l. — Deux vases de porcelaine brune à relief blanc, garnis de consoles, pieds et gorge en bronze doré d'or moulu, 360 l. — Un pot pourri brun à fleurs blanches en relief garni de bronze doré d'or moulu et de fleurs de Vincennes, 120 l. — Deux buires de porcelaine verte, garnies en bronze doré d'or moulu, 360 l. — Un magot de terre des Indes tenant un rateau, 108 l.

25 août. — Un bidet à dossier plaqué en bois de rose et fleurs, garni de moulures, pieds et ornements de bronze doré d'or moulu, avec sa seringue et la cuvette du fond en étain plané, 360 l. — Le port à Bellevue, 3 l.

11 septembre. — Cinq balais de plumes pour l'Ermitage, 5 l.

20 septembre. — Une lanterne de glace à six pans en forme de berceau, à treillage verni, les tours, montans, chapiteaux en bronze doré d'or moulu, garnie de figures et oiseaux de Saxe avec des branchages vernis garnis de fleurs de Vincennes, 1,870 l.

4 octobre. — Porté à Crécy une commode bâtie de chêne, plaquée de vernis de Coromandel, garnie de bronze dorée d'or moulu, le marbre d'Antin de cinq pieds, 1,200 l.

10 octobre. — Deux vases de porcelaine bleu-céleste,

forme de cruche, montés en cuivre argenté et ciselé, 750 l. — Un pot pourri de porcelaine blanche ancienne, dont le cercle et les yeux sont d'argent, la terrasse et bonnet en cuivre argenté et ciselé, porté sur trois animaux de bleu céleste, avec une plante de roseaux vernie en blanc et bleu, 450 l. Le port à Bellevue et à Montrouge, 6 l.

20 *novembre*. — Deux vases de Saxe peints de sujets de Watteau, montées en pots pourris sur des terrasses dorées d'or moulu, avec des enfans de Saxe aux côtés, au bas une guirlande de fleurs de Vincennes (pièce d'assemblée), 900 l.

6 *décembre*. — Un vase d'ancienne porcelaine bleue imitant le lapis, garni en bronze doré d'or moulu, 1,320 l. — Deux autres vases en hauteur de porcelaine céladon ancienne, montés en forme de buire, en bronze ciselé et doré d'or moulu, 1,680 l. — Un autre morceau en hauteur à six pans de porcelaine bleu clair, monté en bronze doré d'or moulu, 1,080 l. — Quatre vases céladon gauffrés, garnis en bronze doré d'or moulu, 1,200 l. — Un petit vase de porcelaine violette jaspée, garni à consoles et terrasse dorées d'or moulu, 400 l. — Un singe sur un rocher servant de pot de fleurs, de porcelaine ancienne, 180 l.

11 *décembre*. — Pour l'Ermitage. Une petite lanterne à cinq pans de bronze doré d'or moulu, à treillage verni, monté en glace, garnie de fleurs de Vincennes avec son chandelier, 336 l. — Deux écrans de bois d'amaranthe massif, 48 l. — Deux petits chandeliers en forme de bougeoirs de Saxe garnis, 48 l. — Deux pots pourris de composition des Indes garnis de bronze doré d'or moulu, 72 l. — Une figure blanche de Vincennes. — Un parasol de Chine, 9 l. — Un colombier sur tige élevée, garni de pigeons sur le toit porté sur une terrasse avec deux figures et d'autres pigeons, 168 l. — Quatre moutons couchés à 6 l. : 24 l. — Six petits canards à 4 l. 10 s. : 18 l. — Deux coqs à 5 l. 10 s. : 10 l. — Quatre pigeons à 4 l. 10 s. : 18 l. — Six petits cygnes à 5 l. 10 s. : 33 l. — Deux poules

pintades à 8 l. 16 s. : 16 l. — Quatre dindons à 9 l. : 36 l. (1).

26 *décembre*. — Trois soufflets à bois contournés et vernis, en vernis poli à 22 l. : 66 l. — Un pot de chambre de Vincennes en blanc et bleu, 36 l.

30 *décembre*. — Un vaisseau à un pont percé de dix-huit pièces de canon, garni de troupe et de tous ses agrés, 360 l. (1).

ANNÉE 1752.

15 *janvier*. — Madame la marquise de POMPADOUR. Un morceau de porcelaine ancienne verd céladon à jour, sans garniture, 480 l. (2).

14 *février*. — Deux grands vases, formés de sceaux, porcelaine de la Chine peints à feuillage avec des sujets en relief, 1,520 l. — Une paire de grandes girandoles à trois branches ciselées et dorées d'or moulu, sur des cigognes de porcelaine, 1,320 l.

29 *mars*. — Une table à écrire, plaquée en bois de rose avec deux abattans, écritoire de cèdre, cornets argentés, pupitre, tablette garnie de pieds et de chutes dorées d'or moulu, 156 l.

17 *mai*. — Un gros vase de porcelaine céladon, garni en bronze doré d'or moulu posé sur l'encoignure de la chambre du Roy, 1,090 l. — Un vase de porcelaine verte à relief blanc et bleu, monté en pot pourri, garni de bronze doré d'or moulu, 560 l.

3 *juin*. — (Pour la bibliothèque de Crécy.) Un bureau de six pieds et demi, plaqué en bois de rose et bois d'amaranthe, avec deux pupitres sur le dessus et six tiroirs,

---

(1) Toute cette basse-cour en porcelaine était portée à l'Hermitage de Fontainebleau, dont la curiosité était la fameuse basse-cour aux quatre poulaillers garnis de toutes les espèces de volailles imaginables.

(2) Un souvenir de son voyage du Havre.

quart de rond en cuivre, les pieds, chutes, entrées, tirans et agraffes dorés d'or moulu et deux écritoires garnies de cornets argentés, 720 l. — (Seconde pièce de la bibliothèque.) Quatre vases égaux de porcelaine de Saxe à fleurs de relief avec des cartouches de miniatures montés en bronze doré d'or moulu à 475 l. : 1,990 l. — (Cabinet de la bibliothèque.) Un petit lustre de crystal de roche à quatre branches, garni de vases, bobèches et bassins de crystal, 1,230 l. — Un corps de commode en ancien lacq, à armoires des deux côtés plaquées en dedans en bois de rose, l'intérieur du corps de la commode plaqué partout de bois de rose, à fleurs de rapport sur les tablettes à crémaillères en bois naturel garni en bronze doré d'or moulu avec une tablette garnie en velours, 1,200 l. — (Cabinet du Roy.) Une grande table à écrire plaquée en bois de rose à fleurs de différens bois, garnie en bronze doré d'or moulu, la tablette en velours, les porte-chandeliers plaqués, les cornets d'argent, 1,020 l. (1).

14 *juin*. — Une pendule sur deux lions, bleu céleste garnie en bronze doré d'or moulu, 750 l.

23 *juin*. — La monture en or moulu d'un oiseau de porcelaine sur un tronc d'arbre de quoi on a fait un pot pourri orné de branchages, garnis de fleurs de Vincennes, 180 l.

24 *août*. — Sept bordures d'estampes en bois d'amaranthe incrusté à fleurs payées au sieur Œbenne, 372 l.

25 *août*. — Avoir peint au vernis des cœurs et des trèfles sur des fiches de quatre boëtes de quadrilles en ivoire, 18 l.

28 *août*. — Un étui en roussette verte usée garni de charnières et ressorts en or pour une loupe à deux verres (2).

---

(1) Je ne donne que quelques articles de la longue liste d'objets mobiliers fournis pour le château de Crécy.

(2) C'est l'étui de la loupe qui servait aux travaux de glyptique de madame de Pompadour.

14 *novembre*. — La monture d'une tabatière de sardoine pur or, façon émail et taille des cailloux, 648 l.

29 *novembre*. — Une boëte d'agathe double, garnie d'or et de toutes ses pièces aussi en or formant une toilette, 1,200 l. — Un cygne émaillé formant une boëte à mouches, 180 l.

2 *décembre*. — Une tabatière d'écaille piquée ancienne avec les bâtis en or à contour 528 l.

9 *décembre*. — Vingt-huit petites figures de Saxe représentant des Amours déguisés d'espèces différentes à 18 l. 14 s. : 523 l. 12 s. — Une boëte de douze éventails de Nankin, 72 l.

15 *décembre*. — Une tabatière d'or émaillé, avec des cartouches de porcelaine de Saxe représentant des jeux d'enfans, 1,800 l.

22 *décembre*. — Une boëte de lacq carrée, avec un plateau dedans, le fond aventurine, avec un écran dessus à fond d'or très-beau, 864 l.

28 *décembre*. — Un palanquin de vernis du Japon, avec une pagode de terre couchée dedans, porté par deux magots, ajusté et tenu sur un pied à contour en vernis noir et aventurine.

ANNÉE 1753.

10 *janvier*. — Madame la marquise de POMPADOUR. La garniture en or de huit boëtes de quadrille dont quatre d'ivoire et quatre de Chine, 144 l.

17 *mars*. — Une tabatière de lacq à deux tabacs, en or émaillé, 1,200 l.

21 *avril*. — Une tabatière de cristaux gris de lin, montée en or, 1,160 l. — Une cassette d'ancien lacq, très-belle, 5,000 l.

7 *mai*. — Une toilette plaquée en bois satiné, garnie de toutes ses pièces, dans des compartimens d'étoffe avec le miroir et pied doré d'or moulu, 240 l.

25 *mai*. — Une tablette de lacq, fond aventurine, sans charnières, à deux têtes de porte-crayon garnies d'or, 290 l.

12 *juin*. — Une pendule de porcelaine céladon ancienne montée en bronze doré d'or moulu, le mouvement simple de Baillon, 550 l. — Avoir fait armorier un portefeuille l'écusson en or et argent (1), avoir ajouté dedans deux goussets d'étoffe garnis en tabis bleu et fait un surtout de peau, 55 l.

2 *juillet*. — Une paire de ciseaux de Berge damasquinés en or et le raccommodage d'une autre paire.

9 *août*. — La garniture en papier des Indes très-beau de trente-sept châssis composant la garde-robe du Roy dans lesquels : Trois feuilles à vases et à fleurs à 2 l. : 108 l. — — Quatre à figures à 24 l. : 96 l. — Neuf plus petites formant lambris à 12 l. : 108 l. — Dix-huit à pagodes en travers à 1 l. 10 s. : 27 l. — Vingt à fleurs à 2 l. : 40 l. — Les toile, clous, façon et raccordage desdits papiers, 160 l. — Les ports à Bellevue 17 l. 10 s. — Une commode d'ancien lacq garnie de bronze doré d'or moulu, 1,650 l. — Une chaise percée à dossier, plaquée en bois de rose à fleurs, garnie de bronze doré d'or moulu, 715 l.

4 *septembre*. — Une navette d'or à moulures, avec des branchages émaillés, portant des cornalines taillées en cerises, au retour de l'or d'une vieille, 570 l.

7 *septembre*. — Un petit pot de pommade de Vincennes en blanc et or, 24 l. — Cinq paires de ciseaux faits exprès pour découper de la tapisserie, 16 l. 10 s.

11 *septembre*. — Un lustre de Boulle en bronze ciselé doré d'or moulu à huit branches très-beau, 960 l.

20 *septembre*. — Deux tabatières de lacq, fond d'or avec des maisons, avec leurs garnitures d'or émaillé, 2,940 l.

13 *décembre*. — Deux grands vases de porcelaine, jaspée

---

(1) On sait que les armoiries de madame de Pompadour étaient *d'azur à trois tours d'argent maçonnées de sable*.

de rouge et bleu montés en bronze doré d'or moulu, 3,600 l.

17 *décembre*. — Une cassette d'ancien lacq très-belle, fond aventurine à relief d'or, 2,200 l.

ANNÉE 1754.

29 *janvier*. — Madame la marquise de POMPADOUR : Augmentation d'or à une salière d'un groupe d'enfans, avoir refait les deux salières en coquilles ; or 1 marc, 7 onces, 9 grains, 1,304 l. — Façon, 240 l. — Commission à 5 pour 100, 77 l.

16 *mars*. — Un pot à oille et son plat peint à berceaux et oiseaux colorés, 600 l. — La cuvette en argent et garniture du couvercle, 180 l. Une écuelle couverte, oiseaux colorés, sa jatte à contours en bleu et or, 300 l. — Deux brocs lapis et or à 120 : 240 l. — Deux gobelets à anses et soucoupes lapis, 96 l. — Le pot à sucre, 60 l. — Deux sucriers lapis à 120 l. : 240 l. — Deux beurriers lapis, 260 l. — Deux fromagers blanc et or, 96 l. — Un grand gobelet et soucoupe, ornemens bleus, peints à enfans pour Madame, 726. l. — Deux sucriers ovales, unis d'un bleu clair, à oiseaux colorés, 288 l.

28 *mars*. — Une écuelle de Vincennes, bleu lapis, oiseaux colorés, 216 l. — La garniture en or gravé et poli d'une tabatière de miniature montée en cage, doublée d'or avec les crystaux et étui de roussette verte, 860 l.

24 *avril*. — Une cuiller et fourchette en or à 22 karats, à moulures et contours gravés et ciselés, dessins de Duplessis ; une salière forme de tabatière à contours, en or gravé et ciselé, à deux charnières, un gobelet de crystal de roche avec une moulure d'or au pied dudit gobelet, le tout dans un étui de cuir rouge doublé en velours vert, 1,997 l. (1).

(1) Une *cantine* pour les parties de campagne et les déjeuners sur l'herbe.

12 *mai*. — Un bout de crayon d'or pour une tablette de laque, 20 l.

15 *juin*. — La garniture en bronze doré d'or moulu de deux urnes de porcelaine céladon, modèles faits exprès par Duplessis, 960 l. — La garniture en bronze doré d'or moulu d'un vase en hauteur de porcelaine céladon à tête de bélier, nouveau modèle de Duplessis, 320 l.

23 *juin*. — Un pot à oille rond, à contours sur son plat, en bleu céleste et or, peint à fleurs, 900 l.

2 *octobre*. — Une petite pendule de porcelaine ancienne garnie de terrasse et branchages dorés d'or moulu, ornés de fleurs de Vincennes, 384 l.

22 *octobre*. — Fait tailler un manche de jaspe pour une lame de couteau d'or, 96 l.

20 *novembre*. — Un portefeuille d'Angleterre garni d'une serrure d'or et clef, 60 l.

10 *décembre*. — Un tric-trac plaqué en bois de rose garni en bronze doré d'or moulu, avec les dames d'ivoire blanches et vertes, 288 l. — Le port à Bellevue, 3 l. 12 s. — Une tablette de deux plaques d'agathe d'Orient, montée à jour en or émaillé de 62 louis, 1,488 l. — Un étui de porcelaine d'une asperge (1).

ANNÉE 1755.

10 *février*. — Madame la marquise de Pompadour : Un coussin à pupitre satin et réseau d'or, 45 l.

2 *mars*. — Trois colonnes d'argent et réchauds formant des cassolettes sur une terrasse dorée d'or moulu, ornées de branchages de lierre et ceps de vigne avec une couronne et médaillons en fleurs d'argent rempli d'un chiffre, 1,257 l.

20 *mars*. — Une plaque d'or, trois grelots, une boucle,

---

(1) Je ne fais plus que choisir quelques articles dans le nombre des achats et des acquisitions de la marquise.

un anneau d'or de couleur, avec le collier brodé d'or, 212 l. (1).

9 *avril*. — Une grille de cheminée pour les bains, composée d'un cygne dans des roseaux en bronze doré d'or moulu, modèle fait exprès avec les poupées, 550 l.

2 *mai*. — Une navette d'acier damasquinée de 550 l.

11 *mai*. — Un bougeoir d'une plaque d'acier violet, garni en bronze doré d'or moulu pour brûler des odeurs, 27 l.

21 *mai*. — Douze assiettes de Vincennes, peintes à fleur pour l'hôtel d'Évreux, 216 l. — Un store de taffetas d'Italie peint à bouquets et à guirlandes en transparent, le store dans sa boëte, portans et pitons de cuivre poli; le cordon en soie et or de Paris, avec un gland en poire orné de graines d'épinard, jasmin et paillette posé dans le boudoir, 114 l.

14 *juin*. — Un damier polonais en acier et ses dames en palissandre, 9 l.

1er *juillet*. — Un cadre de miniature en or, à contours, les fonds unis à moulures, coins et milieux ciselés d'or de couleur, 1,050 l. — Une salière d'or composée d'une corbeille portant un nid et deux œufs sur un plateau de Vincennes bleu céleste à oiseaux, 1,140 l.

9 *août*. — Un lit de repos en baignoire, 156 l.

20 *septembre*. — Une cage de perroquets, 12 l.

---

(1) C'est le collier d'un des chiens de la petite meute de la marquise. Ces colliers reviennent souvent dans le compte de Duvaux; à la date du 4 mai 1757, il est question de deux colliers de velours à boucle, à anneau, à trois grelots, à plaque d'or sur laquelle on a gravé les noms des chiens. Était-ce le chien *Bébé*, le caniche tondu dont madame de Pompadour a laissé le portrait sur pierre dure ? Était-ce le chien *Mimi* que la favorite a immortalisé sur une agate-onyx, que Huet a peint, que Fessard a gravé sous le titre de la *Constance ?* Était-ce la chienne *Inès* également peinte par Huet et gravée par Fessard sous le titre de la *Fidélité ?* Car madame de Pompadour a trois chiens, ainsi que le témoignent les nos 38 et 39 du catalogue de sa vente.

19 *octobre*. — Deux cartons de velours brodé avec des attributs et écussons d'armoiries aussi brodés à 420 l. : 840 l.

14 *novembre*. — Une boëte à mouches et à rouge tournée, 575 l. — Un étui à cure-dents, or de couleur, 288 l. — Une boëte à bonbons de crystal de roche, 204 l. — Un cachet d'une tête nègre sur un buste orné en brillans et rubis, 84 l. — Une montre à mouvement simple de Moisy dans sa boëte de porcelaine, garnie d'or, sa chaîne d'acier, un cachet d'un chien d'agathe et une cage en or d'Angleterre, 372 l. — Une montre à répétition de Lenoir en or émaillé avec sa chaîne pareille, 1,500 l. — Une corbeille garnie de blonde et de fleurs pour les bijoux.

24 *décembre*. — Une fontaine fond blanc à fleurs et sa cuvette peinte de même, 600 l.

ANNÉE 1756.

30 *janvier*. — Un bénitier de Vincennes dans une gloire ornée de chérubins, le tout peint et doré, 720 l. — la garniture à charnière et rayons en argent doré, 68 l. — la bordure dorée et velours noir (1).

3 *février*. — Un couteau dont la lame est garnie en or, le manche de jaspe, 135 l.

1ᵉʳ *mars*. — Six boucles de corset à mettre quand elles seront toutes faites.

27 *mars*. — Payé au sieur Laferté les façons de cinq portefeuilles de maroquin avec dentelles et armoiries (2).

---

(1) C'est l'époque des conférences de madame de Pompadour avec le Père de Sacy, c'est huit jours avant sa nomination à la charge de dame du palais de la Reine : il faut à la femme politique les accessoires de la comédie de piété qu'elle a besoin de jouer. Et dans le même temps elle devient redevable à Duvaux de 9 livres pour les clous, anneaux dorés et l'ajustement d'un Christ sur une croix d'ébène posé dans son appartement de Versailles.

(2) Cette commande ressemble à des portefeuilles de ministres dont

24 mai. — Deux fortes grilles de fer à figures représentant les Arts en bronze doré d'or moulu, avec les pelles et pincettes à 1,050 l. la pièce : 2,100 l.

16 juin. — Cinq coquetiers d'argent en forme de corbeille avec une doublure aussi d'argent, 150 l.

28 juillet. — Posé à l'hostel (l'hôtel d'Évreux) un cabinet de lacq ancien à pagodes, dont on a monté les garnitures : les avoir fait dorer d'or moulu et remonter à vis, y avoir fait trois serrures et la clef ciselée. L'avoir fait nettoyer et réparer par Martin, 325 l. — Avoir démonté un autre cabinet aussi à pagodes avoir doré les ferrures, les avoir remontées à vis, fait une ferrure en cuivre dorée et clef polie, 48 l.

4 septembre. — Deux bouteilles de porcelaine gris de lin, cannelées, garnies de bronze doré d'or moulu, 720 l.

25 septembre. — Une tabatière d'or carrée, émaillée en rouge à mosaïques et flammes, unie, 792 l.

15 novembre. — Un bénitier de crystal de roche garni d'or.

22 décembre. — Un secrétaire d'ancien lacq noir à pagodes, garni en bronze doré d'or moulu, l'abattant en velours, les tiroirs doublés d'étoffe, 1,800 l. — Une lorgnette de Vincennes garnie d'or, 180 l.

ANNÉE 1757.

1er janvier. — Madame la marquise de POMPADOUR : Deux caisses de Vincennes en gros bleu caillouté, peintes à fleurs, 432 l.

19 février. — Un secrétaire en forme d'armoire, à abattant, plaqué en ancien lacq orné partout en bronze

---

la favorite gratifiait ses créatures. Nous trouvons plus loin un portefeuille aux armes de M. de Puisieux, puis un avec les *trois tours* pour son intendant Collin.

doré d'or moulu, les dedans plaqués en bois de rose à fleurs, les cornets d'argent, garni en velours et l'armoire en étoffe, 5,000 l.

26 *mars*. — La garniture en or émaillée, peinte d'oiseaux et plantes marines, pour une tabatière en cuvette d'agathe persillée, au retour du vieil or, 660 l.

28 *mai*. — Deux cuillers à café en or, gravées et ciselées pour Versailles, 408 l.

5 *juillet*. — Deux aiguilles à broder sur le tambour à manches d'ivoire garni d'or, 20 l.

9 *juillet*. — Deux cuillers et deux fourchettes en or pour assortir à un modèle, pesant un marc, 6 onces, 3 gros 1|2 12 grains, 1,402 l. — Façon, 500 l. — Une boëte à mouches or et façon, 600 l.

5 *novembre*. — Deux pots à pommade verts à enfans à 96 l. : 192 l. — Un plateau carré, bleu céleste, enfans colorés et un gobelet et soucoupe, 288 l.

ANNÉE 1758.

Janvier. — Madame la marquise de POMPADOUR. Livré à Versailles un déjeuner carré à jour, vert, mosaïque, 240 l.

21 *février*. — Pour son château de Champs : Deux portehuiliers de porcelaine de France, peints à fleurs, garnis de leurs caraffes de crystal de Bohême, dans leurs montures en argent doré à branches et feuillages à 168 l. : 336 l.

7 *mars*. — Avoir démonté la garniture d'un pot à l'eau de crystal de roche à Madame, y avoir ajouté une anse en or d'un autre pot et le couvercle, avoir fait un cercle en or au pied pour aller dans la garniture de la soucoupe; pour augmentation d'or et façon dudit pot, 80 l.

1er *avril*. — Six lampes de nuit de porcelaine à fleurs de 12 l. la pièce : 108 l.

7 *avril*. — Un groupe de porcelaine en biscuit représentant une loterie, 120 l. — Un parasol des Indes, 42 l.

1ᵉʳ *septembre.* — Vingt-quatre-manches de couteaux en porcelaine en vert, à guirlandes à 94 l. : 576 l. — Avoir percé les agathes d'une croix pour y attacher un christ de nacre de perle et fourni les clous en or, 21 l.

8 *octobre.* — Une tabatière ovale de porcelaine de France peinte d'animaux, 600 l. — La garniture or de couleur et doublée, 760 l.

ANNÉE 1759.

1ᵉʳ *mars.* — Madame la marquise de Pompadour. Un portefeuille de velours brodé en or, avec les armes du comte de Kaunitz, 400 l. (1).

---

(1) Ce portefeuille joint au portrait de La Tour était le remerciment de madame de Pompadour au ministre autrichien pour l'écritoire en laque de 77,000 liv. que sa souveraine lui avait fait remettre par Starhemberg au mois de janvier de cette année.

HABITS DE THÉATRE DE MADAME DE POMPADOUR POUR LES ROLES PAR ELLE JOUÉS DANS LES DIVERTISSEMENTS DU THÉATRE DES PETITS APPARTEMENS (1).

LA SURPRISE DE L'AMOUR.

1ᵉʳ role.

URANIE, *madame la marquise de Pompadour*.

Jupe de taffetas bleu imprimé et brodé en paillette d'étoiles d'argent grandes et petites en guirlande, doublée de toile de Lyon, ladite jupe bordée d'un large rézeau argent. Draperie flottante sur le corps et sur la jupe d'Angleterre argent, garnie de rézeau argent chenillé bleu, doublure de taffetas blanc. Mante de taffetas bleu imprimé en étoiles d'argent et bordée d'un grand rézeau argent.

2ᵐᵉ role.

VÉNUS, *madame la marquise de Pompadour*.

Corps et basques d'étoffe bleue en mosaïque, garnis de rézeau argent chenillé bleu. Mante de taffetas bleu impri-

(1) Costumes du théâtre des petits appartements. — Mémoires de toutes les fournitures de perruques et accommodages faits pour les petits appartements par Notrelle, perruquier des Menus-Plaisirs du Roy, sous les ordres de M. le duc de la Vallière, en 1747 et 1748. — Avances faites par le sieur Péronnet pour les ballets des petits appartements, depuis le mois de décembre jusqu'à la fin de mars 1748. — Inventaire général des habits et ustensiles du théâtre des petits appartements, sous la garde de madame Schneider, fait en 1749. (Recueil manuscrit conservé à la bibliothèque de l'Arsenal, 47, B, L, F.) Dans notre première édition, nous n'avions fait que donner une analyse de ce curieux manuscrit. Depuis, M. Campardon l'a publié intégralement, Je pense utile, pour l'intérêt de ce volume, d'extraire seulement les descriptions des costumes de théâtre de madame de Pompadour.

mée argent, bordée de festons de taffetas peint, garnis de rézeau argent chenillé bleu. Grande queue étoffe bleue à mosaïque argent garnie de rézeau argent chenillé bleu, doublée de toile, la dite queue dépendant de la dite robe pour la faire servir dans les rolles de princesse. Jupe de taffetas blanc avec grands festons de taffetas peint, garni de rézeau argent chenillé bleu et enroulements de double rézeau chenillé bleu avec rozettes de ruban, chenillées argent et garnies de franges d'argent.

TANCRÈDE.

HERMINIE, *madame la marquise de Pompadour*.

Habit oriental; grande robe en doliment de satin cerise, corset pareil, le tout garni d'hermine découpée, appliquée en dessin de broderie, jupe de satin bleu peinte en broderie d'or avec paillettes et frisé d'or, bordée d'un milleray d'or, la dite jupe doublée de toile.

FRAGMENTS DES ÉLÉMENTS ET DE BAUCIS.

VESTALE, *madame la marquise de Pompadour*.

Corset et jupe fond de toile, couverts en totalité de gaze d'Italie plissée et formant grandes basques ornées de rézeau argent, nœuds du dit rézeau et grands glands de frange argent.

Mante ceinture et cézarine de satin pourpre doublées de même, garnies de rézeau argent, glands d'argent à la ceinture.

ACTE DE LA TERRE.

POMONE, *madame la marquise de Pompadour*.

Jupe de taffetas blanc peinte en grandes guirlandes de fleurs et de fruits.

La mante de taffetas blanc garnie et chamarrée de

grand rézeau argent chenillé vert, recouvert de bouffettes de satin de cerise.

Un petit paquet de bouffettes de satin cerise pour servir au corset de cet habit.

Basques de taffetas blanc avec grappes de fruits peints, garnies en plein de grand rézeau argent chenillé vert, recouvert de bouffettes de gaze rayée vert et argent.

La mante et les basques doublées de taffetas cerise.

ACIS ET GALATÉE.

GALATÉE, *madame la marquise de Pompadour.*

(Voir la description du costume au récit de la représentation.)

FRAGMENTS DE JUPITER ET EUROPE, DES SATURNALES ET DE ZÉLIE.

EUROPE, *madame la marquise de Pompadour.*

Habit de princesse.

ZÉLIE, *madame la marquise de Pompadour.*

Jupe de taffetas blanc peinte en feuillages et argent avec campanne de mosaïque en peinture et paillettes.

Corset de taffetas blanc garni de rézeau argent chenillé vert, et bouffettes de gaze rayée vert et argent.

Grande draperie de taffetas tigré avec armures et montants de gaze rayée verte et argent pincée en bouffettes avec rozettes de chenillé vertes et argent, doublée de taffetas chair.

Mante de taffetas tigrée doublée de taffetas chair.

SILVIE.

SILVIE, *madame la marquise de Pompadour.*

Même habit que pour le rôle de Zélie.

HABIT D'OPÉRA DE L'ANCIEN ÉTAT.

ALMASIS, *madame la marquise de Pompadour*.

Une grande jupe croisée à la grecque de taffetas rose brodée argent, garnie d'un grand rézeau argent, bas de jupe blanc brodé rose. Corset rose avec rézeau argent.

HABITS DE COMÉDIE DE L'ANCIEN ÉTAT.

PETITE FILLE, *madame la marquise de Pompadour*.

Un corps de robe et jupe de taffetas bleu, grands festons en volants de gaze brochée avec pompons de taffetas bleu et jaune.

CATALOGUE DE L'ŒUVRE GRAVÉ DE MADAME DE POMPADOUR (1)

SUITE D'ESTAMPES GRAVÉES PAR MADAME LA MARQUISE DE POMPADOUR, *d'après les pierres gravées de Guay,* GRAVEUR DU ROY.

Nous publions ici le catalogue de l'Œuvre gravé de madame de Pompadour d'après le texte de l'exemplaire que nous possédons (édition de 1782), d'après les recherches de M. Chabouillet dans son *Catalogue des camées et pierres gravées de la Bibliothèque nationale* (Paris, 1858), d'après les annotations de l'exemplaire de la Bibliothèque de l'Arsenal donné par le marquis de Paulmy en 1756. Nous complétons ce catalogue avec les précieuses notes

---

(1) Une lettre du marquis de Marigny, que nous communique M..., fixe ainsi le nombre de pièces composant l'Œuvre gravé de madame de Pompadour :

« 4 février 1777.

« L'œuvre de madame de Pompadour, tel qu'elle l'a donné et tel que je l'ai donné aussi à plusieurs personnes, n'est composé que de 52 planches; mais, comme elle en a fait plusieurs depuis, j'ai l'honneur de vous envoier un recueil qui en contient 63, c'est le seul qui soit ainsy complette. Il y en a en outre 3 estampes qu'elle a gravées d'après des Boucher, et 3 autres gravées d'après des tableaux en yvoire. J'ai cru vous faire plaisir d'y joindre les titres qui avoient été écrits à la main pour les 52 estampes qui composent le recueil tel qu'il a été donné. Je vais faire encaisser ces deux recueils, et je les envoirai aux carrosses de Bourgogne, ainsy que vous me l'indiquez. Je serai fort aise d'apprendre qu'ils vous sont arrivés en bon état. ».

L. marquis DE MARIGNY.

autographes de Guay, publiées par M. Leturcq dans son intéressante monographie (1).

FRONTISPICE.

Il est formé par une draperie que des guirlandes de fleurs attachent à une colonne. Deux Amours couronnent le nom de la *graveuse*. Au bas un Amour, appuyé sur un médaillier, examine à travers sa loupe des pierres gravées. A ses pieds sont groupés avec une tête antique plusieurs instruments servant aux arts « qui font l'objet noble des loisirs de madame la marquise de Pompadour ».

Note de Guay : *Gravé par madame la marquise de Pompadour d'après le dessin de M. Boucher* (2).

I

LOUIS XV.

(Sardoine onyx de trois couleurs.)

Le Roi, dans un médaillon formé d'une couronne de lauriers, est représenté en empereur romain.

Pompadour sculp.   *Guay del.*

Note de Guay. *Cette pierre est du cabinet du Roy, elle est de plus considérable par sa grandeur et ses belles couleurs. Les chairs sont blanches, la coiffure et les ajustements sont*

---

(1) Notice sur Jacques Guay, graveur sur pierres fines du roi Louis XV. Documents inédits émanant de Guay et notes sur les œuvres de gravure en taille-douce et en pierres fines de la marquise de Pompadour, par I. F. Leturcq. Baur, 1873.

(2) Nous corrigeons l'orthographe de Guay, qui rend ses notes illisibles.

d'un roux tanné, ce qui forme le fond, et le socle est noir. Le graveur a eu l'avantage de travailler d'après le Roy et de graver la pierre en bas-relief d'après son ordre.

Ce chef-d'œuvre de Guay, qui a figuré au Salon de 1755, fait partie aujourd'hui de la Bibliothèque nationale (n° 350, Catalogue de M. Chabouillet).

II

TRIOMPHE DE FONTENOY.

(Cornaline.)

Le Roi, vêtu en empereur romain, couronné par la Victoire debout sur un quadrige, tient le jeune Dauphin par la main. La Victoire vole au-dessus du char, tenant d'une main une palme, de l'autre une couronne qu'elle pose sur la tête de Louis XV.

Vien delin.   *Pompadour sculp.*

Note de Guay. *Gravé en creux d'après la médaille et du dessin de M. Bouchardon. L'année de cette victoire est gravée sur le biseau qui fait le tour du dessous de la pierre, madame la marquise de Pompadour a donné cette pierre au cabinet du Roy.*

La pierre n'existe plus à la Bibliothèque nationale. Ce triomphe de Fontenoy, madame de Pompadour ne le célébra pas seulement par la gravure, mais encore par la poésie, et un catalogue d'autographes de 1845 livrait aux enchères treize détestables couplets sur papier à encadrement rose, dit *papier à la Pompadour,* de la main de la belle marquise.

LA FONTENOY, FANFARE.

Quels sons l'Echo répète
A la gloire des lys.....

III

DEUX TÊTES DE FEMMES JUXTAPOSÉES.

(Sardoine onyx de quatre couleurs.)

Boucher delin. *Pompadour sculp.*

Note de Guay. *Têtes de fantaisies. Elles ont été exécutées pour profiter de la beauté de la pierre. Cette pierre est dans le baguier de madame de Pompadour.*

La lettre initiale P, gravée sur le camée et reproduite sur l'estampe, nous indique que madame de Pompadour avait sans doute travaillé à cette pierre.

M. Leturcq croit l'avoir reconnue dans la collection du Roi de Prusse.

IV

PRÉLIMINAIRES DE LA PAIX DE 1748.

(Sardoine.)

La Paix et la Victoire se disputent le Roi, vêtu en Hercule, qui détourne les regards du champ de bataille et des couronnes murales qui le jonchent, pour regarder les attributs de l'Abondance et des Moissons.

Vien delin. *Pompadour sculp.*

Note de Guay. *Gravé en creux d'après la médaille et du dessin de M. Bouchardon. Madame de Pompadour l'a donnée au cabinet du Roy.*

Cette pierre, qui existe à la Bibliothèque nationale, servait, ainsi que la pierre décrite dans l'estampe quatorzième, à faire les fermoirs d'un bracelet de la favorite; et M. Chabouillet nous apprend que la monture de ces deux pierres est une couronne de lauriers formée de brillants et d'émeraudes.

V

LOUIS XV.

(Agate onyx de deux couleurs.)

Guay del. *Pompadour sculp.*

Note de Guay. *La tête est blanche et le champ noir.*
Ce camée, qui a figuré au Salon de 1759, est perdu.

VI

APOLLON COURONNANT LE GÉNIE DE LA PEINTURE ET DE LA SCULPTURE.

(Cornaline.)

Le Roi, représenté nu, en dieu des Arts, déposant une couronne sur le front du génie.

Vien delin *Pompadour sculp.*

Note de Guay. *Cette pierre est gravée en creux. Guay l'a faite pour son morceau de réception à l'académie. L'académie en fit présent à M. de Tournehem. Elle est actuellement à M. de Marigny.*

Cette intaille, d'après les *Anecdotes pendant la faveur de la marquise de Pompadour*, donna lieu à mille épigrammes, à mille interprétations malignes.

Cette pierre, montée en bague d'or entourée de roses, était achetée 588 liv. par le comte d'Orsay.

VII

TÊTE D'OCTAVE.

(Cornaline.)

Vien del. *Pompadour sculp.*

Note de Guay. *Gravée en creux d'après le marbre antique qui est au Capitole.*

VIII

MINERVE BIENFAITRICE ET PROTECTRICE DE LA GRAVURE EN PIERRES PRÉCIEUSES.

(Girasolle orientale.)

Madame de Pompadour est représentée dans ce dessin en Minerve armée et casquée, debout versant une corne d'abondance sur un touret de graveur avec sa meule, pendant qu'un Amour découvre l'Égide où la tête de Méduse est remplacée par les trois tours.

Vien delin. *Pompadour sculp.*

Note de Guay. *Guay a gravé cette pierre en creux pour transmettre à la postérité la protection que madame de Pompadour a daigné lui accorder; sa reconnoissance est des plus respectueuses et des plus sincères. Si la gravure en pierres est conservée, on le doit à la Minerve du siècle, elle a protégé cet art en y travaillant et faisant vivre le graveur. Ce 14 avril* 1758.

Ce morceau, qu'on appelle le cachet de madame de Pompadour, est conservé à la Bibliothèque nationale. Madame de Pompadour hésita à s'emparer des *trois tours d'argent maçonnées de sable* de l'ancienne famille de Pompadour. Dans une suite de dessins, que nous possédons de Gabriel de Saint-Aubin, faits pour les armoiries de madame de Pompadour et de son frère, nous trouvons, avant le dessin définitif des armes, un croquis qui représente des armes de convention, où un génie armé sort d'une tour qui couronne l'écusson. La favorite avait été sans doute un moment arrêtée par toutes les railleries contre les Poisson, qui faisaient dire, lorsqu'elle acheta le caveau des Capucines : « Les grands os de la Trémouille vont être bien étonnés d'avoir à côté d'eux les arêtes de Poisson. »

IX

TÊTE D'ANTINOUS.

(Cornaline.)

Vien delin. *Pompadour sculp.*

Note de Guay. *Gravée en creux d'après la figure antique de marbre qui est au Capitole.*

Cette intaille faisait partie de la collection Leturcq.

X

ACTION DE GRACE POUR LE RÉTABLISSEMENT DE LA SANTÉ DE MONSIEUR LE DAUPHIN.

(Vermeil.)

La France, debout, tient une palette dont elle fait des libations devant une petite colonne sur laquelle est posée une statuette de la déesse de la santé et qu'entoure de fleurs un Amour. On lit dans l'exergue l'année 1752.

Vien delin. *Pompadour sculp.*

Note de Guay. *Action de grâces pour la convalescence de monseigneur le Dauphin. Cette époque est gravée en creux par les ordres de madame de Pompadour.*

Cette intaille est possédée par la Bibliothèque nationale.

Le Dauphin, que cette flatterie ne toucha pas, aurait dit que les actions de grâce de la marquise à Hygie étaient comparables à celles que le Grand Turc aurait la fantaisie de rendre au Dieu des chrétiens.

XI

PROFIL DE LA DUCHESSE DE MIREPOIX.

(Cornaline.)

Vien delin.   *Pompadour sculp.*

Note de Guay. *Portrait de madame la maréchale de Mirepoix dans le temps qu'elle étoit marquise. Ce portrait est gravé en creux d'après nature. Madame de Mirepoix le fit faire pour M. de Mirepoix son mari.*

Une empreinte de cette intaille a été exposée au Salon de 1747.

XII

VŒU DE LA FRANCE POUR LE RÉTABLISSEMENT DU DAUPHIN

(1752).

(Cornaline.)

La France, un genou en terre, joint les mains devant la statue de la déesse de la santé, près d'un autel enflammé, orné d'un dauphin. (Guay a gravé cette pierre en quinze jours.)

Vien delin.   *Pompadour sculp.*

Note de Guay. *Dans le temps que toute la France étoit en larmes, Guay s'enferma et travailla jour et nuit pour graver cette pierre en creux. Il la présenta à madame de Pompadour le jour que le prince fut hors de danger, le neuvième jour de sa maladie.*

Cette pierre, qui n'est pas une cornaline, mais un saphir, est à la Bibliothèque nationale.

Madame de Pompadour en fut pour sa peine. M. de la Fizelière répète, d'après les écrits du temps, que la famille royale vit d'un mauvais œil cette nouvelle prière à la déesse Hygie et blâma l'imagination païenne de la marquise.

XIII

TÊTE DE FEMME.

(Cornaline.)

Vien delin. *Pompadour sculp.*

Note de Guay. *Tête de fantaisie gravée en creux dans le goût antique.*

XIV

VICTOIRE DE LAWFELDT.

(Sardoine.)

Sur un sol jonché de canons et de drapeaux, une Victoire qui a les traits de madame de Pompadour et tient dans une main un dard, dans l'autre une couronne de lauriers, foule aux pieds les écussons des ennemis de la France. On lit dans l'exergue *Lawfeldt*.

Vien delin. *Pompadour sculp.*

Note de Guay. *Gravée en creux d'après la médaille et du dessin de M. Bouchardon. Madame de Pompadour a donné cette pierre au cabinet du Roy.*

Cette pierre, qui est conservée à la Bibliothèque nationale, formait la seconde agrafe du fermoir du bracelet porté par madame de Pompadour.

XV

PORTRAIT DU ROI DE POLOGNE, ÉLECTEUR DE SAXE (1).

La tête est coiffée à l'antique avec une couronne de lauriers et le buste est couvert d'une draperie agrafée d'une pierre précieuse sur l'épaule.

Vien delin. *Pompadour sculp.*

Note de Guay. *Portrait du Roi de Pologne, électeur de Saxe, gravé en creux d'après le portrait peint en émail que le grand maréchal de Pologne a sur la poignée de son bâton d'ordonnanc*

XVI

L'AMITIÉ.

(Agate saphirine.)

Madame de Pompadour, enchaînée à une colonne par une guirlande de fleurs, tient un cœur de la main gauche, tandis que de la droite elle s'appuie sur un arbrisseau autour duquel serpente un cep de vigne. Un masque est à ses pieds. Cette pièce a pour devise : *Longé et Propé. — Mors et Vita.* Sur l'exergue on lit : 1753.

Boucher delin. *Pompadour sculp.*

Note de Guay. *Gravée en creux et appartenant à madame de Pompadour.*

Remarquons que la date 1753 est curieuse, c'est la date de la cessation des rapports du Roi et de madame de Pompadour.

---

(1) Une note de l'exemplaire de la Bibliothèque nationale dit par erreur que cette pierre représente le portrait du roi Stanislas. La note de Guay ne laisse pas douter un moment qu'il s'agit ici du roi Frédéric-Auguste II, père de la Dauphine.

XVII

LE GÉNIE DE LA MUSIQUE.

(Cornaline.)

Un enfant assis tenant d'une main un cahier de musique, de l'autre un style.

Boucher delin. *Pompadour sculp.*

Note de Guay. *Madame de Pompadour a donné la pierre à madame la maréchale de Luxembourg* (1).

XVIII

BUSTE DE HENRI IV.

(Sardoine.)

Henri IV est couronné de lauriers et revêtu d'une cuirasse.

Guay delin. *Pompadour sculp.*

Note de Guay. *Gravé en creux d'après une médaille.*

XIX

GÉNIE DE LA POÉSIE.

(Sardoine.)

Un génie ailé, une flamme au front, une lyre à la main, s'élève dans les airs sur un nuage.

Vien delin. *Pompadour sculp.*

Note de Guay. *Gravé d'après le dessin de M. Bouchardon... C'est la première figure que Guay ait gravée en pierre;* et d'une autre main : « *Elle ne lui a pas été payée par*

---

(1) Cette note de Guay prouve la fausseté de l'annotation de l'exemplaire de l'Arsenal qui fait de cette pierre un des fermoirs du bracelet de madame de Pompadour.

M. Tressan qui lui avoit commandée et l'avoit très-pressé de la finir. »

Cette pierre faisait partie de la collection Leturcq.

XX

TÊTE DE FANTAISIE D'APRÈS L'ANTIQUE.

(Cornaline.)

Elle a les cheveux noués par une bandelette et relève d'une main sa draperie attachée sur l'épaule.

Guay delin. *Pompadour sculp.*

XXI

L'AMOUR JOUANT DU HAUTBOIS CHAMPÊTRE.

(Cornaline.)

Boucher delin. *Pompadour sculp.*

Note de Guay. *Cette pierre appartient à M. de Beringhen, premier écuyer du Roi.*

XXII

MARC-AURÈLE.

(Cornaline.)

Guay delin. *Pompadour sculp.*

XXIII

VASE POUR LE SACRIFICE DE BACCHUS.

(Améthyste.)

Bacchus, monté sur une chèvre, une coupe à la main est soutenu dans son ivresse par un jeune Faune. Copie d'une pierre antique.

Guay delin. *Pompadour sculp.*

XXIV

CRÉBILLON PÈRE.

(Cornaline.)

Il est représenté de profil tourné à gauche, le derrière de la tête chauve.

Vien delin. *Pompadour sculp.*

Note de Guay. *Portrait de M. de Crébillon le père, poëte célèbre. Gravé en creux d'après nature. M. Curis* (Cury) (1) *a fait faire ce portrait.*

XXV

LES ARMES DE M. DE CALVIÈRES.

(Sardoine.)

Écu contre un piédestal surmonté de branches de palmier.

Boucher delin. *Pompadour sculp.*

Ce cachet est encore dans la famille de Calvières.

M. de Calvières, dont nous avons publié un *Journal de l'Enfance de Louis XV*, académicien honoraire de l'Académie de peinture, grand fureteur et grand collectionneur, était l'ami de madame de Pompadour et le distributeur en titre de son OEuvre.

XXVI

TÊTE DE PLATON.

(Sardoine.)

Guay delin. *Pompadour sculp.*

---

(1) M. Cury de Saint-Sauveur, intendant des Menus-Plaisirs.

XXVII

L'AMOUR ET L'AME.

(Cornaline.)

Un Amour s'efforçant d'attraper un papillon qui vole. La pierre est conservée à la Bibliothèque nationale.

Boucher delin. *Pompadour sculp.*

Note de Guay. *Cette pierre appartient à madame de Pompadour.*

XXVIII

TÊTE DE SATYRE.

(Cornaline.)

Vien delin. *Pompadour sculp.*

Note de Guay. *Tête de Satyre gravée en creux faite à Rome.*

M. Leturcq dit que cette pierre a été gravée en 1742 ou 1743, date du voyage de Guay en Italie.

XXIX

LÉDA.

(Sardoine.)

Elle est debout et nue, les jambes dans l'eau jusqu'aux genoux, cherchant à arracher un linge du bec d'un cygne.

Boucher delin. *Pompadour sculp.*

Note de Guay. *Gravée en creux pour M. le duc d'Aumont.*

XXX

M. LE PRINCE DE SAXE-GOTHA (1).

(Cornaline.)

Profil tourné à droite avec les cheveux retenus par une bandelette antique.

Vien del.   *Pompadour sculp.*

Note de Guay. *Portrait du prince de Saxe-Gotha, gravé en creux d'après la médaille. C'est le prince son fils qui a fait faire cette pierre pendant son séjour à Paris.*

XXXI

L'AMOUR CULTIVANT UN MYRTE.

(Péridot oriental.)

Boucher delin.   *Pompadour sculp.*

Note de Guay. *Gravé en creux pour madame de Pompadour.*

La pierre est conservée à la Bibliothèque nationale.

XXXII

M. LE CARDINAL DE ROHAN.

(Cornaline.)

Il est représenté de profil tourné à gauche avec la calotte et le rabat.

Vien delin.   *Pompadour sculp.*

Note de Guay. *M. le cardinal de Rohan gravé en creux d'après le buste de marbre. M. le prince de Soubise a fait graver cette pierre.*

---

(1) Frédéric III, duc de Saxe-Gotha et d'Altenbourg.

XXXIII

L'AMOUR AYANT DÉSARMÉ LES DIEUX PRÉSENTE LA COURONNE A SON HÉROS.

(Cornaline.)

Il est représenté debout, tenant d'une main une pique, de l'autre une couronne de lauriers.

Boucher delin.   *Pompadour sculp.*

Note de Guay. *Gravé en creux par les ordres de madame de Pompadour. Le Roy a cette pierre montée en cachet.*

XXXIV

JACQUOT TAMBOUR MAJOR D. R. D. R. 1753. *Guay* (1) *f.*

(Sardoine.)

Il est représenté de profil, tourné à gauche, coiffé de son tricorne.

Guay del.   *Pompadour sculpsit.*

Note de Guay. *Jacquot tambour major du Régiment du Roy, gravé en creux par les ordres de madame de Pompadour. Ladite pierre est au cabinet du Roy.*

L'intaille est conservée à la Bibliothèque nationale.

---

(1) M. Chabouillet, qui a fait des recherches, a découvert que ce Jacquot est un nommé Jacques Dubois dit Saint-Jacques, natif de Tirlemont en Brabant, d'une taille de 5 pieds 7 pouces 6 lignes, ayant servi quarante-deux ans dans le régiment du Roi et blessé de 5 coups de feu, entré à l'hôtel des Invalides en 1758, à l'âge de soixante ans et mort l'année suivante.

XXXV

BACCHUS ENFANT.

(Sardoine.)

Il est assis au pied d'un cep de vigne et mord à une grappe de raisins.

Boucher delin. *Pompadour sculp.*

Note de Guay. *La pierre appartient à M. Fortier notaire.*

La pierre, à la vente du notaire Fortier (2 avril 1770), se vendait 600 liv.

XXXVI

FEUE MADAME LA COMTESSE DE BRIONNE (1).

Agate saphirine.)

Profil tourné à gauche avec les cheveux roulés comme des cheveux d'homme.

Guay delin. *Pompadour sculp.*

Note de Guay. *Madame de Rochechouart, comtesse de Brionne, gravée en creux d'après nature. M. le prince Charles de Lorraine, grand écuyer de France, a fait faire cette pierre.*

XXXVII

ENLÈVEMENT DE DÉJANIRE.

(Cornaline.)

Vien delin. *Pompadour sculp.*

Note de Guay. *Gravé en creux d'après le dessin de M. Bouchardon. La pierre appartient à M. La Tour d'Aigues, conseiller au parlement d'Aix. C'est le deuxième sujet de figure que Guay a gravé.*

---

(1) C'est la beauté qui avait épousé en premières noces le duc de Rochechouart, tué au passage du Mein en 1743, qui avait un moment prétendu à la succession de la duchesse de Châteauroux, et qui avait épousé en secondes noces le comte de Brionne, grand écuyer de France.

XXXVIII

GÉNIE MILITAIRE.

(Cornaline.)

Un Amour appuyé sur le fût d'une colonne, et aux pieds duquel se voient une massue, des canons, des étendards et l'écusson de la France. A l'exergue on lit: POMPADOUR F.

Boucher delin. *Pompadour sculp.*

Note de Guay. *Madame de Pompadour donna cette pierre gravée en creux à M. le comte d'Argenson, ministre et secrétaire d'État au département de la Guerre. Madame de Pompadour a beaucoup travaillé à cette pierre.*

XXXIX

OFFRANDE AU DIEU TERME.

(Cornaline.)

Un Amour assis devant un Terme offre à ce dieu une grappe de raisin et une coupe.

Boucher delin. *Pompadour sculp.*

Note de Guay. *Madame de Pompadour a cette pierre montée en cachet.*

L'intaille est aujourd'hui conservée à la Bibliothèque nationale.

XL

GÉNIE DE LA MUSIQUE.

(Agate onyx noire et blanche.)

Amour debout ayant à ses pieds une lyre. A l'exergue on lit: POMPADOUR F.

Boucher del. *Pompadour sculp.*

Note de Guay. *Madame de Pompadour a beaucoup travaillé à cette pierre.*

Ce camée existe à la Bibliothèque nationale.

XLI

L'AMOUR SACRIFIANT A L'AMITIÉ.

(Topaze de l'Inde.)

L'Amitié offrant un cœur à l'Amour en train de faire une libation sur un autel.

Boucher del.   *Pompadour sculp.*

Note de Guay. *Sujet gravé en creux sur un cachet à trois faces appartenant à madame de Pompadour.*

Le cachet entier existe à la Bibliothèque nationale.

Les artistes avaient un assez grand mépris pour le pauvre talent de graveur que madame de Pompadour dépensait dans ces petites et ennuyeuses allégories, dans ces perpétuels sacrifices à l'Amour et à l'Amitié, dans cette éternelle et monotone pantomime d'une figure ou deux près d'un autel; et Germain de Saint-Aubin, l'humoristique auteur des *Papillonneries humaines*, se moquait fort spirituellement de l'Œuvre gravé de la marquise dans une caricature rarissime, où il plaçait près de l'éternel autel deux ridicules papillons qui jouaient la charge plaisante de ces sujets et de ce travail, où la marquise apportait le plus sérieux de son attention et de son talent.

XLII

LA FIDÈLE AMITIÉ.

(Cornaline blanche.)

Une femme presque nue, tenant des fleurs qu'un chien regarde. Sur la terrasse du sujet on lit : POMPADOUR FECIT.

Boucher del.   *Pompadour sculp.*

Note de Guay. *Gravée en creux et montée en bague. Madame de Pompadour l'a presque toute faite. Elle appartient à M. le prince de Soubise.*

Est-ce la bague léguée à Soubise par son codicille du 15 avril 1764?

XLIII

L'AMOUR ET L'AMITIÉ.

(Topaze de l'Inde.)

Une femme à demi vêtue, enlacée par l'Amour dans une guirlande de roses, un masque à ses pieds.

Boucher del. *Pompadour sculp.*

C'est la deuxième face du cachet à trois faces de madame de Pompadour conservé à la Bibliothèque nationale.

XLIV

TEMPLE DE L'AMITIÉ.

(Topaze.)

Une tour dans le fronton, et, pendu à une guirlande soutenue par deux colonnes, un écusson où il y a un L et un P. Au bas, 1753.

Boucher del. *Pompadour sculp.*

Cette pierre, dont la gravure est une nouvelle allusion à la transformation de la tendresse des deux amants, fait la troisième face du cachet de madame de Pompadour conservé à la Bibliothèque nationale.

XLV

L'AMOUR.

(Cornaline.)

L'Amour assis, prêt à décocher une flèche.

Boucher delin. *Pompadour sculp.*

Note de Guay. *La pierre a été faite pour le duc de Mazarin.*

XLVI

TROPHÉE DE JARDINIER.

(Jaspe vert.)

Boucher del. *Pompadour sculp.*

Note de Guay. *Appartenant à M. de la Tour d'Aigues, conseiller au parlement d'Aix en Provence.*

XLVII

PRÊTRE ÉGYPTIEN.

(Prime d'émeraude.)

Boucher del. *Pompadour sculp.*

Note de Guay. *La figure est copiée d'après un bas-relief antique qui est à Rome. La pierre appartient à M. le comte de Vence.*

Cette intaille passe à la vente du comte de Vence.

XVIII

L'AMOUR.

(Cornaline.)

Le petit dieu est debout devant un autel, sur lequel deux colombes se becquètent.

Boucher del. *Pompadour sculp.*

Note de Guay. *Guay a gravé cette pierre en creux pour son bon amy M. Colin* (1).

---

(1) Collin, l'intendant de la marquise de Pompadour.

XLIX

PORTRAIT D'UN CHIEN DE CHASSE.

(Cornaline.)

Boucher del.   *Pompadour sculp.*

Note de Guay. *Guay a exécuté cette pierre par étude d'après un plâtre.*

L

L'AMOUR PRÉSENTANT UN BOUQUET.

(Sardoine.)

Boucher del.   *Pompadour sculp.*

Note de Guay. *Cette pierre est gravée en creux par les ordres de madame de Pompadour. Le Roy a ladite pierre montée en cachet.*

M. Leturcq nous apprend qu'une intaille représentant un sujet analogue est à la Bibliothèque nationale. C'est un cachet en or, dont le corps ouvrant par un secret renferme un portrait en camée de madame de Pompadour, par Guay.

LI

CACHET DU ROY.

(Cornaline jaune.)

Minerve assise soutient les armes du Roy.

Boucher del.   *Pompadour sculp.*

Note de Guay. *Cachet du Roy gravé en creux par les ordres de madame de Pompadour. Cette pierre et celle qui suit font les deux cachets de la belle montre que madame de Pompadour donna au Roy. La montre et la chaîne, et les cachets sont tout garnis de brillants sur un fond d'émail bleu.*

LII

L'AMOUR SE TRANQUILLISANT SOUS LE RÈGNE DE LA JUSTICE.

(Sardoine.)

Le dieu, adossé à des balances, joue du hautbois.

Boucher del. *Pompadour sc.*

LIII

NAISSANCE DE MONSEIGNEUR LE DUC DE BOURGOGNE.

(Bas-relief sur cornaline).

La France étend les bras vers le nouveau-né pour l'adopter, tandis que Minerve couvre la France et l'enfant de son égide. MDCCLI.

Boucher del. *Pompadour sculp.*

Ce camée, qui appartient à la Bibliothèque nationale, a été porté en bracelet par madame de Pompadour.

LIV

ALLIANCE DE L'AUTRICHE ET DE LA FRANCE.

(Bas-relief sur agate onyx noire et bleue.)

La France et l'Autriche, foulant aux pieds la torche de la Discorde et le masque de l'Hypocrisie, se donnent la main sur l'autel de la Fidélité. 1756.

Boucher del. *Pompadour sculp.*

Ce camée, qui appartient à la Bibliothèque nationale, ornait comme le précédent un bracelet de madame de Pompadour.

LV

PORTRAITS DE MONSEIGNEUR LE DAUPHIN ET DE MADAME LA DAUPHINE.

Ils sont représentés tous deux en bustes, de profil tournés à gauche et comme portés par un dauphin. On lit dans le champ : GUAY, 1758.

Boucher del.   *Pompadour sculp.*

Le camée, qui a figuré au Salon de 1759, est conservé à la Bibliothèque nationale.

Ces deux fins profils où madame de Pompadour fit la galanterie à la Dauphine de lui donner le type d'une jeune Marie de Médicis, eut l'effet, dit Soulavie, de désarmer pendant quelque temps la hauteur que Marie-Josèphe de Saxe mettait dans ses rapports et dans son ton avec la favorite.

LVI

VICTOIRE DE LUTZELBERG.

(Cornaline.)

Un globe portant les trois fleurs de lys est posé sur une colonne, à laquelle est noué un faisceau de palmes. On lit en bas : LE 10 OCTOBRE 1758.

Boucher del.   *Pompadour sculp.*

Cette intaille est conservée à la Bibliothèque nationale.

LVII

LE GÉNIE DE LA FRANCE.

(Cornaline.)

Il est représenté sous la figure d'un Amour ailé appuyé sur les armes de la France, posée sur des canons et des drapeaux. En bas on lit : LE 10 OCTOBRE 1758.

Boucher del.   *Pompadour sculp.*

Cette intaille, qui célèbre une seconde fois la bataille

de Lutzelberg, avait été offerte au Roi montée en cachet, avec une montre en or émaillée de Reys. M. Leturcq nous apprend que ce bijou, après avoir appartenu à M. Failly, est en possession de la princesse Soltikoff.

LVIII

CULTURE DES LAURIERS.

(Cornaline onyx.)

Un jeune enfant, un genou en terre, soignant un laurier dans une caisse qui porte les armes de la marquise.

Boucher del. *Pompadour sculp.*

Ce camée, exposé au Salon de 1757, est conservé à la Bibliothèque nationale.

LIX

CHIEN MIMI APPARTENANT A MADAME DE POMPADOUR.

(Agate onyx.)

Boucher del. *Pompadour sculp.*

LX

L'AMOUR.

(Cornaline.)

Il est assis au pied d'un saule tenant dans ses mains une colombe.

Boucher del. *Pompadour sculp.*

LXI

CHIEN BÉBÉ APPARTENANT A MADAME DE POMPADOUR.

(Camaïeu en bas-relief.)

Boucher del. *Pompadour sculp.*

C'est ainsi que la marquise donnait l'immortalité aux chiens qu'elle aimait, et le public avait déjà, sous le nom de *la Constance* et de *la Fidélité*, les portraits de Mimi et d'une chienne appelée Inès, qu'avait crayonnés Huet et qu'avait gravés Fessard. C'est au fond une très-grosse question que l'établissement du nombre et du sexe des chiens favoris de la maîtresse déclarée. A sa vente passent trois tableaux de Huet représentant des chiens dont un seul a une désignation : *la Constance, portrait de Mimi.* Mais deux autres tableaux de Bachelier, vendus à la vente du marquis de Ménars, en contiennent quatre. D'après ces tableaux, le chien Bébé serait une chienne caniche blanche tondue, une bête en un mot toute semblable à l'animal représenté dans la pierre gravée LXI ; la caniche jouerait dans ce tableau avec un épagneul noir qui serait Mimi. Dans l'autre tableau, c'est un caniche blanc moucheté de noir, avec un épagneul noir marqué de quelques coups de feu.

LXII

JARDINIER CHERCHANT DE L'EAU.

(Cornaline.)

Enfant nu, portant une clochette au bout d'une corde.
Boucher del.   *Pompadour sculp.*

LXIII

GÉNIE DE LA MUSIQUE.

(Agate orientale.)

Enfant nu, jouant de la lyre assis.
Boucher del.   *Pompadour sculp.*

Avec le frontispice, la Suite d'Estampes, d'après Guay, s'élève donc à soixante-quatre planches. Nous allons maintenant cataloguer les pièces qui ne font pas partie de cette série.

LXIV (1)

UN PRINTEMPS.

Composition d'Eisen gravée de même grandeur que le dessin.

En bas, à droite, tracé à la pointe : *Pompadour sculpsit* 1752.

LXV

UN AUTOMNE.

Vendange-bacchanale où se voient des femmes nues, des satyres, des faunes chèvre-pieds grimpés dans les grappes de raisin d'une vigne montant après un laurier « d'après un morceau d'ivoire sculpté supérieurement bien » (2).

En bas, à droite, tracé à la pointe : *Pompadour sculpsit* 1752.

Les n°ˢ 65 et 66 décorent le catalogue de vente de M. de Ménars, frère de madame de Pompadour, imprimé en 1781.

LXVI

L'ANTRE DU SOMMEIL.

Le génie du Sommeil se levant sur le Soleil couchant et répandant ses pavots sur une mère accroupie et tenant ses enfants dans son giron. Composition d'Eisen pour faire pendant au *Printemps*.

En bas, à droite, tracé à la pointe : *Pompadour sculpsit* 1752.

(1) C'est le numéro que porte la planche dans l'édition de 1782, mais elle devrait porter le numéro 65 en comptant le frontispice.

(2) Ce bas-relief d'ivoire, composé de neuf figures de femmes satyres et enfants, figurant à la vente du marquis de Ménars était acheté par M. Duquesnoy, 600 livres.

LXVII

LE PETIT MONTREUR DE MARMOTTE.

Copie de l'eau-forte originale de Boucher à laquelle les catalogues ont donné ce titre.

A gauche, dans le champ de la gravure : *Pompadour sc.* 1751.

LXVIII

LE FAISEUR DE BULLE DE SAVONS.

Copie de l'eau-forte originale de Boucher.

A gauche, dans le champ de la gravure : *Pompadour sculp.* 1751.

LXIX

LES BUVEURS DE LAIT (1).

Copie de l'eau-forte originale de Boucher.

A gauche, dans le champ de la gravure : *Pompadour sculp.* 1751.

LXX (2)

RODOGUNE. ACTE V, SCÈNE IV.

Seigneur, voyez ses yeux
Déjà tout égarés, troublés et furieux.

F. Boucher inv. et delin. 1759. *Gravé à l'eau-forte par madame de Pompadour. Retouché par C. N. Cochin.*

C'est l'eau-forte gravée par madame de Pompadour

---

(1) Ces trois copies de Boucher, nous le répétons, démontrent d'une manière positive pour toute personne qui a fait un peu d'eau-forte, que toutes ces gravures ne sont point de madame de Pompadour ou du moins que ses pauvres et hésitants travaux de pointe ont été complétetement recouverts et enterrés sous les travaux de Boucher. Cette attaque délibérée du cuivre, ce gras pointillé, ces tailles de maitre graveur, non jamais, au grand jamais, cela n'est sorti de la pointe de la favorite.

(2) Cette planche, dans l'édition de 1782, ne porte pas de numéro.

pour l'édition de cette tragédie de Pierre Corneille, imprimée sous ses yeux dans son appartement de Versailles.

L'Œuvre gravé de madame de Pompadour monte donc à soixante-onze planches, y compris le frontispice de la Suite d'Estampes gravées. Nous ne pouvons mieux terminer ce catalogue que par cette lettre de madame de Pompadour, faisant offrir son Œuvre à la margrave de Bareuth, lettre qu'a bien voulu nous communiquer M. Niel :

28 au soir (1755).

« *Le M°. est arrivé, petit époux; le courrier qui vous rendra ce billet vous instruira de ce qui l'a ramené. Le party est bon et ferme, il n'y a que ceux-là de convenables à un aussy grand roi que le nôtre. Vous sçavés que telle a toujours été ma façon de penser. Vous pouvés en assurer très-affirmativement S. M. P., ainsy que du peu d'intérêt que je prends à la banque angloise. Quoy que luy en ait dit son enragé de chancelier, ce n'est en vérité pas ma faute, s'il fesoit aussy souvent de mauvaises digestions, et je ne dois pas en porter la peine. Bonsoir, petit époux, vous devés autant compter sur M. de Sechelles que sur ma sincère amitié pour vous.*

« *Je ne suis pas en peine sur l'établissement de votre seconde fille. Si madame la Margrave, qui a demandé à M. de Calvière une de mes gravures, en désire la suite, je seray enchantée de luy en faire ma cour. J'ay remis votre lettre au R.* »

« *A Monsieur le duc de Nivernois,*

à Bareith. »

A la vente du marquis de Ménars, le frère de madame de Pompadour, Basan achetait 531 liv. la suite des soixante-six planches gravées par madame de Pompadour, planches de cuivre auxquelles était joint un exemplaire de l'ouvrage relié en maroquin rouge. Le même Basan achetait pour 67 liv. la presse d'imprimerie en taille-douce, qui avait servi à l'impression de toutes ces eaux-fortes, la presse de la favorite, une presse en bois de chêne et de noyer, toute neuve et très-bien faite et garnie de ses rouleaux, table et autres ustensiles.

FIN.

TABLE DES CHAPITRES

I

Pages.

La bourgeoisie donnant au Roi pour la première fois une *maîtresse déclarée*. — Intérieur de la Reine Marie Leczinska. — Mademoiselle Poisson. — Son éducation de *virtuose*. — Ses talents et ses grâces. — Sou mariage avec M. Lenormant d'Étioles. — La bonne aventure de madame Lebon. — Rencontres de madame d'Étioles avec le Roi dans la forêt de Sénart. — Le bal masqué de l'Hôtel de Ville en février 1745. — L'évêque de Mirepoix menaçant de faire chasser Binet. — Le souper dans les cabinets du 22 avril 1745. — Madame d'Étioles à sa terre pendant la campagne du Roi. — La présentation. — Les instructions de madame Poisson sur son lit de mort. 1

II

Le soulèvement de la cour contre l'installation de la *robine* à Versailles. — Les façons de dire *grivoises* de la nouvelle favorite. — Les *Poissonnades*. — Maurepas l'homme des sottisiers et des chansonniers. — Les mauvaises dispositions du Dauphin. — Madame de Pompadour cherchant à détacher la Reine des haines de la famille royale. — Sa lettre à Marie Leczinska. — Le parti Pompadour : le prince de Conti, les frères Paris, le maréchal de Noailles, le cardinal de Tencin, M. de Saint-Séverin, le marquis de Puisieux, le maréchal de Belle-Isle. — Lutte sourde entre madame de Pompadour et le duc de Richelieu. — Le *rapatriage* de février 1749 30

III

L'ennui du temps et du Roi. — Curiosité de la mort de Louis XV. — Madame de Pompadour s'emparant de l'existence du Roi. — La

Pages.

fertilité des imaginations de la favorite. — Succession de distractions et de dissipations dans une vie de petits voyages. — Les carêmes égayés de musique de Versailles. — Le talent de comédienne de madame de Pompadour. — Le théâtre des *petits appartemens*. — Les musiciens, les acteurs et les actrices de la cour. — Le magasin, les accessoires, etc. — Le règlement. — Nouvelle salle de la cage de l'escalier des Ambassadeurs. — La gouache de de Cochin représentant l'opéra d'ACIS ET GALATÉE. — Les moindres rôles disputés comme des faveurs. — Les habits de théâtre de madame de Pompadour. 50

IV

Les vers sur le bouquet de jacinthes. — Confiance de Maurepas dans l'habitude du Roi. — Les craintes affectées de madame de Pompadour d'être empoisonnée. — Maurepas exilé (25 avril 1749). — Commencement de la puissance politique de la favorite. — Honneurs et prérogatives de madame de Pompadour. — Elle est créée duchesse (12 octobre 1752.) — Alexandrine d'Étioles. — Projets de mariage avec un fils du Roi, un fils de Richelieu, un fils du duc de Chaulnes. — Mort d'Alexandrine. — Le père Poisson fait de Marigny. — Correspondance autographe de la fille avec le père. — Abel Poisson, marquis de Vandières. — Son voyage d'Italie et la correspondance autographe de sa sœur. — Les tentatives de madame de Pompadour pour marier son frère. — Mariage de M. de Marigny avec mademoiselle Filleul et le triste ménage des deux époux 76

V

Les terres et les châteax de madame de Pompadour. — Crécy. — La Celle, le *petit château*. — Les trois *Hermitages* de Versailles, de Fontainebleau, de Compiègne. — L'hôtel de Versailles. — L'hôtel d'Évreux, rue du faubourg Saint-Honoré. — Lettre de la marquise relativement à l'achat d'un terrain. — Le goût d'art nouveau apporté à l'habitation par la marquise. — Le château de Bellevue. — Description intérieure. — Madame de Pompadour locataire. — Embellissements dont elle est l'inspiratrice à Choisy. — Les contrastes de nature qu'elle offre à tout moment au Roi. — Métamorphoses galantes de la favorite 112

VI

Pages.

La conquête du Roi à refaire tous les jours. — Portrait moral du comte d'Argenson. — Haine *foncière et rancunière* de madame de Pompadour pour le ministre. — Madame de Pompadour attache Machault à sa fortune. — Le comte d'Argenson en défaveur. — Il fait de madame d'Estrades son espionne et sa maîtresse. — Louis XV, amoureux de madame Choiseul-Romanet. — *C'en est fait.* — Trahison du comte de Stainville qui livre la lettre amoureuse de Louis XV à madame de Pompadour. — D'Argenson refaisant son crédit. — Madame d'Estrades chassée de Versailles. — Madame de Pompadour appelant sa vie un *combat perpétuel.* Les cantharides 129

VII

Le Trébuchet. — La petite Morfil, le modèle de Boucher. — Le Parc aux Cerfs. — Madame de Pompadour ordonnatrice des accouchements clandestins. — La déesse de l'Amitié. — Conférences religieuses de la favorite avec le Père de Sacy. — Soulèvement du clergé austère. — Note de madame de Pompadour au Saint-Père. — Lettre portée par Soubise à M. d'Étioles. — L'indifférence conjugale de M. d'Étioles. — Nomination de madame de Pompadour à la place de dame de palais de la Reine (7 février 1756). — Caricature représentant madame de Pompadour arquebusant les Jésuites 149

VIII

L'ambition d'immortalité de la favorite. — Ses rapports avec Voltaire, Rousseau, Crébillon père, Buffon, Montesquieu, Marmontel. — L'*Encyclopédie* apportée à un souper du Roi à Trianon. — Création d'une manufacture nationale de porcelaines. — Essais à Mennecy, à Villeroy, à Chantilly. — Transport de la fabrique de Vincennes à Sèvres. — Le *rose pompadour* inventé par Xhrouet. — Madame de Pompadour se fait vendeuse et marchande aux expositions du château de Versailles. — Fondation de l'École militaire. — La favorite en a l'idée première. — Sa correspondance avec Paris-Duverney. — Madame de Pompadour consacre, en 1755, son revenu à la continuation des travaux. 169

IX

Pages.

Responsabilité de madame de Pompadour dans la guerre de sept ans. — Diminution de la monarchie autrichienne. — Ouvertures faites par Marie-Thérèse à Blondel, au marquis d'Hautefort — Ambassade de Kaunitz en France, et la captation de madame de Pompadour. — Prise du *Lys* et de l'*Alcide* en pleine paix par les Anglais. — La rivalité amoureuse et politique de la marquise de Coislin et de madame de Pompadour. — Starhemberg décidant Marie-Thérèse à préférer l'appui de la favorite à l'appui du prince de Conti. — Lettre de remercîment de madame de Pompadour à l'Impératrice-Reine pour son portrait encastré dans une écritoire de laque. — L'abbé de Bernis. — Sa jeunesse. — Il est nommé à l'ambassade de Venise. — Ses qualités d'homme d'État. — Ses hésitations pour abandonner la politique traditionnelle de la France. — Conférence de *Babiole* (22 septembre 1755). — Les modifications du plan autrichien. — Traité de Versailles (2 mai 1756). Lettre de Kaunitz à madame de Pompadour 186

X

Imposition du *vingtième* sur les biens ecclésiastiques. — Assemblée tenue à l'archevêché de Paris déclarant les biens ecclésiastiques une des assises de l'Église. — Les billets de confession demandés aux Jansénistes. — Le curé de Saint-Étienne-du-Mont décrété de prise de corps. — Le Parlement offrant sa démission. — La saisie du temporel de l'archevêque de Paris. — Remontrances du Parlement qualifiant les actes du gouvernement d'*actes arbitraires*. — La Grand'Chambre exilée à Pontoise. — Exil de l'archevêque de Paris. — Le clergé *feuillant* et le clergé *théatin*. — Défenses faites aux pairs de paraître au Parlement. — Lit de justice du 13 décembre 1756. — *La coquine du Roi*. — Voltaire le pamphlétaire au service de la *belle philosophe*. — Quesnay. — Son appartement : le premier club où s'agitent la déchéance de l'Église et de la monarchie 222

XI

Tentative d'assassinat de Damiens. — Madame de Pompadour sans nouvelles du Roi pendant onze jours. — Les familiers de la favorite. — Notification de son renvoi par le garde des sceaux. — Intervention de la maréchale de Mirepoix. — Madame de Pompadour disant à d'Argenson : *Il faudra que vous ou moi nous nous en allions.* — Scène de larmes de la marquise. — Exils de Machault et de d'Argenson 243

XII

Participation effective de madame de Pompadour aux affaires d'État. — Le président de Meinières. — Entrevue de la marquise avec le président, du 26 janvier 1757. — Éloquence de la favorite et l'étonnement du robin. — Le mandement de l'archevêque contre madame de Pompadour. — Seconde entrevue de la marquise avec le président 256

XIII

Richelieu chargé de l'expédition de Mahon. — Froid accueil fait par la favorite au *Minorquin*. — Correspondance de madame de Pompadour avec Kaunitz. — Entrée au Conseil de Bernis, nommé secrétaire d'État des Affaires étrangères en juin 1757. — Santé portée à Marie-Thérèse chez madame de Pompadour. — Le favori Soubise. — Intrigues pour retirer le commandement de l'armée d'Allemagne au maréchal d'Estrées. — Richelieu, soutenu par le comte de Stainville, remplace d'Estrées au lendemain de la victoire d'Hastembeck. — Convention de Closter-Seven (10 septembre 1757). — Trahison de Richelieu. — Bataille de Rosbach (5 novembre 1757).— Obstination de madame de Pompadour à ne pas abandonner Marie-Thérèse.— Bernis poussant à la paix. — Scènes entre madame de Pompadour et son ministre. — Le comte de Stainville encourageant la favorite dans son désir de continuer la guerre.— Retraite de Bernis. — Pourquoi *un coup de poignard?* 272

XIV

Choiseul, le ministre de la politique à outrance de la favorite. — Son nez *au vent*. — Sa méchanceté d'esprit. — Ses ambassades à Rome, à Vienne. — Les qualités et les défauts du diplomate.— Louis XVI définit le duc de Choiseul un *caractère*. — La duchesse de Grammont. — La petite Julie. — Les Choiseul-Stainville, les

Choiseul-Beaupré, les Choiseul-Labaume occupant toutes les places. — Le duc de Choiseul faisant les honneurs de sa galerie de tableaux d'après une miniature de Blarenberg. — Plan d'une alliance du *Midi*. — Pacte de famille. — La monarchie tempérée par l'esprit de liberté. — Traité du 30 décembre 1758   314

XV

Les occupations de la marquise de Pompadour. — Elle fait imprimer *Rodogune* sous ses yeux. — Le touret de Gay dans son appartement. — Ses essais d'eau-forte. Son Œuvre gravé. — Madame de Pompadour épistolaire. — Sa correspondance familière avec la comtesse de Lutzelbourg. — Sa correspondance politique avec le duc d'Aiguillon. — Sa correspondance politique et militaire avec le comte de Clermont et le prince de Condé. — Sa bibliothèque   328

XVI

Mademoiselle de Romans aimée par le Roi. — Madame de Pompadour allant voir la mère et l'enfant au Bois de Boulogne. — Le résumé de la situation fait par le maréchal de Mirepoix. — La profonde tristesse de la favorite dans le triomphe et l'affermissement. — Sa nature *réfléchissante*. — Sa souffrance de ne plus se sentir aimée par le Roi. — Son refroidissement avec Choiseul. — Son désespoir d'être contrainte à *renoncer à toute gloire*. — Madame de Pompadour malade et mourant de chagrin.   376

XVII

Madame de Pompadour crachant le sang dès sa première jeunesse. — Sa vie toujours *sur les grands chemins*. — Ses nombreuses fausses couches. — La préparation d'après nature de La Tour de Saint-Quentin. — Madame de Pompadour ne peut, en 1756, passer l'appartement à la suite de la Reine à cause de ses palpitations de cœur. — Elle tombe malade à Choisy. — Embarras d'argent. — L'estampe de Cochin sur sa convalescence. — Son testament de novembre 1757. — Codicille du 30 mars 1761. — Second codicille du 15 avril 1764. — Sa mort le même jour. — Lettre de Marie Leczinska sur la mort de la favorite   389

XVIII.

Pages.

Portrait moral de madame de Pompadour. — La femme implacable. — Direction *chipotière et touche-à-tout*. — Elle inspire à la noblesse les cupidités de la maltôte. — Le portrait de La Tour. — Madame de Pompadour prend le patronage de l'art de son temps. — Inspiration de la *Conversation espagnole*. — L'art Pompadour... 407

APPENDICE 421

FIN DE LA TABLE.

Paris. — Typ. Georges Chamerot, 19, rue des Saint-Pères. — 6918.

www.ingramcontent.com/pod-product-compliance
Lightning Source LLC
Chambersburg PA
CBHW060231230426
43664CB00011B/1608